十三經注疏

注 趙岐 疏 孫奭
공동번역 崔彩基 梁基正
현토감수 鄭太鉉

譯註 孟子注疏 4

맹자주소

전통문화연구회

飜譯委員

企劃編輯　東洋古典飜譯編輯委員會
飜譯硏究管理　南賢熙
共同飜譯　崔彩基 梁基正
懸吐監修　鄭太鉉
潤　　文　朴勝珠 李承俊
校　　訂　李承俊 南賢熙
編輯出版　白俊哲
裝　　幀　김진디자인

東洋古典現代化와 十三經注疏 譯註

본회가 東洋古典의 飜譯과 教育, 情報化 등 古典現代化 사업을 시작한 지 어느덧 25년이 되었다. 그간 우리나라의 고전국역 상황을 보면, 東洋古典에 대한 번역문제는 1960년 중반에 한국고전번역을 정부에서 추진하면서 우선 四書五經 등 기본고전을 모범 번역하자는 논의가 있었지만 우리 고전이 아니라고 무산되었다.

1980년대에 韓國學 연구와 한국고전번역의 先決課題는 물론, 國際政治 관계나 經濟상의 이유로도 필요하다는 논의가 제기되었다. 그 후 1988년 본회가 발족하면서 東洋古典 번역을 착수하여, 1990년대 말경 본회에서 소위 '新注'의 四書三經을 註까지 懸吐完譯함으로써 東洋學과 韓國學徒들의 袖珍本이 되고 教育界와 文化界까지 파급되었다.

그 후 본회 창립 20주년이 되면서 다시 대화의 과제와 목표를 논의하면서, 단순한 韓國學의 선결과제를 넘어 東洋文化에 대한 源泉的이며 體系的인 檢討의 필요성이 대두되었으니, 이제 우리는 東洋文化의 先導的 역할을 담당할 준비를 갖추고 21세기에 先進文化强國 건설로 새 歷史를 이루자는 것이었다.

일반적으로 十三經은 核心的 儒家經典의 總稱이지만, 이는 東洋文化의 뿌리라 하겠다. 우리 역사상으로 十三經은 저 멀리 삼국시대에 이미 高句麗의 太學에서 기본 교과로 채택하였고, 百濟에서는 五經博士 制度를 두었고, 新羅 薛聰은 九經을 方言으로 읽었고, 高麗에서는 國子監이나 九齋學堂에서 교육하였으며, 朝鮮朝 成均館과 鄕校, 書堂과 書院에서는 四書五經 등을 교육하여 人材 등용과 국가정책에 절대적 영향을 끼쳤다.

이 十三經의 代表的 註釋書는 漢·唐 시기의 '古注'라 일컬어지는 十三經注疏와, 그 후 宋代의 朱子的 世界觀이 반영된 '集註'와 '集傳' 등의 '新注'가 두 개의 軸이라 할 수 있다.

그런데 우리는 조선조에서부터 朱子學 일변도의 學風으로 경도되어, 그 偏向性이 오늘에까지 이르렀음은 심히 不幸이라 하겠다. 中國에서는 明·淸 시기에 訓詁學, 考證學이라는 學風이 일어 十三經注疏가 經學硏究의 標準이 되었고, 日本에서는 反朱子的 見解와 陽明學의 영향을 받아 明治維新 때 이미 漢文大系 등의 古典整理 사업으로 '古注' 연구가

一般化된 사실을 간과해서는 안 되겠다.

이에 東洋文化의 核心이라 할 수 있는 十三經注疏를 譯註하고, 이를 통해 우리 文化의 傳統에 대해 體系的으로 이해하고 復元함으로써, 그간 편협했던 학술 風土를 넘어 多樣性과 客觀性을 모색하고, 아울러 古典現代化의 水準을 높이고 融合的이고 自生的인 韓國學을 진작시켜야 할 것이다.

오늘날 중국과 일본에서 번역하지 못한 십삼경주소를 본회에서 130여 책으로 10년 안에 完譯하고, 이와 이울러 韓中日 三國의 東洋古典語彙 情報網을 구축함으로써, 우리의 東洋學과 韓國學 연구에 礎石과 架橋가 되어 우리나라가 先進文化强國으로 昇華되고 世界文化 발전에까지 기여하기를 기대한다.

이 十三經注疏의 번역은 三經과 三禮와 春秋三傳과 ≪論語≫, ≪孟子≫, ≪孝經≫, ≪爾雅≫ 등의 十三經을 經은 물론이요 注와 疏까지 譯註하는 것으로, 原典의 傳統性과 번역의 現代性을 기본으로 하여 漢學元老와 新進學者의 協同硏究飜譯으로 추진하고자 한다.

또한 註釋은 宋代의 소위 '新注'와 비교하고, 明淸代의 注와 韓國 先賢의 注와 見解, 그리고 日本의 注를 가급적 반영하며, 深度 있는 硏究解題를 하기로 하였다. 한편 古典의 우리식 讀解文法인 懸吐를 經과 注에 달고 방대한 疏에는 편의상 構文을 이해할 수 있는 標點을 달며, 經·注·疏 전체에 대한 內容索引을 할 계획이다.

끝으로 오랫동안 飜譯과 校閱에 종사하여 오신 元老漢學者와 10여 년 이상 漢學을 연수한 新進學者로서, 이 십삼경주소의 연구번역에 참여하여 難解한 注疏의 譯註에 헌신하시는 모든 분들께 무한한 감사를 드린다.

또한 고전현대화에 대한 政府의 지대한 關心과 支援에 감사를 드리며, 그간 직간접으로 지도편달하여 주신 학계와 교육계 및 문화계 인사 여러분께 심심한 謝意를 표하며, 앞으로도 따뜻한 관심과 엄정한 叱正을 부탁드리며 내내 평강과 행복을 기원한다.

社團法人 傳統文化硏究會 理事長 李啓晃

凡 例

1. 본서는 十三經注疏 중 ≪譯註 孟子注疏≫의 제4책이다.
2. 본서의 底本은 阮元 校刻本 ≪孟子注疏≫(淸 嘉慶 21년(1816) 阮元 校刻 十三經注疏, 中華書局, 2009, 이하 '阮刻本'으로 약칭)로 하되, 北京大 整理本 ≪孟子注疏≫(十三經注疏整理委員會 整理, 北京大學出版社, 2000, 이하 '北京大本'으로 약칭)를 참고하였다.
3. 본서는 원전의 傳統性과 번역의 現代性을 구현하기 위해 노력하였다.
4. 原文의 經과 注는 우리나라 전통 방식으로 懸吐하고, 疏는 간략히 標點만 하였다.
5. 原文은 저본의 體制에 따라 經, 注, 疏를 구분하고, 經은 大字로 표기하고 注과 疏는 【注】와 【疏】로 표시하여 구분하였다.
6. 原文의 分節은, 經과 注는 저본의 분절을 따르고, 疏는 단락이 길 경우 의미 단락에 따라 역자 재량으로 분절하였다.
7. 저본의 反切 注는 생략하되, 문맥을 이해하기 위해 필요한 경우에만 살리고, 讀音이 특수하거나 僻字인 경우에는 ( ) 속에 한글로 音을 달아주었다.
8. 疏에서 설명 대상으로 인용한 經과 注의 단어나 구절은 번역하지 않고 원문 그대로 〔 〕 속에 넣어주었다.

   예 〔孟子見梁惠王〕 맹자가 齊나라에서 梁으로 가서 惠王을 만난 것이다.
9. 飜譯은 原義에 충실하게 하되, 이해가 어려운 부분은 意譯 또는 補充譯을 하였다.
10. 飜譯文은 한글과 漢字를 混用하였으며, 맞춤법과 띄어쓰기는 한글 맞춤법과 표준어 규정을 따르는 것을 원칙으로 하였다.
11. 譯註는 故事, 官職, 校勘, 難解語, 역사적 사건, 人物, 인용문의 出典, 전문용어, 制度, 異說 등에 관한 사항을 밝혔다.
12. 校勘은 원문의 誤字, 脫字, 衍字, 倒文 등을 대상으로 하였다.
13. 校勘은 저본인 阮刻本의 校勘記 중 꼭 필요한 것만 선택하여 譯註에 반영하였다. 그 외에도 北京大本을 비롯한 여러 原典 자료를 참고하였으며, 이를 譯註에 밝혔다.

14. 阮刻本에서 校勘에 참고한 書目의 略稱은 다음과 같으며, 본서의 校勘註에도 약칭으로 표기하였다.

- 監本 : 明나라 神宗(1563~1620) 시기 北國子監 刊行本
- 孔本 : 淸나라 乾隆 38년(1773) 孔繼涵·微波榭 刊行本
- 毛本 : 明나라 崇禎(1628~1644) 연간 毛晉의 汲古閣 校刊本
- 閩本 : 明나라 嘉靖(1522~1566) 연간 福建巡撫 李元陽이 宋十行本을 바탕으로 重刊한 본
- 北宋蜀大字本 : 章邱 李氏 所藏本을 何焯(1661~1722)이 校正한 本
- 宋本 : 宋나라 劉氏 丹桂堂 巾箱本을 何焯(1661~1722)이 校正한 本
- 宋石經殘本 : 南宋 孝宗 淳熙 4년(1177)에 완성한 石刻本의 殘本
- 宋十行本 : 南宋(1127~1279) 시기 刊行本
- 岳本 : 相州 岳氏 刊行本을 何焯(1661~1722)이 校正한 本
- 廖本 : 元나라 때 重刊한 廖氏 世綵堂本을 何煌(1668~1745)이 校正한 本
- 日本國古本 : 日本 享保 15년(1735) 物觀이 지은 ≪七經孟子考文補遺≫에서 인용
- 足利本 : 日本 享保 15년(1735) 物觀이 지은 ≪七經孟子考文補遺≫에서 인용
- 韓本 : 淸나라 乾隆 46년(1781) 韓岱雲 刊行本

15. 본서의 校勘에 사용된 符號는 다음과 같다.

( )〔 〕 : (저본의 誤字)〔교감한 正字〕

〔 〕 : 저본의 脫字 보충

( ) : 저본의 衍字 삭제

16. 본서에 사용된 주요 符號는 다음과 같다.

" " : 對話, 각종 引用

' ' : " " 안에서 再引用, 强調

「 」 : ' ' 안에서 再引用, 强調

( ) : 원문에서는 讀音이 특수한 글자나 僻字의 音
번역문에서는 간단한 譯註

〔 〕 : 번역문과 뜻은 같으나 音이 다른 漢字나 句節, 譯註에서 인용한 原文, 疏에서 설명 대상으로 제시한 經이나 傳의 단어나 구절

≪ ≫ : 書名이나 典據

< > : 篇章名, 作品名, 補充譯

【 】: 傳과 疏의 표시

○ : 저본에 사용된 단락 구분 표시 遵用

17. 본서의 標點은 한국에서 재래로 사용해오던 방식을 보완하여, 文理의 이해를 돕는 정도로 간략히 하였다. 본서에 사용된 標點符號는 다음과 같다.

. : 문장의 종결

, : 한 문장 안에서 句나 節의 구분이 필요한 곳

: 대등한 명사나 구절의 병렬

" " : 1차 인용, 대화

' ' : 2차 인용, 대화, 강조, 經과 注의 단어나 구절을 인용한 부분

「 」: 3차 인용, 2차 인용 안에서 대화·강조

: : 疏 내용을 포괄하는 '正義曰' 뒤에 사용

目 次

十三經注疏

譯註 孟子注疏 4

맹자주소

孟子注疏解經 卷第九 上

萬章章句 上

凡九章

모두 9章이다.

趙氏 注 孫奭 疏

【注】 萬章者는 萬은 姓이요 章은 名이니 孟子弟子也라 萬章問舜孝는 猶論語顔淵問仁일새 因以題其篇也라

萬章은 萬이 姓이고 章은 이름이니, 孟子의 弟子이다. 萬章이 舜의 孝에 대해 물은 것이 ≪論語≫에서 顔淵이 仁에 대해 물은 것과 같음으로 인해 〈≪論語≫의 〈안연〉편처럼 '萬章'으로〉 篇의 제목을 삼은 것이다.

【疏】 ○ 正義曰 : 前篇論離婁之明, 此篇論萬章問孝. 蓋以明者當明其行, 而行莫大於爲孝. 今萬章問孝, 故以萬章爲此篇之題, 以次於前篇矣. 此篇凡十八章, 趙氏分爲上下卷. 據此上卷, 凡有九章而已. 一章言孝爲百行之本, 無物以先之, 雖富有天下, 而不能取悅其父母也. 二章言仁聖所存者大, 舍小從大, 達權之義, 不告而娶, 守正道也. 三章言仁人之心. 四章言孝莫大於嚴父, 行莫大於烝烝. 五章言德合於天, 則天爵歸之, 行歸於仁, 則天下與之. 六章言(義)〔篤〕[1)]於人, 則四海宅心, 守正不足, 則聖位莫保者也. 七章言賢達之理世務, 推政以濟時物, 守己直行, 不枉道以取容. 八章言君子大居正位, 以禮進退, 屈伸達節, 不違貞信. 九章言君子時行則行, 時舍則舍, 故能顯君明道, 不爲苟合. 其餘九章, 分在下卷, 各有說焉.

1) (義)〔篤〕: 저본에는 '義'로 되어 있으나, 제6장 본문에 대한 阮元의 〈校勘記〉에 의거하여 '篤'으로 바로잡았다.

○ 正義曰 : 前篇에서는 離婁의 눈밝음에 대해 논하였고, 이 篇에서는 萬章이 孝에 대해 질문한 것을 논하였다. 대체로 눈이 밝은 사람은 그 행실을 분명하게 살피기 마

련인데, 행실 가운데 孝를 행하는 것보다 더 중대한 것은 없다. 이번에 萬章이 孝에 대해 물었으므로 '萬章'으로 이 편의 제목을 삼아 前篇의 다음에 편집한 것이다. 이 篇은 모두 18章으로 구성되어 있는데, 趙氏가 이를 上卷과 下卷으로 나누어놓았다. 이에 의거하면 上卷은 모두 9章이다.

제1장에서는 孝는 모든 행실의 근본이요 모든 일에 앞서는 것이므로 〈효도하지 않으면〉 부유함이 천하를 소유했다 하더라도 그 부모에게 기쁨을 드리지 못함을 말했다.

제2장에서는 仁聖한 帝王을 보존하는 것은 중대한 일이므로 사소한 도리를 버리고 중대한 도리를 좇아 權道에 따라 부모에게 고하지 않고 장가를 드는 것이 正道를 지키는 것임을 말했다.

제3장에서는 仁人의 마음에 대해 말했다.

제4장에서는 孝는 아비를 두려워하여 〈높이 받드는 것〉보다 더 큰 것이 없고 행실은 순종하여 〈자식의 직분을 지키는 것〉보다 나은 것이 없음을 말했다.

제5장에서는 덕성이 하늘의 뜻에 합치되면 天爵이 그에게 돌아가고, 행실이 仁政을 추구하면 천하가 그에게 주어짐을 말했다.

제6장에서는 仁에 독실하면 四海가 기뻐하여 귀의하고 正道를 지키는 것이 부족하면 聖王의 지위를 계승하지 못함을 말했다.

제7장에서는 賢達한 사람이 세상일을 처리할 때에는 正道를 미루어 당면한 時務를 처리하므로 자신의 원칙에 따라 곧게 행동하며, 正道를 굽혀가면서까지 군주에게 받아들여지기를 구하지 않음을 말했다.

제8장에서는 군자는 올바른 자리에 우뚝 서서 禮에 따라 진퇴하고, 행동거지가 법도에 맞아 반듯하였음을 말했다.

제9장에서는 君子는 때가 행해질 만하면 행하고 때가 그칠 만하면 그치므로 君主를 드러내고 道를 밝히되 구차하게 영합하지 않음을 말했다.

나머지 아홉 장의 요지는 下卷에서 각각 설명해놓았다.

○ 注'萬章'至'篇也'. ○ 正義曰：萬章, 孟子弟子, 已說在敍段. 云'論語顔淵問仁'者, 蓋論語第十二篇, 首顔淵問爲仁, 孔子曰"克己復禮爲仁." 因以顔淵目其篇, 蓋其文也, 孟子於此則而象之爾.

○ 注의 〔萬章〕에서 〔篇也〕까지

○ 正義曰：萬章은 孟子의 제자이니, 이미 서두에서 설명하였다.

〔論語顔淵問仁〕 ≪論語≫ 제12편의 첫머리에서 顔淵이 仁을 행하는 것에 대해 묻자 孔子가 "克己復禮가 仁이 된다."고 말하였다. 그로 인해 '顔淵'으로 그 편의 제목을 삼았으니, 대체로 그 문장에서 따온 것으로, ≪맹자≫에서 이를 본뜬 것이다.

1. 萬章問曰 舜往于田하사 **號泣于旻天**하시니 **何爲其號泣也**잇고

만장이 물었다. "舜이 밭에 나가서 하늘을 부르며 울부짖었으니, 무엇 때문에 울부짖은 것입니까?"

【注】 問舜往至于田하사 何爲號泣也는 謂耕于歷山之時然也[1]라

1) 然也 : 廖本・孔本・韓本에는 '然也' 2자가 없다.

'舜이 밭에 나가 무엇 때문에 울부짖은 것이냐.'고 물은 것은 舜이 歷山에서 농사지을 때 그리한 것을 두고 한 말이다.

歷山往田圖

孟子曰 怨慕也시니라

맹자가 대답했다. "원망하고 사모해서 그런 것이다."

【注】 言舜自怨遭父母見惡(오)之阸而思慕也라

'舜이 부모에게 미움을 받아 곤욕을 당하는 자신을 원망하고 부모를 사모했다.'고 말한 것이다.

萬章曰 父母愛之어시든 **喜而不忘**하고 **父母惡**(오)**之**어시든 **勞而不怨**이니 **然則舜怨乎**잇가

만장이 물었다. "부모님이 사랑해주면 기뻐하여 잊지 않아야 하고, 부모님이 미워하면 고생이 되더라도 원망하지 않아야 할 것이니, 그렇다면 舜은 〈부모님을〉 원망한 것입니까?"

舜

【注】言孝法當不怨이니 如是舜何故怨이리오

'효도하는 법에 따르면 부모를 원망해서는 안 된다고 하였는데, 그렇다면 舜은 무엇 때문에 원망한 것이냐.'고 말한 것이다.

曰 長息이 **問於公明高**[1]**曰 舜往于田**은 **則吾旣得聞命矣**어니와 **號泣于旻天**과 **于父母**는 **則吾不知也**로이다 **公明高曰 是**는 **非爾所知也**라하니

1) 公明高 : 魯나라 武城 사람으로 曾子의 제자이다.

맹자가 대답했다. "長息이 公明高에게 묻기를, '舜이 밭에 나가서 하늘을 부르며 울부짖은 것에 대해서는 제가 이미 선생님께 말씀을 들었습니다만, 하늘과 부모를 부르며 울부짖은 것에 대해서는 제가 이해하지 못하겠습니다.' 하니 公明高가 '이는 자네가 이해할 수 있는 것이 아니다.'라고 하였으니,

【注】長息은 公明高弟子요 公明高는 曾子弟子라 旻天은 秋天也니 幽[1]陰氣也라 故訴於旻天이라 高非息之問不得其義라 故曰 非爾所知也已라

1) 幽 : 閩本·監本·毛本에는 '幽'로 되어 있으나, 宋本·廖本·孔本·韓本·考文古本에는 '憂'로 되어 있다. 이 두 자는 音이 서로 같아 혼용된 것으로 보이며, 어느 자가 옳은지는 알 수 없다.

長息은 公明高의 제자이고, 公明高는 曾子의 제자이다. 旻天은 가을 하늘이니, 음울

한 기운을 지니고 있다. 그러므로 민천에 호소한 것이다. 공명고는 長息의 질문이 본래의 뜻을 파악하지 못한 것을 잘못으로 여겼기 때문에 "자네가 이해할 수 있는 것이 아니다."라고 한 것이다.

夫公明高는 以孝子之心이 爲不若是恝(괄)이라

저 공명고는 효자의 마음이란 이처럼 근심이 없을 수 없는 것이라고 생각한 것이다.

【注】恝은 無愁之貌라 孟子가 以萬章之問으로 難自距之라 故爲言高息之(問)〔相〕[1]對如此라 夫公明高以爲孝子不得意於父母면 自當怨悲니 豈可恝恝然無憂哉리오 因(以)〔爲〕[2]萬章具陳其意耳라

1) (問)〔相〕: 저본에는 '問'으로 되어 있으나, 阮元의 〈校勘記〉에 의거하여 '相'으로 바로잡았다.
2) (以)〔爲〕: 저본에는 '以'로 되어 있으나, 廖本·孔本·韓本·考文古本에 의거하여 '爲'로 바로잡았다.

'恝'은 근심이 없는 모양이다. 맹자가 萬章의 질문에 자신의 말로 부정하기가 곤란하였으므로 이와 같이 公明高와 長息의 대화를 언급한 것이다. 公明高의 생각에, 孝子가 부모에게 마음을 얻지 못하면 의당 자신을 원망하고 슬퍼해야 할 것이니, 어찌 아무런 근심도 없이 편히 지낼 수 있겠느냐고 여긴 것이다. 그래서 萬章을 위해 그 뜻을 자세히 진술한 것이다.

我竭力耕田하여 共爲子職而已矣로대 父母之不我愛는 於我何哉오하니라

내가 온 힘을 다해 밭을 갈아서 자식의 직분을 다하였는데도 부모가 나를 사랑해주지 않으시니 이는 나에게 무슨 잘못이 있어서 그런 것이 아닌지 생각한 것이다.

【注】我共人子之事로대 而父母不我愛는 於我之身에 獨有何罪哉오하니 自求責於己而悲感焉이라

내가 자식으로서의 할 일을 다하는데도 부모가 나를 사랑해주지 않으시니 이는 내

자신에게 무슨 잘못이 있어서 그런 것이 아니냐고 생각한 것이니, 스스로 자신에게서 그 책임을 구하면서 슬퍼한 것이다.

帝使其子九男二女로 百官牛羊倉廩을 備하여 以事舜於畎畝之中[1]하시니

1) 帝使其子九男二女……以事舜於畎畝之中 : 이 구절에 대해 趙岐는 '堯임금이 아홉 아들과 두 딸과 百官을 보내 舜을 섬기게 한 것'으로 주해한 반면, 孫奭은 '堯임금이 아홉 아들과 두 딸에게 百官과 牛羊과 倉廩을 딸려 보내 舜을 섬기게 한 것'으로 주해하였다.

堯임금이 자기 자식인 아홉 아들과 두 딸로 하여금 百官과 牛羊과 倉廩을 갖추어 舜을 들 가운데서 섬기게 하니,

堯

【注】 帝는 堯也라 堯使九子事舜以爲師하고 以二女妻舜하며 百官致牛羊倉廩하고 致粟米之餼하여 備具饋禮하여 以奉事舜於畎畝之中하니 由是로 遂賜舜以倉廩牛羊하여 使得自有之라 堯典에 曰 釐降二女라하고 不見九男하니 孟子時엔 尙書凡百二十篇에 逸書有舜典之敍하여 亡失其文이라 孟子諸所言舜事는 皆(堯)〔舜〕典(及)逸書[1]所載라 獨丹朱는 以胤嗣之子로 臣下以距堯求禪이요 其餘八庶는 無事라 故로 不見(현)於堯典하니 猶晉獻公之子九人에 五人은 以事見於春秋요 其餘四子는 亦不復見(현)於經이라

1) (堯)〔舜〕典(及)逸書 : 저본에는 '堯典及逸書'로 되어 있으나, 段玉裁의 ≪尙書撰異≫에 의거하여 '舜典逸書'로 바로잡았다.(阮元의 〈校勘記〉 참조)

帝는 堯임금이다. 堯임금이 아홉 아들로 하여금 舜을 섬겨 스승으로 삼게 하고 두 딸을 보내 舜의 아내로 삼게 하였고, 百官으로 하여금 牛羊과 倉廩을 보내고 먹을 곡식을 보내 음식접대의 예를 갖추어 들 가운데서 舜을 섬기게 하니, 이로 말미암아 마침내 倉廩과 牛羊을 舜에게 하사함으로써 舜이 스스로 소유하게 한 것이다.

〈堯典〉에는 "두 딸을 시집보냈다."는 말만 있고 아홉 아들에 대해서는 보이지 않는다. 이는 맹자 당시에 ≪尙書≫가 총120편 남아 있었는데, 逸書 가운데 〈舜典〉의 敍만

있고 본문은 亡失되었기 때문이다. 맹자가 여러 곳에서 언급한 舜의 사적은 모두 逸書인 〈舜典〉에 기록된 내용들이다. 다만 丹朱의 경우는 맏아들로서 신하들이 堯임금의 뜻과는 반대로 그에게 禪位할 것을 요구했던 인물이었고, 나머지 여덟 아들들은 구체적 사건이 없어 〈堯典〉에 보이지 않는다. 이는 마치 晉 獻公의 아들 아홉 명 가운데 다섯 명은 구체적 사건이 있어 ≪春秋≫에 보이지만 나머지 네 아들은 더 이상 경전에 보이지 않는 것과 같다.

天下之士多就之者어늘 **帝將胥**[1]**天下而遷之焉**이러시니 **爲不順於父母**라 **如窮人無所歸**러시다

1) 胥 : 趙岐는 '胥'를 '須' 즉 '기다리다'는 의미로 주해하였으나, 朱熹는 ≪孟子集註≫에서 '相視'로 보아 '살펴보다'는 의미로 주해하였다.

천하의 선비들이 대부분 舜에게 나아갔으므로 堯임금이 천하가 모두 다스려지기를 기다려 帝位를 〈舜에게〉 禪讓하려 하였는데, 舜은 부모에게 사랑을 받지 못하여 마치 궁지에 몰린 사람이 돌아갈 곳이 없는 것처럼 몸 둘 바를 몰라 하였다.

【注】天下之善士가 多就舜而悅之라 胥는 須也라 堯須天下悉治하여 將遷位而禪之라 順은 愛也니 爲不愛於父母하여 其爲憂愁가 若困窮之人無所歸往也라

천하의 善士들이 대부분 舜에게 나아가 순을 좋아하여 따른 것이다. 胥는 '기다린다〔須〕'는 뜻이다. 堯임금이 천하가 모두 다스려지기를 기다려 장차 제위를 舜에게 禪讓하려고 한 것이다. '順'은 사랑한다는 뜻이다. 부모에게 사랑을 받지 못하여 근심하는 것이 마치 궁지에 몰린 사람이 돌아갈 곳이 없는 것과 같다는 것이다.

天下之士悅之는 **人之所欲也**어늘

천하 사람들이 자신을 좋아하여 따르는 것은 사람들이 모두 바라는 바였으나

【注】欲은 貪也라

'欲'은 강하게 바라는 것이다.

而不足以解憂하시며 **好色**은 **人之所欲**이어늘 **妻帝之二女**하시되 **而不足以解憂**하시며 **富**는 **人之所欲**이어늘 **富有天下**하시되 **而不足以解憂**하시며 **貴**는 **人之所欲**이어늘 **貴爲天子**하시되 **而不足以解憂**하시니 **人悅之**와 **好色**과 **富貴**로도 **無足以解憂者**는 **惟順於父母**라야 **可以解憂**러시다

이것으로 그의 근심을 풀 수가 없었으며, 아름다운 여인을 얻는 것은 사람들이 모두 바라는 바였으나 堯임금의 두 딸을 아내로 삼았음에도 그의 근심을 풀 수가 없었으며, 부유함은 사람들이 모두 바라는 바였으나 그 부유함이 天下를 소유하였음에도 근심을 풀 수가 없었으며, 존귀함은 사람들이 모두 바라는 바였으나 그 존귀함이 天子의 지위에 올랐음에도 근심을 풀 수가 없었다. 사람들이 좋아하여 따르는 것과 아름다운 여인을 얻는 것과 부유하고 존귀해지는 것을 성취하고서도 근심을 풀 수 없었던 것은 오직 부모에게 사랑을 받아야만 근심을 풀 수 있었기 때문이다.

【注】 言爲人所悅하여 將見禪爲天子라도 皆不足以解憂요 獨見愛於父母라야 爲可以解己之憂라

사람들의 지지를 얻어 선양을 받아 天子가 된다 하더라도 그 모든 것이 자신의 근심을 풀 수 없었으며, 오직 부모에게 사랑을 받아야만 자신의 근심을 풀 수 있었음을 말한 것이다.

人少則慕父母하다가 **知好色則慕少艾**하고 **有妻子則慕妻子**하고 **仕則慕君**하고 **不得於君則熱中**이니

사람들이 어릴 때는 부모를 사모하다가 여색을 알게 되면 젊고 아름다운 여자를 사모하고, 처자를 두게 되면 처자를 사모하고, 벼슬에 나가게 되면 군주를 사모하고, 군주에게 신임을 얻지 못하면 속을 태운다.

【注】 慕는 思慕也라 人少는 年少也라 艾는 美好也라 不得於君은 失意於君也요 熱中은 心熱恐懼也니 是乃人之情이라

'慕'는 사모하는 것이다. '人少'는 나이가 적다는 뜻이다. '艾'는 아름답다는 뜻이다. '不得於君'은 군주의 마음을 얻지 못했다는 뜻이요, '熱中'은 마음이 애가 타서 두려워하는 것이니, 이것이 바로 사람의 마음이다.

大孝는 **終身慕父母**하나니 **五十而慕者**를 **予於大舜**에 **見之矣**로라

大孝는 종신토록 부모를 사모하였나니, 50세가 되어서도 부모를 사모하는 모습을 위대한 舜에게서 나는 보았다."

【注】 大孝之人은 終身慕父母하니 若老萊子는 七十而慕하여 衣五綵之衣하여 爲嬰兒匍匐於父母前也한대 我於大舜에 見五十而尙慕父母라 書에 曰 舜生三十徵庸하고 (三)〔二〕[1] 十在位라하니 在位時尙慕라 故로 言五十也라

1) (三)〔二〕: 저본에는 '三'으로 되어 있으나, 阮元의 〈校勘記〉에 의거하여 '二'로 바로잡았다. 阮元의 〈校勘記〉에 의하면, 閩本·監本·毛本에는 '五'로 되어 있고, 考文古本에는 '二'로 되어 있다. 또한 원출처인 ≪尙書≫의 경우, ≪古文尙書≫에는 '三'으로 되어 있고 ≪今文尙書≫에는 '二'로 되어 있다. 그런데 趙岐의 설이 논리적으로 성립하려면 '二'가 되어야 한다. 舜이 30세에 등용되고, 등용된 지 20년 만에 帝位에 올라야 50세에 帝位에 오른 것이 되기 때문이다. 결국 趙岐가 당시에 본 ≪尙書≫에는 '二'로 되어 있었던 것이다.

大孝克諧圖

大孝를 실천한 사람은 종신토록 부모를 사모한다. 老萊子의 경우 70세가 되어서도 부모를 사모하여

오색의 색동옷을 입고 갓난아기처럼 부모 앞에서 기어다녔는데, 50의 나이에도 여전히 부모를 사랑하는 모습을 나는 위대한 舜에게서 보았다. ≪尙書≫에 이르기를, "舜이 태어난 지 30년 만에 부름을 받아 등용되었고 그 후 20년 만에 帝位에 올랐다."라고 하였으니, 帝位에 있을 때에도 여전히 부모를 사모하였으므로 50세라 한 것이다.

【疏】'萬章問舜往于田'至'予於大舜見之矣'. ○ 正義曰：此章言(大)〔夫〕[1]孝, 百行之本, 無物以先之, 雖富有天下, 而不能取悅於其父母.[2] '萬章問曰, 舜往于田, 號泣于旻天, 何爲其號泣也'者, 萬章問孟子, 謂舜往耕于田, 乃號泣于旻天, 是何爲其號泣於此也. 旻天, 秋天之號也, 以其情主乎憫也, 爾雅曰 "秋曰旻天"[3]是也. '孟子曰, 怨慕也', 孟子答之曰 "舜所以號泣于田者, 自怨遭父母之惡(오)而思慕之也."

1) (大)〔夫〕: 저본에는 '大'로 되어 있으나, 四庫全書本과 北京大本에 의거하여 '夫'로 바로잡았다.
2) 此章言(大)〔夫〕孝……而不能取悅於其父母 : 北京大本에는 "이 장의 章指는 다음과 같다. 무릇 孝는 모든 행실의 근본이요 모든 일에 앞서는 것이므로 부유함이 천하를 소유했다 하더라도 그 부모를 기쁘게 해드리지 못하면 아무 소용이 없다. 효도가 밝게 드러나게 되면 온 세상이 仁德에 귀복할 것이다.〔此章指言夫孝 百行之本 無物以先之 雖富有天下 而不能取悅於其父母 莫有可也 孝道明著 則六合歸仁矣〕"라고 하였다.
3) 秋曰旻天 : ≪爾雅≫ 〈釋天〉에서 봄 하늘은 蒼天, 여름 하늘은 昊天, 가을 하늘은 旻天, 겨울 하늘은 上天이라 부른다고 하였는데, 晉나라 郭璞은 旻天에 대한 주석에서 "'旻'은 '愍(슬퍼하다)'과 같으니, 만물이 시들어 떨어지는 것을 슬퍼한 것이다〔旻 猶愍也 愍萬物彫落〕"라고 풀이하였다.

經의 〔萬章問舜往于田〕에서 〔予於大舜見之矣〕까지

○ 正義曰 : 이 장은, 무릇 孝는 모든 행실의 근본이요 모든 일에 앞서는 것이므로 〈효도하지 않으면〉 부유함이 천하를 소유했다 하더라도 그 부모에게 기쁨을 드리지 못함을 말한 것이다.

〔萬章問曰 舜往于田 號泣于旻天 何爲其號泣也〕 萬章이 맹자에게 묻기를, 舜이 밭에 나가 농사를 지을 때 旻天을 부르며 울부짖었는데, 무엇 때문에 旻天을 부르며 울부짖은 것이냐고 한 것이다. 旻天은 가을 하늘을 지칭한다. 가을에 사람의 감정이 슬픔에 젖기 때문이다. ≪爾雅≫에서 "가을 하늘을 旻天이라고 한다."고 한 것이 이에 해당한다.

〔孟子曰 怨慕也〕 맹자가 답하기를, "舜이 밭에서 울부짖은 까닭은 부모의 미움을 받은 자신을 원망하고 부모를 사모한 것이다."라고 한 것이다.

'萬章曰, 父母愛之'至'怨乎', 萬章又曰 "父母以慈愛愛息其子, 子則當喜悅而不敢忘其父母之所愛, 父母惡(오)之, 其子亦當勤勞奉事之而不可怨恨父母. 今舜若是, 則舜誠有怨恨父母乎."

〔萬章曰 父母愛之〕에서 〔怨乎〕까지

만장이 다시 "부모가 慈愛로써 그 자식을 사랑하면 자식은 마땅히 기뻐하여 부모의 사랑을 감히 잊지 말아야 할 것이며, 부모가 미워하더라도 그 자식은 여전히 부모를 열심히 받들어 모시면서 원망하는 마음을 가져서는 안 될 것이다. 그런데 舜이 이와 같이 행동하였으니, 舜이 진실로 부모를 원망하는 마음을 가지고 있어서 그런 것이냐."고 물은 것이다.

'曰, 長息問於公明高'至'是非爾所知也', 孟子難以自爲言拒之, 乃托以長息問公明高之言而答也. 言長息常問公明高曰 "舜往于田, 則我旣以得聞教命矣, 號泣于旻天, 則我不能知也, 故問之." 公明高乃答之曰 "此非爾所能知者也." 以其所問不得其義, 故答之此也. '夫公明高以孝子之心爲不若是恝'至'於我何哉'者, 孟子又言"夫公明高以謂孝子之心, 有不得意於父母, 爲不若此恝恝然而無憂也, 以其有不得父母意, 故有是怨也. 其舜必謂我竭盡其力而耕作田業, 以供爲子之事, 以奉養父母, 而父母今反不我愛恤, 誠於我有何罪哉. 故自求責於己, 而號泣怨慕也."

〔曰 長息問於公明高〕에서 〔是非爾所知也〕까지

맹자가 자신의 말로 부정하기가 곤란하였으므로 장식이 공명고에게 질문한 말을 가지고 이에 의탁하여 대답한 것이다. 장식이 일찍이 공명고에게 묻기를, "舜이 밭으로 나간 것에 대해서는 제가 이미 선생님께 가르침을 들었습니다만, 하늘을 부르며 울부짖었다는 것에 대해서는 제가 이해하지 못하겠기에 묻습니다."라고 한 것이다. 공명고가 이에 대답하기를, "이것은 자네가 이해할 수 있는 것이 아니다."라고 하였는데, 그가 질문한 것이 본래의 뜻을 파악하지 못하였기 때문에 이렇게 대답한 것이다.

〔夫公明高以孝子之心爲不若是恝〕에서 〔於我何哉〕까지

맹자가 다시 "공명고의 생각에 孝子의 마음은 부모에게 마음을 얻지 못하면 이렇게 아무런 근심도 없이 지내서는 안 된다고 여겼으니, 부모의 마음을 얻지 못했기 때문에 이런 원망을 한 것이다. 舜은 틀림없이 '내가 온 힘을 다해 밭을 갈아 자식으로서의 할 일을 하고 이를 통해 부모를 봉양하였는데도 부모가 지금 반대로 나를 사랑해 주지 않으시니 진실로 나에게 무슨 잘못이 있는 것이 아니냐.'고 생각하였기 때문에 스스로 자신에게서 그 책임을 구하여 울부짖고 怨慕한 것이다."라고 말한 것이다.

'帝使其子九男二女'至'予於大舜見之矣'. 孟子至此, 乃繼其言而答萬章, 言(舜)[4]堯帝使其子九男與二女, 兼百官及牛羊倉廩皆備具, 以事舜於畎畝之中, 天下之善士多就歸舜而悅之者, 堯帝又將須以天下而遷位讓之, 其舜尙以有不得愛於父母, 其亦憂愁, 若窮困苦極之人無所歸告者矣. 且天下之善士悅而就之, 是人之所皆欲也, 而尙不足以解舜之憂, 好色之女, 是人之所皆欲者也, 妻以堯帝之二女, 而尙亦更不足以解舜之憂, 富是人之所皆欲者也, 而堯以百官牛羊倉廩備以事之, 而尙亦不足以解舜之憂, 貴是人之所皆欲者也, 而堯將以天下遷而讓之而爲天子, 尙亦更不足以解其憂. 凡以人悅之・好色・富・貴此數者, 皆無足以解舜之憂, 惟得於父母然後可以解其憂. 夫人少小之時則知思慕父母, 及長知好其女色則思慕其少艾, 有妻子則思慕其妻子, 至於爲仕則思慕其君, 如不得遇於君, 則熱中心而恐懼之也, 是則人之常情如此. 如爲大孝者, 則終身思慕父母而不忘也. 然則孟子言至於五十之歲者而思慕父母而不敢忘者, 我於大舜見之矣. 故歷以此答其萬章之問.

1) (舜) : 저본에는 '舜'이 있으나, 監本과 毛本에 의거하여 衍文으로 처리하였다.

〔帝使其子九男二女〕에서 〔予於大舜見之矣〕까지

맹자가 이 구절에 이르러 이전의 말을 이어받아 다시 萬章에게 대답한 것이다. 즉, 堯임금이 자식인 아홉 명의 아들과 두 명의 딸을 시켜 百官과 牛羊과 倉廩을 모두 갖추고서 舜을 밭에서 섬기게 하니, 천하의 善士들이 대부분 舜에게 나아가 귀의하여 따랐고 堯임금이 다시 천하가 다스려지기를 기다려 帝位를 禪讓하려고 하였는데, 舜은 그때까지도 부모에게 사랑을 받지 못하여 마치 궁지에 몰린 사람이 돌아가 하소연할 곳이 없는 것처럼 근심하였다.

게다가 천하의 善士들이 자신을 좋아하여 따르는 것은 사람들이 모두 바라는 바였으나 이것으로 舜의 근심을 풀 수가 없었으며, 아름다운 여인을 얻는 것은 사람들이 모두 바라는 바였으나 堯임금의 두 딸을 아내로 삼았음에도 여전히 舜의 근심을 풀 수 없었으며, 부유함은 사람들이 모두 바라는 바였으나 堯임금이 〈아홉 아들과 두 딸을 시켜〉 百官과 牛羊과 倉廩을 갖추어 舜을 섬기게 하였음에도 여전히 舜의 근심을 풀 수가 없었으며, 존귀함은 사람들이 모두 바라는 바였으나 堯임금이 舜에게 천하를 양보하여 天子가 되었음에도 여전히 그 근심을 풀 수가 없었다. 무릇 사람들이 자신을 좋아하여 따르는 것과 아름다운 여인을 얻는 것과 부유하고 존귀해지는 것 등 이 몇 가지가 모두 舜의 근심을 풀어주지 못했고 오직 부모에게 사랑을 받은 뒤에야 그 근심을 풀 수 있었다.

사람이 어릴 때는 부모를 사모할 줄 알고 성장하여 여색을 알게 되면 젊고 아름다운 여자를 사모하고, 처자를 두게 되면 처자를 사모하고, 벼슬살이를 하게 되면 그 군주를 사모하고, 만약 군주에게 인정을 받지 못하면 애를 태우며 두려워한다. 이는 사람들의 일반적인 마음이 그러한 것이다. 大孝를 실천한 사람은 종신토록 부모를 사모하여 잊지 않는다. 그러므로 50세가 되어서도 부모를 사모하여 감히 잊지 않는 모습을 내가 위대한 舜에게서 보았다고 맹자가 말한 것이다.

이러한 내용으로 만장의 질문에 차례대로 답변하였다.

【疏】 ○ 注'耕於歷山.' ○ 正義曰：上卷首章已說詳矣.

○ 注의 〔耕於歷山〕

○ 正義曰：上卷(〈離婁 下〉)의 首章에서 이미 상세히 설명하였다.

【疏】 ○ 注'堯典'至'不復見'. ○ 正義曰：云"堯典曰 '釐降二女', 不見九男. 惟丹朱胤嗣之子, 臣下以距堯求禪, 其餘八庶無事, 故不見" 二女, 卽娥皇·女英是也. 案尙書堯典, "放齊曰 '胤子朱, 啓明.' 帝曰 '吁, 嚚訟, 可乎.'" 孔安國云 "胤, 國名. 子, 爵. 朱, 胤子之名也." 益稷云 "無若丹朱傲." 孔注云 "丹朱, 堯之子." 是堯九子, 但見丹朱一人矣. 其餘八子, 亦未詳, 以其經傳無見爲云. 如晉獻公九人, 以事見(현)於春秋, 餘四子亦(不)〔無〕[1]所見者. 按魯莊公二十八年左傳云 "晉獻公娶於賈, 無子, 烝於齊姜, 生秦穆夫人及太子申生. 又娶二女於戎, 大戎生重耳, 小戎子生夷吾. 晉伐驪戎, 驪戎男女以驪姬[2], 歸, 生奚齊, 其娣生卓子." 凡此九人, 但見其此, 卽此五人是也. 云"獻公有九人", 按史記世家云 "獻公有子九人, 而太子申生·重耳·夷吾皆有賢行." 以此則知獻公有子九人而已. 其餘四者, 亦以經傳無見焉.

1) (不)〔無〕: 저본에는 '不'로 되어 있으나, 阮元의 〈校勘記〉에 의거하여 '無'로 바로잡았다.
2) 驪戎男女以驪姬 : '男'은 작위명이고 '女'는 여자를 바친다는 뜻이다.(≪春秋左氏傳注疏≫)

○ 注의 〔堯典〕에서 〔不復見〕까지

○ 正義曰 : 注에서 "〈堯典〉에는 '두 딸을 시집보냈다'는 말만 있고 아홉 아들에 대해서는 보이지 않는다. 다만 丹朱의 경우는 맏아들로서 신하들이 堯임금의 뜻과는 반대로 그에게 禪位할 것을 요구했던 인물이었고, 나머지 여덟 아들들은 사건이 없어 보이지 않는다."라고 하였는데, 여기에서 두 딸은 娥皇과 女英이다.

≪尙書≫ 〈虞書 堯典〉에 "放齊가 이르기를, '胤子 朱가 啓明합니다.'라고 하니, 堯임금이 '아! 그는 어리석고 다투기를 좋아하니 가능하겠는가?' 하였다."라고 하였는데, 이에 대해 孔安國이 이르기를, "胤은 나라 이름이고 子는 작위이고, 朱는 胤子의 이름이다."라고 하였다. 〈虞書 益稷〉에 이르기를, "丹朱처럼 오만하지 말라"고 하였는데, 이에 대한 孔安國의 주에 이르기를, "丹朱는 堯의 아들이다."라고 하였으니, 堯의 아홉 아들 가운데 단지 丹朱 한 사람만 나온다. 그 나머지 여덟 아들은 또한 미상인데, 經傳에 아무런 기사도 보이지 않기 때문이다.

이는 晉 獻公의 아들 9명 〈가운데 5명〉은 구체적 사건이 있어 ≪春秋≫에 보이고 나머지 네 아들은 보이는 곳이 없는 것과 같다. 상고해보건대, ≪春秋左氏傳≫ 魯 莊公 28년에, "晉 獻公이 賈나라로부터 부인을 맞이했으나 아들이 없었고, 〈아버지의 첩인〉 齊姜과 간음하여 秦 穆公의 부인과 太子 申生을 낳았다. 또 戎으로부터 두 여인을 맞아들였는데, 그중에 大戎은 重耳를 낳고 小戎은 夷吾를 낳았다. 晉나라가 驪戎을 정벌하자 여융의 제후가 驪姬를 바치니, 〈진 헌공이 여희를 데리고〉 돌아와 奚齊를 낳았으며, 그녀의 여동생이 卓子를 낳았다."라고 하여 9명 가운데 단지 이 사람들만 보이니, 바로 이 다섯 명이 그들이다.

獻公에게 아들 9명이 있었다고 말한 것은 상고해보건대 ≪史記≫ 〈晉世家〉에서 "헌공에게 아들 9명이 있었는데, 그 가운데 태자 申生, 重耳, 夷吾는 모두 훌륭한 행실이 있었다."라고 하였으니, 이로써 보면 獻公은 아들이 아홉 명뿐임을 알 수 있다. 그 나머지 네 사람은 經傳에 보이지 않는다.

【疏】 ○ 注'慕, 思慕'至'人之情'. ○ 正義曰 : 云'少, 年少也. 艾, 美好也'者, 蓋世之傳[1]孟子者, 以少女爲少艾也. 按說文云 "艾, 老也, 長也." 又按禮記云 "五十曰艾." 是則艾誠老長之稱也, 謂之少艾, 安可乎. 是則云艾美好也者, 又不知何據爲之誤也. 殆亦未可知.

1) 傳 : 주석의 의미이다.

○ 注의 〔慕 思慕〕에서 〔人之情〕까지

○ 正義曰 : 〔少 年少也 艾 美好也〕 대체로 세상의 ≪孟子≫ 주석가들은 少女, 즉 '젊은 여자'란 의미로 少艾를 풀이하고 있다. 그런데 상고해보건대 ≪說文解字≫에서 "'艾'는 '늙었다' '나이가 많다'는 뜻이다."라고 하였고, 또 상고해보건대 ≪禮記≫ 〈曲禮〉에서는 "나이 50을 '艾'라 한다."라고 하였다. 이렇게 본다면 '艾'는 진실로 늙고 나이가 많은 사람을 일컫는 말이니, '少艾'라고 말하는 것이 어찌 가능하겠는가. 그렇다면 '艾'를 아름답다는 의미로 풀이한 것은 또한 무엇에 근거하여 오류를 범한 것인지 모르겠다. 자못 알 수 없는 일이다.

【疏】 ○ 注'老萊子七十而慕'至'書曰, 舜生三十徵庸, 三十在位'. ○ 正義曰 : '云老萊子'者, 按高士傳云, "老萊子, 楚人, 少以孝行, 養親極甘脆, 年七十, 父母猶存, 萊子服荊蘭之衣, 爲嬰兒戲親前, 言不稱老. 爲親取食上堂, 足跌而偃, 因爲嬰兒啼, 誠至發中. 楚室方亂, 乃隱耕於蒙山之陽. 著書號萊子, 莫知所終." 又云老萊著(착)五綵 -五色斑爛(반란)[1]- 之衣, 出列女傳, 文今不載.

1) 五色斑爛(반란) : 앞의 '五綵'를 부연 설명한 말이다.

○ 注의 〔老萊子七十而慕〕에서 〔書曰 舜生三十徵庸 三十在位〕까지

○ 正義曰 : 〔老萊子〕 상고해보건대 ≪高士傳≫에 이르기를, "老萊子는 楚나라 사람으로 젊었을 적에 孝行이 뛰어나 제일 맛있는 음식으로 부모를 봉양하였으며, 나이 70에도 부모가 생존해 계시자 노래자가 색동옷을 입고 부모 앞에서 아이처럼 재롱을 부렸고, 말을 할 때는 늙었다는 말을 입에 담지 않았다. 부모를 위해 음식을 가지고 堂에 오르다 발이 겹질려 넘어지자 어린 아이처럼 울기도 하였으니, 그 지극한 정성이 마음속에서 우러나왔다. 초나라 왕실이 혼란해지자 蒙山의 남쪽에 은거해 농사를 지었다. 저서를 ≪萊子≫라 불렀으며, 그가 어디에서 죽었는지는 모른다."라고 하였다. 또 노래자가 五綵, 즉 오색의 색동옷을 입었다는 내용이 ≪列女傳≫에 나온다고 하였는데, 그 내용이 지금의 책에는 수록되어 있지 않다.

2. 萬章問曰 詩云 娶妻如之何오 必告父母라하니 信斯言也인댄 宜莫如舜이니 舜之不告而娶는 何也잇고

萬章이 물었다. "≪詩經≫에 이르기를, '장가를 들려면 어찌해야 하는가? 반드시 부모에게 고하여야 한다.'라고 하였습니다. 이 말대로라면 의당 舜처럼 하지 말았어야 합니다. 舜이 고하지 않고 장가를 든 것은 어찌된 일입니까?"

【注】詩는 齊風南山之篇이라 言娶妻之禮에 必告父母라 舜合信此詩之言이어늘 何爲違禮하여 不告而娶也오

詩는 〈齊風 南山〉편이다. 장가를 드는 예에 의하면 반드시 부모에게 고하여야 한다. 순은 이 시의 말대로 했어야 하거늘 어찌하여 예를 어겨가면서 부모에게 고하지도 않고 장가를 들었냐는 말이다.

孟子曰 告則不得娶하시리니 男女居室은 人之大倫也니 如告則廢人之大倫하여 以懟父母라 是以不告也시니라

맹자가 대답했다. "고하게 되면 장가를 들 수 없었기 때문이다. 남녀가 혼인하여 한 방에 동거하는 것은 가장 큰 人倫이다. 만약 부모에게 고했다면 가장 큰 인륜을 무너뜨려 부모를 원망하게 되었을 것이다. 그래서 고하지 않은 것이다."

【注】舜이 父頑母嚚(은)하여 常欲害舜하니 告則不聽其娶하리니 是는 廢人之大倫하여 以怨懟於父母也라

舜은 아비는 완악하고 어미는 어리석어 항상 舜을 해치려고 하였으므로 부모에게 고하게 되면 장가드는 것을 허락해주지 않았을 것이다. 이는 가장 큰 인륜을 무너뜨려 부모를 원망하게 만드는 것이다.

萬章曰 舜之不告而娶는 則吾旣得聞命矣어니와 帝之妻舜而不告는 何也잇고

萬章이 물었다. "舜임금이 고하지 않고 장가를 든 것에 대해서는 제가 이미 선

생님께 가르침을 들었습니다만, 堯임금이 딸을 舜에게 시집보내면서 舜의 부모에게 알리지 않은 것은 무엇 때문입니까?"

【注】禮에 娶須五禮[1)]하여 父母先答以辭어늘- 是相告也[2)]라- 帝는-謂堯[3)]라- 何不告舜父母잇고

1) 娶須五禮 : 혼례에서 신랑이 신부를 맞이해 오는 親迎 이전에 이루어지는 다섯 가지 절차로서, 納采·問名·納吉·納徵·請期를 가리킨다. 納采는 신랑 쪽에서 신부 쪽에 혼인의 의사를 통보하는 것이고, 問名은 신부의 운수를 점칠 때 신부 모친의 성명을 묻는 것이다. 納吉은 신랑 쪽에서 점을 쳐서 吉卦가 나왔다고 신부 쪽에 알리는 것이고, 納徵은 신부의 집에 폐백을 보내는 것이며, 請期는 혼인 날짜를 정하여 신부 쪽에 그 가부를 묻는 것이다.

2) 是相告也 : 앞의 '娶須五禮 父母先答以辭'를 부연 설명한 것이다.

3) 謂堯 : 앞의 '帝'를 부연 설명한 것이다.

禮法에 장가를 들 때는 다섯 가지 예를 갖추어 부모가 먼저 글로써 응답을 해야 하거늘-서로 고하는 것이다.- 帝-堯임금을 이른다.-는 어찌하여 舜의 부모에게 고하지 않았느냐는 말이다.

曰 帝亦知告焉이면 則不得妻也시니라

맹자가 대답했다. "堯임금 또한 〈舜의 부모에게〉 고하면 딸을 시집보내지 못할 것임을 알았기 때문이다."

【注】帝堯知舜大孝하니 父母止之하여 舜不敢違면 則不得妻之라 故로 亦不告也라

堯임금은 舜이 효성이 지극하니 부모가 만류하여 舜이 감히 어기지 못하면 딸을 시집보내지 못할 것임을 알았기 때문에 堯임금 또한 舜의 부모에게 고하지 않았던 것이다.

萬章曰 父母使舜으로 完廩捐階하고 瞽瞍(고수)焚廩하며 使浚井하여 出커시늘 從而揜之하고

萬章이 물었다. "舜의 부모가 舜으로 하여금 창고 지붕을 수리하게 한 다음 사다리를 건어치우고 瞽瞍가 창고에 불을 질렀으며, 舜으로 하여금 우물을 파게

한 다음 舜이 나오려 하자 쫓아가 우물을 덮어버렸습니다.

【注】完은 治요 廩은 倉이요 階는 梯也라 使舜登廩屋하여 而捐去其階하고 焚燒其廩也라 一說에 捐[1]階는 舜卽旋從階下니 瞽瞍不知其已下故로 焚廩也라하니라 使舜浚井한대 舜入而卽出이로되 瞽瞍不知其已出하여 從而蓋揜其井하여 以爲舜死矣라

1) 捐 : 저본에는 '捐'으로 되어 있으나, 宋本·孔本·韓本·考文古本과 焦循의 ≪孟子正義≫에는 '旋'으로 되어 있다.(阮元의 〈校勘記〉 참조)

完은 수리하는 것이고 廩은 창고이며 階는 사다리이다. 舜으로 하여금 창고 지붕 위로 올라가게 한 다음 사다리를 걷어치우고 창고에 불을 지른 것이다. 一說에 '捐階'는 舜이 곧바로 사다리를 타고 내려왔다는 뜻이니, 瞽瞍는 舜이 이미 내려온 줄을 몰랐기 때문에 창고에 불을 지른 것이라고 하였다. 또 瞽瞍가 舜으로 하여금 우물을 파게 하였는데 舜이 들어가자마자 곧바로 나왔다. 瞽瞍는 舜이 이미 나온 줄을 모르고서 쫓아가 우물을 덮어버린 다음 舜이 죽었다고 생각한 것이다.

象曰 謨蓋(개)都[1]君은 咸我績이니

1) 都 : 趙岐는 '都'를 '於(오)' 즉 탄미하는 말로 주해하였으나, 朱熹는 ≪孟子集註≫에서 행정 구역의 하나인 '都'의 뜻으로 주해하였다.

象이 말하기를, '君을 덮어 죽이려고 계획한 것은 모두 나의 공적이니

【注】象은 舜異母弟也라 謨는 謀요 蓋는 覆(부)也라 都는 於(오)也라 君은 舜也라 舜有牛羊倉廩之奉이라 故로 謂之君이라 咸은 皆요 績은 功也라 象言謀覆於君而殺之者는 皆我之功이라하니 欲與父母로 分舜之有하되 取其善者라 故로 引爲己之功也라

象은 舜의 배다른 아우이다. '謨'는 계획하는 것이요, '蓋'는 덮는 것이다. '都'는 '於(감탄사)'의 의미이다. '君'은 舜을 가리킨다. 舜이 牛羊과 倉廩의 봉록을 소유하고 있었으므로 '君'이라 이른 것이다. '咸'은 '모두'란 의미이고 '績'은 공적을 뜻한다. 象이 말하기를, '君을 덮어서 죽이려고 계획한 것은 모두 나의 공적이다.'라고 하였으니, 부모와 함께 舜의 소유물을 나누어 가지되 그 가운데 좋은 것을 취하려는 마음이 있었기 때문에 이를 끌어다 자신의 공적으로 삼은 것이다.

牛羊父母요 **倉廩父母**요

牛羊은 부모에게 드리고 倉廩도 부모에게 드리고

【注】欲以牛羊倉廩與其父母라

牛羊과 倉廩을 부모에게 주려고 한 것이다.

干戈朕이요 **琴朕**이요 **弤**(저)**朕**이요 **二嫂**는 **使治朕棲**하리라하고

干戈와 거문고와 활은 내가 차지하고 두 형수는 나의 침상을 돌보게 하겠다.'라고 하고는

【注】干은 楯이요 戈는 戟也라 琴은 舜所彈五弦琴也라 弤는 彫弓也라 天子曰彫弓이니 堯禪舜天下라 故로 賜之彫弓也라 棲는 牀也라 二嫂는 娥皇女英이라 使治牀은 欲以爲妻也라

干은 방패이고 戈는 창이다. 琴은 舜이 연주하던 五絃琴을 가리킨다. 弤는 彤弓(문양을 새긴 활)이다. 천자가 사용하는 활을 彫弓이라 하는데, 堯가 舜에게 천하를 물려주었기 때문에 彫弓을 하사한 것이다. 棲는 침상이다. 二嫂는 娥皇과 女英이다. 침상을 돌보게 한다는 것은 아내로 삼으려고 한 것이다.

象이 **往入舜宮**한대 **舜在牀琴**이어시늘 **象曰 鬱陶思君爾**라하고 **忸**(육)**怩**한대

象이 舜의 집에 들어갔더니 舜이 침상에서 거문고를 연주하고 있었습니다. 이에 象이 '마음이 울적하여 형님 생각이 났습니다.'라고 둘러대고는 부끄러운 표정을 지으니,

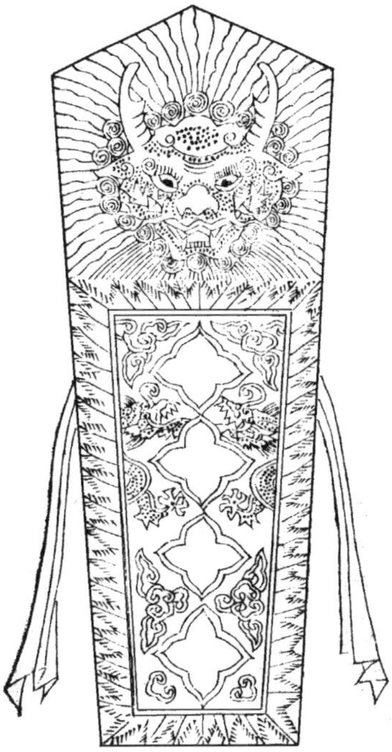
干

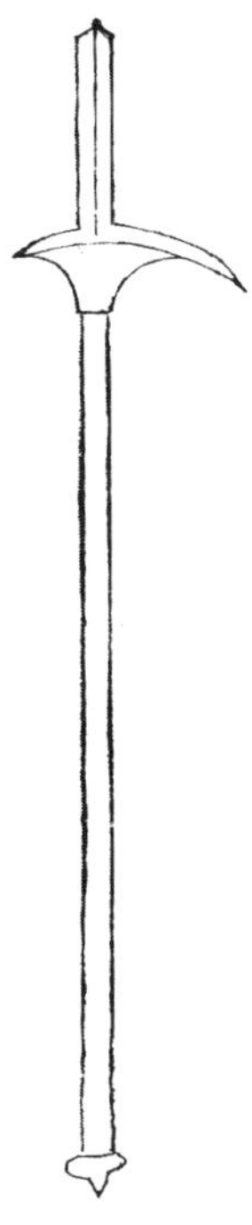
戈

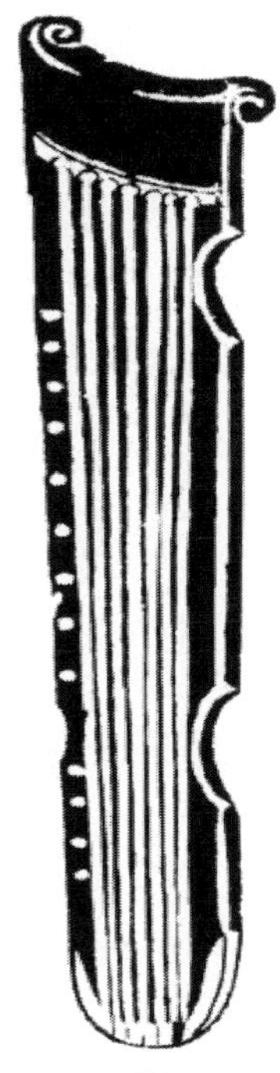
琴

【注】象이 見舜生在牀鼓琴하고 愕然反辭曰 我鬱陶思君이라 故로 來라하니라 爾는 辭也라 忸怩而慚하니 是其情也라

舜이 살아서 침상에서 거문고를 연주하는 모습을 象이 보고는 깜짝 놀라서 둘러대기를, "내가 마음이 울적하여 형님 생각이 나서 이렇게 찾아왔습니다."라고 한 것이다. '爾'는 어조사이다. 쭈뼛쭈뼛 부끄러워한 것은 그 실정이다.

舜曰 唯茲臣庶를 汝其于予治라하시니

舜이 발하기를 '생각건대 이 신하들을 네가 나를 도와 다스려라.'라고 하였으니

【注】茲는 此也라 象이 素憎舜하여 不至其宮也라 故로 舜이 見來而喜曰 惟念此臣衆을 汝故助我治事라하니라

'茲'는 '此'의 의미이다. 象이 평소 舜을 미워하여 그 집에 가지 않았기 때문에 舜이 그가 찾아온 것을 보고는 기뻐하여 '생각건대 이 신하들을 네가 나를 도와 다스려라.'고 한 것이다.

不識케이다 舜不知象之將殺己與잇가

잘 모르겠습니다만, 舜은 象이 자신을 죽이려고 한 사실을 몰랐단 말입니까?"

【注】萬章 言我不知舜不知象之將殺己與아 何爲好言順辭以答象也오

萬章이 말하기를 "내가 잘 모르겠지만 舜은 象이 자신을 죽이려고 한 사실을 몰랐단 말인가? 어찌하여 이렇게 듣기 좋고 부드러운 말로 象에게 응답한단 말이냐."고 한 것이다.

曰 奚而不知也시리오마는 象憂亦憂하시고 象喜亦喜하시니라

맹자가 대답했다. "어찌 몰랐겠는가마는 象이 근심하면 자기도 근심하였고 象이 기뻐하면 자기도 기뻐하였던 것이다."

【注】奚는 何也라 孟子曰 舜何爲不知象惡(오)己也리오 仁人이 愛其弟면 憂喜隨之라 象方

言思君이라 故로 以順辭로 答之라

奚는 '어찌'이다. 맹자가 말하기를, "舜이 어찌 象이 자신을 미워한다는 사실을 몰랐겠는가. 어진 사람이 그 아우를 사랑하게 되면 근심과 기쁨도 그에 따라 함께하게 된다."고 한 것이다. 象이 지금 형님 생각이 나서 왔다고 하였으므로 부드러운 말로 응답한 것이다.

曰 然則舜은 僞喜者與잇가

만장이 물었다. "그렇다면 舜이 거짓으로 기쁜 척한 것입니까?"

【注】(詐는 僞)〔僞는 詐〕[1]也라 萬章言 如是則爲舜行至誠而詐喜以悅人矣라

1) (詐 僞)〔僞 詐〕: 저본에는 '詐僞'로 되어 있으나, 焦循의 ≪孟子正義≫에 의거하여 '僞詐'로 바로잡았다.

'僞'는 거짓이다. 萬章이 말하기를, "그렇다면 진실하게 행동하는 舜이 거짓으로 기뻐하는 척하여 상대방의 기분을 맞춘 것이냐."고 한 것이다.

曰 否라 昔者에 有饋生魚於鄭子產이어늘 子產使校人畜(휵)之池한대 校人烹之하고 反命曰 始舍之하니 圉圉焉이러니 少則洋洋焉하여 攸然而逝하더이다 子產曰 得其所哉인저 得其所哉인저하여늘

맹자가 대답했다. "그렇지 않다. 옛날에 어떤 사람이 鄭나라 子產에게 살아있는 물고기를 선물하자 子產이 校人을 시켜 연못에서 기르게 하였는데 校人이 물고기를 삶아 먹고는 돌아와 보고하기를, '처음 풀어놓았을 때는 비실비실하더니 조금 있다가 팔팔해져 재빠르게 달아났습니다.'라고 하였다. 子產이 이 말을 듣고 '자랄 곳을 얻었도다. 자랄 곳을 얻었도다.'라고 하니,

子產

【注】孟子言否라하니 云舜不詐喜也라 因爲說子產以喩之라 子產은 鄭子國之子公孫僑니 大賢人也라 校人은 主池沼小吏也라 圉圉는 魚在水羸劣之貌라 洋洋은 舒緩搖尾之貌라 攸然은 迅走(水趣)〔趣水〕[1]深處也라 故로 曰 得其所哉라 重言之者는 嘉得魚之志也라

1) (水趣)〔趣水〕: 저본에는 '水趣'로 되어 있으나, 閩本·監本·毛本 및 四庫全書本에 의거하여 '趣水'로 바로잡았다.

맹자가 그렇지 않다고 말했으니, 舜이 거짓으로 기쁜 척한 것이 아니라고 말한 것이다. 이어서 子產의 이야기를 들어 비유하였다. 子產은 鄭나라 子國(公孫成)의 아들 公孫僑로 大賢人이다. 校人은 연못을 담당하는 낮은 관리이다. '圉圉'는 물고기가 물속에서 비실비실하는 모양이다. '洋洋'은 몸이 풀려 꼬리를 흔드는 모양이다. '攸然'은 재빠르게 물속 깊은 곳으로 달아난 것이다. 그래서 "자랄 곳을 얻었다."고 한 것이다. 이 말을 반복해서 한 것은 물고기가 바라던 대로 되었음을 기뻐한 것이다.

校人出曰 孰謂子產智오 予旣烹而食之어늘 曰 得其所哉인저 得其所哉인저하니 故로 君子는 可欺以其方이어니와 難罔以非其道니 彼以愛兄之道來라 故로 誠信而喜之시니 奚僞焉이시리오

校人이 밖으로 나와 '누가 子產이 지혜롭다 말했던가. 내가 이미 삶아서 먹었거늘 「자랄 곳을 얻었도다. 자랄 곳을 얻었도다.」라고 하는구나.'라고 하였다. 그러므로 君子는 유사한 일을 가지고 속일 수는 있어도 도리에 어긋난 일을 가지고 속이기는 어렵다. 그런데 象이 형을 사랑하는 도리를 내세워 찾아왔으므로 진정으로 믿고 기뻐했던 것이니, 어찌 거짓으로 기쁜 척한 것이겠는가."

【注】方은 類也라 君子는 可以事類欺라 故로 子產이 不知校人之食其魚라 象이 以其愛兄之道로 來問舜하니 是亦其類也라 故로 誠信之而喜하니 何爲僞喜也리오

方은 類似한 것이다. 군자는 유사한 일로 속일 수가 있다. 그래서 子產이 校人이 물고기를 삶아 먹은 줄을 몰랐던 것이다. 象이 형을 사랑하는 도리를 내세우고 찾아와서 舜에게 문안하였으니, 이 또한 유사한 일이다. 그래서 진정으로 믿고서 기뻐했던 것이니, 어찌 거짓으로 기쁜 척한 것이겠는가.

○ 正義曰：此章言仁聖所存者大, 舍小從大, 達權之義, 不告而娶, 守正道也. '萬章問曰'至'何也'者, 萬章問孟子, 言"齊風南山之詩有云 '娶妻如之何, 必告父母.' 如信此詩之言, 宜莫如舜信之, 今舜乃不告父母而娶, 是如之何也." '孟子曰'至'是以不告也', 孟子答之, 曰 "舜如告父母, 則不得娶之也. 男女居室, 是人之大倫者也, 如告之, 則舜必不得娶也, 不得娶, 是廢人之大倫, 以致怨懟於父母也. 是以舜爲此所以不告父母而娶也."

○ 正義曰 : 이 장은 仁聖한 帝王을 보존하는 것은 중대한 일이므로 사소한 도리를 버리고 중대한 도리를 좇아 權道에 따라 부모에게 고하지 않고 장가를 드는 것이 正道를 지키는 것임을 말한 것이다.

〔萬章問曰〕에서 〔何也〕까지

萬章이 맹자에게 물은 것이다. "≪詩經≫ 〈齊風 南山〉 시에 이르기를, '장가를 들려면 어찌해야 하는가? 반드시 부모에게 고하여야 한다.'라고 하였다. 만약 이 시의 말대로 한다면 舜처럼 해서는 안 되는 것이 사실이다. 그런데 순이 부모에게 고하지도 않은 채 장가를 들었으니 어찌된 일인가."

〔孟子曰〕에서 〔是以不告也〕까지

맹자가 대답한 것이다. "舜이 만약 부모에게 고했다면 장가를 들 수 없었을 것이다. 남녀가 한 방에 동거하는 것은 가장 큰 인륜인데, 만약 부모에게 고했다면 舜이 필시 장가를 들지 못했을 것이다. 장가를 들지 못하는 것은 가장 큰 인륜을 무너뜨려 부모를 원망하게 만든다. 이 때문에 순이 부모에게 고하지 않고 장가든 것이다."

'萬章曰'至'何也'者, 萬章又問孟子, 言舜之不告而娶, 則我旣已得聞教命矣, 然堯帝而以二女妻於舜, 而不告舜父母, 是如之何也. 故以此問之. 妻者, 以女嫁人謂之妻也. '曰, 帝亦知告焉則不得妻也', 孟子又答之曰, 帝堯亦知告舜父母, 則舜父母止之, 則不得以妻之也.

〔萬章曰〕에서 〔何也〕까지

만장이 다시 맹자에게 물은 것이다. "舜임금이 부모에게 고하지 않고 장가든 것에 대해서는 제가 이미 가르침을 들었지만, 堯임금의 입장에서 두 딸을 舜에게 시집보내면서 舜의 부모에게 고하지 않은 것은 어찌된 것이냐."는 말이다. 그래서 이 질문을 한 것이다. '妻'는 딸을 다른 사람에게 시집보내는 것을 말한다.

〔曰 帝亦知告焉則不得妻也〕 맹자가 다시 대답하기를 "堯임금 또한 舜의 부모에게 고

하여 순의 부모가 만류하게 되면 딸을 시집보내지 못할 것임을 알았던 것이다."라고 한 것이다.

'萬章曰'至'不知象之將殺已與', 萬章又問孟子, 言舜之父母使舜完治倉廩, 舜旣登倉廩, 卽捐梯而下. 瞽瞍不知已下, 乃焚廩, 欲因此以燒殺其舜. 又使舜深浚其井, 舜旣浚井, 卽反出之. 瞽瞍不知已出, 又欲從而掩之, 以溺殺其舜. 其舜有弟名象, 乃曰"謨揜蓋而殺都君者, 皆我之功也." 都君, 卽象稱舜也. 然謂之都君者, 蓋以舜在側微之時, 漁雷澤, 一年所居成聚, 二年成邑, 三年成都,[1] 故以此遂因爲之都君矣. 注曰"都, 於(오)也", 其說亦通. 又曰"牛羊與父母, 倉廩與父母, 干戈留我, 琴亦留我, 弤亦留我, 二嫂使治我之牀以爲我妻." 欲與父母分此, 故先設言爲謨蓋都君者, 咸我績耳. 於是象遂往入舜之宮, 遇舜又在牀而鼓五弦之琴, 愕然反其辭曰"我氣閉積思意君, 故來此." 遂忸怩其顔, 而乃慙恥形於面容也, 以其恐舜知己謀其二嫂故也. 舜曰"惟玆臣庶, 汝其於予治", 是舜見象素不來至其宮, 遂見至宮, 乃曰"念此臣之衆, 汝其來助我治耳." 如此, 故萬章乃問孟子, 言"舜帝不知其弟象之將欲殺其已與, 故以此好言而答其象也."

1) 漁雷澤……三年成都 : ≪史記≫ 〈五帝本紀〉에 나온다. '邑'과 '都'는 행정 구역의 명칭이다. ≪周禮≫ 〈天官 冢宰〉에 의하면, 9夫가 1井이 되며, 4정이 1邑이 되며, 4읍이 1丘가 되며, 4구가 1甸이 되며, 4전이 1縣이 되며, 4현이 1都가 된다고 하였다.

〔萬章曰〕에서 〔不知象之將殺已與〕까지

만장이 다시 맹자에게 질문한 것이다. 舜의 부모가 舜으로 하여금 창고를 수리하게 하였는데 舜이 창고 위로 올라갔다가 곧바로 사다리를 타고 내려왔다. 瞽瞍는 舜이 이미 내려온 줄을 모르고서 창고에 불을 질러 舜을 태워 죽이려고 하였다. 또 舜으로 하여금 우물을 깊게 파게 하였는데 舜이 우물을 판 뒤에 곧바로 되돌아 나왔다. 瞽瞍는 舜이 이미 나온 줄을 모르고서 쫓아가 우물을 덮어 舜을 익사시키려고 하였다.

舜에게는 象이란 이름을 가진 아우가 있었는데, 그가 말하기를, "우물을 덮어서 都君을 죽이려고 계획한 것은 모두 나의 공이다."라고 하였다. 여기에서 都君은 象이 舜을 일컬은 칭호이다. 하지만 都君이라 한 것은, 舜이 비천한 신분으로 있을 때 사용한 칭호로서, 舜이 雷澤에서 고기잡이를 할 때 1년이 지나자 사람이 모여들어 거처하던 곳이 촌락을 이루었고, 2년이 지나자 邑을 이루었으며, 3년이 지나자 都를 이루었으므로 이로 인해 마침내 都君이 된 것이다. 趙岐 注에서 "'都'는 '於(감탄사)'의 의미이다."라고 하였는데, 그 설 또한 통한다.

또 "牛羊은 부모에게 드리고 倉廩도 부모에게 드리며, 干戈는 내가 차지하고 거문고도 내가 차지하고 활도 내가 차지하며 두 형수는 나의 침상을 돌보게 해서 내 아내로 삼겠다."고 하였는데, 부모와 이것들을 나누어 가지고자 하였기 때문에 먼저 都君을 덮어 죽이려고 계획한 것은 나의 공적이라고 대놓고 말한 것이다.

그렇게 한 다음에 象이 舜의 집에 들어갔는데, 舜이 또 침상에서 五絃琴을 연주하는 모습을 보고는 깜짝 놀라 둘러대며 말하기를, "내가 기운이 막히고 마음이 심란하여 형님 생각이 나서 이렇게 찾아왔다."고 하고는 마침내 부끄러운 표정을 지어 이에 부끄러워하는 모습이 얼굴에 드러났으니, 자신이 두 형수를 취하려고 한 사실을 舜이 알아차렸을까 두려웠기 때문이다.

舜이 말하기를 "생각건대 이 신하들을 네가 나를 도와 다스려라."라고 한 것은, 象이 평소에 자신의 집을 찾아오지 않다가 마침내 찾아온 것을 舜이 보고는 이에 "생각건대 이 신하들을 네가 와서 나를 도와 다스리라."고 한 것이다. 舜이 이렇게 하였기 때문에 萬章이 맹자에게 묻기를, "舜임금은 그 아우인 象이 자신을 죽이려고 한 사실을 몰라서 이렇게 좋은 말로 象에게 응답한 것이냐."고 한 것이다.

'曰, 奚而不知也, 象憂亦憂, 象喜亦喜', 孟子又言"舜何爲而不知象謀殺己也. 以其仁人愛其弟, 故象憂亦憂, 象喜亦喜, 故以好言答之也." '曰, 然則舜僞爲喜以悅人者與. 曰否'至'奚僞焉', 孟子又答之曰 "舜非僞喜以悅人者矣", 又引以子產有饋生魚事而證之. 言往者有人饋賜生魚於鄭之子產, 子產受之, 乃使主池沼之吏曰校人者畜(흌)養於池, 校人烹煮而食之, 遂反歸命告於子產曰 "我始初放之於池, 則魚尙羸乏圉圉然於水而未遊, 少頃則洋洋然舒緩搖尾, 而走趣於深處." 子產信之以爲然, 乃曰"此魚是得其所養哉." 故重言之, 乃嘆魚之得志於水甚快然也. 其校人乃出而與人曰 "誰謂子產爲智者有知於人. 予旣烹煮而食其魚, 子產乃曰 '得其所哉, 得其所哉.'"-如此, 孟子故於此言[1)]- 故君子者可欺僞以其方類, 難誣罔全以非其道也. 彼象謂以鬱陶思君, 是以愛兄之道來至於宮. 是以但欺以其方類也. 故舜遂必以誠深信之而喜其來, 故以好辭答之矣, 何爲以舜爲僞喜者焉. 言舜不僞也, 亦若校人欺子產之謂, 故子產亦必曰"得其所哉, 得其所哉耳." 所謂方類者, 以其在疑似之間故也.

1) 如此 孟子故於此言 : 문맥이 잘 연결되지 않는다. 아마도 앞 구절을 부연 설명한 말로 추정된다.

〔曰 奚而不知也 象憂亦憂 象喜亦喜〕 맹자가 다시 "舜이 어찌하여 象이 자신을 죽이려고 계획했다는 사실을 몰랐겠는가. 어진 사람으로서 그 아우를 사랑했기 때문에 象이 근심하면 자기도 근심하고 象이 기뻐하면 자기도 기뻐하였던 것이다. 그래서 좋은 말로 응답한 것이다."라고 말한 것이다.

〔曰 然則舜僞爲喜以悅人者與 曰否〕에서 〔奚僞焉〕까지

맹자가 다시 대답하기를, "순이 거짓으로 기뻐하여 상대방의 기분을 맞춘 것이 아니다."라고 한 다음 다시 子産이 살아있는 물고기를 선물 받은 일을 인용하여 이를 증명하였다. 즉, 옛날에 어떤 사람이 鄭나라 子産에게 살아있는 물고기를 선물하자 자산이 이를 받아 校人이라 부르는 연못을 담당하는 관리를 시켜 연못에서 기르게 하였는데, 校人이 물고기를 삶아 먹고는 돌아와 자산에게 보고하기를, "제가 처음에 물고기를 연못에 풀어놓았더니 물고기가 물에서 기운이 없이 비실비실하며 잘 놀지 못하다가 조금 지나자 팔팔하게 몸이 풀려 꼬리를 흔들면서 깊은 물속으로 달아났습니다."라고 하였다. 子産이 이 말을 곧이곧대로 믿고서 "이 물고기가 자랄 곳을 얻었도다."라고 하였다. 그래서 반복해서 이 말을 함으로써 물고기가 물에서 뜻을 얻은 것을 매우 기뻐하였다. 校人이 이에 밖으로 나와 사람들에게 말하기를, "누가 子産이 사람들에게 널리 알려진 지혜로운 사람이라고 말했던가. 내가 이미 그 물고기를 삶아먹었거늘 자산은 '자랄 곳을 얻었다. 자랄 곳을 얻었다.'고 하는구나."라고 하였다.-이것은 맹자가 일부러 여기에서 말을 한 것이다.- 그러므로 군자는 유사한 일을 가지고 속일 수는 있어도 도리에 완전히 어긋난 일을 가지고 속이기는 어렵다.

저 象이 울적한 마음에 형님 생각이 났다고 하였으니, 이는 형을 사랑하는 도리를 내세워 집으로 찾아온 것이다. 이 때문에 단지 유사한 일〔方類〕을 가지고 속일 수가 있었던 것이다. 舜은 틀림없이 진정으로 믿고서 그가 찾아온 것을 기뻐하였으므로 좋은 말로 응답했을 것이니, 어찌 舜이 거짓으로 기쁜 척했겠는가. 舜이 거짓으로 기쁜 척하지 않은 것은 또한 校人이 子産을 속였을 때 子産이 "자랄 곳을 얻었도다. 자랄 곳을 얻었도다."라고 말한 것과 같다는 것이다. 이른바 유사한 일을 가지고 속일 수 있다는 것은 그것들이 비슷한 관계에 있기 때문이다.

【疏】 ○ 注'完, 治'至'爲〔舜〕[1]死矣'. ○ 正義曰 : 云捐去其階焚舜之說, 不若旋階之說通也. 按史記云 "瞽瞍欲殺舜, 使舜上塗廩, 瞽瞍從下縱火焚廩, 舜乃以兩笠自扞而下去, 得不死. 後瞽瞍又使舜穿井, 〔舜穿井〕2)爲匿空旁出. 舜旣入深, 瞽瞍與象共下土實井, 舜從匿空(旁)3)出去, 瞽瞍與象喜, 以爲舜死矣. 象曰 '本謀者, 象之謀也.' 象(於是)4)與父母分, 於是曰 '舜妻堯二女與琴, 象取之, 牛羊倉廩(事)〔予〕5)父母.' 象乃止舜宮居, 鼓其琴, 舜往見之, 象愕不懌曰 '我思舜, 正鬱陶.' 舜曰 '然爾其庶.' 舜復事瞽瞍, 愛弟彌謹." 凡此亦其事也. 以史記觀之, 則捐階之說, 是此之文也. 大抵學者不可執此以爲深然也, 當以意喩, 默然有自判之論可矣.

1) 〔舜〕 : 저본에는 '舜'이 없으나, 趙岐 注에 의거하여 보충하였다.
2) 〔舜穿井〕 : 저본에는 '舜穿井'이 없으나, ≪史記≫ 〈五帝本紀〉에 의거하여 보충하였다.
3) (旁) : 저본에는 '旁'이 있으나, ≪史記≫ 〈五帝本紀〉에 의거하여 衍文으로 처리하였다.
4) (於是) : 저본에는 '於是'가 있으나, ≪史記≫ 〈五帝本紀〉에 의거하여 衍文으로 처리하였다.
5) (事)〔予〕 : 저본에는 '事'로 되어 있으나, ≪史記≫ 〈五帝本紀〉에 의거하여 '予'로 바로잡았다.

○ 注의 〔完治〕에서 〔爲舜死矣〕까지

○ 正義曰 : '사다리를 걷어치우고 舜을 불태워 죽이려 한 것〔捐去其階焚舜〕'이라고 풀이하는 것은 '곧바로 사다리를 타고 내려왔다.〔旋階〕'라고 풀이하는 것보다 의미가 통하지 않는다. ≪史記≫ 〈五帝本紀〉에 이르기를, "瞽瞍가 舜을 죽이기 위해 舜으로 하여금 창고에 올라가 흙을 바르게 하고는 아래에서 불을 질러 창고를 태워버렸는데, 舜이 두 개의 삿갓을 펼쳐 자신을 보호하고 내려와 죽음을 면하였다. 그 후 瞽瞍가 또 舜으로 하여금 우물을 파게 하였는데, 舜이 우물을 파면서 옆의 우물과 통하는 은밀한 통로를 파놓았다. 舜이 깊숙히 들어가자 瞽瞍와 象이 함께 흙을 쏟아부어 우물을 메꾸어버리자 舜이 은밀한 통로를 통하여 밖으로 나왔는데, 瞽瞍와 象은 순이 죽었다고 기뻐하였다. 象이 말하기를, '이 일은 내가 계획한 것이다.'라고 하고는 순의 물건을 부모와 함께 나누기로 하고는 이에 말하기를, '舜의 처인 堯의 두 딸과 거문고는 내가 가지고, 牛羊과 倉廩은 부모님에게 드리리라.'라고 하였다. 象이 舜의 집에 이르자 그때 舜이 거문고를 연주하다가 象에게 다가가 맞이하니, 象이 깜짝 놀라 근심하는 표정을 지으며 '내가 형님이 그리워 울적한 심정에 찾아왔습니다.'라고 둘러댔다. 이에 舜이 '그렇구나, 네가 내 백관을 다스려라.'라고 하고는 다시 瞽瞍를 섬기고 아우를 사랑하기를 더욱 돈독하게 하였다."라고 하였으니, 이것도 그 일을 두고

한 말이다. ≪史記≫를 가지고 보건대, '사다리를 걷어치웠다'고 풀이한 것은 이 글에서 나온 것으로 보인다. 대체로 배우는 자는 이 말에 집착하여 매우 옳다고 여기지 말고 의미로 깨우쳐 스스로 판단한 견해를 가져야 할 것이다.

【疏】 ○ 注'干楯戈戟也'至'妻也'. ○ 正義曰 : 云'干, 楯也'者, 按孔安國云"干, 楯也"[1], 周禮掌五兵五楯, 鄭玄"五楯, 干櫓之屬." 云'戈戟也'者, 禮圖云, "戈, 今之句戟. 或謂之雞鳴, 或〔謂〕[2]之擁頸. 內謂胡, 以內接柲者也, 長四寸, 胡六寸." 疏云, "胡(子)〔孑〕[3]橫捕, 微邪向上, 不句. 不句, 似(罄)〔磬〕[4]之折殺(쇄)也." 又云, "戟, 今之三鋒戟也, 內長四寸半, 胡長六寸, 以其與戈相類, 故云'戈戟也.' 論其〔制〕[5]則別矣." 云'彫弓天子之弓'者, 彫弓, 漆赤弓也, 尙書云 "彤弓一, 彤矢百." 孔安國云 "諸侯有大功, 賜弓矢, 然後專征伐. 彤弓, 所以講德習射, 藏示子孫." 周禮司弓云 "天子之弓合九而成規, 諸侯之弓合七而成規, 大夫合五而成規, 士合三而成規."[6] 是其等也. 云'五弦琴'者, 史記云 '舜彈五弦之琴.' 是矣. 云'棲牀'者, 蓋取類於禽棲故也. 以其牀則主木而言, 棲則主(棲)〔取〕[7]而言. 二女[8], 卽娥皇・女英 是也.

1) 干 楯也 : ≪書經≫ 〈周書 牧誓〉의 '稱爾戈 比爾干(너의 창을 들고 너의 방패를 나란히 한다.)'에 대한 孔安國 傳에 나온다.
2) 〔謂〕 : 저본에는 '謂'가 없으나, 監本에 의거하여 보충하였다.
3) (子)〔孑〕 : 저본에는 '子'로 되어 있으나, ≪周禮≫ 〈考工記 冶氏〉의 賈公彦 疏에 의거하여 '孑'로 바로잡았다.
4) (罄)〔磬〕 : 저본에는 '罄'으로 되어 있으나, 四庫全書本 ≪孟子注疏≫에 의거하여 '磬'으로 바로잡았다.
5) 〔制〕 : 저본에는 '制'가 없으나, 監本과 毛本에 의거하여 보충하였다.
6) 天子之弓合九而成規……士合三而成規 : 각궁의 활줄을 풀어놓았을 때 천자의 활은 곧아서 아홉 개의 활을 합해놓아야 하나의 원을 이룰 수 있고, 제후의 활은 약간 굽어서 하나의 원을 만들려면 7개의 활이 필요하고 대부의 활은 이보다 조금 더 굽어서 5개의 활이 필요하며, 士의 활은 많이 굽어서 3개의 활이 필요하다는 말이다. 이는 활의 재질이 좋을수록 적게 굽는다는 것이다.(≪考工記解≫)
7) (棲)〔取〕 : 저본에는 '棲'로 되어 있으나, 監本과 毛本에 의거하여 '取'로 바로잡았다.
8) 二女 : 經文과 趙岐 注로 볼 때 '二嫂'가 되어야 할 듯하다.

○ 注의 〔干楯戈戟也〕에서 〔妻也〕까지

○ 正義曰 : 〔干 楯也〕 孔安國이 이르기를, "干은 楯(방패)이다."라고 설명하였고,

≪周禮≫ 〈夏官 司兵〉에서 "五兵과 五楯을 관장한다."라고 한 구절에 대해 鄭玄은 "五楯은 干(작은 방패)과 櫓(큰 방패) 따위를 일컫는다."라고 하였다.

〔戈戟也〕 ≪禮圖≫에 이르기를, "戈는 지금의 句戟이다. 혹 雞鳴이라 부르기도 하고 혹 擁頸이라 부르기도 한다. 內는 胡(창날이 굽어서 아래로 드리워진 부분)가 안쪽으로 자루와 접하는 부분까지를 말하는데 길이가 4寸이며, 胡는 6寸이다."라고 하였다. 그 疏에 이르기를, "胡孑(창날에 갈고랑이가 달린 창)을 가로로 꽂되 약간 기울여 위로 향하게 하고 갈고리처럼 크게 휘지 않는다. 크게 휘지 않는 것이 마치 경쇠가 약하게 꺾인 모양과 유사하다."라고 하였다. 또 이르기를, "戟은 지금의 三鋒戟인데, 內의 길이가 4.5촌, 胡의 길이가 6촌으로 戈와 유사하다. 그래서 '戈는 戟이다'라고 한 것이다. 하지만 그 형태를 자세히 따져보면 서로 차이가 있다."라고 하였다.

〔彫弓天子之弓〕 彫弓은 붉은색 옻칠을 한 활이다. ≪尙書≫ 〈周書 文侯之命〉에 이르기를, "彤弓 1개와 彤矢 100개"라고 하였는데, 孔安國 傳에 이르기를, "諸侯는 큰 공이 있어 〈天子로부터〉 활과 화살을 하사받은 뒤에야 제후가 征伐의 專權을 행사할 수 있다. 彤弓은 德을 강구하고 射藝를 익히는 것이므로 잘 보관하여 자손에게 보여준다."라고 하였다. ≪周禮≫ 〈夏官 司弓矢〉에 이르기를, "천자의 활은 9개의 활을 합하여야 하나의 원을 만들 수 있고, 제후의 활은 7개를 합하여야 원을 만들 수 있으며, 대부의 활은 5개를 합하여야 원을 만들 수 있고, 士의 활은 3개를 합하여야 원을 만들 수 있다."라고 하였는데, 이는 활의 등급을 언급한 것이다.

〔五弦琴〕 ≪史記≫ 〈樂書〉에 "舜이 다섯 줄로 된 거문고를 연주하였다."고 한 것이 이에 해당한다.

〔棲牀〕 새가 깃들어 사는 모습에서 형상을 취한 것이다. '牀'은 깃드는 나무를 위주로 표현한 것이고 '棲'는 취하는 행위를 위주로 표현한 것이다. 두 형수는 娥皇과 女英을 가리킨다.

【疏】 ○ 注'鄭子國之子公孫僑'者. ○ 正義曰：按左傳云"子産, 穆公之孫, 公子發之子, 名僑. 公子之子曰公孫. 襄三十年執鄭國之政, 爲鄭大夫. 公子發, 字子國. 公孫之子, 以王父字爲氏, 據後而言, 故稱爲國僑."[1)]

1) 故稱爲國僑：宋나라 邢昺의 ≪論語正義≫에서는 ≪春秋左氏傳≫의 동일 내용을 인용하면서 이 구절을 "故後或謂之國僑"로 기록하고 있다. 孫奭과 邢昺이 인용한 ≪춘추좌씨전≫의 이 기록은 阮元의 十三經注疏本에서 확인되지 않는다.

○ 注의〔鄭子國之子公孫僑〕

○ 正義曰：상고해보건대 ≪春秋左氏傳≫에 "子產은 穆公의 손자이자 公子發의 아들로 이름은 僑이다. 公子의 아들을 公孫이라 한다. 그는 魯 襄公 30년에 鄭나라의 국정을 장악하여 鄭나라 大夫가 되었다. 公子發은 字가 子國이다. 公孫의 아들이 조부의 字(子國)로 氏를 삼았는데, 후대를 기준으로 말했으므로 子產을 國僑라 칭했다."라고 하였다.

3. 萬章問曰 象이 日以殺舜爲事어늘 立爲天子하사는 則放之는 何也잇고

萬章이 물었다. "象이 날마다 舜을 죽이는 것으로 일을 삼았는데, 舜이 天子가 된 뒤에 추방만 한 것은 무슨 까닭입니까?"

【注】怪舜放之何故라

舜이 무슨 까닭으로 그를 〈죽이지 않고〉 추방만 했는지 괴이하게 여긴 것이다.

孟子曰 封之也어시늘 或曰 放焉이라하니라

맹자가 대답했다. "그를 봉해준 것인데, 어떤 이들은 추방했다고 한다."

【注】舜封象於有庳어늘 或有人以爲放之라하니라

舜이 象을 有庳 땅에 봉해준 것인데 어떤 이들은 추방했다고 말한다.

萬章曰 舜流共工於幽州하시고 放驩兜(환두)於崇山하시고 殺三苗於三危하시고 殛鯀于羽山하사 四罪하신대 而天下咸服은 誅不仁也니 象이 至不仁이어늘 封之有庳하시니 有庳之人은 奚罪焉고 仁人은 固如是乎잇가 在他人則誅之하고 在弟則封之온여

萬章이 물었다. "舜이 共工을 幽州로 귀양보내고 驩兜를 崇山에 추방하고 三苗의 군주를 三危에서 죽이고 鯀을 羽山에서 죽여 네 사람을 죄주었는데, 천하 사람들이 모두 복종한 것은 不仁한 사람들을 주륙하였기 때문입니다. 그런데 象은 지극히 不仁한 사람인데도 有庳에 봉하였으니, 有庳 사람들이 무슨 죄입니까? 仁人은 본래 이렇습니까? 죄가 다른 사람에게 있으면 주륙을 하고, 죄가 자기 아우에게 있으면 나라를 봉하다니요?"

四凶服罪圖

【注】 **舜誅四佞以其惡也**로되 **象惡亦甚而封之**하니 **仁人用心**이 **當如是乎**아 **罪在他人**하얀 **當誅之**하고 **在弟則封之**온여

'舜이 간악한 네 사람을 그들의 악행에 따라 주벌을 한 반면, 象의 악행 또한 매우 심한데 나라에 봉하였으니, 仁人의 마음씀이 이러한가? 죄가 다른 사람에게 있으면 주륙을 하고 죄가 아우에게 있으면 나라를 봉해주는 것이냐.'고 한 것이다.

曰 仁人之於弟也에 **不藏怒焉**하며 **不宿怨焉**이요 **親愛之而已矣**니 **親之**인댄 **欲其貴也**요 **愛之**인댄 **欲其富也**니 **封之有庳**는 **富貴之也**시니 **身爲天子**요 **弟爲匹夫**면 **可謂親愛之乎**아

맹자가 대답했다. "仁人은 자기 아우에 대해서 노여운 마음을 품지 않고 원망하는 마음을 묵혀두지 않으며, 오로지 친하게 지내고 사랑해줄 뿐이다. 친하게 지내면 그를 존귀하게 만들어주고 싶고 사랑하게 되면 그를 부유하게 해 주고 싶은 법이니, 有庳에 봉한 것은 그를 부유하고 존귀하게 해준 것이다. 자신은 天子가 되었으면서 아우는 匹夫로 있다면 그 아우와 친하게 지내고 사랑해주었다고 말할 수 있겠는가."

【注】孟子言 仁人은 於弟에 不問善惡하고 親愛之而已라 封者는 欲使富貴耳라 身既已爲天子[1)]니 弟雖不仁이나 豈可爲匹夫[2)]리오

1) 身既已爲天子 : 宋本·孔本·韓本·考文古本 및 焦循의 ≪孟子正義≫에는 '既已' 두 자가 없다.

2) 豈可爲匹夫 : 廖本·孔本·韓本·考文古本 및 焦循의 ≪孟子正義≫에는 '豈可使爲匹夫也'로 되어 있다.

맹자가 말하기를, "仁人은 자기 아우에 대해서 그가 선하든 악하든 따지지 않고 친하게 지내고 사랑해줄 뿐이다. 〈有庳에〉 봉한 것은 부유하고 존귀하게 해주려고 한 것이다. 자신이 이미 天子가 되었으니, 아우가 아무리 어질지 않다 하더라도 어떻게 匹夫로 지내게 할 수 있겠는가."라고 한 것이다.

敢問 或曰放者는 何謂也잇고

〈萬章이 물었다.〉 "감히 여쭙습니다. 어떤 사람들이 추방했다고 말한 것은 무슨 뜻입니까?"

【注】萬章問放之意라

萬章이 추방했다는 말의 의미를 물은 것이다.

曰 象이 不得有爲於其國하고 天子使吏로 治其國而納其貢稅焉이라 故로 謂之放이니 豈得暴彼民哉리오

맹자가 대답했다. "象이 그 나라에서 政敎를 펴지 못하고, 천자가 관리를 시켜 대신 그 나라를 다스리고 貢稅를 거두어들여 象에게 주게 하였다. 그래서 추방했다고 하는 것이니, 象이 어찌 저 백성들에게 포악하게 할 수 있겠는가.

【注】象不得施敎於其國하고 天子使吏代其治하여 而納貢賦與之하니 比諸見放也라 有庳雖不得賢君이나 象亦不侵其民也라

象이 그 나라에서 政敎를 펴지 못하고, 天子가 관리를 시켜 대신 그 나라를 다스리

고 貢賦를 거두어들여서 그에게 주게 하였으므로 추방당한 것에 견주었던 것이다. 有庳가 비록 훌륭한 군주를 얻지는 못했지만 象 또한 백성들을 침탈하지 않았다.

雖然이나 **欲常常而見之**라 **故**로 **源源而來**하니 **不及貢**하여 **以政接於有庳**라하니

비록 그렇기는 하지만 항상 보고 싶어 하였기 때문에 끊임없이 오게 하였으니, '朝貢할 시기가 아닌데도 政事를 가지고 有庳의 군주를 접견하였다.'라고 한 것은

【注】 雖不使象得豫政事나 舜以兄弟之恩으로 欲常常見之無已라 故로 源源而來를 如流水之與源通이라 不及貢者는 不待朝貢諸侯常禮乃來也라 其間에 歲歲自至京師를 謂若天子以政事接見有庳之君者라하니 實親親之恩也라

비록 象이 정사에 관여하지 못하게 하기는 하였지만, 舜은 형제의 도리로 항상 그를 만나보고 싶어 하였으므로 끊임없이 오게 하기를 마치 흐르는 물이 근원과 서로 통하는 것처럼 하였다. '不及貢'은 제후들이 정기적으로 행하는 禮인 朝貢 때를 기다리지 않고 오게 하였다는 말이다. 그 사이에 해마다 스스로 京師에 오는 것을 마치 천자가 정사로 有庳의 군주를 접견하는 것같이 하였다고 말한 것은 실로 親親의 도리를 실천한 것이다.

此之謂也니라

이를 두고 한 말이다."

【注】 此常常以下는 皆尙書逸篇之辭라 孟子以告萬章言此乃象之謂也라

'常常' 이하는 모두 ≪尙書≫의 逸篇에 나오는 말이다. 맹자가 萬章에게 이 말이 바로 象을 두고 한 말이라고 하였다.

【疏】 '萬章問曰'至'此之謂也'. ○ 正義曰：此章言仁人之心如是也.[1)] '萬章問曰, 象日以殺舜爲事, 立爲天子, 則放之, 何也'者, 萬章問孟子, "以謂象日日以謀殺舜爲事, 然舜旣立爲天子, 則放象而不誅, 如之何." '孟子曰, 封之也, 或曰放焉', 孟子答之曰 "是封象也, 或人言放焉."

1) 此章言仁人之心如是也 : 北京大本에는 "이 장의 章指는 다음과 같다. 마음속에 간절함이 있으면 밖으로 일에 그대로 드러나는 것이 仁人의 마음이다. 象의 무도함이 극에 달했는데도 형제간에 우애하는 마음으로 그의 悖逆한 행실을 잊었으니 하물며 어진 사람에 대해서야 어떠하겠는가.〔此章指言懇誠於內者 則外發於事 仁人之心也 象爲無道極矣 友于之性 忘其悖逆 況其仁賢乎〕"라고 하였다.

經의 〔萬章問曰〕에서 〔此之謂也〕까지

○ 正義曰 : 이 장은 仁人의 마음이 이와 같음을 말한 것이다.

〔萬章問曰 象日以殺舜爲事 立爲天子 則放之 何也〕

만장이 맹자에게 묻기를, "象이 舜을 죽이려 모의하는 것으로 날마다 일을 삼았으나 舜이 천자가 된 뒤에 象을 주륙하지 않고 추방만 한 것은 무슨 까닭이냐."고 한 것이다.

〔孟子曰 封之也 或曰放焉〕

맹자가 답하기를, "이는 象을 봉한 것인데 어떤 이들은 추방한 것이라 말한다."고 한 것이다.

'萬章曰'至'在弟則封之', 萬章又問舜流共工於幽州, 放驩兜于崇山, 殺三苗於三危, 殛鯀於羽山, 誅罪此四者, 而天下於是咸服, 此乃是誅戮其不仁者也. 然象傲極不仁, 乃反封之於有庳之國, 則有庳之國中人何罪也. 仁人固肯如此乎. 在他人之惡則誅戮焉, 在弟則封之國, 故曰'仁人固如是乎.' 萬章之意, 以謂仁人必不肯如此也. 孔安國注尙書云 "共工象恭滔天, 足以惑世, 故流放之. 幽州北裔.-水中可居者曰洲[1].- 驩兜黨於共工, 罪惡同. 崇山, 南裔也. 三苗, 國名, 搢[2]雲氏之後, 爲諸侯, 號饕餮(도철). 三危, 西裔. 鯀方命圮族, 績用不成. 羽山, 東裔, 在海中." 按史記云 "共工, 少皥氏不才子, 天下謂之窮奇者也, 驩兜, 帝鴻氏不才子, 天下謂之混沌(혼돈)者也, 鯀, 顓頊氏不才子, 天下謂之饕餮者也."

1) 水中可居者曰洲 : 앞의 '幽州北裔'의 '州'를 부연 설명한 것이다. 이 말의 원 출처인 ≪尙書≫에는 '州'가 '洲'로 되어 있다.

2) 搢 : ≪春秋左氏傳≫에는 '縉'으로 되어 있다.

〔萬章曰〕에서 〔在弟則封之〕까지

萬章이 다시 물은 것이다. 舜이 共工을 幽州로 귀양보내고 驩兜를 崇山에 추방하고 三苗의 군주를 三危에서 죽이고 鯀을 羽山에서 죽여 이 네 사람을 주벌하자 천하 사람들이 이에 모두 복종하였으니 이는 바로 不仁한 사람들을 주륙하였기 때문이다. 그런데 象은 오만함이 극에 달하고 不仁한 사람인데도 도리어 有庳의 나라에 봉하였으니, 有庳의 國中 사람들이 무슨 죄인가? 仁人은 본래 이렇게 하는 것인가? 다른 사람의 악행에 대해서는 주륙을 하고, 자기의 아우에 대해서는 나라를 봉하였으므로 '仁人이 본래 이렇게 하는 것이냐.'고 따져 물은 것이다. 萬章의 생각에 仁人은 반드시 이렇게 해서는 안 된다고 여긴 것이다.

孔安國의 ≪尙書≫ 주석에 이르기를, "공공은 외모는 공손하나 마음은 하늘을 찌를 듯 오만하여 세상을 현혹시켰으므로 귀양을 보냈다. 幽州는 북쪽 변방이다.-물 가운데 거처할 만한 곳을 '洲'라 한다.- 驩兜는 共工과 같은 무리여서 그 죄악이 서로 같다. 崇山은 남쪽 변방이다. 三苗는 나라 이름으로 搢雲氏의 후예인데, 제후가 되어 饕餮이라 이름하였다. 三危는 서쪽 변방이다. 鯀은 윗사람의 명을 어기고 종족을 해쳐서 공적을 이루지 못하였다. 羽山은 동쪽 변방으로 바다 한가운데 있다."라고 하였다. 상고해보건대 ≪史記≫ 〈五帝本紀〉에 이르기를, "共工은 少皞氏의 不才子(불초한 아들)로 천하 사람들이 窮奇라고 부르는 자이며, 驩兜는 帝鴻氏의 不才子로 천하 사람들이 混沌이라 부르는 자이며, 鯀은 顓頊氏의 不才子로 천하 사람들이 饕餮이라 부르는 자이다."라고 하였다.

'曰 仁人之於弟也'至'可謂親愛之乎', 孟子又答之曰 "仁者之人於其弟也, 不藏怒心, 不隔宿怨, 但親愛之而已. 所以親之者, 以欲其貴也, 愛之者, 以欲其富也. 今舜封象於有庳者, 是所以富貴之也. 如舜身自爲天子, 而使弟只爲之匹夫, 可謂爲親愛其弟者乎." 有庳, 國之名號也.

〔曰 仁人之於弟也〕에서 〔可謂親愛之乎〕까지

맹자가 다시 대답하기를, "어진 사람은 아우를 대할 때 노여운 마음을 품지 않으며 묵은 원한을 담아두지 않으며 오로지 친하게 지내고 사랑해줄 뿐이다. 그래서 친하게 지내면 그를 존귀하게 만들어주고 싶어지고 사랑하게 되면 그를 부유하게 해주고 싶어진다. 지금 舜이 象을 有庳에다 봉한 것은 부유하고 존귀하게 해주기 위함이다. 만약 舜 자신은 천자가 되었으면서 그 아우는 단지 匹夫로 지내게 한다면 그 아우와 친하게 지내고 사랑한다고 말할 수 있겠는가."라고 한 것이다. 有庳는 나라 이름이다.

'敢問或曰放者何謂也', 萬章又問孟子, 或人言放之者, 是何所謂也. '曰 象不得有爲於其國'至'此之謂也', 孟子又答之曰 "象之於庳, 不得施政教於其國中, 天子使吏代之以治其國, 而納天子之貢賦焉, 故謂之爲放也. 象豈得暴彼有庳之國民哉. 以其使吏代之故也. 雖然-不使象得施政教[1]-, 而舜以兄弟親親之恩, 欲常常見之, 故源源如水之流與源而通, 不以朝貢之諸侯常禮乃來也." 其自至而見天子, 如天子以政事接見於有庳之君也, 故孟子云"是此之謂也."

1) 不使象得施政教 : 앞의 '雖然'의 내용을 부연 설명한 것이다.

〔敢問或曰放者何謂也〕 만장이 다시 맹자에게 묻기를, 어떤 사람들이 추방했다고 말한 것은 무슨 말이냐고 한 것이다.

〔曰 象不得有爲於其國〕에서 〔此之謂也〕까지

맹자가 다시 대답하기를 "象이 有庳에 대해 國中에서 政教를 펴지 못하고 천자가 관리를 보내서 대신 나라를 다스리게 하고 천자의 貢賦를 거두어들여 象에게 주게 하였다. 그래서 추방했다고 한 것이다. 그러니 상이 어떻게 저 有庳의 백성들에게 포악하게 할 수 있겠는가. 이는 관리로 하여금 대신 나라를 다스리게 했기 때문이다. 비록 그렇지만-象으로 하여금 政教를 펴지 못하게 하기는 하였지만- 舜이 兄弟간의 親親의 도리에 따라 항상 보고 싶어 하였으므로 마치 물의 줄기가 근원과 끊임없이 통하듯 제후들이 정기적으로 행하는 예인 조공 때를 기다리지 않고 오게 하였다."라고 하였다. 象이 스스로 와서 천자를 보는 것이 마치 천자가 정사로 有庳의 군주를 접견하듯 하였으므로 맹자가 "이것은 바로 象을 두고 한 말이다."라고 한 것이다.

【疏】 ○ 注云'自常常已[1]下, 皆尙書逸篇之辭'. ○ 正義曰 : 按隋・經籍志, 尙書逸篇出於齊・梁[2]之間, 考其篇目, 似孔氏壁中書之殘缺者, 故附尙書之末. 唐有三卷, 徐邈爲之注焉,[3] 蓋其文也.

1) 已 : 趙岐의 本注에는 '以'로 되어 있다. 이는 조기 注와 孫奭 疏가 후대에 통합되는 과정에서 同一한 뜻의 異文이 발생한 것이다.
2) 齊梁 : 南朝의 齊나라와 梁나라를 가리킨다.
3) 唐有三卷 徐邈爲之注焉 : ≪唐書≫ 〈藝文志〉의 書類條에 '徐邈注逸篇三卷'이라고 한 것을 두고 한 말이다.

○ 注의 〔自常常已下 皆尙書逸篇之辭〕

○ 正義曰 : 상고해보건대 ≪隋書≫ 〈經籍志〉에, "≪尙書≫의 逸篇은 齊나라와 梁나라

시기에 세상에 나온 것으로 그 篇目을 상고해보건대 孔氏의 벽 속에서 나온 ≪尙書≫의 殘缺本인 듯하다. 그래서 ≪尙書≫ 목록의 말미에 첨부한다."라고 하였다. 唐나라에 3권본이 있었으며 徐邈이 注를 달았는데, 아마도 그 속에 나오는 글로 보인다.

4. 咸丘蒙이 問曰 語云 盛德之士는 君不得而臣하며 父不得而子라 舜南面而立이어시늘 堯帥(솔)諸侯하여 北面而朝之하시고 瞽瞍亦北面而朝之어늘 舜見瞽瞍하시고 其容有蹙이라하여늘 孔子曰 於斯時也에 天下殆哉岌岌乎인저하시니 不識케이다 此語 誠然乎哉잇가

咸丘蒙이 물었다. "전하는 말에 '덕이 높은 사람은 군주도 신하로 대하지 못하고 아비도 자식으로 대하지 못한다. 舜이 南面해 서자 堯가 제후들을 이끌고 北面하여 조회를 하였고, 瞽瞍 또한 북면하여 조회를 하였는데, 舜이 瞽瞍를 보자 얼굴에 불안한 표정을 지었다. 이 말에 대해 孔子가 말하기를 「이 당시에 천하가 매우 위태로웠다.」고 하였다.' 합니다. 잘 모르겠습니다만 이 말이 정말 사실입니까?"

【注】咸丘蒙은 孟子弟子라 語者는 諺語也라 言盛德之士는 君不敢臣하며 父不敢子하니 堯與瞽瞍皆臣事舜하여 其容有蹙踖(적)不自安也라 孔子以爲君父爲臣하니 岌岌乎-不安貌也[1]라-故로 曰殆哉라 不知此語實然乎아

1) 不安貌也 : 앞의 '岌岌乎'를 부연 설명한 것이다.

咸丘蒙은 맹자의 제자이다. '語'는 전해지는 말이다. 덕이 높은 사람은 군주도 감히 신하로 대하지 못하고 아비도 감히 자식으로 대하지 못한다. 堯와 瞽瞍가 모두 신하가 되어 舜을 섬겼는데 舜의 얼굴에 불안한 표정을 보였다. 孔子는 군주와 아비가 신하가 되었으니 불안한 모습-岌岌은 불안한 모습이다.-을 지은 것이라고 여겼다. 그래서 위태로웠다고 하였으니, 이 말이 실제로 그러한 것인지 모르겠다고 한 것이다.

孟子曰 否라

맹자가 말했다. "아니다.

【注】言不然也라

그렇지 않다는 말이다.

此非君子之言이요 齊東野人之語也라

이는 君子의 말이 아니라 齊나라 農夫의 말이다.

【注】東野-東作田野[1]- 之人所言耳라 咸丘蒙은 齊人也라 故로 聞齊野人之言이라 書曰 平秩東作이라하니 謂治農事也라

1) 東作田野 : 앞의 '東野'를 부연 설명한 것이다.

東野의-田野에서 농사짓는- 사람이 하는 말이다. 함구몽은 齊나라 사람이다. 그래서 제나라 野人의 말을 들은 것이다. ≪尙書≫ 〈虞書 堯典〉에 이르기를, "平秩東作(農事를 고르게 한다.)"이라고 하였으니, 農事 짓는 것을 이른다.

堯老而舜攝也러시니 堯典曰 二十有八載에 放勳이 乃徂落커시늘 百姓如喪考妣三年하고 四海는 遏密八音이라하며

堯임금이 연로하여 舜이 섭정을 하였는데, 〈堯典〉에 이르기를 '〈섭정한 지〉 28년 만에 放勳이 세상을 뜨니 백성들이 부모를 여읜 듯 3년 동안 그리워하였고 천하 사람들이 음악을 연주하지 않았다.'고 하였다.

【注】孟子言舜攝行事耳니 未爲天子也라 放勳은 堯名이요 徂落은 死也라 如喪考妣는 思之如父母也라 遏은 止也요 密은 無聲也라 八音不作은 哀思甚也라

맹자의 말이다. 舜이 섭행할 때의 일이니, 天子가 되기 전이다. 放勳은 堯의 이름이고, 徂落은 죽는 것이다. '如喪考妣'는 부모처럼 그리워하였다는 것이다. 遏은 멈추는 것이고, 密은 소리를 내지 않는 것이다. 음악을 연주하지 않았다는 것은 슬픔과 그리움이 심하다는 말이다.

孔子曰 天無二日이요 民無二王이라하시니 舜旣爲天子矣요 又帥(솔)天下諸侯하여 以爲堯三年喪이면 是는 二天子矣니라

孔子께서 이르기를, '하늘에는 두 해가 없고 백성에게는 두 왕이 없다.'라고 하였으니, 舜이 천자가 된 뒤에 다시 천하의 제후들을 이끌고 堯의 삼년상을 치렀다면 이는 두 천자가 있는 것이다."

【注】日一王一은 言不得竝也라

해가 하나고 왕이 하나라고 한 것은 병존할 수 없음을 말한 것이다.

咸丘蒙曰 舜之不臣堯는 則吾旣得聞命矣어니와

함구몽이 물었다. "舜이 堯를 신하로 삼지 못한 것에 대해서는 제가 이미 가르침을 들었습니다만,

【注】不以堯爲臣也라

舜이 堯를 신하로 삼지 못한다는 말이다.

詩云 普[1]天之下가 **莫非王土**며 **率土之濱**이 **莫非王臣**이라하니 **而舜**이 **旣爲天子矣**시니 **敢問瞽瞍之非臣**은 **如何**잇고

1) 普 : ≪毛詩注疏≫에는 '溥'로 되어 있으며 毛傳에는 '大'의 의미로 풀이하였다.

≪詩經≫에 이르기를, '온 하늘 아래 왕의 영토가 아닌 곳이 없고 땅끝의 바닷가에 이르기까지 왕의 신하가 아닌 이가 없다.'라고 하였으니, 舜이 이미 천자가 되었는데 고수를 신하로 삼지 않은 것은 무엇 때문인지 감히 여쭙니다."

【注】詩는 小雅北山之篇이라 普는 徧이요 率은 循也라 遍天下循土之濱이 無有非王者之臣이어늘 而曰瞽瞍非臣은 如何也오

詩는 〈小雅 北山〉편이다. 普는 '두루'의 뜻이고 '率'은 '따르다'의 뜻이다. 넓은 하늘 아래와 땅끝의 바닷가에 이르기까지 왕의 신하가 아닌 사람이 없거늘 고수를 신하로 삼지 않았다고 말한 것은 무엇 때문이냐고 한 것이다.

曰 是詩也는 **非是之謂也**라 **勞於王事而不得養父母也**하여 **曰 此莫非王事**어늘

我獨賢勞也라하니

맹자가 대답했다. "이 시는 그것을 말한 것이 아니다. 〈이 시를 지은 자가〉 나랏일에 고생을 하느라 부모를 제대로 봉양하지 못한 나머지 '이 모두가 나랏일이거늘 나만 유독 능력이 있다 하여 고생을 시킨단 말인가.'라고 한 것이다.

【注】 孟子言此詩非舜臣父之謂也라 詩言皆王臣也어늘 何爲獨使我以賢才而勞苦하여 不得養父母乎아 是以怨也라

맹자의 말이다. 이 시는 舜이 아비를 신하로 삼았음을 말한 것이 아니다. 시에서 말한 것은, '모두가 왕의 신하인데 어찌하여 유독 나만이 능력 있는 인재라 하여 고생을 시켜 부모를 봉양하지 못하게 하느냐.'고 한 것이니, 이 말로 원망을 한 것이다.

故로 **說詩者不以文害辭**하며 **不以辭害志**요 **以意逆志**라야 **是爲得之**니 **如以辭而已矣**인댄 **雲漢之詩曰 周餘黎民**이 **靡有孑遺**라하니 **信斯言也**인댄 **是**는 **周無遺民也**니라

그렇기 때문에 시를 해설하는 사람은 文章에 구애되어 노래한 歌辭의 의미를 잘못 파악해서는 안 되며, 가사에 구애되어 詩人의 본뜻을 잘못 파악해서도 안 된다. 오직 해설자의 마음으로 시인의 본뜻을 헤아려보아야 정확하게 파악할 수가 있다. 예를 들어 노래한 가사대로만 이해할 경우, 〈雲漢〉 시에 '周나라의 백성들이 단 한 사람도 살아남은 이가 없다.'라고 하였을 때 이 말을 곧이곧대로 믿는다면 이는 주나라에 살아남은 백성들이 없는 것이 된다.

【注】 文은 詩之文章이니 所引以興事也라 辭는 詩人所歌詠之辭라 志는 詩人志所欲之事라 意는 學[1]者之心意也라 孟子言 說詩者는 當本之〔志〕[2]요 不可以文害其辭니 文不顯이 乃反顯也라 不可以辭害其志니 辭曰 周餘黎民 靡有孑遺은 志在憂旱災하여 民無孑然遺脫不遭旱災者요 非無民也라 人情不遠하니 以己之意로 逆詩人之志라야 是爲得其實矣라 王者有所不臣이니 不可謂皆爲王臣-謂舜臣其父[3]-也라

1) 學 : 여기에서 '學'은 '說'과 같은 의미로 사용되었다.

2) 〔志〕 : 저본에는 '志'가 없으나, 四庫全書本과 焦循의 ≪孟子正義≫에 의거하여 보충하였다.
3) 謂舜臣其父 : 앞의 '皆爲王臣'을 부연 설명한 것이다.

文은 시에서 사태를 표현한 文章이다. 辭는 시인이 노래한 歌辭이다. 志는 시인이 표현하고 싶어하는 본뜻이다. 意는 해설자의 마음이다. 맹자가 말하기를, "시를 해설하는 사람은 마땅히 시인의 본뜻을 파고들어야지 문장에 구애되어 그 가사의 의미를 잘못 보아서는 안 되니, 문장은 대놓고 표현하지 않는 것이 도리어 강하게 표현한 것이 되기 때문이다. 노래한 가사에 구애되어 시인의 본뜻을 잘못 파악해서는 안 되니, 가사에서 '周나라의 백성들이 단 한 사람도 살아남은 이가 없다.'고 한 것은 그 본뜻이 극심한 가뭄을 걱정하여 백성들 가운데 가뭄을 겪지 않는 사람이 단 한 사람도 없음을 표현한 것이지 살아남은 백성이 전혀 없음을 표현한 것이 아니다."라 한 것이다.

사람의 정서는 크게 차이가 나지 않으니 자신의 마음으로 시인의 본뜻을 헤아려 보아야 정확하게 파악할 수가 있게 된다. 王者가 신하로 삼지 않는 경우가 있으므로 모두가 왕의 신하가 되었다-즉, 舜이 그 아비를 신하로 삼았다.-고 말해서는 안 될 것이다.

孝子之至는 **莫大乎尊親**이요 **尊親之至**는 **莫大乎以天下養**이니 **爲天子父**하니 **尊之至也**요 **以天下養**하시니 **養之至也**라

효자의 최고 경지는 어버이를 존귀하게 만드는 것보다 더 큰 것이 없고, 어버이를 존귀하게 만드는 최고 경지는 천하를 가지고 봉양하는 것보다 더 큰 것이 없다. 천자의 아버지가 되었으니 존귀함의 최고 경지이고, 천하를 가지고 봉양하였으니 봉양의 최고 경지이다.

【注】 尊之至는 瞽瞍爲天子之父요 養之至는 舜以天下之富奉養其親이라 至는 極也라

존귀함의 최고 경지는 고수가 천자의 아버지가 된 것이고, 봉양의 최고 경지는 순이 천하의 富를 가지고 그 어버이를 봉양한 것이다. '至'는 '極'의 의미이다.

詩曰 永言孝思라 **孝思惟則**(칙)이라하니 **此之謂也**니라

≪詩經≫에 이르기를, '항상 孝道를 말하여 효도가 법칙이 되었도다.'라고 하였으니 이를 두고 한 말이다.

【注】詩는 大雅下武之篇이라 周武王所以長言孝道하여 欲以爲天下法則이니 此舜之謂也라

詩는 〈大雅 下武〉편이다. 周 武王이 항상 효도를 말하여 효도를 천하의 법칙으로 삼고자 하였으니, 이는 舜을 염두에 두고 한 말이다.

書曰 祗載見(현)瞽瞍하시되 夔夔齋栗하신대 瞽瞍亦允이라하니 若[1]是爲父不得而子也니라

1) 若 : 조岐 注에서는 '若'을 '是爲父不得而子也'와 한 句로 보아 맹자가 ≪尙書≫의 내용을 설명한 것으로 보았으나, 孫奭 疏와 朱熹의 ≪孟子集註≫에서는 '若'을 '順'의 뜻으로 보아 앞의 '瞽瞍亦允'과 연결하여 주해하였다.

≪尙書≫에 이르기를, '공경한 마음으로 섬겨서 瞽瞍를 뵈올 적에 조심하고 두려워하는 모습을 보이니 瞽瞍 또한 믿고 인정하였다.'라고 하였으니, 이렇게 한 것이 아비가 자식으로 대하지 못한 것이다."

【注】書는 尙書逸篇[1]이라 祗는 敬이요 載는 事也라 夔夔齋栗은 敬愼戰懼貌라 舜이 旣爲天子하여 敬事嚴父하고 戰栗以見(현)瞽瞍하니 瞍亦信知舜之大孝하니라 若是爲父不得而子也니 以此로 解咸丘蒙之疑라

1) 尙書逸篇 : 趙岐 注에서는 逸篇이라 하여 전해지지 않는 것으로 되어 있으나, 현재 통행되는 ≪尙書≫에는 〈大禹謨〉편에 이 글이 수록되어 있다. 그 이유는 〈대우모〉편이 趙岐 당시에 통행된 ≪今文尙書≫에는 없고 이후 東晉의 梅賾에 의해 僞作된 ≪古文尙書≫, 즉 ≪僞古文尙書≫에 수록되어 전하기 때문이다. 따라서 후대에 나온 孫奭 疏에서는 이 글이 逸篇뿐만 아니라 〈대우모〉편에도 그 말이 나온다고 주해하였고, 이 편이 僞作임을 알았던 朱熹는 ≪孟子集註≫에서 특별한 설명 없이 단지 〈대우모〉편에 수록된 것으로만 주해하였다.

'書'는 ≪尙書≫의 逸篇이다. '祗'는 공경한다는 뜻이요, '載'는 섬긴다는 뜻이다. '夔夔齋栗'은 공경하고 두려워하는 모양이다. 舜이 천자가 된 뒤에 嚴父를 공경한 마음으로 섬기고 두려운 마음으로 瞽瞍를 뵈니, 瞽瞍 또한 舜의 大孝를 믿고 인정해주었다. 이렇게 한 것이 아비가 자식으로 대하지 못한 것이다. 이상의 말로 咸丘蒙의 의혹을 풀어주었다.

【疏】'咸丘蒙'至'不得而子也'. ○ 正義曰：此章言孝莫大於嚴父而尊之矣, 行莫過於蒸蒸而執子之政者也. '咸丘蒙問曰'至'誠然乎哉'者, 咸丘蒙問孟子曰 "諺語有云 '盛德之士, 君不得而臣之, 父不得而子之.' 今舜嚮南面而立爲天子, 堯帝乃率天下諸侯北面而朝之, 而舜見瞽瞍, 其容蹙踖然而不敢自安, 孔子亦云 '於此時也, 而天下危殆岌岌乎如也.'-岌岌, 不安之貌也.- 然未知此諺語, 實如是乎." '孟子曰, 否, 此非君子之言, 齊東野人之語也'者, 孟子答以否, 不然也, 此語非君子之言也, 卽齊東作田野人之語也.

○ 經의〔咸丘蒙〕에서〔不得而子也〕까지

○ 正義曰：이 장은 孝는 아비를 두려워하여 높이 받드는 것보다 더 큰 것이 없고 行은 순종하여 자식의 직분을 지키는 것보다 나은 것이 없음을 말한 것이다.

〔咸丘蒙問曰〕에서〔誠然乎哉〕까지

咸丘蒙이 맹자에게 물은 것이다. "전하는 말에 이르기를, '덕이 높은 사람은 임금도 신하로 대하지 못하고 아비도 자식으로 대하지 못한다.'라고 하였는데, 지금 舜이 南面하여 천자의 자리에 서자 堯임금이 천하의 제후를 이끌고 北面하여 조회를 하였고, 舜이 瞽瞍를 보자 불안하여 어쩔 줄 몰라 하는 표정을 지었다고 하였으며, 孔子 또한 '이 당시에 천하가 매우 위태로웠다.'고 하였다.-'岌岌'은 불안한 모양이다.- 그런데 전해 오는 이 말이 실제로 그러했는지 모르겠다."

〔孟子曰 否 此非君子之言 齊東野人之語也〕 맹자가 답하기를, "아니다, 그렇지 않다. 이 말은 君子의 말이 아니라 齊나라 田野에서 농사짓는 사람들의 말이다."라고 한 것이다.

'堯老而舜攝之'至'是二天子矣', 孟子又言 堯帝旣老, 而舜於是攝權堯行事耳, 未爲天子也. 堯典之篇有云 "言舜攝堯行事, 至二十有八年, 放勳乃徂落而死." 放勳, 堯之號也. 魂氣往爲徂, 體魄殞爲落, 大抵則死也. 堯旣死, 天下百姓如喪其父母三年, 四海之內絶盡八音, 以其哀思之甚也. 禮記曰 "生曰父曰母, 死曰考曰妣." 鄭注云 "考, 成也, 言其德行之成也. 妣之言媲也, 媲於考故也." 八音, 金・石・絲・竹・匏・土・革・木是也. 孔子云 "天無兩日, 民無兩王." 如舜旣爲天子矣, 又率諸侯以爲堯三年之喪, 是則爲二天子矣. 言日與王不可得而竝也. 以其舜方攝堯行事, 未爲天子故也.

〔堯老而舜攝之〕에서〔是二天子矣〕까지

맹자가 다시 말한 것이다. 堯임금이 연로한 뒤에 舜이 이에 堯의 일을 섭행한 것일 뿐이니 아직은 천자가 되기 전이다. 〈堯典〉편에 이르기를, "舜이 堯의 일을 섭행한 지 28년 만에 放勳이 세상을 떠났다."라고 하였다. 放勳은 堯의 이름이다. 魂氣가 떠나가는 것을 '徂'라 하고 體魄이 떨어지는 것을 '落'이라 하니 일반적으로 말해 죽는다는 것이다. 堯가 죽게 되자 천하 백성들이 마치 자신의 부모를 여읜 듯이 3년 동안 그리워하였고, 四海 안에서 八音을 전혀 연주하지 않았으니, 슬픔과 그리움이 매우 컸기 때문이다. ≪禮記≫ 〈曲禮〉에 이르기를, "살아계실 때는 父라 하고 母라 하며, 돌아가셨을 때는 考라 하고 妣라 한다."라고 하였는데, 이에 대한 鄭玄 注에 "'考'는 '成'의 뜻이니 덕행을 이루었음을 말한 것이다. '妣'는 짝하는 것이니 考와 짝을 했기 때문이다." 라고 하였다. 八音은 金·石·絲·竹·匏·土·革·木이 이에 해당한다. 孔子가 말하기를, "하늘에는 두 해가 없고 백성에게는 두 왕이 없다." 하였으니, 만약 舜이 천자가 되고 난 뒤에 다시 제후들을 이끌고 堯의 삼년상을 치렀다면 이는 두 천자가 되는 것이다. 이는 해와 왕은 〈둘이〉 병존할 수 없음을 말한 것이다. 舜이 바야흐로 堯의 일을 섭행만 하고 아직 천자가 되지 않았기 때문에 가능한 일이다.

'咸丘蒙曰'至'非臣如何'者, 咸丘蒙又言 舜之不得臣堯, 則我既得聞教命矣, 然而詩小雅北山之篇有云, "徧天之下, 莫非爲王之土地, 循土之濱, 莫非爲王之臣."(而舜既得爲王之臣)[1] 而舜既得爲天子矣, 敢問舜父瞽瞍之非臣, 是如之何.

1) (而舜既得爲王之臣) : 저본에는 '而舜既得爲王之臣'이 있으나, 阮元의 〈校勘記〉에 의거하여 衍文으로 처리하였다.

〔咸丘蒙曰〕에서 〔非臣如何〕까지

咸丘蒙이 다시 말한 것이다. "舜이 堯를 신하로 삼지 못한 것에 대해서는 내가 이미 가르침을 들었지만, ≪詩經≫ 〈小雅 北山〉편에 '온 하늘 아래 왕의 땅이 아닌 것이 없고, 땅끝의 바닷가에 이르기까지 왕의 신하가 아닌 사람이 없다.'고 하였으니, 舜이 이미 천자가 되었는데 그 아비인 瞽瞍를 신하로 삼지 않은 것은 무엇인지 감히 물어보겠다."

'曰, 是詩也, 非是之謂也'至'是周無遺民也'者, 孟子又答之曰 "此北山之詩, 云非是舜臣父之謂也, 其詩蓋言勤勞於王事而不得奉養其父母者也, 故云 '普天之下, 莫非王土. 率土之濱, 莫非王臣.' 言皆是王臣也, 以[1]其無非爲王事者也, 何爲獨使我以賢才而勞苦, 不得奉養其父母也. 故以是而怨之也. 故說詩者不以文而害逆其辭, 又不可以其辭而害逆其詩人之志, 以己之心意而逆求知詩人之志, 是爲得詩人之辭旨. 人如說詩者, 但以歌詠之辭爲然, 而不以己之意而求詩人志之所在, 而爲得詩人之旨而已矣, 則雲漢之篇, 有云'周餘黎民, 靡有孑遺', 信此言也, 是周無遺民矣. 殊不知此雲漢之詩, 其詩人之志蓋在憂旱災, 以其多有死亡者矣. 今其餘民無有單孑得遺脫不遭旱災者, 非謂無民也." 孑, 單也. 孟子引此, 所以證此北山之詩云 "普天之下, 莫非王土, 率土之濱, 莫非王臣", 亦非謂舜臣父之意也.

1) 以 : '又'의 의미이다.

〔曰 是詩也 非是之謂也〕에서 〔是周無遺民也〕까지

맹자가 다시 대답한 것이다. "이 〈北山〉편의 시는 舜이 그 아비를 신하로 삼았음을 말한 것이 아니다. 이 시는 나랏일에 고생하느라 자기 부모를 봉양하지 못함을 말한 것이다. 그러므로 '온 하늘 아래 왕의 영토가 아닌 곳이 없고 땅끝의 바닷가에 이르기까지 왕의 신하가 아닌 이가 없다.'고 한 것은 모두가 왕의 신하이고 또 나랏일이 아닌 것이 없거늘 어찌하여 유독 나만이 능력 있는 인재라 하여 고생을 시켜 부모를 봉양하지 못하게 하느냐고 한 것이다. 그래서 이 말로 원망을 한 것이다. 그렇기 때문에 시를 해설하는 사람은 문자에 구애되어 가사의 의미를 잘못 파악해서는 안 되며, 또 그 가사에 구애되어 詩人의 본뜻을 잘못 파악해서도 안 된다. 자기의 마음으로 시인의 본뜻을 헤아려 찾아내야 시인이 가사에서 표현한 뜻을 파악할 수 있다. 예를 들어 시를 해설하는 사람이 단지 노래한 가사를 있는 그대로 받아들이기만 하고 자기의 생각으로 시인의 뜻이 어디 있는지 찾아보지도 않고서 시인의 뜻을 파악했다고 할 경우, 〈雲漢〉편에 '周나라의 백성들이 단 한 사람도 살아남은 이가 없다.'라는 구절이 나오는데, 이 말을 곧이곧대로 믿는다면 周나라에 살아남은 백성이 아예 없는 것이 된다. 이는 이 〈雲漢〉편의 시는 시인의 본뜻이 가뭄으로 사망자가 많이 나오는 것을 걱정한 것임을 전혀 모른 것이다. 지금 남은 백성들 가운데 가뭄을 겪지 않은 사람이 단 한 사람도 없다는 것이지 살아남은 백성이 없다는 말이 아니다."

'孑'은 '單'의 뜻이다. 맹자가 이 시를 인용하여 〈北山〉편의 시에서 "온 하늘 아래 왕의 영토가 아닌 곳이 없고 땅끝의 바닷가에 이르기까지 모두 왕의 신하가 아닌 이가 없다."라고 한 것 또한 舜이 그 아비를 신하로 삼았다는 뜻으로 말한 것이 아님을 증명한 것이다.

'孝子之至, 莫大乎尊親'至'是爲父不得而子也'者, 孟子又言 孝子之至, 不可以有加者, 莫大乎尊親爲之至也, 尊親之至, 莫大乎以天下奉養其親, 是爲尊親之至也. 今瞽瞍爲天子之父, 是舜尊親之至者也, 舜以天下奉養之, 是養之至者也. 詩大雅下武之篇云'武王長言孝心之所思', 所思者, 維則(칙)法大(태)王・王季・文王三后之所行耳. 此亦舜之謂也. 書於大禹謨篇亦云 '舜敬以事, 見于父, 夔夔然悚懼齋莊戰栗, 瞽瞍亦信順之.' 見舜以瞍爲父, 而不得子之也. 孔安國注云 "祗, 敬, 載, 事也. 允, 信, 若, 順也."

〔孝子之至 莫大乎尊親〕에서 〔是爲父不得而子也〕까지

맹자가 다시 말한 것이다. "孝子의 더할 나위 없는 최고 경지는 어버이를 최고로 존귀하게 만드는 것보다 더 큰 것이 없고, 어버이를 존귀하게 만드는 최고 경지는 천하를 가지고 어버이를 봉양하는 것보다 더 큰 것이 없으니, 이것이 어버이를 존귀하게 만드는 최고의 경지이다. 지금 瞽瞍가 천자의 아버지가 되었으니 이는 舜이 어버이를 존귀하게 만든 최고의 경지이고, 舜이 천하를 가지고 봉양하였으니 이는 봉양의 최고 경지에 해당한다. ≪詩經≫ 〈大雅 下武〉편에서 '武王이 항상 孝心을 생각하였음을 말하였다.'고 하였는데, 武王이 생각한 것은 오직 太王, 王季, 文王 등 세 임금의 행실을 본받는 것이었다. 이 또한 舜을 염두에 두고 한 말이다. ≪書經≫의 내용은 〈大禹謨〉편에도 같은 말이 나온다. '舜이 공경하는 마음으로 섬겨서 아버지를 뵐 적에 조심하고 두려워하니 瞽瞍 또한 舜을 믿고서 순종하였다.'는 것이다. 瞽瞍 자신을 아버지로 대하는 舜을 보고서도 그를 자식으로 대할 수 없었던 것이다."

孔安國 注에 이르기를, "祗는 공경한다는 뜻이고, 載는 섬긴다는 뜻이다. 允은 믿는다는 뜻이고, 若은 순종한다는 뜻이다."라고 하였다.

【疏】 ○ 注'咸丘蒙'. ○ 正義曰 : 云爲孟子弟子齊人也[1]者, 他經傳未詳. 今按春秋(威)〔桓〕[2]公七年有"焚咸丘", 杜預云 "咸丘, 魯地." 以此推之, 則此所謂咸丘蒙者, 豈咸丘之人, 有以蒙爲名者邪(야), 是未可知也. 注乃云"齊人也"者, 蓋魯國, 孟子時爲齊之所侵, 故咸丘之地乃爲齊之地故也. 有所問於孟子, 卽爲弟子矣.

1) 孟子弟子齊人也 : 本書의 趙岐 注에는 단지 '孟子弟子'로만 되어 있고 '齊人也'는 없다. 孫奭이 당시에 본 趙岐의 ≪孟子章句≫와는 차이가 있는 것으로 보인다.

2) (威)〔桓〕: 저본에는 '威'로 되어 있으나, 北宋 欽宗의 성명 '桓'을 避諱한 것이므로, 원 글자인 '桓'으로 돌려놓았다.

注의 〔咸丘蒙〕

○ 正義曰 : '맹자의 제자로 제나라 사람이다.'라고 한 것은 다른 經傳에서는 확인되지 않는다. 지금 상고해보건대 ≪春秋≫ 桓公 7년 조에 "焚咸丘"란 말이 나오는데 杜預注에 이르기를, "咸丘는 魯나라 땅이다."라고 하였다. 이로 미루어볼 때 여기에서 咸丘蒙이라 한 것은 어쩌면 咸丘 사람으로 蒙이란 이름을 가진 사람이 아닐까 추정되는데, 정확하게 알 수는 없다. 注에서 "齊나라 사람이다."라고 하였는데, 노나라가 맹자 당시에 제나라의 침략을 받아 옛 咸丘 지방이 제나라 땅이 되었기 때문이다. 맹자에게 물은 것이 있으므로 곧 제자에 해당된다.

【疏】 ○ 注'書平秩東作'. ○ 正義曰 : 孔安國傳云 "平均次序東作之事, 以務農也."

注의 〔書平秩東作〕

○ 正義曰 : 孔安國 傳에 이르기를, "고루 차서에 따라 농사짓는 일을 도와 농사에 힘쓰게 하였다."라고 하였다.

【疏】 ○ 注'詩小雅北山之篇'. ○ 正義曰 : 此篇蓋刺幽王役使不均, 己勞於從事而不得養其父母也.

○ 注의 〔詩小雅北山之篇〕

○ 正義曰 : 이 편은 幽王이 賦役을 고르게 부과하지 않아 자신이 이를 수행하느라 시달려 부모를 제대로 봉양하지 못했음을 풍자한 것이다.

【疏】 ○ 注'大雅下武之篇'. ○ 正義曰 : 此詩蓋詠武王有聖德, 復(부)受天命, 能昭先人之功也.

○ 注의 〔大雅下武之篇〕

○ 正義曰 : 이 시는 武王이 성스러운 덕으로 天命을 다시 받아 先人의 공을 밝혔음을 노래한 것이다.

【疏】 ○ 注'逸篇'. ○ 正義曰 : 據今大禹謨有云此, 非特止於逸篇文也已矣.

○ 注의 〔逸篇〕

○ 正義曰 : 지금의 〈大禹謨〉편에 이 글이 나오는 것으로 볼 때, 이 글이 단지 逸篇의 내용에만 들어있는 것이 아님을 알 수 있다.

孟子注疏解經 卷第九 下

萬章章句 上

趙氏 注 孫奭 疏

5. 萬章曰 堯以天下與舜이라하니 有諸잇가

萬章이 물었다. "堯가 천하를 舜에게 주었다고 하는데 그런 일이 있었습니까?"

【注】 欲知堯實以天下與舜否라

堯가 실제로 천하를 舜에게 주었는지 알고자 한 것이다.

孟子曰 否라

맹자가 대답했다. "그런 일이 없다.

【注】 堯不與之라

堯가 주지 않았다는 것이다.

天子不能以天下與人이니라

천자라고 하여 천하를 남에게 줄 수는 없다."

【注】 當與天意合之니 非天命者면 天子도 不能違天命也라 堯曰 咨爾舜아 天之歷數[1]在爾躬이 是也라

1) 歷數 : 천체의 별들이 열을 갖추어 차례로 운행하듯이 제왕이 왕위를 서로 계승하는 차례를 말한다. '歷'은 淸 高宗 乾隆帝의 이름인 '弘曆'의 '曆'을 피휘하여 쓴 것이다.

마땅히 하늘의 뜻과 합치해야 하니, 하늘의 명이 아니면 천자라도 하늘의 명을 어길 수 없음을 말한 것이다. 堯가 말하기를, "아! 그대 舜이여, 하늘의 歷數가 지금 그

대 몸에 와 있도다."라고 한 것이 그것이다.

然則舜有天下也는 **孰與之**잇고

萬章이 물었다. "그렇다면 舜이 천하를 소유한 것은 도대체 누가 준 것입니까?"

【注】 萬章言誰與之也라

萬章이 누가 준 것이냐고 물은 것이다.

曰 天與之시니라

맹자가 대답했다. "하늘이 준 것이다."

【注】 孟子言天與之라

맹자가 하늘이 준 것이라고 말한 것이다.

天與之者는 **諄諄然命**[1]**之乎**잇가

1) 命 : 여기에서 '命'은 '告'의 의미로, 상대방에게 설명하다는 뜻이다.

〈萬章이 물었다.〉 "하늘이 줄 때 자상하게 설명해줍니까?"

【注】 萬章言天有聲音命與之乎아

萬章이, 하늘이 소리를 가지고 있어 설명하며 주는 것이냐고 물은 것이다.

曰 否라 **天不言**이라 **以行與事**로 **示之而已矣**시니라

맹자가 대답했다. "아니다. 하늘은 말을 하지 않는다. 단지 행동과 事跡으로 보여줄 뿐이다."

【注】 孟子曰 天不言語요 但以其人之所行善惡과 又以其事로 從而示天下也라

맹자가, 하늘은 말을 하지 않고 단지 그 사람이 행한 善惡과 또 그에 따른 사적을 가지고 천하 사람들에게 보여준다고 말한 것이다.

曰 以行與事로 示之者는 如之何잇고

萬章이 물었다. "행동과 사적으로 보여준다는 것은 어떤 것입니까?"

【注】 萬章欲知示之之意라

萬章이 보여준다는 의미가 무엇인지 알고자 한 것이다.

曰 天子能薦人於天이언정 不能使天與之天下며 諸侯能薦人於天子언정 不能使天子與之諸侯며 大夫能薦人於諸侯언정 不能使諸侯與之大夫니 昔者에 堯薦舜於天而天受之하시고 暴之於民而民受之라 故로 曰 天不言이라 以行與事로 示之而已矣라하노라

맹자가 대답했다. "天子는 사람을 하늘에 천거할 수 있을지언정 하늘로 하여금 천하를 주게 할 수는 없으며, 諸侯는 사람을 천자에게 천거할 수 있을지언정 천자로 하여금 제후 자리를 주게 할 수는 없으며, 大夫는 사람을 제후에게 천거할 수 있을지언정 제후로 하여금 대부 자리를 주게 할 수는 없다. 옛날에 堯가 舜을 하늘에 천거하자 하늘이 받아들였고, 백성들 앞에 드러내자 백성들이 받아들였다. 그래서 '하늘은 말을 하지 않는다. 단지 행동과 사적으로 보여줄 뿐이다.'라고 한 것이다."

【注】 孟子言 下能薦人於上이언정 不能令上必用之라 舜은 天人所受라 故로 得天下也라

맹자가 '아랫사람이 어떤 사람을 윗사람에게 천거할 수는 있을지언정 윗사람으로 하여금 반드시 등용하게 할 수는 없다. 舜은 하늘과 사람이 모두 받아들인 까닭에 천하를 얻게 된 것이다.'라고 말한 것이다.

曰 敢問薦之於天而天受之하시고 暴之於民而民受之는 如何니잇고

萬章이 물었다. "감히 여쭙건대, 하늘에 천거하자 하늘이 받아들였고 백성들 앞에 드러내자 백성들이 받아들였다고 한 것은 어떤 것입니까?"

【注】萬章言 天人受之는 其事云何오

萬章이, 하늘과 땅이 받아들였다고 하는 것은 무슨 일을 말하는 것이냐고 물은 것이다.

曰 使之主祭而百神享之하니 是는 天受之요 使之主事而事治하여 百姓安之하니 是는 民受之也라 天與之하며 人與之라 故로 曰 天子不能以天下與人이라하노라

맹자가 대답했다. "제사를 주관하게 하자 모든 신이 흠향하였으니 이는 하늘이 받아들인 것이요, 정사를 주관하게 하자 정사가 잘 다스려져 백성들이 편안히 지냈으니 이는 백성들이 받아들인 것이다. 하늘이 주고 사람들이 준 것이므로 '천자라고 하여 천하를 남에게 줄 수는 없다.'고 한 것이다.

【注】百神享之는 祭祀得福也라 百姓安之는 民皆謳歌其德也라

모든 신이 흠향했다는 것은 제사를 지내 복을 받는 것으로 나타나고, 백성들이 편안히 지냈다는 것은 백성들이 모두 그 덕을 칭송하는 것으로 나타난다.

舜相堯二十有八載하시니 非人之所能爲也요 天也라

舜이 堯를 28년 동안 보좌하였으니 이는 사람의 힘으로 할 수 있는 것이 아니라 하늘이 준 것이다.

【注】二十八年之久는 非人爲也요 天與之也라

무려 28년 동안 보좌할 수 있었던 것은 사람의 힘으로 한 것이 아니라 하늘이 준 것이라는 말이다.

堯崩이어시늘 三年之喪을 畢하고 舜이 避堯之子於南河之南이어시늘 天下諸侯朝覲者 不之堯之子而之舜하며 訟獄者 不之堯之子而之舜하며 謳歌者 不謳歌堯之子而謳歌舜이라 故로 曰 天也라 夫然後에 之中國하사 踐天子位焉하시니 而居堯之宮하여 逼堯之子면 是는 簒也라 非天與也니라

堯가 붕어하고 삼년상을 마치자 舜이 堯의 아들을 피해 南河의 남쪽으로 떠났는데 조회하러 온 천하의 제후들이 堯의 아들에게 가지 않고 舜에게로 갔으며, 재판을 받으려는 사람들이 堯의 아들에게 가지 않고 舜에게로 갔으며, 공덕을 노래하는 자들이 堯의 아들을 노래하지 않고 舜을 노래하였으니, 이 때문에 하늘의 뜻이라고 한 것이다. 그렇게 한 다음에 도읍으로 가서 천자의 자리에 올랐던 것이다. 만약 堯의 궁전에 들어가 살면서 堯의 아들을 핍박하였다면 이는 찬탈한 것이지 하늘이 준 것이 아니다.

【注】南河之南은 遠地南夷也라 故로 言然後之中國이라 堯子는 胤子丹朱라 訟獄은 獄不決其罪라 故로 訟之라 謳歌는 謳歌舜德也라

南河之南은 멀리 떨어져 있는 南夷의 땅이다. 그래서 "그렇게 한 다음에 도읍으로 갔다."고 한 것이다. 堯의 아들은 맏아들 丹朱를 가리킨다. 訟獄은 옥사에서 그 죄를 결정하지 못하였기 때문에 소송을 하는 것이다. 謳歌는 舜의 덕을 노래하는 것이다.

泰誓曰 天視自我民視하며 天聽自我民聽이라하니 此之謂也니라

〈泰誓〉에 이르기를, '하늘은 우리 백성들을 통해 보며 하늘은 우리 백성들을 통해 듣는다.'라고 하였으니, 바로 이런 것을 두고 한 말이다."

【注】泰誓는 尙書篇名이라 自는 從也라 言天之視聽이 從人所欲也라

〈泰誓〉는 ≪尙書≫의 편명이다. '自'는 '從'의 뜻이니, 하늘이 보고 듣는 것은 사람이 하고 싶어 하는 것을 통해서 보고 듣는다는 말이다.

【疏】'萬章曰'至'此之謂也'. ○ 正義曰：此章言德合於天, 則天爵歸之, 行歸於仁, 則天下與之者也. '萬章曰, 堯以天下與舜, 有諸', 萬章問孟子, 堯帝以天下與舜, 有之乎. '孟子曰, 否', 孟子答之, 堯不與之也. '天子不能以天下與人', 孟子言天子不能以天下與其人也. '然則舜有天下也, 孰與之', 萬章又問孟子, 言如此則舜有天下也, 誰與之. '曰, 天與之', 孟子答以爲天與之也. '天與之者, 諄諄然命之乎', 萬章又問天與之舜者, 天有聲音, 諄諄然命與之乎. '曰, 否. 天不言, 以行與事示之而已矣', 孟子又答之, 言天不以言語諄諄然命之也, 但以人之所行善惡與其事, 從而示之而止矣.

經의 〔萬章曰〕에서 〔此之謂也〕까지

○ 正義曰 : 이 장은 덕성이 하늘의 뜻에 합치되면 天爵이 그에게 돌아가고, 행실이 仁政을 추구하면 천하가 그에게 주어짐을 말한 것이다.

〔萬章曰 堯以天下與舜 有諸〕 萬章이 맹자에게 堯임금이 천하를 舜에게 주었다고 하는데 그런 사실이 있느냐고 물은 것이다.

〔孟子曰 否〕 맹자가, 堯가 주지 않았다고 대답한 것이다.

〔天子不能以天下與人〕 맹자가 천자라고 해서 천하를 그 사람에게 줄 수는 없다고 말한 것이다.

〔然則舜有天下也 孰與之〕 만장이 맹자에게 그렇다면 舜이 천하를 소유한 것은 누가 준 것이냐고 다시 물은 것이다.

〔曰 天與之〕 맹자가 하늘이 준 것이라고 대답한 것이다.

〔天與之者 諄諄然命之乎〕 만장이, 하늘이 舜에게 줄 때, 하늘이 소리를 내어 자상하게 설명하며 주는 것이냐고 다시 물은 것이다.

〔曰 否 天不言 以行與事示之而已矣〕 맹자가, 하늘은 말로써 자상하게 명령하지 않고 단지 그 사람이 행한 선악과 그에 따른 사적을 가지고 보여줄 뿐이라고 다시 대답한 것이다.

'曰, 以行與事示之者, 如之何' 萬章又問, 以行與事示之者, 是如之何也. '曰, 天子能薦人'至'示之而已矣', 孟子答之, 言天子者雖能擧薦人於上天也, 又不能使上天以與之天下也, 諸侯者能擧薦人於天子, 而不能使天子必與爲之諸侯, 大夫者能薦人於諸侯, 而不能使諸侯必與爲之大夫. 往者堯擧薦舜於上天, 而天受之, 暴之於民, 而民受之, 我故曰 "天不言, 以行與事示之矣."

〔曰 以行與事示之者 如之何〕 萬章이 행동과 사적으로 보여준다는 것이 어떤 것이냐고 다시 물은 것이다.

〔曰 天子能薦人〕에서 〔示之而已矣〕까지

맹자가 대답한 것이다. "천자는 비록 사람을 上天에 천거할 수 있을지언정 또 上天으로 하여금 천하를 주게 할 수는 없으며, 제후는 사람을 천자에게 추천할 수 있을지언정 천자로 하여금 제후 자리를 반드시 주게 할 수는 없으며, 대부는 사람을 제후에게 천거할 수는 있을지언정 제후로 하여금 대부 자리를 반드시 주게 할 수는 없다. 옛날에 堯가 舜을 上天에 천거하자 하늘이 받아들였고, 백성들 앞에 드러내자 백성들이 받아들였다. 내가 이 때문에 '하늘은 말을 하지 않고 행동과 사적으로 보여준다.'고 말한 것이다."

'曰, 敢問薦之於天而天受之, 暴之於民而民受之, 如何', 萬章又問薦之於天而天受之, 與暴之於民而民受之, 是如之何也. '曰, 使之主祭, 而百神享之, 是天受之也. 使之主事而事治, 百姓安之, 是民受之也. 天與之, 人與之, 故曰天不能以天下與人也', 書云[1] "納于大麓", 是堯薦舜於天也, "烈風雷雨弗迷", 是天受之也. 所謂百神享之, 亦可知也. "愼徽五典", "納于百揆", 是暴之於民也, "五典克從", "百揆時敍", 是民受之也. 所謂百姓安之, 亦可知也, 曰 "黎民於(오)變時雍"[2]是也. 然於天則云薦, 於民則云暴者, 蓋天遠而在上, 是爲尊者也, 聖人於天, 擧其所知, 而取舍不在我, 故云薦之也, 民近而在下, 是爲卑者也, 聖人之於民, 顯其功業, 而使之自附, 故云暴之也. 所謂受之者, 卽是與之也.

1) 書云 : 이하 인용문은 ≪尙書≫ 〈虞書 舜典〉의 글로 "〈堯가 舜에게〉 五倫을 아름답게 하라 하니 오륜이 잘 따르게 되었으며, 백관을 맡기니 백관이 질서가 잡혔으며, 사방의 문에서 빈객을 맞이하게 하니 사방의 문에 和氣가 넘쳤으며, 깊은 숲속에 들여보내니 거센 바람과 雷雨가 몰아쳐도 방향을 잃지 않았다.〔愼徽五典 五典克從 納于百揆 百揆時敍 賓于四門 四門穆穆 納于大麓 烈風雷雨弗迷〕"라고 한 문장을 한 구절씩 발췌한 것이다.

2) 黎民於(오)變時雍 : ≪尙書≫ 〈虞書 堯典〉에 보인다.

〔曰 敢問薦之於天而天受之 暴之於民而民受之 如何〕 만장이 하늘에 천거하자 하늘이 받아들였다는 것과 백성들 앞에 드러내자 백성들이 받아들였다고 한 것은 어떤 것이냐고 다시 물은 것이다.

〔曰 使之主祭 而百神享之 是天受之也 使之主事而事治 百姓安之 是民受之也 天與之 人與之 故曰天不能以天下與人也〕 ≪尙書≫ 〈舜典〉에서 "깊은 숲속에 들여보냈다."고 한 것은 堯가 舜을 하늘에 천거한 것에 해당하고 "거센 바람과 雷雨가 몰아쳐도 방향을 잃지 않았다."고 한 것은 하늘이 받아들인 것이니, 이른바 모든 신이 흠향했음을 또한 알 수 있다. "五倫을 아름답게 하라."든가 "백관을 맡겼다."고 한 것은 백성들 앞에 드러내놓은 것에 해당하고 "오륜이 잘 따르게 되었다."든가 "백관이 질서가 잡혔다."고 한 것은 백성들이 받아들인 것이다. 이른바 백성들이 편안히 지냈음을 또한 알 수 있으니, 〈堯典〉에서 "모든 백성들이 이에 변화하여 화평하게 지냈다."라고 한 것이 이에 해당한다.

그런데 하늘에 대해서는 '천거하였다〔薦〕'는 말을 사용하고 백성들에 대해서는 '드러내놓았다〔暴〕'는 말을 사용하였는데, 〈그 이유는 대체로 이러하다.〉 하늘은 멀리 위에 있어 존귀한 존재이므로 聖人이 하늘에 대해서는 자신이 아는 이를 천거하되 취사선택의 여부는 자신에게 있지 않기 때문에 '천거한다'고 말한 것이요, 백성들은 가까이 아래에 있어 비천한 존재이므로 성인이 백성들에 대해서는 功業을 분명하게 펼쳐서 그들로 하여금 스스로 따르게 하였기 때문에 '드러내놓았다'고 말한 것이다. 이른바 '받아들였다〔受之〕'고 한 것은 곧 '주었다〔與之〕'는 것과 같은 말이다.

'舜相堯'至'此之謂也', 孟子又言 舜攝行堯事輔相之, 得二十八年之久, 非人所能爲之也, 乃天與之也. 堯帝旣崩死, 舜率天下諸侯爲堯三年喪, 三年喪旣畢, 舜乃逃避堯之子丹朱而隱於南河之南, 天下諸侯朝覲而來者, 不往朝覲於堯之子丹朱, 而往朝覲於舜, 訟獄有未決斷者, 不往求治於堯之子丹朱, 而往求治於舜, 謳歌吟詠者, 不吟詠堯之子丹朱, 而吟詠舜, 故曰天與之也. 如此, 然後往歸中國, 履天子之位焉. 如使舜不避堯之子, 而居堯帝之宮, 逼逐堯之子, 是則爲簒奪者也, 非謂爲天與之也. 泰誓篇亦云"天之所視從我民之所視, 天之所聽亦從我民之所聽", 是此天與之・人與之之謂也.

〔舜相堯〕에서 〔此之謂也〕까지

맹자가 다시 말한 것이다. 舜이 堯의 정사를 섭행하여 보좌한 것이 무려 28년이나 되었으니, 이는 사람의 힘으로 할 수 있는 것이 아니라 바로 하늘이 준 것이다. 堯임금이 붕어하자 舜이 천하의 제후들을 이끌고 堯의 삼년상을 치렀고, 삼년상을 마치자 舜이 堯의 아들 丹朱를 피해 南河의 남쪽에 은거하였는데 조회하러 온 천하의 제후들이 堯의 아들 丹朱에게 가서 조회하지 않고 舜에게 가서 조회하였으며, 송사에서 그 죄를 결정하지 못한 사람들이 堯의 아들 丹朱에게 가서 그 죄를 다스려줄 것을 요구하지 않고 舜에게 가서 그 죄를 다스려줄 것을 요구하였으며, 공덕을 노래하는 사람들이 堯의 아들 丹朱를 노래하지 않고 舜을 노래하였으므로 하늘이 준 것이라고 한 것이다. 이렇게 한 다음에 舜이 도읍으로 돌아가 천자의 자리에 올랐던 것이다. 만약 舜이 堯의 아들을 피하지 않고 堯의 궁전에 들어가 살면서 堯의 아들을 핍박해 몰아냈다면 이는 찬탈한 것이지 하늘이 준 것에 해당되지 않는다. 〈泰誓〉편에 또한 이르기를, "하늘이 보는 것은 우리 백성들의 눈을 통해 보고, 하늘이 듣는 것 또한 우리 백성들의 귀를 통해 듣는다."고 하였으니, 이는 하늘이 주고 백성들이 준다는 것을 이른 말이다.

【疏】○ 注'咨爾舜, 天之歷數在爾躬'. ○ 正義曰 : 案論語堯曰篇有此文, 書亦有此. 何晏曰 "歷數, 列次也." 孔安國云, "歷數, 天道, 謂天歷運之數. 帝王易姓而興, 故言歷數, 謂天道."

○ 注의 〔咨爾舜 天之歷數在爾躬〕

○ 正義曰 : 상고해보건대 ≪論語≫ 〈堯曰〉편에 이 글이 수록되어 있으며 ≪尙書≫에도 이 글이 수록되어 있다. 何晏이 이르기를, "歷數는 列次(차례)이다."라고 하였고, 孔安國은 "歷數는 天道이니 하늘이 운행하는 氣數를 일컫는 말이다. 당시 帝王이 姓을 바꿔가며 흥기하였으므로 歷數라고 말한 것이니, 곧 天道를 일컬은 것이다."라고 하였다.

【疏】○ 注'(河南)〔南河〕[1], 南夷也'. ○ 正義曰 : 案裴駰云[2] "劉熙曰 '南河(之南)[3], 九河之最南者.'" 是也, 是知爲南夷也. 所謂中國, 劉熙云 "帝王所都爲中, 故曰中國."[4]

1) (河南)〔河南〕: 저본에는 '河南'으로 되어 있으나, 趙岐의 本注에 의거하여 '南河'로 바로잡았다.
2) 裴駰云 : 裴駰이 지은 ≪史記集解≫를 가리킨다.
3) (之南) : 저본에는 '之南'이 있으나, 사고전서본 ≪史記集解≫에 의거하여 衍文으로 처리하였다.
4) 劉熙云……故曰中國 : 이 내용도 ≪史記集解≫에 보인다.

○ 注의 〔南河 南夷也〕

○ 正義曰 : 상고하건대 裴駰의 ≪史記集解≫에 의하면, "劉熙가 '南河는 九河 가운데 가장 남쪽에 있는 강이다.' 하였다."라고 한 것이 이것이니, 南夷에 해당됨을 알 수 있다. 이른바 '中國'이라고 하는 것은, 劉熙의 말에 따르면 "帝王이 도읍한 곳이 중앙이 되므로 도읍을 中國이다."라고 한 것이다.

【疏】○ 注'泰誓, 尙書篇'. ○ 正義曰 : 孔安國傳云 "泰誓者, 大會以誓衆也." 又云 "天因民以視聽, 民所惡(오)者, 天誅之而已."

○ 注의 〔泰誓 尙書篇〕

○ 正義曰 : 孔安國 傳에 이르기를, "'泰誓'라는 것은 대대적으로 모여서 대중에게 서약하는 것이다."라고 하였고, 또 이르기를, "하늘은 백성들을 통해 보고 들으므로 백성들이 싫어하는 사람은 하늘이 징벌한다."고 하였다.

6. 萬章問曰 人有言하되 至於禹而德衰하여 不傳於賢而傳於子라하니 有諸잇가

萬章이 물었다. "사람들이 하는 말이, '禹임금에 이르러 德이 쇠퇴하여 賢者에게 전하지 않고 아들에게 전하였다.'고 하는데 이런 일이 정말 있었습니까?"

禹

【注】問禹之德衰하여 不傳於賢而自傳於子라하니 有之否乎아

禹임금의 德이 쇠하여 賢者에게 전하지 않고 스스로 아들에게 전했다고 하는데 이런 일이 정말 있었느냐고 물은 것이다.

孟子曰 否라 不然也라 天與賢則與賢하고 天與子則與子니라

맹자가 대답했다. "아니다, 그렇지 않다. 하늘의 뜻이 賢者에게 주는 데에 있으면 賢者에게 주는 것이고, 하늘의 뜻이 아들에게 주는 데에 있으면 아들에게 주는 것이다.

【注】言隨天也라

하늘의 뜻을 따랐다는 말이다.

昔者에 舜이 薦禹於天十有七年에 舜崩이어시늘 三年之喪을 畢하고 禹避舜之子於陽城이러시니 天下之民이 從之를 若堯崩之後에 不從堯之子而從舜也하니라 禹薦益於天七年에 禹崩이어시늘 三年之喪을 畢하고 益避禹之子於箕山之陰이러니 朝覲訟獄者 不之益而之啓曰 吾君之子也라하며 謳歌者 不謳歌益而謳歌啓曰 吾君之子也라하니라 丹朱之不肖에 舜之子亦不肖하며 舜之相堯와 禹之相舜也는 歷年多하여 施澤於民이 久하고 啓賢하여 能敬承繼禹之道하며 益之相禹

也는 **歷年少**하여 **施澤於民**이 **未久**하니

啓

옛날에 舜임금이 禹를 하늘에 천거한 지 17년 만에 舜임금이 세상을 떠나자, 삼년상을 마치고 나서 禹가 舜임금의 아들을 피해 陽城에 은거하였는데, 천하의 백성들이 禹를 따르기를 마치 堯임금이 세상을 뜬 뒤에 堯임금의 아들을 따르지 않고 舜을 따른 것처럼 하였다.

禹임금이 益을 하늘에 천거한 지 7년 만에 禹임금이 세상을 떠나자, 삼년상을 마치고 나서 益이 禹임금의 아들을 피해 箕山의 북쪽에 은거하였는데, 조회하러 온 제후와 재판을 받으려는 백성들이 益에게 가지 않고 啓에게로 가서 '우리 임금의 아들이다.'라고 하였으며, 공덕을 노래하는 자들이 익을 노래하지 않고 啓를 노래하면서 '우리 임금의 아들이다.'라고 하였다. 〈堯임금의 아들〉 丹朱가 不肖하고 舜임금의 아들 또한 不肖하였으며, 舜이 堯임금을 보좌한 것과 禹가 舜임금을 보좌한 것은 햇수가 많아서 백성들에게 은택을 입힌 것이 오래된 반면에, 〈禹임금의 아들〉 啓가 어질어서 禹임금의 도를 공경히 계승할 수 있는 데다 益이 禹임금을 보좌한 것은 햇수가 적어서 백성들에게 은택을 입힌 것이 오래되지 않았다.

【注】舜薦禹와 **禹薦益**이 **同也**나 **以啓之賢故**로 **天下歸之**요 **益又未久故也**라 **陽城**과 **箕山之陰**은 **皆嵩山下深谷之中以藏處也**라

舜임금이 禹를 하늘에 천거한 것과 禹임금이 益을 천거한 것이 똑같지만 啓가 어질었기 때문에 천하 사람들이 귀의한 것이요, 益 또한 〈은택을 입힌 것이〉 오래되지 않았기 때문이다. 陽城과 箕山의 북쪽은 모두 嵩山 아래 깊은 골짜기 속의 숨어 지낼 만한 곳이다.

舜禹益相去久遠과 **其子之賢不肖**가 **皆天也**니 **非人之所能爲也**라 **莫之爲而爲者**는 **天也**요 **莫之致而至者**는 **命也**니라

이렇게 舜과 禹와 益이 보좌한 햇수의 차이가 서로 많이 나고 그 아들의 어질고 불초함이 〈서로 다른 것은〉 모두 하늘의 뜻이니 사람이 할 수 있는 것이 아니다. 그렇게 하고자 하는 마음이 없는데도 그렇게 되는 것은 하늘이 그렇게 한 것이요, 어떤 일을 불러들이지 않아도 그 일이 저절로 닥치는 것은 운명이 그렇게 한 것이다.

【注】莫은 無也라 人無所欲爲而橫爲之者는 天使爲也요 人無欲致此事而此事自至者는 是其命而已矣라 故로 曰命也라

莫은 '없다'는 뜻이다. 사람이 그렇게 하고자 하는 마음이 없는데도 의도와는 반대로 그렇게 되는 것은 하늘이 그렇게 하도록 만들었기 때문이요, 사람이 어떤 일을 불러들이지 않아도 그 일이 저절로 닥치는 것은 바로 運命에 해당한다. 그래서 命이라고 한 것이다.

匹夫而有天下者는 **德必若舜禹而又有天子薦之者**라 **故**로 **仲尼不有天下**요 **繼世而有天下**[1)]니라

1) 繼世而有天下 : 趙岐가 이 구절을 윗절에 붙여서 주해한 것에 반해, 朱熹는 ≪孟子集註≫에서 이 구절을 아랫절에 붙여 주해하였다. 또한 ≪맹자집주≫에는 '而'가 '以'로 되어 있다.

匹夫로서 천하를 소유한 자는 德이 반드시 舜과 禹와 같아야 하고 거기에다 天子의 천거까지 있어야 한다. 그런 까닭에 仲尼가 천하를 소유하지 못하였던 것이고 자손이 대를 잇는 세습 방식으로 천하를 소유했던 것이다.

【注】仲尼無天子之薦故로 不得以有天下라 繼世之君은 雖無仲尼之德이라도 襲父之位하나니 非匹夫故로 得有天下也라

仲尼는 天子의 천거가 없었기 때문에 천하를 소유하지 못한 것이다. 대를 이은 군주는 비록 중니와 같은 덕이 없더라도 부친의 지위를 세습하니, 이는 匹夫의 신분으로

천하를 소유한 것이 아니다.

天之所廢는 **必若桀紂者也**라 **故益伊尹周公**이 **不有天下**하시니라

하늘이 〈그 아들을〉 폐하는 경우는 반드시 桀과 紂 같은 자라야 한다. 그런 까닭에 益과 伊尹과 周公이 천하를 소유하지 못한 것이다.

伊尹

周公

【注】益은 値啓之賢하고 伊尹은 値太甲能改過하고 周公은 値成王有德하여 不遭桀紂하니 故로 以匹夫而不有天下니라

益은 어진 啓를 만났고, 伊尹은 자신의 과오를 고칠 줄 아는 太甲을 만났고, 周公은 덕을 갖춘 成王을 만나서 桀·紂와 같은 군주를 만나지 않았기 때문에 匹夫의 신분으로 천하를 소유하지 못한 것이다.

伊尹이 **相湯**하여 **以王於天下**러니 **湯崩**이어시늘 **太丁**은 **未立**하고 **外丙**은 **二年**이요 **仲壬**은 **四年**이러니 **太甲**이 **顚覆湯之典刑**이어늘 **伊尹**이 **放之於桐三年**한대 **太甲**이 **悔過**하여 **自怨自艾**(예)하여 **於桐**에 **處仁遷義三年**하여 **以聽伊尹之訓己也**하여 **復**(부)**歸於亳**하니라

伊尹이 湯임금을 보좌하여 천하의 王이 되게 하였는데, 湯임금이 세상을 떠나자 太丁은 즉위하지도 못하고 죽었고, 外丙은 즉위한 지 2년 만에 죽었고, 仲壬

은 즉위한 지 4년 만에 죽었다. 太甲이 湯임금의 법을 전복시켰으므로 伊尹이 3년 동안 그를 桐宮에 추방하였는데, 太甲이 허물을 뉘우쳐 자신을 질책하고 자신을 다스려서 桐宮에서 3년 동안 仁에 거처하고 義에 옮겨서 이윤이 자기를 훈계한 말을 따랐으므로 다시 亳으로 돌아오게 되었다.

桐宮思訓圖

【注】太丁은 湯之太子니 未立而薨이라 外丙은 立二年이요 仲壬은 立四年이니 皆太丁之弟也라 太甲은 太丁子也니 伊尹이 以其顚覆典刑으로 放之於桐邑하니라 處는 居也요 遷은 徙也니 居仁徙義하여 自怨其惡行이라 艾(예)는 治也라 治而改過하여 以聽伊尹之敎訓己하니 故로 復得歸之於亳하여 反天子位也라

太丁은 湯임금의 太子로 즉위하지 못하고 죽었다. 外丙은 즉위한 지 2년 만에 죽었고, 仲壬은 즉위한 지 4년 만에 죽었으니, 모두 太丁의 아우이다. 太甲은 太丁의 아들인데, 伊尹이 그가 湯임금의 법을 전복시켰으므로 桐宮에 추방한 것이다. '處'는 '거처한다'는 뜻이고 '遷'은 '옮긴다'는 뜻으로, 仁에 거처하고 義에 옮겨서 자신의 악행을 스스로 질책한 것이다. '艾'는 '다스린다'는 뜻이다. 허물을 다스리고 고쳐서 이윤이 자기를 훈계한 말을 따랐으므로 다시 亳으로 돌아와 천자의 자리를 회복할 수 있었던 것이다.

周公之不有天下는 猶益之於夏와 伊尹之於殷也니라 孔子曰 唐虞[1)]는 禪하고 夏后殷周는 繼하니 其義一也라하시니라

1) 唐虞 : 唐은 堯임금의 나라이고 虞는 舜임금의 나라이므로, 唐虞는 곧 堯舜을 가리킨다.

周公이 천하를 소유하지 못한 것은 益이 夏나라에 있어서나 伊尹이 殷나라에 있어서의 경우와 같다. 孔子가 이르기를, '唐과 虞가 〈현자에게〉 선양을 하든 夏后와 殷과 周가 자식에게 물려주든 그 뜻은 똑같다.'라고 하였다."

【注】 周公與益伊尹이 雖有聖賢之德이나 不遭者時라 然孔子言 禪・繼는 其義一也라

周公은 益이나 伊尹처럼 비록 聖賢의 德을 갖추기는 하였으나 때를 만나지 못한 것이다. 하지만 孔子는 〈현자에게〉 선양을 하든 〈자식에게〉 물려주든 그 뜻은 똑같다고 하였다.

【疏】 '萬章問曰'至'其義一也'. ○ 正義曰：此章言(義)〔篤〕[1]於仁, 則四海宅心, 守正不足, 則(賢)〔聖〕[2]位莫繼者也.[3] 萬章問孟子曰 "世人有言, 至於禹之代而德衰微, 不傳於賢而傳於子, 有諸此乎否." 孟子答之曰 "否, 不然也. 天與之賢者, 則與賢者, 天與之子, 則與子. 以其隨天如何耳. 往者舜薦禹於天, 及得十有七年, 舜於是崩死. 禹以三年服喪畢, 遂避舜之子商均, 隱於陽城, 天下之民從禹, 若堯之死後民之舜而不之丹朱也. 禹其後又薦益於天, 及得七年, 禹卽崩死, 益以三年服喪畢, 益遂避禹之子啓, 隱於箕山之陰, 朝覲訟獄謳歌者皆不歸益而歸禹之子啓, 咸曰 '我君之子也'. 無它, 以其堯子丹朱不肖, 舜子商均亦不肖, 而舜之輔相堯・禹之輔相舜而歷年多矣, 施恩澤於民已久, 天下之民所以歸舜與禹, 不歸丹朱・商均也. 啓以賢, 能敬承續禹之治, 而益又輔相禹但七年, 其歷年尙少, 不如舜相堯二十有八年・禹相舜十有七年之多, 而施恩澤於民亦未至久, 所以天下之民不歸益而歸啓也. 又況啓有賢德, 與丹朱・商均之不同耶. 舜・禹・益相去年代己久遠, 其子之或賢或不肖, 天使然也, 非人所能爲之也. 人莫之爲然而爲然者, 故曰天使然也, 人莫能致之此事而其事自至者, 是其命有是也. 言天與命者, 究其義則一也. 以其無爲而無不爲, 故曰天也, 天之使我有是之謂命, 故曰命也. 天下善否, 天實使之然也, 祿位器服, 乃其所命故也. 今丹朱・商均與啓三者之或賢或否, 是其天也, 天下之民或歸之或不歸之, 是其命也. 與書所謂'天難諶命靡常', 孔子云 '死生有命富貴在天', 凡此亦天與命之意也. 匹夫之賤而有天下者, 其義必如舜・禹, 而又得天子薦之者, 故得有天下也, 故孔子不有天下, 雖言有德, 然而無天子以薦之者, 是不有天下也. 繼世之君, 雖無仲尼之德, 然而襲父之位, 又非匹夫, 故得有天下也. 夫天之所以廢滅者, 必若桀與紂之暴虐, 然後無乃廢滅之矣. 故益・伊尹・周公三者, 不有天下, 以其時值啓・太甲・成王三君皆賢, 天不廢此三君, 故益・伊尹・周公所以不有天下也. 伊尹相湯王天下也, 及湯崩死, 太子太丁未立而喪, 於是太丁弟外丙立, 外丙卽位二年崩, 外丙弟仲壬立, 仲壬卽位四年崩, 太丁子太甲立. 太甲卽位, 遂顚覆湯之典刑, 伊尹乃放之於桐宮, 及三年, 太甲乃自悔過, 而怨其己惡, 遂治身於桐宮, 於是居仁徙義, 以聽伊尹之教訓, 復歸於亳都, 反天子之位焉. 周公之不有天下, 若益之於夏禹・伊尹之於殷湯故也. 孔子曰 '唐・虞二帝, 禪讓其位, 夏禹・殷湯・周武繼父之位, 其義則一, 更無二也'. 謂其義則一而無二者, 蓋唐〔虞〕[4]與賢, 夏后・殷・周與子, 天與賢則與賢, 天與子則與子, 其爲順天則一而已, 故曰其義則一也. 云禪者, 蓋唐・虞禪祭[5]而告傳位, 故曰禪也.

1) (義)〔篤〕: 저본에는 '義'로 되어 있으나, 阮元의 〈校勘記〉에 의거하여 '篤'으로 바로잡았다.
2) (賢)〔聖〕: 저본에는 '賢'으로 되어 있으나, 〈萬章章句〉 卷頭에 수록된 제6章의 요지에 의거하여 '聖'으로 바로잡았다.
3) 此章言(義)〔篤〕於仁……則(賢)〔聖〕位莫繼者也 : 北京大本에는 "이 장의 章指는 다음과 같다. 仁에 뜻을 돈독히 하면 四海가 기뻐하여 귀의하고, 正道를 지키는 것이 부족하면 聖王의 지위를 계승하지 못하니, 丹朱와 商均이 이에 해당한다. 이 때문에 성인은 仁德을 부지런히 쌓는다.〔此章指言 篤志於仁 則四海宅心 守正不足 則聖位莫繼 丹朱商均是也 是以聖人孜孜於仁德也〕"라고 하였다.
4) 〔虞〕: 저본에는 '虞'가 없으나, 阮元의 〈校勘記〉에 의거하여 보충하였다.
5) 禪祭 : 고대에 제왕이 토지와 산천의 신에게 지내는 제사를 말한다.

經의 〔萬章問曰〕에서 〔其義一也〕까지

○ 正義曰 : 이 장은 仁에 독실하면 四海가 기뻐하여 귀의하고, 正道를 지키는 것이 부족하면 聖王의 지위를 계승하지 못함을 말한 것이다.

萬章이 맹자에게 물었다.

"세상 사람들이 하는 말이, 禹임금의 시대에 이르러 德이 쇠퇴하여 賢者에게 전하지 않고 아들에게 전하였다고 하는데 이런 일이 정말 있었습니까?"

맹자가 대답했다.

"아니다. 그렇지 않다. 하늘의 뜻이 賢者에게 주는 데에 있으면 현자에게 주는 것이고, 하늘의 뜻이 아들에게 주는 데에 있으면 아들에게 주는 것이다. 하늘의 뜻이 어떠하냐를 따를 뿐이다.

옛날에 舜임금이 禹를 하늘에 천거한 지 17년 만에 舜임금이 세상을 떠나자, 禹가 삼년상을 마치고 나서 마침내 舜임금의 아들 商均을 피해 陽城에 은거하였는데, 천하의 백성들이 禹를 따르기를 마치 堯임금이 세상을 뜬 뒤에 백성들이 丹朱에게 가지 않고 舜에게로 간 것처럼 하였다.

禹임금이 그 후 또 益을 하늘에 천거한 지 7년 만에 禹임금이 세상을 떠나자, 益이 삼년상을 마치고 나서 마침내 禹임금의 아들 啓를 피해 箕山의 북쪽에 은거하였는데, 조회하러 온 제후와 재판을 받으려는 백성들과 공덕을 노래하는 자들이 모두 益에게 가지 않고 禹임금의 아들 啓에게로 가서, 모두 '우리 임금의 아들이다.'라고 하였다.

이는 다름이 아니라 堯임금의 아들 丹朱가 不肖하고 舜임금의 아들 商均도 不肖하였으며, 舜이 堯임금을 보좌한 것과 禹가 舜임금을 보좌한 햇수가 많아 백성들에게 은택을 입힌 지가 이미 오래되어 천하의 백성들이 舜과 禹에게 귀의하고 丹朱와 商均에게 귀의하지 않았기 때문이다.

반면에, 〈禹임금의 아들〉 啓가 어질어서 禹임금의 다스림을 공경히 계승할 수 있는데다 益이 또 禹임금을 보좌한 것은 단지 7년으로 그 햇수가 적어서 舜이 堯임금을 보좌한 28년과 禹가 舜임금을 보좌한 17년처럼 많지 않고 백성들에게 은택을 입힌 것도 그다지 오래되지 않았기 때문에 천하의 백성들이 益에게 귀의하지 않고 啓에게 귀의한 것이다. 게다가 啓는 어진 덕을 갖추고 있어서 丹朱와 商均과는 같지 않았음에랴.

舜과 禹와 益이 보좌한 햇수가 서로 많이 차이나고 그 아들의 어질고 불초함이 〈서로 다른 것은〉 모두 하늘이 그렇게 만든 것이지 사람의 힘으로 그렇게 할 수 있는 것이 아니다. 사람이 그렇게 하고자 하는 마음이 없는데도 그렇게 된 것이기 때문에 하늘이 그렇게 만든 것이라고 한 것이요, 사람이 어떤 일을 불러들이지 않아도 그 일이 저절로 닥치는 것은 운명이 그렇게 한 것이다.

하늘의 뜻〔天〕과 운명〔命〕은 그 뜻을 궁구해보면 똑같다. 하늘의 뜻은 하는 것도 없고 하지 않는 것도 없으므로 '天'이라고 한 것이며, 운명은 하늘이 우리 인간으로 하여금 어떤 것을 지니게 하는 것을 말하므로 '命'이라 한 것이다. 천하 사람들이 선해지느냐 악해지느냐는 하늘〔天〕이 실로 그렇게 만든 것이요, 관직과 봉록, 기물과 의복은 바로 하늘이 命한 것이다. 지금 丹朱와 商均과 啓, 이 세 사람이 어질기도 하고 어질지 않기도 한 것은 하늘이 그렇게 만든 것이요, 천하의 백성들이 귀의하기도 하고 귀의하지 않기도 한 것은 운명에 해당한다. ≪尙書≫ 〈商書 咸有一德〉의 이른바 '하늘은 믿기 어려우니 그 命이 일정하지 않기 때문이다.'라고 한 것과 孔子가 말한 '죽고 사는 데에는 命이 있고 부유하고 존귀해지는 것은 하늘에 달려있다.'라고 한 것은 모두 '天'과 '命'의 뜻을 언급한 것이다.

匹夫의 미천한 신분으로 천하를 소유한 자는 그 德義가 반드시 舜과 禹와 같아야 하고 거기에다 天子의 천거까지 받은 자였기 때문에 천하를 소유할 수 있었던 것이다. 그런 까닭에 孔子가 천하를 소유하지 못한 것이니, 아무리 德이 있다 하더라도 천거해 주는 천자가 없다면 천하를 소유하지 못한다. 대를 이어 세습한 군주는 비록 仲尼와 같은 덕이 없다 하더라도 그 부친의 지위를 세습할 수 있고 게다가 匹夫도 아니므로 천하를 소유할 수 있었던 것이다.

무릇 하늘이 멸망시키는 경우는 반드시 桀과 紂와 같이 포학한 정치를 한 다음에야 멸망시키는 것이다. 그런 까닭에 益과 伊尹과 周公 세 사람이 천하를 소유하지 못한 것이니, 그 당시 啓, 太甲, 成王 세 군주가 모두 어질었고 하늘이 이 세 군주를 폐하지 않았기 때문에 益과 伊尹과 周公이 천하를 소유하지 못한 것이다.

伊尹이 湯임금을 보좌하여 천하의 王이 되게 하였는데, 湯임금이 세상을 떠나자 太子인 太丁은 즉위하지도 못하고 죽었고, 이에 太丁의 아우 外丙이 즉위하였으나 外丙은 즉위한 지 2년 만에 죽었고, 外丙의 아우 仲壬이 즉위하였으나 仲壬은 즉위한 지 4년 만에 죽었고, 太丁의 아들 太甲이 즉위하였다. 太甲이 즉위하여 湯임금의 법을 전복시켰으므로 伊尹이 그를 桐宮에 추방하였는데, 3년 만에 太甲이 스스로 허물을 뉘우쳐 자신의 과오를 질책하고 桐宮에서 자신을 잘 다스려서 이에 仁에 거처하고 義로 옮겨가서 伊尹의 가르침을 따랐으므로 다시 도읍인 亳으로 돌아와 천자의 자리를 회복하였다.

周公이 천하를 소유하지 못한 것은 益이 夏나라 禹임금에 있어서나 伊尹이 殷나라 湯임금에 있어서의 경우와 같았기 때문이다. 孔子가 이르기를, '唐과 虞의 두 임금이 천자의 자리를 〈현자에게〉 禪讓하든 夏나라 禹임금과 殷나라 湯임금과 周 武王이 천자의 자리를 자식에게 물려주든 그 뜻은 한 가지이고 더 이상 둘이 아니다.'라고 하였는데, 그 뜻이 한가지이고 둘이 아니라고 한 것은, 唐과 虞는 賢者에게 물려주고 夏后와 殷과 周는 자식에게 물려주었는데, 하늘이 賢者에게 주게 하면 賢者에게 주고 하늘이 자식에게 주게 하면 자식에게 준 것으로, 그것이 하늘의 뜻을 따른 것이기는 매 한가지이기 때문에 그 뜻이 똑같다고 한 것이다. '禪'이라고 한 것은 唐과 虞가 禪祭를 올려 〈토지와 산천의 신에게〉 천자의 자리를 전함을 고하였기 때문에 '禪'이라고 한 것이다."

【疏】○ 注'陽城箕山之陰, 皆嵩山下深谷中'. ○ 正義曰：案史記裴駰注[1]云 "劉熙曰'陽城, 是今之穎川也, 箕山, 嵩高之北.'" 是也.

1) 史記裴駰注：裴駰의 ≪史記集解≫를 말한다.

○ 注의〔陽城箕山之陰 皆嵩山下深谷中〕

○ 正義曰：상고하건대, 裴駰의 ≪史記集解≫에서 "劉熙가 이르기를, '陽城은 지금의 穎川이고, 箕山은 嵩高의 북쪽이다.'라고 했다." 한 것이 이에 해당한다.

【疏】○ 注'太丁湯之子'至'位也'. ○ 正義曰：案史記文, 已具在公孫丑篇內[1], 此更(갱)不錄. 然史記乃云"外丙卽位三年", 今孟子云"外丙二年", 蓋史記不稽孟子之過也.

1) 史記文 已具在公孫丑篇內：〈公孫丑 上〉의 "由湯至於武丁 賢聖之君六七作 天下歸殷 久矣(湯임금에서부터 武丁에 이르기까지 훌륭한 임금 예닐곱 분이 나와서 천하의 민심이 殷나라로 돌아간 지 오래되었다.)"에 대한 孫奭 疏에서 ≪史記≫를 인용하여 자세히 설명한 것을 두고 한 말이다.

○ 注의〔太丁湯之子〕에서〔位也〕까지

○ 正義曰：상고하건대, 이 ≪史記≫의 내용은 이미 〈公孫丑〉편 안에서 자세히 언급하였으므로 여기에서는 다시 수록하지 않는다. 그런데 ≪사기≫ 〈三代世表〉에서는 "外丙이 즉위 3년 만에 죽었다."고 하고, 지금 ≪孟子≫에서는 "外丙이 2년 만에 죽었다."고 하였으니, 아마도 ≪사기≫에서 ≪맹자≫를 제대로 살펴보지 않아 잘못을 범한 듯하다.

【疏】○ 注'丹朱·商均'.[1] ○ 正義曰：堯·舜之子. 皇甫謐云"娥皇無子, 商均, 女英生也."[2]

1) 注丹朱商均：이 글은 趙岐 注가 아닌 北京大本의 章指를 설명한 것이다.
2) 皇甫謐云……女英生也：皇甫謐(215~282)이 三皇부터 漢魏까지 역대 帝王의 世系와 事跡을 수록한 ≪帝王世紀≫를 인용한 것이다. 황보밀은 西晉의 학자로, 자가 士安이고 호가 玄晏이다. 저서로 ≪帝王世紀≫, ≪高士傳≫, ≪逸士傳≫, ≪列女傳≫ 등의 전기서와 ≪玄晏春秋≫, ≪陰陽曆術≫, ≪鬼谷子注≫ 등의 철학서 및 ≪針灸甲乙經≫ 등이 있다.

○ 注의〔丹朱·商均〕

○ 正義曰：〈丹朱는〉 堯임금의 아들이고, 〈商均은〉 舜임금의 아들이다. 皇甫謐이 이르기를, "娥皇에게 아들이 없었으니, 商均은 女英의 소생이다."라고 하였다.

7. 萬章問曰 人有言하되 伊尹以割烹要湯이라하니 有諸잇가

萬章이 물었다. "사람들이 말하기를 '伊尹이 요리솜씨를 가지고 湯임금에게 벼슬을 구했다.'고 하는데 그런 일이 있습니까?"

【注】 人言하되 伊尹이 負鼎俎而干湯이라하니 有之否아

사람들이 말하기를 '伊尹이 솥과 도마를 짊어지고 가서 湯임금에게 벼슬을 구했다.' 고 하는데 그런 일이 있느냐고 한 것이다.

孟子曰 否라 不然하니라

맹자가 대답했다. "아니다, 그렇지 않다.

【注】 否는 不是也라

'否'는 그렇지 않다는 것이다.

伊尹이 耕於有莘之野而樂堯舜之道焉하여 非其義也며 非其道也어든 祿之以天下[1)]라도 弗顧也하며 繫馬千駟[2)]라도 弗視也하고 非其義也며 非其道也어든 一介를 不以與人하며 一介를 不以取諸人하니라

1) 祿之以天下 : 天子의 지위를 제시한 것을 의미한다.
2) 繫馬千駟 : 繫馬는 마굿간에 묶어놓고 키우는 길들인 말이며, '駟'는 戰車를 끌 때 한 조를 이루는 4마리 말을 뜻한다. 즉, 繫馬千駟는 諸侯國이 소유한 1,000대의 戰車를 끄는 데 소요되는 4,000마리의 말로서, 諸侯의 지위를 제시한 것을 의미한다.

伊尹이 有莘國의 교외에서 농사를 지으며 堯舜의 道를 즐기고 있을 때, 義에 어긋나거나 道에 어긋나는 일이면 天下를 봉록으로 준다 해도 뒤돌아보지 않았고 千駟의 말을 준다 해도 거들떠보지 않았다. 그것이 義에 어긋나거나 道에 어긋나는 물건이면 지푸라기 하나도 남에게 주지 않았고 지푸라기 하나도 남에게 받지 않았다.

【注】有莘은 國名이라 伊尹初隱之時에 耕於有莘之國하여 樂仁義之道라 非仁義之道者면 雖以天下之祿으로 加之라도 不一顧而覦(유)也라 千駟는 四千匹也니 雖多라도 不一眄(면)視也라 一介草를 不以與人하며 亦不以取於人也하니라

有莘은 나라 이름이다. 伊尹이 처음 은거할 때에 有莘國에서 농사를 지으면서 仁義의 道를 즐기며 살았다. 仁義의 道에 어긋나는 일이면 비록 천하를 봉록으로 준다 해도 눈 한 번 돌리지 않았다. 千駟는 4천 마리이니, 이것이 아무리 많다 해도 한 번도 거들떠보지 않았다. 지푸라기 하나라도 남에게 주지도 않았으며 또한 남에게 받지도 않았다.

湯使人以幣聘之하신대 囂囂然曰 我何以湯之聘幣爲哉리오 我豈若處畎畝之中하여 由是以樂堯舜之道哉리오하니라

그때 湯임금이 사람을 시켜 伊尹에게 폐백을 보내 초빙하였는데, 伊尹이 담담한 표정으로 말하기를, '내 어찌 湯임금이 폐백을 보내 초빙했다고 하여 나가겠는가. 내 어찌 〈有莘의〉 밭 가운데 살면서 이를 통해 堯舜의 道를 즐기는 것만 하겠는가.'라고 하였다.

【注】湯聞其賢하고 以玄纁[1]之幣帛으로 往聘之라 囂(효)囂然-自得之志 無欲之貌也[2]라- 曰 豈若居畎畝之中而無憂哉리오 樂我堯舜仁義之道하리라

1) 玄纁 : 검은색과 연홍색의 비단이다.
2) 自得之志 無欲之貌也 : 앞의 '囂囂然'을 부연 설명한 것이다.

湯임금이 그가 어질다는 말을 듣고서 검은색과 연홍색 비단 폐백을 가지고 가서 초빙을 하니, 伊尹이 囂囂然하게-囂囂然은 자기 뜻대로 되어 아무 욕심이 없는 모양이다.- 말하기를, '그것이 어찌 밭 가운데서 살면서 아무 근심 없이 지내는 것만 같겠는가. 우리 堯舜의 仁義의 道를 즐기리라.'라고 한 것이다.

湯三使往聘之하신대 既而요 幡然改曰 與我處畎畝之中하여 由是以樂堯舜之道로는 吾豈若使是君으로 爲堯舜之君哉며 吾豈若使是民으로 爲堯舜之民哉며 吾豈若於吾身에 親見之哉리오

湯임금이 세 차례나 사람을 보내 초빙을 하니, 이윽고 번연히 생각을 바꾸어 '내가 밭 가운데 살면서 이를 통해 堯舜의 道를 즐기는 것이 내가 이 임금을 堯舜과 같은 임금으로 만들고 내가 이 백성을 堯舜의 백성으로 만들며, 내가 이러한 모습을 나 자신이 직접 보는 것만 하겠는가.

【注】幡은 反也라 三聘既至而後에 幡然改本之計하여 欲就湯聘以行其道하여 使君爲堯舜之君하며 使民爲堯舜之民하니라

'幡'은 뒤집는 것이다. 湯임금이 세 차례나 초빙을 하러 온 뒤에 번연히 본래의 생각을 바꾸어 湯의 초빙에 응하여 자신의 도를 행함으로써 임금을 요순과 같은 임금으로 만들고 백성을 요순의 백성으로 만들고자 한 것이다.

天之生此民也에 **使先知**로 **覺後知**하며 **使先覺**으로 **覺後覺也**시니 **予**는 **天民之先覺者也**로니 **予將以斯道**로 **覺斯民也**니 **非予覺之**요 **而誰也**리오하니라

하늘이 이 백성을 낼 때에 先知者로 하여금 後知者를 깨우치게 하며 先覺者로 하여금 後覺者를 깨우치게 하였다. 나는 하늘이 낸 백성 가운데 先覺者이니 내가 장차 이 道를 가지고 이 백성들을 깨우치려 한다. 그들을 내가 깨우치지 않으면 어느 누가 할 수 있겠는가.'라고 하였다.

【注】覺은 悟也라 天欲使先知之人으로 悟後知之人이라 我先悟覺者也로니 我欲以此仁義之道로 覺悟此未知之民이니 非我悟之면 將誰教[1]乎리오

1) 教 : '能'의 뜻으로 사용되었다.

'覺'은 '깨우친다'는 뜻이다. 하늘이 먼저 아는 사람으로 하여금 나중에 아는 자를 깨우치게 하려고 하였다. 나는 먼저 깨달은 자이니, 나는 이 仁義의 도를 가지고 이 무지한 백성들을 깨우치고자 한다. 그들을 내가 깨우치지 않으면 어느 누가 할 수 있겠는가.

思天下之民이 **匹夫匹婦有不被堯舜之澤者**어든 **若己推**(퇴)**而內**(납)**之溝中**하니 **其自任以天下之重**이 **如此**라 **故**로 **就湯而說**(세)**之**하여 **以伐夏救民**하니라

천하의 백성 가운데 匹夫匹婦라도 堯舜의 은택을 입지 않은 사람이 있으면 마

치 자신이 구렁텅이 속으로 밀어 넣은 것처럼 생각하였으니, 천하에 대한 무거운 책임을 스스로 짊어진 것이 이와 같았다. 그래서 湯임금을 찾아가 그를 설득하여 夏나라를 정벌함으로써 백성들을 구제하였던 것이다.

【注】伊尹思念不以仁義之道化民者어든 如己推排內之溝壑中也라 自任之重如此라 故로 就湯說(세)之하여 伐夏桀救民之厄也라

伊尹은, 仁義의 道로 백성들을 교화하지 않으면 마치 자신이 구렁텅이 속으로 밀어 넣은 것처럼 생각하였다. 무거운 책임을 스스로 짊어진 것이 이와 같았기 때문에 湯임금을 찾아가 그를 설득하여 夏나라 桀王을 정벌함으로써 백성들의 불행을 막았다.

吾未聞枉己而正人者也로니 況辱己以正天下者乎아

나는 자신을 굽혀 남을 바로잡은 사람이 있다는 말을 들어보지 못했다. 하물며 자신의 몸을 욕되게 하면서 천하를 바로잡은 사람이 있겠는가.

【注】枉己者尙不能以正人이니 況於辱己之身而有正天下者也[1]아

1) 也 : '耶'와 통용된다.

자기를 굽히는 사람들조차도 남을 바로잡을 수 없는데, 하물며 자기의 몸을 욕되게 하면서 천하를 바로잡은 사람이 있겠는가.

聖人之行이 不同也라 或遠或近하며 或去或不去나 歸는 潔其身而已矣니라

聖人의 행적은 똑같지 않아서 어떤 때는 멀리 물러나 있기도 하고 어떤 때는 군주를 가까이서 모시기도 하며, 어떤 때는 벼슬을 버리고 떠나있기도 하고 어떤 때는 벼슬에서 떠나지 않고 머물러 있기도 한다. 하지만 귀결점은 자신을 깨끗이 하는 데에 있을 뿐이다.

【注】不同은 謂所由不同이라 大要當同歸요 但殊塗耳라 或遠者는 處身遠也요 或近者는 仕者近君也라 或去者는 不屑就也요 或不去者는 (去)〔云〕[1]焉能浼我也라 歸는 潔於身不汙己而已라

1) (去)〔云〕: 저본에는 '去'로 되어 있으나, 阮元의 〈校勘記〉에 의거하여 '云'으로 바로잡았다.

똑같지 않다는 것은 구체적인 행위가 똑같지 않다는 말이니, 큰 요체는 같고 가는 길만 서로 다를 뿐이다. '或遠'은 몸을 둔 곳이 먼 것이요, '或近'은 벼슬하는 사람이 군주 가까이에 있는 것이다. '或去'는 벼슬에 나가려고 하지 않는 것이요, '或不去'는 '어찌 나를 더럽힐 수 있겠는가.'라고 하는 것과 같으니, 귀결점은 자신을 깨끗이 하여 더럽히지 않는 데에 있을 뿐이다.

吾는 **聞其以堯舜之道**로 **要湯**이요 **未聞以割烹也**로라

나는 伊尹이 堯舜의 道로 湯임금에게 벼슬을 구했다는 말은 들었어도 요리솜씨로 벼슬을 구했다는 말은 듣지 못했다.

【注】 我聞伊尹以仁義干湯하여 致湯爲王이요 不聞以割烹牛羊爲道라

나는 伊尹이 仁義로 湯임금에게 벼슬을 구하여 湯임금을 王天下하게 하였다는 말은 들었어도 소와 양을 요리하는 것으로 道를 삼았다는 말은 듣지 못했다.

伊訓曰 天誅造攻은 **自牧宮**이니 **朕載自亳**이라하니라

〈伊訓〉에 이르기를, '하늘의 誅伐이 공격을 시작한 것은 桀이 牧宮에 있을 때부터이니, 내가 亳邑에 있을 때 시작되었다.'라고 하였다."

【注】 伊訓은 尙書逸篇名이라 牧宮은 桀宮이요 朕은 我也니 謂湯也라 載는 始也라 亳은 殷都也라 言意欲誅伐桀하여 造作可攻(計)〔討〕[1]之罪者는 從牧宮桀起니 自取之也라 湯曰 我始與伊尹謀之於亳하여 遂順天而誅之也라하니라

1) (計)〔討〕: 저본에는 '計'로 되어 있으나, 焦循의 ≪孟子正義≫에 의거하여 '討'로 바로잡았다.

〈伊訓〉은 ≪尙書≫ 逸篇의 이름이다. 牧宮은 桀이 거처하는 宮이다. '朕'은 '나'란 뜻이니 湯임금을 이른다. '載'는 '시작한다'는 뜻이다. '亳'은 殷나라의 도읍이다. 즉, 桀을 주벌하려는 의도로 그 죄를 공격하기 시작한 것은 桀이 牧宮에 있을 때부터이니, 이는 桀이 스스로 초래한 것이다. 湯임금이 이르기를, "내가 伊尹과 함께 亳邑에서 모의하

기 시작하여 마침내 하늘의 뜻에 따라 桀을 주벌하였다."라고 하였다.

【疏】'萬章問曰'至'自亳'. ○ 正義曰：此章言賢達之理世務, 推政[1]以濟時〔物〕[2], 不枉道以取容, 期於益治而已者也.[3] '萬章問曰'至'有諸'者, 萬章問孟子, 謂世人有言伊尹以負鼎俎割烹之事而干湯, 有之否乎. '孟子曰, 否'至'朕載自亳', 孟子答之曰"否, 不是也. 伊尹耕於有莘之國野而樂行堯舜二帝之道, 如非其義與非其道也, 雖祿賜之以天下之大, 且不顧而若無也, 繫馬雖千(匹)〔駟〕[4]之多, 亦且不眄視也. 非其義也, 非其道也, 雖一草介亦不取諸人也, 以其伊尹所操守如是也. 湯聞如此之賢, 乃使人以幣帛之物往聘之, 伊尹且囂囂然自得而曰'我何爲以湯之幣聘是爲出哉. 我豈如居處有莘之畎畝之中, 緣此以樂堯舜之道哉.' 湯至三次使人往以幣帛聘之, 旣至而後反然改本之計曰'與我居處有莘之畎畝之中, 由是以樂堯舜之道, 我豈如使此君-成湯[5]- 爲堯舜之君哉, 吾豈若使湯之民爲堯舜之民哉, 我豈若吾身今得親見致君爲堯舜之君, 致民爲堯舜之民哉.' 於是又曰'上天之生此人民也, 是使爲先知以覺悟後知者也, 是使爲先覺悟以覺悟其後覺者也. 我今亦天民之先覺者也, 我將亦以伊尹樂堯舜仁義之道以覺悟今之民. 如非我覺悟之, 而誰能也.'" 孟子於此又言"伊尹思念天下之民, 雖一匹之夫婦有不被堯舜之恩澤者, 如己推(퇴)而內(납)之於溝壑中也. 其伊尹自任以天下之重如此, 然後故就湯而說(세)之, 以伐夏桀而救人民之厄也. 我未聞有枉其己身而能正人者也, 而況伊尹肯辱身負鼎俎割烹之事以爲正天下者乎. 且聖人所行之迹不同也, 或遠處其身而不仕, 或近而仕君, 或去而不屑就, 或不去以爲爾焉能浼我哉. 但歸潔其身而不汙已而已矣. 如是, 則我所以但聞伊尹以堯舜之道干說(세)其湯, 未聞以鼎俎割烹之事而要湯也. 故尙書伊訓之篇有云'天行誅伐, 始攻之罪者, 自桀宮起也, 湯言我始與伊尹謀之, 自亳地也.'" 以此詳之, 則知伊尹非事割烹之汙而要湯伐桀者也. 伊尹或遠而不仕, 謂在有莘之野是也, 或近而仕, 謂湯三聘而往見之是也, 去亳適夏, 所謂或去是也, 旣醜有夏, 復(부)歸於亳, 所謂或不去是也.

1) 政：'正'과 통용된다.
2) 〔物〕: 저본에는 '物'이 없으나, 卷頭에 수록된 각 章의 내용소개와 北京大本의 章指에 의거하여 보충하였다.
3) 此章言賢達之理世務……期於益治而已者也：北京大本에는 "이 장의 章指는 賢達한 사람이 세상일을 처리할 때에는 正道를 미루어 당면한 時務를 처리하므로 자신의 원칙

에 따라 곧게 행동하며, 正道를 굽혀가면서까지 군주에게 받아들여지기를 구하지 않고 오로지 통치에 도움이 되기를 바랄 뿐임을 말한다.〔此章指言賢達之理世務也 推正以濟時物 守己直行 不枉道以取容 期於益治而已矣〕"라고 하였다.

4) (匹)〔駟〕: 저본에는 '匹'로 되어 있으나, 閩本·監本·毛本에 의거하여 '駟'로 바로잡았다.

5) 成湯 : 앞의 '此君'을 부연 설명한 것이다.

經의 〔萬章問曰〕에서 〔自亳〕까지

○ 正義曰 : 이 장은 賢達한 사람이 세상일을 처리할 때에는 正道를 미루어 당면한 時務를 처리하므로, 正道를 굽혀가면서까지 군주에게 받아들여지기를 구하지 않고 오로지 통치에 도움이 되기를 바랄 뿐임을 말한 것이다.

〔萬章問曰〕에서 〔有諸〕까지

萬章이 맹자에게 세상 사람들의 말에 伊尹이 솥과 도마를 짊어지고 가서 요리하는 일로 湯임금에게 벼슬을 구했다고 하는데 그런 일이 있느냐고 물은 것이다.

〔孟子曰 否〕에서 〔朕載自亳〕까지

맹자가 대답했다. "아니다. 그렇지 않다. 이윤이 有莘國의 교외에서 농사를 지으며 堯임금과 舜임금의 도를 즐기고 있을 때, 만약 義에 어긋나거나 道에 어긋나는 일이면 아무리 광대한 천하를 봉록으로 준다 해도 아무것도 아닌 것처럼 돌아보지 않았으며, 千駟의 많은 말을 준다 해도 또한 거들떠보지 않았다. 그것이 義에 어긋나거나 道에 어긋나는 물건이면 지푸라기 하나라도 남에게 받지 않았으니, 이윤이 지켜온 지조가 이와 같았기 때문이다. 湯임금이 이윤이 이처럼 어질다는 말을 듣고는 사람을 시켜 폐백을 가지고 가서 伊尹을 초빙하니, 伊尹이 담담한 표정으로 말하기를, '내 어찌 湯임금이 폐백으로 초빙했다 하여 나가겠는가. 내 어찌 有莘의 밭 가운데 살면서 이를 통해 堯舜의 道를 즐기는 것만 하겠는가.'라고 하였다. 湯임금이 세 차례나 사람을 보내 폐백으로 초빙을 하니, 그들이 오고 난 뒤에 번연히 본래의 생각을 바꾸어 말하기를, '내가 有莘의 밭 가운데 살면서 이를 통해 堯舜의 道를 즐기는 것이 내가 이 임금-成湯-을 堯舜과 같은 임금으로 만들고 내가 湯임금의 백성을 堯舜의 백성으로 만들며, 내가 이 임금을 堯舜과 같은 임금으로 만들고 이 백성을 堯舜의 백성으로 만든 그 모습을 내 자신이 지금 직접 보는 것만 하겠는가.'라고 하였다. 이어서 또 말하기를, '上天이 이 백성을 낼 때에 先知者로 하여금 後知者를 깨우치게 하고 先覺者로 하여금 後覺者를 깨우치게 하였다. 나는 지금 하늘이 낸 백성 가운데 先覺者로서 장차 내가 즐기던 堯舜의 仁義의 道를 가지고 지금의 백성들을 깨우치려 한다. 그들을 내가 깨우치지 않으면 어느 누가 할 수 있겠는가.'라고 하였다."

맹자가 이에 다시 말했다. "伊尹은 천하의 백성 가운데 한 쌍의 부부라도 堯舜의 은택을 입지 않은 사람이 있으면 마치 자신이 구렁텅이 속으로 밀어 넣은 것처럼 생각하였다. 伊尹이 천하에 대한 무거운 책임을 스스로 짊어진 것이 이와 같았으니, 그런 다음에 湯임금을 찾아가 설득하여 夏나라 桀王을 정벌함으로써 백성들의 불행을 막았다. 나는 자신의 몸을 굽혀서 남을 바로잡은 사람이 있다는 말을 들어보지 못했거늘, 하물며 伊尹이 자신을 욕되게 하여 솥과 도마를 짊어지고 들어가 음식을 요리하는 일로 천하를 바로잡을 수 있겠는가. 그리고 聖人이 행한 자취는 똑같지 않아서 어떤 때는 자신의 몸을 먼 곳에 두어 벼슬하지 않기도 하고 어떤 때는 군주 가까이서 벼슬하기도 하며, 어떤 때는 벼슬을 떠나 나오지 않으려 하기도 하고 어떤 때는 벼슬에서 떠나지 않고서 '네가 나를 어찌 더럽힐 수 있겠는가.'라고 말하기도 한다. 하지만 공통된 귀결점은 자신을 깨끗이 하여 더럽히지 않는 데에 있을 뿐이다. 이렇듯 나는 단지 伊尹이 堯舜의 道를 가지고 湯임금을 설득했다는 말만 들었을 뿐 솥과 도마로 맛있게 요리해 올리는 방법을 써서 탕임금에게 벼슬을 구했다는 말은 들어보지 못했다. 그러므로 ≪尙書≫ 〈伊訓〉편에 이르기를, '하늘이 誅伐을 행하여 처음으로 그 죄를 공격한 것은 桀이 거처하는 宮에서 시작되었으므로 湯임금이 자신이 伊尹과 함께 모의를 시작한 것은 亳邑땅에서부터 했다고 말한 것이다.'라고 하였다."

이상에서 볼 때, 伊尹이 요리솜씨와 같은 비루한 방법을 동원하여 桀을 誅伐하라고 湯임금에게 요구한 것이 아님을 알 수 있다. 이윤은 어떤 때는 멀리 물러나 벼슬하지 않았으니, 有莘의 들에 있을 때가 이에 해당한다. 어떤 때는 군주를 가까이 모시면서 벼슬하였으니, 湯임금이 세 번 초빙하자 가서 만난 것이 이에 해당한다. 亳邑을 떠나 夏나라로 간 일은 이른바 어떤 때는 벼슬을 버리고 떠날 때도 있었다고 한 사례에 해당한다. 夏나라의 정사를 추하게 여겨 다시 亳邑으로 돌아온 일은 이른바 어떤 때는 벼슬을 떠나지 않고 머물러 있기도 했다고 한 사례에 해당한다.

【疏】○ 注'伊尹負鼎俎而干湯'. ○ 正義曰：案史記殷本紀云 "伊尹名阿衡, 欲干湯而無由, 乃爲有莘氏媵臣[1], 負鼎俎, 以滋味說(열)[2]湯, 致於王道. 或曰 '伊尹處士, 湯使人聘迎之, 五反然後肯往從湯, 言素王[3]及九主事, 湯擧任以國政. 伊尹去湯適夏, 旣醜有夏, 復歸於亳'." 裴駰云 "列女傳曰 '湯妃, 有莘氏之女.' 劉向別錄曰 '九主者, 有(去)〔法〕[4]

君·專君·授君·勞君·寄君·等君·破君·(國)〔固〕[5]君·三歲社君[6], 凡九品, 圖畫其形.[7]' 是也."

1) 媵臣 : 시집가는 여자에게 딸려서 보내는 남자 몸종이다. 여자 몸종은 媵妾이라 한다.
2) 說(열) : 焦循의 ≪孟子正義≫에서는 '說'이 '悅'로 되어 있다.
3) 素王 : 최초의 太素上皇으로 그 道가 素朴하기 때문에 素王이라 한다.(≪史記索隱≫)
4) (去)〔法〕: 저본에는 '去'로 되어 있으나, ≪史記集解≫에 의거하여 '法'으로 바로잡았다.
5) (國)〔固〕: 저본에는 '國'으로 되어 있으나, ≪史記索隱≫에 의거하여 '固'로 바로잡았다.
6) (去)〔法〕君……三歲社君 : 法君은 법을 엄격하게 집행하는 군주, 專君은 능력 있는 신하에게 맡기지 않는 독단적인 군주, 授君은 신하에게 전권을 위임하는 군주, 勞君은 천하를 돌아다니며 수고하는 군주, 寄君은 교만하여 민심이 떠난 군주, 等君은 논공행상이 공평한 군주, 破君은 적의 침략을 초래하여 나라를 멸망시킨 군주, 固君은 덕을 닦지 않고 성곽과 무기만 수리하는 군주, 三歲社君은 어린 나이에 즉위한 군주를 가리킨다.(≪史記索隱≫)
7) 圖畫其形 : 〈伊尹九主圖〉를 가리킨다.

注의 〔伊尹負鼎俎而干湯〕

○ 正義曰 : 상고하건대 ≪史記≫ 〈殷本紀〉에 이르기를, "伊尹의 이름은 阿衡으로, 湯임금에게 벼슬을 구하고자 했으나 방법이 없자 이에 有莘氏의 媵臣이 되어 솥과 도마를 짊어지고 따라가 맛난 음식으로 湯임금을 기쁘게 하여 王道政治를 이루게 하였다. 어떤 이는 말하기를, '伊尹이 處士로 있을 때 湯임금이 사람을 시켜 이윤을 초빙하기 위해 다섯 번 찾아갔다가 돌아온 뒤에야 湯임금을 추종하여 素王과 九主의 일을 말하니, 湯임금이 그를 기용하여 國政을 맡겼다. 伊尹이 湯임금을 떠나 夏나라로 갔다가 夏나라의 정사를 추하게 여겨 다시 亳으로 돌아왔다.'라고 하였다."라 하였다. 이에 대해 裴駰은 ≪史記集解≫에서, "≪列女傳≫에 '湯임금의 왕비는 有莘氏의 딸이다.'라고 하였고, 劉向의 ≪別錄≫에는 '九主는 法君, 專君, 授君, 勞君, 寄君, 等君, 破君, 固君, 三歲社君으로 모두 아홉 종류이니, 伊尹이 그들의 초상을 그려서 바쳤다."고 한 것이 이에 해당한다.

【疏】 ○ 注'有莘, 國名'至'人也'. ○ 正義曰 : 案左傳莊公(二)〔三〕[1]十二年秋七月"有神降於莘", 杜預曰 "莘, 虢地." 又云 "虢國, 今滎陽縣"是也. 云"千駟, 四千匹." 案論語, 孔子云 "齊景公有馬千駟." 孔安國注云, "千駟, 四千匹."

1) (二)〔三〕: 저본에는 '二'로 되어 있으나, 阮元의 〈校勘記〉에 의거하여 '三'으로 바로잡았다.

○ 注의 〔有莘 國名〕에서 〔人也〕까지

○ 正義曰 : 상고하건대 ≪春秋左氏傳≫ 莊公 32년 가을 7월조에, "神이 莘에 내려왔다."라고 하였는데, 이에 대한 杜預 注에는 "莘은 虢나라 땅이다."라고 하였고, 또 다른 곳에서는 "虢나라는 지금의 滎陽縣에 해당한다."고 하였으니, 이에 해당한다.

"千駟는 4천 마리이다."라고 하였는데, 상고해보건대 ≪論語≫에서 孔子가 이르기를, "齊 景公이 말 千駟를 소유하고 있다."라고 한 것에 대한 孔安國 注에 "千駟는 4천 마리이다."라고 하였다.

【疏】 ○ 注'伊訓'至'牧宮'. ○ 正義曰 : 云伊訓, 逸篇之名. 蓋今之尚書亦有伊訓之篇, 乃其文則曰 "造攻自鳴條, 朕哉自亳." 孔安國傳云 "造〔哉〕[1)]皆始也. 鳴條, (也)〔地〕[2)]在安邑之西." 又云 "湯始居亳." 孔安國云 "帝嚳都亳, 湯自商丘遷焉." 是則亳, 帝嚳之都也. 今云殷都, 卽因湯居而言爾.

1) 〔哉〕: 저본에는 '哉'가 없으나, ≪尚書正義≫에 의거하여 보충하였다.
2) (也)〔地〕: 저본에는 '也'로 되어 있으나, 阮元의 〈校勘記〉에 의거하여 '地'로 바로잡았다.

○ 注의 〔伊訓〕에서 〔牧宮〕까지

○ 正義曰 : 〈伊訓〉은 逸篇의 이름이다. 지금의 ≪尚書≫에도 〈伊訓〉편이 있으니, 그 글에는 "桀의 죄를 공격하기 시작한 것은 鳴條에 있을 때부터이니, 내가 亳邑에 있을 때부터 시작된 것이다."라고 하였는데, 이에 대한 孔安國 傳에 이르기를, "'造'와 '哉'는 모두 '시작한다'는 뜻이다. '鳴條'는 그 땅이 安邑의 서쪽에 있다."고 하였다. ≪尚書≫에 또 "湯이 비로소 亳邑에 거처하였다."라고 하였는데, 이에 대한 孔安國 傳에 이르기를, "帝嚳이 이전에 亳邑에 도읍한 적이 있으며, 湯이 商丘에서부터 옮겨왔다."고 하였다. 그렇다면 亳邑은 帝嚳의 도읍이기도 하다. 그런데 지금은 殷나라의 도읍이라고 말하고 있으니, 이는 곧 湯임금이 거처한 것을 가지고 말한 것이다.

8. 萬章問曰 或謂孔子於衛에 主癰疽(옹저)하시고 於齊에 主侍人瘠(척)環이라하니 有諸乎잇가

萬章이 물었다. "어떤 사람이 말하기를, '孔子께서 衛나라에서는 癰疽를 주인으로 삼아 〈그 집에서 묵었고,〉 齊나라에서는 侍人 瘠環을 주인으로 삼았다.'고 하는데, 그런 일이 있습니까?"

【注】有人以孔子(孫)〔爲〕[1]然이라 癰疽는 癰疽之醫者也라 瘠은 姓이요 環은 名이니 侍人也라 衛君齊君之所近狎人也라

1) (孫)〔爲〕: 저본에는 '孫'으로 되어 있으나, 阮元의 〈校勘記〉에 의거하여 '爲'로 바로잡았다.

어떤 사람들은 孔子가 그렇게 했다고 여겼다. 癰疽는 등창을 치료하는 의사이다. 瘠은 姓이고 環은 이름이니, 內侍이다. 〈이 두 사람은〉 衛나라 군주와 齊나라 군주가 가까이 두고 지낸 사람들이다.

孟子曰 否라 不然也라 好事者 爲之也니라

맹자가 대답했다. "아니다. 그렇지 않다. 이는 好事家들이 지어낸 말이다.

【注】否는 不也니 不如是也라 但好事毁人德行者爲之辭爾라

'否'는 '不'이니, 이와 같지 않다는 것이다. 단지 남의 德行을 비방하기 좋아하는 사람들이 지어낸 말일 뿐이라는 것이다.

於衛에 主顔讎由러시니 彌子之妻는 與子路之妻로 兄弟也라 彌子謂子路曰 孔子主我하시면 衛卿을 可得也라하여늘 子路以告한대 孔子曰 有命이라하시니 孔子進以禮하시며 退以義하사 得之不得에 曰 有命이라하시니 而主癰疽與侍人瘠環이시면 是는 無義無命也니라

衛나라에서는 顔讎由를 주인으로 삼았다. 그 당시 彌子의 처는 子路의 처와 자매 사이였으므로 미자가 자로에게 제안하기를, '공자가 나를 주인으로 삼는다면 위나라 卿 자리를 얻을 수 있게 해 주겠다.'고 하였다. 자로가 이 말을 공자에게 고하자 공자가 말하기를, '그것은 하늘의 命에 달린 것이다.'라고 하며 거절하였다. 공자는 禮에 따라 벼슬에 나아가고 義에 따라 벼슬에서 물러나되, 벼슬을 얻

고 얻지 못하는 것에 대해서는 '하늘의 命에 달린 것이다.'라고 하였으니, 그런데도 만약 癰疽와 侍人 瘠環을 주인으로 삼았다면 그것은 義도 무시하고 命도 무시한 것이 된다.

【注】顔讐由는 衛賢大夫니 孔子以爲主라 彌子는 彌子瑕也니 因子路欲爲孔子主한대 孔子知彌子幸於靈公하여 不以正道라 故로 不納之而歸於命也라 孔子進以禮하고 退以義하되 必曰有天命也라하니 若主此二人이면 是는 爲無義無命者也라

顔讐由는 衛나라의 어진 大夫이므로 孔子가 주인으로 삼은 것이다. 彌子는 彌子瑕이다. 그가 子路를 통해 공자의 주인이 되려고 하였는데 공자는 彌子가 靈公에게 총애를 받고 있다는 사실을 알고서 그것이 正道가 아니라고 여겼다. 그래서 그의 제안을 받아들이지 않고 命으로 돌린 것이다. 공자는 禮에 따라 벼슬에 나아가고 義에 따라 벼슬에서 물러나되 반드시 하늘의 命에 달려 있다고 말하였으니, 그런데도 만약 이 두 사람을 주인으로 삼았다면 그것은 義도 무시하고 命도 무시한 것이 된다.

孔子不悅於魯衛하사 **遭宋桓司馬將要而殺之**하여 **微服而過宋**하시니 **是時**에 **孔子當阨**하시되 **主司城貞子爲陳侯周臣**하시니라

공자께서 魯나라와 衛나라에서 환대를 받지 못하고 〈떠나게 되었을 때,〉 宋나라 司馬 桓魋가 공자가 가는 길목을 지키고서 죽이려고 하였으므로 공자께서는 미복 차림으로 宋나라를 지나가셨다. 이 당시에 공자께서는 곤경을 당하셨음에도 陳侯 周의 신하인 司城貞子를 주인으로 삼으셨다.

【注】孔子以道不合하여 不見悅魯衛之君하여 而去適諸侯라가 遭宋桓魋之故하여 乃變更(경)微服而過宋하다 司城貞子는 宋卿也니 雖非大賢이나 亦無諂惡之罪라 故로 諡爲貞子니라 陳侯周는 陳懷公子也니 爲楚所滅이라 故로 無諡요 但曰陳侯周라하니라 是時에 孔子遭阨難하여 不暇擇大賢臣이어늘 而主貞子爲陳侯周臣也라 於衛齊無阨難하니 何爲主癰疽瘠環者也오

공자가 제후들과 道가 맞지 않아 魯나라와 衛나라 군주에게 환대를 받지 못하게 되자 그곳을 떠나 다른 제후에게로 가다가 宋나라 桓魋의 변고를 당해 미복으로 바꾸어 입고 宋나라를 지나갔다. 司城貞子는 宋나라 卿이니 비록 大賢은 아니지만 그 역시도

아첨을 하거나 악행을 저지른 죄가 없다. 그래서 시호를 貞子라 한 것이다. 陳侯 周는 陳 懷公의 아들로서, 楚나라에 멸망을 당했으므로 시호가 없이 단지 陳侯 周라 한 것이다. 이 당시 공자는 곤경을 만나 아주 어진 신하를 고를 여가가 없었음에도 陳侯 周의 신하인 司城貞子를 주인으로 삼았다. 그런데 衛나라와 齊나라에서는 곤경에 처하지도 않았으니, 어찌 癰疽와 瘠環과 같은 사람을 주인으로 삼았겠는가.

微服過宋

吾聞 觀近臣하되 **以其所爲主**요 **觀遠臣**하되 **以其所主**라하니 **若孔子主癰疽與侍人瘠環**이시면 **何以爲孔子**리오

내가 듣기로, 近臣을 살필 때는 어떤 사람이 그를 주인으로 삼는지를 보면 되고, 遠臣을 살필 때에는 그가 누구를 주인으로 삼느냐를 보면 된다고 한다. 공자께서 만약 癰疽와 侍人 瘠環을 주인으로 삼았다면 어찌 孔子라고 말할 수 있겠는가."

【注】近臣은 當爲遠方來賢者爲主요 遠臣은 自遠而至하니 當主於在朝之臣賢者라 若孔子主於卑幸之臣이면 是爲凡人耳니 何謂孔子得見稱爲聖人乎리오

近臣은 마땅히 먼 지방에서 온 賢者의 주인이 되어야 하고, 먼 지방에서 온 遠臣은 마땅히 조정의 신하 가운데 賢者를 주인으로 삼아야 한다. 孔子가 만약 비천하거나 총

애반는 신하를 주인으로 삼았다면 단지 범범한 사람이 될 뿐이니, 어떻게 聖人으로 칭송받는 孔子라고 말할 수 있겠는가.

【疏】'萬章問曰'至'孔子'. ○ 正義曰：此章言君子大居正〔位〕[1], 以禮進退, 屈伸達節, 不違貞信, 故孟子辯之, 正其大義者也. '萬章問曰'至'有諸乎', 萬章問孟子曰"或有人謂'孔子於衛國主癰疽之醫者, 於齊國主侍人姓瘠名環者', 誠有諸此乎否." '孟子曰, 否'至'何以爲孔子', 孟子答之曰"否.-言不如是也.[2]- 但好事毁人德行者爲此言也." 夫孔子於衛主顔讎由, 讎由, 賢大夫也. 彌子瑕之妻與子路之妻是兄弟也, 彌子瑕乃謂子路曰"孔子如主於我, 則衛之卿, 孔子可得也." 子路以此言告孔子, 孔子遂曰"我有命也. 以其得與不得皆命也." 孟子於此言"夫孔子進以禮而有辭遜之心, 退以義而有羞惡(오)之心, 其得用與不得用, 則曰有命, 如爲主於癰疽與侍人瘠環者, 是無義無命者也, 是孔子所不爲也." 然則孔子於衛主顔讎由者, 以其義也, 於衛不主彌子, 以其有命也. 以義則得其宜也, 以命則得與不得無所憂也. 然而孔子又嘗不悅於魯・衛二國, 遂之宋國, 是時宋國司馬桓魋將要求孔子而殺之, 孔子乃變更微服而過宋. 當此時也, 孔子是遭其阨, 不得已, 遂至陳, 主司城貞子家, 爲陳侯周之臣. 孟子於此又曰"我聞觀遠方之來臣者, 但觀其所(爲)[3]主者如何, 則知其賢否也. 今孔子如主癰疽與侍人瘠環, 二人但卑佞之臣耳, 爲凡人也, 何得爲之孔子." 今以司城貞子之行不可得而詳, 由其謚而推之, 則司城貞子亦爲守正之臣者也, 非癰疽・瘠環之比也. 然則孔子當阨, 不得已而主之者尚且如是, 況癰疽・瘠環者, 孰謂孔子肯主之乎. 蓋司城者, 今以宋六卿考之, 則司城在司寇之上, 右師・左師・司馬・司徒之下, 其位則六卿之中也. 古有司空之官, 無司城之名, 特宋有之者. 按左傳魯桓公六年"宋以武公廢司空." 杜預曰"武公名司空, 遂變爲司城也."

1) 〔位〕: 저본에는 '位'가 없으나, 〈萬章章句〉 卷頭에 수록된 제8章의 요지에 의거하여 보충하였다.
2) 言不如是也 : 앞의 '否'를 부연 설명한 것이다.
3) (爲) : 저본에는 '爲'가 있으나, ≪孟子≫의 해당 원문에 의거하여 衍文으로 처리하였다.

經의 〔萬章問曰〕에서 〔孔子〕까지

○ 正義曰 : 이 장은, 군자는 올바른 자리에 우뚝 서서 禮에 따라 진퇴하고, 행동거지가 법도에 맞아 반듯하였으므로 맹자가 이를 논변하여 그 大義를 바로잡았음을 말한 것이다.

〔萬章問曰〕에서 〔有諸乎〕까지

萬章이 맹자에게 묻기를, "어떤 사람들이 말하기를, '공자께서 衛나라에서는 癰疽라는 의사를 주인으로 삼았고 齊나라에서는 성명이 瘠環이라는 侍人을 주인으로 삼았다.'고 하는데, 정말 이런 일이 있습니까?"라고 한 것이다.

〔孟子曰 否〕에서 〔何以爲孔子〕까지

맹자가 답하기를, "아니다.-이 말과 같지 않음을 말한 것이다.- 단지 남의 덕행을 비방하기 좋아하는 사람들이 이 말을 지어낸 것이다."라고 한 것이다.

孔子가 衛나라에서 顏讐由를 주인으로 삼았는데, 안수유는 당시 어진 大夫였다. 彌子瑕의 처는 子路의 처와 자매 사이였으므로 미자하가 자로에게 말하기를, "공자가 만약 나를 주인으로 삼는다면 위나라의 卿 자리를 공자가 얻을 수 있게 해주겠다."고 하였다. 자로가 이 말을 공자에게 고하자, 공자가 마침내 말하기를, "그것은 내 命에 달린 것이다. 벼슬을 얻고 얻지 못하는 것에는 모두 命이 있기 때문이다."라고 하였다. 맹자가 이에 대해서 "공자는 禮에 따라 벼슬에 나아가면서도 벼슬을 사양하는 마음을 가지고 있었고, 義에 따라 물러나면서도 잘못을 부끄러워하는 마음을 가지고 있었으므로 벼슬의 등용 여부에 대해서는 반드시 命이 있다고 하였으니, 만약 癰疽와 侍人 瘠環을 주인으로 삼았다면 그것은 義도 무시하고 命도 무시한 것이 되므로 공자가 이렇게는 하지 않았을 것이다."라고 말한 것이다. 그렇다면 공자가 衛나라에서 안수유를 주인으로 삼은 것은 그 義를 따른 것이고, 衛나라에서 彌子를 주인으로 삼지 않은 것은 그 命을 따른 것이다. 義를 따랐기 때문에 처신의 올바름을 얻었고, 命을 따랐기 때문에 벼슬을 얻고 얻지 않음에 대해서 아무런 근심을 하지 않았던 것이다.

그런데도 공자는 魯나라와 衛나라에서 환대를 받지 못하고 마침내 宋나라로 가게 되었는데, 이때 宋나라 司馬인 桓魋가 공자가 가는 길목을 지키고서 죽이려고 하였으므로 공자가 이에 미복으로 바꾸어 입고 宋나라를 지나갔다. 이 당시에 공자가 그러한 곤욕을 당함에 따라 어쩔 수 없이 陳나라로 가서 陳侯 周의 신하인 司城貞子의 집에 묵었다.

맹자가 이에 또 말하기를, "내가 듣기로, 먼 지방에서 온 신하는 단지 그가 주인으로 삼는 자가 어떤 사람인지를 살펴보면 그 사람이 어진 사람인지 어떤지 알 수 있다고 한다. 그런데 지금 공자가 만약 癰疽와 侍人 瘠環을 주인으로 삼았다면, 이 두 사람은 단지 비천하고 아첨 잘하는 신하로 범범한 사람일 뿐이니, 어떻게 孔子라 할 수 있겠는가."라고 하였다. 지금 司城貞子의 행적에 대해서는 정확히 알 수는 없지만 그의 시호를 통해 미루어본다면 司城貞子 또한 正道를 지키는 신하로서 癰疽와 瘠環에 견주어질 사람이 아니다. 그렇다면 공자가 곤욕을 당하여 어쩔 수 없이 주인으로 삼은 사람마저도 이와 같은데, 하물며 癰疽와 瘠環 같은 사람을 공자가 주인으로 삼으려 했다고 누가 말하겠는가. 대체로 司城이란 것을 지금 宋나라 六卿을 가지고 고찰해보면, 司城은 司寇의 윗자리요 右師・左師・司馬・司徒의 아랫자리에 해당하므로 그 지위가 六卿의 중간이다. 古代에는 司空이란 관직이 있었고 司城이란 관직명은 없었는데, 오직 宋나라에만 있었다. 상고하건대 ≪春秋左氏傳≫ 魯 桓公 6년 조에, "宋나라에서 武公 때문에 司空을 폐하였다."라고 하였는데, 이에 대한 杜預 注에, "武公의 이름이 司空이었으므로 마침내 司城으로 바꾸었다."라고 하였다.

【疏】 ○ 注'癰疽之醫', '瘠, 姓, 環, 名, 侍人也'. ○ 正義曰：未詳其人. 但以經文推之, 亦誠然也.

○ 注의 〔癰疽之醫〕와 〔瘠 姓 環 名 侍人也〕

○ 正義曰：그들이 어떤 사람인지 정확하지 않다. 다만 經文으로 미루어보건대 〈趙岐의 말〉 또한 그럴 듯하다.

【疏】 ○ 注'顔讐由'至'靈公'. ○ 正義曰：案孔子世家史記云 "孔子自魯適衛, 主於子路妻兄顔濁鄒家." 是則顔讐由卽濁鄒也, 爲衛大夫. 又案魯哀公二十五年左傳云 "彌子飮衛侯酒." 杜預云 "彌子, 彌子瑕也, 是其有幸於衛靈公者也."

○ 注의 〔顔讐由〕에서 〔靈公〕까지

○ 正義曰：상고하건대 ≪史記≫ 〈孔子世家〉에 이르기를, "공자가 魯나라에서 衛나라로 가서 子路의 처형인 顔濁鄒의 집에서 머물렀다."고 하였다. 그렇다면 顔讐由가 곧 안탁추이니, 衛나라 大夫 집안이다. 또 상고하건대 ≪春秋左氏傳≫ 魯 哀公 25년 조에 이르기를, "彌子가 衛侯의 술을 마셨다."고 하였는데, 이에 대한 杜預 注에, "彌子는 彌子瑕이니, 衛 靈公에게 총애를 받은 자이다."라고 하였다.

【疏】 ○ 注'遭宋桓魋之故'至'陳侯周'. ○ 正義曰：案史記 "孔子自衛過曹, 及去曹適宋, 與弟子習禮大樹下, 宋司馬桓魋欲殺孔子, 拔其樹. 遂適鄭, 與弟子相失, 遂至陳, 主

於司城貞子家. 歲餘, 吳王夫差伐陳, 取三邑而去.” 由是推之, 則司城貞子爲陳國之卿, 非宋卿也. 亦恐史家謬悞. 云陳侯周, 懷公子也, 今案史記世家 “陳懷公之子名越者, 乃爲湣公”, 又案湣公年表 “六年, 孔子來”[1], 是則陳侯周卽湣公, 是爲懷公之子. 湣公卽位二十四年, 楚惠王復國, 以兵北伐, 殺湣公, 遂滅陳而有之, 是歲孔子卒於魯. 案孔子世家云 “孔子在陳三歲, 晉・楚爭强, 更(갱)伐陳, 及吳侵陳, 孔子遂曰 ‘歸與歸與’.” 然則孔子湣公六年來至, 居三歲, 遂復適衛而歸魯, 是湣公八年去陳也. 由此推之, 則孔子主於司城, 是爲湣公之臣矣. 今孟子乃云“爲陳侯周臣”, 是陳侯周卽湣也.

1) 湣公年表……孔子來 : ≪史記≫ 〈十二諸侯年表〉의 陳 湣公 6년 조에 ‘孔子來’라고 한 것을 두고 한 말이다.

○ 注의 〔遭宋桓魋之故〕에서 〔陳侯周〕까지

○ 正義曰 : 상고하건대 ≪史記≫ 〈孔子世家〉에, “공자가 衛나라에서 曹나라로 갔다가 다시 조나라를 떠나 宋나라로 가는 길에 제자들과 큰 나무 아래에서 禮를 익히고 있었는데 송나라 司馬 桓魋가 공자를 죽이려고 그 나무를 뽑아버렸다. 그래서 鄭나라로 갔다가 이번에는 제자들과 서로 헤어지는 바람에 마침내 陳나라로 가서 司城貞子의 집에 묵었다. 1년 뒤에 吳王 夫差가 진나라를 정벌하여 세 고을을 빼앗아 갔다.”라고 하였는데, 이를 통해 미루어보면 사성정자는 진나라의 卿이지 송나라의 卿이 아니다. 이 또한 史家들이 저지른 오류이다.

陳侯 周는 懷公의 아들이다. 지금 상고하건대 ≪史記≫ 〈陳杞世家〉에, “陳 懷公의 아들로 越이란 이름을 가진 자가 바로 湣公이다.”라고 하였고, 또 상고하건대 湣公年表에는 “6년에 공자가 왔다.”라고 하였으니, 그렇다면 진후 주가 곧 懷公의 아들인 민공이다. 민공 즉위 24년에 楚 惠王이 나라를 회복한 다음 군사를 이끌고 北伐하여 민공을 죽이고 마침내 진나라를 멸망시켜 소유하였는데, 이해에 공자가 魯나라에서 卒하였다. 상고하건대 ≪史記≫ 〈孔子世家〉에 이르기를, “공자가 陳나라에 있던 3년 동안 晉나라와 楚나라가 패권을 다투는 과정에서 다시 陳나라를 정벌하였고, 급기야 吳나라가 陳나라를 침략하자 공자가 마침내 ‘돌아가자, 돌아가자!’라고 하였다.”라고 하였는데, 그렇다면 공자가 민공 6년에 陳나라에 와서 3년을 지내다가 마침내 다시 위나라로 갔다가 노나라로 돌아간 것이니, 湣公 8년에 陳나라를 떠난 것이 된다.

이를 통해 미루어보면 공자가 주인으로 삼은 사성정자는 민공의 신하이다. 여기에서 맹자가 “진후 주의 신하”라고 하였는데, 이 진후 주가 바로 민공인 것이다.

9. 萬章問曰 或曰 百里奚는 自鬻於秦養牲者五羊之皮하여 食(사)牛以要秦繆(목)[1]公이라하니 信乎잇가

1) 繆(목) : 穆과 통용된다. 春秋時代에 '목공'이란 시호를 가진 제후를 언급할 때 ≪春秋左氏傳≫과 ≪春秋穀梁傳≫에는 '穆公'으로 표기하였고, ≪春秋公羊傳≫에서는 '繆公'으로 표기하였다.(≪吳文正集≫ 〈繆舜賓詩序〉)

萬章이 물었다. "어떤 사람이 말하기를, '百里奚는 秦나라의 희생을 기르는 자에게 다섯 마리의 양가죽을 받고 자신을 팔아서 소 사육하는 일을 빌미로 秦 繆公에게 접근해 벼슬을 구했다.'고 하는데, 정말 그런 일이 있습니까?"

【注】 人言 百里奚自賣五羖(고)羊皮하여 爲人養牛하여 以是而要秦繆之相이라하니 實然不(부)아

어떤 사람이 말하기를, 百里奚는 다섯 마리의 양가죽을 받고 자신을 팔아 남의 소를 키우다가 이를 빌미로 秦 繆公의 재상 자리를 구했다고 하는데, 정말로 그런 일이 있느냐고 물은 것이다.

孟子曰 否라 不然하니라 好事者爲之也니라

맹자가 대답했다. "아니다. 그렇지 않다. 이는 好事家들이 지어낸 말이다.

【注】 好事毁敗人之德行者爲設此言也라

남의 德行을 비방하기 좋아하는 사람이 이 말을 지어냈다는 것이다.

百里奚는 虞人也라 晉人이 以垂棘之璧과 與屈産之乘[1]으로 假道於虞하여 以伐虢이어늘 宮之奇는 諫하고

1) 屈産之乘 : 趙岐는 屈産을 지명으로 보았으나, 朱熹는 ≪孟子集註≫에서 屈을 지명으로 보아 '屈 지방에서 생산되는 좋은 말〔屈地所生之良馬〕'로 주해하였다.

白里奚는 虞나라 사람이다. 秦나라가 垂棘의 구슬과 屈産의 말로 虞나라에게 길을 빌려 虢나라를 정벌하려고 하자 宮之奇는 이를 간하여 말렸고,

【注】垂棘은 美玉所出地名이라 屈産은 地니 良馬所生이라 乘은 四馬也라 皆晉國之所寶라 宮之奇는 虞之賢臣이니 諫之不欲令虞公受璧馬而假晉道라

垂棘은 아름다운 玉이 생산되는 지역의 이름이다. 屈産은 지역이니, 좋은 말이 생산되는 곳이다. 乘은 네 마리 말이다. 모두 晉나라에서 보배로 여기는 것들이다. 宮之奇는 虞나라의 어진 신하로서 虞公에게 간하여 그로 하여금 구슬과 말을 받고 晉나라에 길을 빌려주는 일을 하지 않게 하려 한 것이다.

百里奚는 不諫하니 知虞公之不可諫而去之秦이요 年已七十矣니 曾不知以食(사)牛干秦繆公之爲汙也면 可謂智乎아 不可諫而不諫하니 可謂不智乎아 知虞公之將亡而先去之하니 不可謂不智也니라 時擧於秦하여 知繆公之可與有行也而相之하니 可謂不智乎아 相秦而顯其君於天下하여 可傳於後世하니 不賢而能之乎아

반면에 百里奚는 이를 간하지 않았으니, 그는 虞公이 간해보아야 소용이 없는 인물임을 알고서 그 나라를 떠나 秦나라로 갔다. 그때 나이가 이미 칠십이 넘었으니, 소를 사육하여 秦 繆公에게 벼슬을 구하는 것이 비루하다는 것을 몰랐다면 지혜롭다고 말할 수 있겠는가. 간해보아야 소용이 없음을 알고서 간하지 않았으니 지혜롭지 않다고 말할 수 있겠는가. 우공이 장차 망할 것을 알고서 먼저 떠난 것이니 지혜롭지 않다고 말할 수 없다. 그때 진나라에서 등용되자 백리해는 목공이 함께 큰일을 할 만한 인물임을 알고서 목공을 보좌하였으니, 지혜롭지 않다고 말할 수 있겠는가. 진나라의 재상이 되어 자기 군주의 이름을 천하에 드날려 후세에 전할 수 있게 하였으니, 賢能하지 않고서 그렇게 할 수 있겠는가.

【注】百里奚知虞公之不可諫而去之秦하니 年七十而不知食牛干人君之爲汙면 是爲不智也라 欲言其不智라가 下有三智하니 知食牛干秦爲不然也라 卒相秦하여 顯其君하니 不賢之人이면 豈能如是리오 言其實賢也라

百里奚는 虞公이 간해보아야 소용이 없는 인물임을 알고서 그 나라를 떠나 秦나라로 간 것이니, 그가 나이 칠십이 되고서도 소를 사육하여 군주에게 벼슬을 구하는 것

이 비루하다는 것을 몰랐다면 이는 지혜롭지 못한 것이 된다. 백리해가 지혜롭지 못하다는 것을 말하려고 하면서 아래에 세 가지 지혜로운 행적을 나열하였으니, 그가 소를 사육하여 진나라의 벼슬을 구한 것이 실제 사실이 아님을 알 수 있다. 결국은 진나라의 재상이 되어 자기 군주의 이름을 드날렸으니, 賢能하지 않은 사람이면 어찌 이렇게 할 수 있겠는가. 이는 실로 현능하였음을 말한 것이다.

自鬻以成其君을 鄕黨自好者도 不爲온 而謂賢者爲之乎아

자신을 팔아서 군주를 훌륭하게 만드는 것을 시골의 이름 내기 좋아하는 사람들조차도 하지 않거늘 賢能하다고 하는 사람이 그런 일을 하겠는가."

【注】 人自鬻於汙辱하여 而已(傳)〔傅〕[1]相成立其君을 鄕黨邑里自喜好名者도 尙不肯爲也온 況賢人肯辱身而爲之乎아

1) (傳)〔傅〕: 저본에는 '傳'으로 되어 있으나, 阮元의 〈校勘記〉에 의거하여 '傅'로 바로잡았다.

사람들이 비루한 일에 자신을 팔아서 군주를 도와 훌륭하게 만드는 것을 시골 마을의 이름 내기 좋아하는 사람들조차 하려 하지 않거늘, 하물며 賢人이 자기의 몸을 더럽혀가면서까지 그렇게 하겠는가.

【疏】 '萬章問曰'至'賢者爲之乎'. ○ 正義曰：此章言君子時行則行, 時舍則舍, 故能顯君明道, 不爲苟合, 而爲正者也. '萬章問曰'至'信乎', 萬章問孟子, 謂或有人曰百里奚自賣五羖羊之皮於秦, 爲人養牛, 以此而干秦繆公爲之相, 今信乃爲實然乎, 否乎. '孟子曰 否'至'而謂賢者爲之乎', 孟子答之, 以爲否, 不信然也. 百里奚, 虞國之大夫也. 晉獻公以垂棘之璧與屈產之乘, 假道於虞以伐虢國, 虞之大夫宮之奇諫之, 令虞公無受璧與馬以借與道也. 百里奚不諫之, 以其知虞公之不可諫而去之, 遂往秦. 時百里奚年已七十歲矣, 豈不知食(사)養牛干秦繆公之爲有汙辱也. 苟如是, 不知以食牛爲汙辱, 可謂爲智者. 言不可謂之智者矣. 知虞公爲君不可得而諫, 故不諫, 可謂爲不智乎. 言如此可謂爲智者也. 又知虞公將亡其國, 而乃先去之而之秦, 不可謂之不智也. 時得擧用於秦國, 百里奚知秦繆公可與有行其道也, 遂輔相之, 可謂不智乎. 言可謂之智者矣. 及輔相秦繆公, 而顯其君名揚於天下, 又可傳於後世, 不爲賢者而能如是乎. 言百

里奚眞賢者, 乃能如是顯其君於天下, 可傳於後世. 如自賣而汙辱其身, 乃爲成立其君, 雖鄕黨邑里自喜好名者, 尙亦不肯爲,-自鬻以汙身.[1]- 今乃謂百里奚爲眞賢者而肯爲乎. 言百里奚不肯爲是也. 蓋宮之奇者, 按杜預春秋傳云 "虞之忠臣也."

1) 自鬻以汙身 : 앞의 '爲'를 부연 설명한 것이다.

經의 〔萬章問曰〕에서 〔賢者爲之乎〕까지

○ 正義曰 : 이 장은, 君子는 때가 행해질 만하면 행하고 때가 그칠 만하면 그치므로 君主를 드러내고 道를 밝히되 구차하게 영합하지 않고 正道를 행함을 말한 것이다.

〔萬章問曰〕에서 〔信乎〕까지

萬章이 맹자에게, 어떤 사람이 百里奚는 秦나라에서 다섯 마리의 양가죽을 받고 자신을 팔아 남의 소를 키우다가 이를 빌미로 秦 繆公에게 재상 자리를 구했다고 하는데, 정말로 실제 일어난 일인지 아닌지 물은 것이다.

〔孟子曰 否〕에서 〔而謂賢者爲之乎〕까지

맹자가 '아니다. 진실로 그렇지 않다'고 대답하였다. 百里奚는 虞나라의 大夫이다. 晉 獻公이 垂棘의 옥과 屈産의 말로 虞나라에게 길을 빌려 虢나라를 정벌하려고 하자 虞나라 大夫인 宮之奇는 간하여 虞公으로 하여금 구슬과 말을 받고 晉나라에 길을 빌려주지 말도록 말렸다. 반면 백리해는 이를 간하지 않았으니, 우공이 간해보아야 소용이 없는 인물임을 알고서 그 나라를 떠나 마침내 秦나라로 갔다. 그때 백리해의 나이가 이미 칠십이 되었으니, 소를 사육하여 秦 繆公에게 벼슬을 구하는 것이 비루하다는 것을 어찌 몰랐겠는가. 이처럼 소를 사육하는 것이 비루한 일임을 몰랐다면 智者라고 말할 수 있겠는가. 이는 智者라고 말할 수 없다는 말이다. 虞公이 간해보아야 소용이 없는 군주임을 알고서 간하지 않은 것이니, 지혜롭지 않다고 말할 수 있겠는가. 이와 같다면 智者라고 말할 수 있다는 말이다. 또 우공이 장차 나라를 망하게 할 것을 알고서 이에 먼저 떠나 秦나라로 간 것이니, 지혜롭지 않다고 말할 수 없다. 당시 秦나라에서 등용되었을 때 백리해가 진 목공이 함께 道를 행할 만한 인물임을 알고서 繆公을 보좌한 것이니, 지혜롭지 않다고 말할 수 있겠는가. 이는 智者라고 말할 수 있다는 말이다. 진 목공의 재상이 되어 자기 군주의 이름을 천하에 드날리고 또 후세에 전할 수 있게 하였으니, 賢者가 아니고서 그와 같이 할 수 있겠는가. 이는 백리해가 진정한 현자였기 때문에 이처럼 자기 군주의 이름을 천하에 드날리고 후세에 전할 수 있었다는 말이다. 자신을 팔아 그 몸을 비루하게 하면서까지 하면서 자기 군주를 훌

룽하게 만드는 것은 비록 시골 마을의 이름 내기 좋아하는 사람이라 하더라도 또한 하려고-자신을 팔아 그 몸을 비루하게 하는 것- 하지 않는 것이거늘, 지금 백리해가 진정한 현자가 되어 그렇게 하려 했다고 말할 수 있겠는가. 이는 백리해가 이런 짓은 하려 하지 않았을 것이라는 말이다. 宮之奇에 대해서는, 상고하건대 ≪春秋左氏傳≫의 杜預注에 "虞나라의 忠臣이다."라고 하였다.

【疏】 ○ 注'五羖羊皮'. ○ 正義曰：說文云 "羖, 夏羊[1]牝曰羖羊也."

1) 夏羊：검은색의 양, 즉 염소를 일컫는다. 夏나라가 검은색을 숭상했으므로 夏羊이라 한 것이다.

○ 注의 〔五羖羊皮〕

○ 正義曰：≪說文解字≫에 이르기를 "'羖'는 암컷 夏羊을 羖羊이라 한다."라고 하였다.

【疏】 ○ 注'垂棘'至'晉道'. ○ 正義曰：左傳魯僖公二年云 "晉荀息請以屈產之乘與垂棘之璧, 假道於虞以伐虢." 杜預曰 "荀息, 荀叔也. 屈產生良馬, 垂棘出美玉, 故以爲名. 四馬曰乘." 史記云 "百里奚者, 晉獻公旣虜百里奚以爲秦繆公〔夫人〕[1]媵於秦, 百里奚亡秦走宛, 楚鄙人(說)〔執〕[2]之. 繆公聞百里奚賢, 欲重贖之, 恐楚人不與, 乃使人請以五羖羊之皮贖之, 楚人許之. 繆公乃釋其囚, 授之以國政, 號曰五羖大夫." 是其事矣. 又僖公五年云 "晉侯復假道於虞以伐虢, 宮之奇諫曰 '虢, 虞之表也, 虢亡, 虞必從之. 晉不可啓, 寇不可玩, 一之謂甚, 其可再乎.-爲二年, 假晉道, 滅下陽是也.[3]- 諺所謂輔車相依, 脣亡齒寒, 其虞·虢之謂也.' 宮之奇以其族行, 曰 '虞不臘[4]矣. 在此行也, 〔晉不更擧矣.〕[5]' 冬十二月, 晉滅虢, 虢公醜奔京師. 師還, 館于虞, 遂襲虞滅之, 執虞公及其大夫井伯, 以媵秦穆姬, 而修虞祀, 且歸其職貢於王. 故書曰 '晉人執虞公.' 罪虞, 且言易(이)也." 此孟子所以據(且)〔而〕[6]云焉.

1) 〔夫人〕：저본에는 '夫人'이 없으나 ≪史記≫에 의거하여 보충하였다.
2) (說)〔執〕：저본에는 '說'로 되어 있으나, ≪史記≫에 의거하여 '執'으로 바로잡았다.
3) 爲二年……滅下陽是也：앞의 '一之謂甚 其可再乎'를 부연 설명한 것이다. 이는 杜預注에서 인용한 것이다.
4) 臘：섣달에 여러 신에게 지내는 제사 이름이다.
5) 〔晉不更擧矣〕：저본에는 '晉不更擧矣'가 없으나, 인용된 부분이 불완전하여 ≪春秋左氏傳≫에 의거하여 보충하였다. 秦 繆公의 부인은 晉 獻公의 딸이다.

6) (且)〔而〕: 저본에는 '且'로 되어 있으나, 阮元의 〈校勘記〉에 의거하여 '而'로 바로잡았다.

注의 〔垂棘〕에서 〔晉道〕까지

○ 正義曰 : ≪春秋左氏傳≫ 魯 僖公 2년 조에, "晉나라 荀息이 屈産의 말과 垂棘의 옥을 가지고 虞나라에게 길을 빌려 虢나라를 정벌하자고 〈晉 獻公에게〉 청하였다."라고 하였는데, 杜預 注에 이르기를, "荀息은 荀叔이다. 屈産에서 좋은 말이 생산되고 垂棘에서 아름다운 옥이 생산되므로 그것을 거명한 것이다. 네 마리의 말을 '乘'이라 한다."라고 하였고, ≪史記≫ 〈秦本紀〉에 이르기를, "百里奚는, 晉 獻公이 百里奚를 사로잡아 秦 繆公의 부인을 수행하는 媵臣으로 삼아 秦나라에 보냈는데, 백리해가 秦나라에서 도망하여 宛으로 달아나다 楚나라 교외 사람들에게 붙잡혔다. 목공이 백리해가 賢能하다는 소문을 듣고서 많은 贖錢을 주고 데려오려고 하다가 그러면 楚나라 사람들이 주지 않을까 염려하여 다른 사람을 시켜 다섯 마리의 양가죽을 제시하며 데려가겠다고 하니 楚나라 사람들이 허락하였다. 목공이 이에 그의 속박을 풀어준 다음 秦나라 國政을 맡기면서 '五羖大夫'라 불렀다."라고 하였는데, 그 사건을 두고 한 말이다.

또 ≪春秋左氏傳≫ 僖公 5년 조에, "晉侯가 다시 虞나라에게 길을 빌려 虢나라를 정벌하려 하니, 宮之奇가 간하기를, '虢나라는 虞나라의 울타리이니, 虢나라가 망하면 虞나라도 반드시 따라 망하게 될 것입니다. 따라서 晉나라에게 길을 열어주어서도 안되고 진나라의 침략을 가볍게 보아서도 안 됩니다. 한 번 길을 빌려준 것도 심하다 할 터인데, 두 번이나 길을 빌려주어서야 되겠습니까.-僖公 2년에 晉나라에게 길을 빌려주어 下陽을 멸망시킨 것이 이것이다.- 속담에 이른바 「광대뼈와 잇몸은 서로 의지하고 입술이 없어지면 이가 시리다.」는 말은 虞나라와 虢나라의 관계를 두고 한 말입니다.'라고 하였다. 그 후 宮之奇가 가족을 이끌고 떠나면서 '虞나라는 올해 臘祭를 지내지 못하게 될 것이다. 이번 걸음에 虞나라도 멸망시킬 것이니 晉나라는 더 이상 군대를 일으킬 필요가 없게 될 것이다.'라고 하였다. 겨울 12월에 晉나라가 虢나라를 멸망시키니 虢公 醜가 京師로 달아났다. 晉나라 군대가 돌아올 때에 虞나라에 머물다가 마침내 虞나라를 습격하여 멸망시키고 虞公과 대부 井伯을 사로잡아 秦나라 穆姬의 媵臣으로 삼고, 虞나라의 제사를 대신 지내고 또 虞나라의 職貢을 周王에게 바쳤다. 그래서 經文에서 '晉人이 虞公을 잡았다.'라고 기록하였으니, 이는 虞公에게 죄를 돌리고 또 晉나라가 虞나라를 쉽게 멸망시켰음을 말한 것이다."라고 하였다. 이것이 바로 맹자가 말한 근거이다.

孟子注疏解經 卷第十 上

萬章章句 下

凡九章

모두 9章이다.

趙氏 注 孫奭 疏

【疏】○ 正義曰：此卷卽趙注分上卷爲下卷也，此卷中凡九章．一章言聖人由力，力有常也，賢者由巧，巧可增也，仲尼天高不可階，它人丘陵猶可踰．二章言聖人制祿，上下差敍．三章言匹夫友賢，下之以德，(三)〔王〕[1]公友賢，授之以爵．四章言聖人憂民，樂行其道，不合則去，亦不淹久．五章言國有道則能者處卿相，國無道則聖人居乘田．六章言知賢之道，擧之爲上，養之爲次，不擧不養，賢惡(오)肯歸．七章言君子之志，志於行道，不得其禮，亦不苟往．八章言好高慕遠，君子之道．九章言國須賢臣，必擇忠良，親近貴戚，或遭禍殃．凡此九章，合上卷九章，是萬章有十八章矣．

1) (三)〔王〕: 저본에는 '三'으로 되어 있으나, 해당 章의 章指에 의거하여 '王'으로 바로잡았다.

○ 正義曰 : 이 권은 趙注에서 上卷을 나누어 下卷을 만든 것이다. 이 권은 모두 9章으로 구성되어 있다.

제1장에서는 聖人은 비유컨대 힘과 같아서 힘은 정해진 양이 있고 賢者는 기교와 같아서 기교는 증가시킬 수가 있듯이 仲尼는 하늘처럼 높아서 올라갈 수 없지만 다른 사람은 구릉과 같아서 넘어설 수 있음을 말했다.

제2장에서는 聖人이 俸祿을 제정함에 있어 上下 차등을 두었음을 말했다.

제3장에서는 匹夫가 賢者를 벗으로 사귈 때는 德으로 예우를 하지만 王公이 賢者를 벗으로 사귈 때는 그에게 爵位를 주었음을 말했다.

제4장에서는 聖人이 백성을 근심하고 자신의 道를 즐겨 행하되 서로 뜻이 맞지 않으면 떠나가서 그 또한 오래 머물러 있지 않았음을 말했다.

제5장에서는 나라에 道가 있으면 능력이 있는 사람이 卿相의 자리에 있게 되고 나라에 道가 없으면 聖人이 乘田의 자리에 있게 됨을 말했다.

제6장에서는 賢者를 알아보는 것으로는 그를 登用하는 것이 최상이요, 그를 供養하는 것이 다음이니, 등용하지도 않고 공양하지도 않는다면 賢者가 어찌 귀의하겠느냐고 말했다.

제7장에서는 君子는 道를 행하는 데 뜻을 두었으므로 그에 합당한 예우를 받지 않으면 또한 구차하게 가지 않았음을 말했다.

제8장에서는 고상한 것을 좋아하고 원대한 것을 바라는 것이 君子의 道임을 말했다.

제9장에서는 나라에는 모름지기 賢臣이 있어야 하되 반드시 忠良한 인물을 골라야 하며 貴戚을 가까이하게 되면 혹 재앙을 만날 수 있음을 말했다.

모두 9장으로 上卷의 9장과 합하여 〈萬章〉篇 18장을 이룬다.

1. 孟子曰 伯夷는 目不視惡色하며 耳不聽惡聲하고 非其君不事하며 非其民不使하여 治則進하고 亂則退하여 橫政之所出과 橫民之所止에 不忍居也하며 思與鄕人處하되 如以朝衣朝冠으로 坐於塗炭也러니 當紂之時하여 居北海之濱하여 以待天下之淸也하니 故로 聞伯夷之風者는 頑夫廉하며 懦夫有立志하니라

맹자가 말했다. "伯夷는 눈으로는 나쁜 색을 보지 않았고 귀로는 나쁜 소리를 듣지 않았으며, 섬길 만한 임금이 아니면 섬기지 않았고 부릴 만한 백성이 아니면 부리지 않았다. 세상이 잘 다스려지면 벼슬에 나아가고 세상이 혼란하면 벼슬에서 물러났다. 무도한 정치가 행해지는 나라나 무도한 백성이 모여 있는 마을에는 차마 살지 않았으며, 그러한 시골 사람들과 함께 거처하는 것을 마치 官服과 朝冠 차림으로 진흙탕과 잿더미에 앉아 있는 것처럼 생각하였다.

伯夷

紂王이 통치한 시기에는 北海의 바닷가에 살면서 천하가 맑아지기만을 기다렸다. 그러므로 백이의 기풍에 대해 들으면 탐욕스런 사람은 청렴해지고 나약한 사람은 강인한 의지를 갖게 된다.

【注】 孟子反覆差伯夷伊尹柳下惠之德하여 以爲足以配於聖人이라 故로 數章陳之를 猶詩人有所誦述하여 至於數四하니 蓋其留意者也라 義見(현)上篇矣라 此復言不視惡色은 謂行不正而有美色者니 若夏姬之比也요 耳不聽惡聲은 謂鄭聲也라 後世聞其風者는 頑貪之夫가 更[1]思廉潔하고 懦弱之人이 更思有立義之志也라

1) 更 : '반대로〔反而, 卻〕'의 의미이다.

맹자는 반복해서 伯夷, 伊尹, 柳下惠의 德을 차례로 열거하면서 聖人과 짝을 이루기에 충분하다고 생각했다. 그래서 여러 章에서 이들에 대해 진술하기를 마치 詩人이 詩를 읊조리듯 여러 차례 반복하였다. 아마도 그들이 맹자에게 깊은 관심의 대상이었기 때문이다.

내용의 의미는 上篇(《公孫丑 上》)에 보인다. 이 章에서 다시 언급하여 〈눈으로는〉 나쁜 색을 보지 않았다고 하였는데, 이 말은 행실이 바르지 않으면서 얼굴만 예쁜 여자를 일컬은 것으로, 夏姬와 같은 여자가 이에 해당한다. 귀로는 나쁜 소리를 듣지 않았다고 한 것은 鄭나라 음악을 일컬은 것이다. 후세 사람들이 伯夷의 기풍에 대해 들으면 탐욕스런 사람은 반대로 청렴해지려는 마음이 생기게 되고, 나약한 사람은 반대로 강인한 의지를 가지려는 마음이 생기게 된다.

伊尹曰 何事非君이며 **何使非民**이리오하여 **治亦進**하며 **亂亦進**하여 **曰 天之生斯民也**는 **使先知**로 **覺後知**하며 **使先覺**으로 **覺後覺**이시니 **予**는 **天民之先覺者也**로니 **予將以此道**로 **覺此民也**라하며 **思天下之民**이 **匹夫匹婦有不與被堯舜之澤者**어든 **如己推**(퇴)**而內**(납)**之溝中**하니 **其自任以天下之重也**니라

伊尹이 말하기를, '누구를 섬긴들 임금이 아니며 누구를 부린들 백성이 아닌가.'라고 하면서, 다스려져도 나아가고 어지러워도 나아가서 '하늘이 이 백성을 낼 때에 先知者로 하여금 後知者를 깨우치게 하며 先覺者로 하여금 後覺者를 깨우치게 하였다. 나는 하늘이 낸 백성 가운데 先覺者이니 내 장차 이 道를 가지고

이 백성들을 깨우치려 한다.'라고 하면서, 천하의 백성 가운데 匹夫匹婦라도 堯舜의 은택을 입지 않은 사람이 있으면 마치 자신이 구렁텅이 속으로 밀어 넣은 것처럼 생각하였으니, 이는 천하에 대한 무거운 책임을 스스로 짊어진 것이다.

【注】說與上同이라

해설은 上篇(〈公孫丑 上〉)과 같다.

柳下惠는 **不羞汙君**하며 **不辭小官**하여 **進不隱賢**하고 **必以其道**하며 **遺佚而不怨**하며 **阨窮而不憫**하며 **與鄕人處**하되 **由由然不忍去也**하여 **爾爲爾**요 **我爲我**니 **雖袒裼裸裎於我側**인들 **爾焉能浼我哉**리오하니 **故**로 **聞柳下惠之風者**는 **鄙夫寬**하며 **薄夫敦**하니라

柳下惠는 더러운 임금 섬기는 것을 부끄러워하지 않고 작은 벼슬을 사양하지 않아서, 벼슬에 나아가서는 자신의 賢才를 숨기지 않고 반드시 자신의 道를 행하였으며, 임금에게 버림을 받아도 원망하지 않았고 곤란을 당해도 근심하지 않았다. 시골 사람들과 함께 있어도 태연하게 차마 자리를 뜨지 못한 채 '너는 너고 나는 나다. 네가 비록 내 옆에서 웃통을 벗거나 알몸을 내보인들 네가 어찌 나를 더럽힐 수 있겠느냐.'라고 하였다. 그러므로 柳下惠의 기풍에 대해 들으면 편협한 사람은 관대해지고 천박한 사람은 돈후해진다.

柳下惠

【注】鄙狹者更(경)寬優하며 薄淺者更(경)深厚니라

편협한 사람이 관대한 사람으로 바뀌고 천박한 사람이 돈후한 사람으로 바뀐다는 말이다.

孔子之去齊에 **接淅而行**하시고 **去魯**에 **曰 遲遲**라 **吾行也**여하시니 **去父母國之道也**라 **可以速而速**하며 **可以久而久**하며 **可以處而處**하며 **可以仕而仕**는 **孔子也**시니라

孔子께서는 齊나라를 떠나실 때 물에 불려놓은 쌀을 그대로 담아들고 급히 떠나셨다. 반면에 魯나라를 떠나실 때는 '내 발걸음이 떨어지지 않는구나!'라고 하셨으니, 바로 부모의 나라를 떠나는 도리이다. 이렇게 빨리 떠날 만하면 빨리 떠나고, 오래 머물 만하면 오래 머물고, 은둔할 만하면 은둔하고, 벼슬할 만하면 벼슬한 분이 바로 孔子이시다."

【注】淅은 漬米也니 不及炊하여 避惡亟也라 魯는 父母之國이니 遲遲不忍去也니 是其道也라 孔子는 聖人이라 故로 能量時宜하여 動中權也라

淅은 물에 불려놓은 쌀이니, 미처 밥을 짓기도 전에 악한 사람을 피해 빨리 떠난 것이다. 魯나라는 부모의 나라이므로 느릿느릿 가고 차마 떠나지 못한 것이니, 그것이 옳은 도리이다. 孔子는 聖人이므로 時宜를 잘 헤아려 움직인 것이 그때그때의 상황에 잘 맞았다.

孔子

孟子曰 伯夷는 **聖之淸者也**요 **伊尹**은 **聖之任者也**요 **柳下惠**는 **聖之和者也**요 **孔子**는 **聖之時者也**시니라 **孔子之謂集大成**이니 **集大成也者**는 **金聲而玉振之也**[1]라 **金聲也者**는 **始條理**[2]**也**요 **玉振之也者**는 **終條理也**니

1) 金聲而玉振之也 : 金은 合奏를 시작할 때 연주하는 鐘, 즉 編鐘이나 鎛鐘을 가리키고, 玉은 마칠 때 연주하는 磬, 즉 編磬이나 特磬을 가리킨다.

2) 條理 : 趙岐는 '條理'의 의미에 대해 구체적인 언급이 없다. 반면에 朱熹는 ≪孟子集註≫에서 '條理'는 '脈絡'이란 말과 같으며, 金·石·絲·竹·匏·土·革·木의 여덟 가지 재료로 만든 악기가 각각 고유의 음을 연주하여 작은 단위의 완성된 악장을 이루는데, 그 가운데 金에 해당하는 鐘은 합주의 시작을 담당하고, 石에 해당하는 磬은 합주의 끝을 담당하여, 전체의 연주가 하나의 맥락을 갖추도록 하는 중추적인 역할을 한다고 설명하고 있으나, 그의 설명 역시 명료하지 못하다. 朱熹는 이 '條理'라는 말이 '金聲玉振'과 함께 고대 ≪樂經≫에서 나온 말로 추정하였다.

맹자가 말했다. "伯夷는 聖人 가운데 高潔한 분이다. 伊尹은 성인 가운데 責任이 강한 분이다. 柳下惠는 성인 가운데 調和를 이룬 분이다. 孔子께서는 성인 가운데 時中을 실천한 분이다. 공자께서는 〈이 세 성인을〉 集大成했다고 말할 수 있다. 집대성이란 〈악기의 合奏에서〉 鐘도 연주하고 磬도 연주하는 것이다. 종을 연주하는 것은 〈합주를 시작하는〉 始條理이고 경을 연주하는 것은 〈합주를 마치는〉 終條理이다.

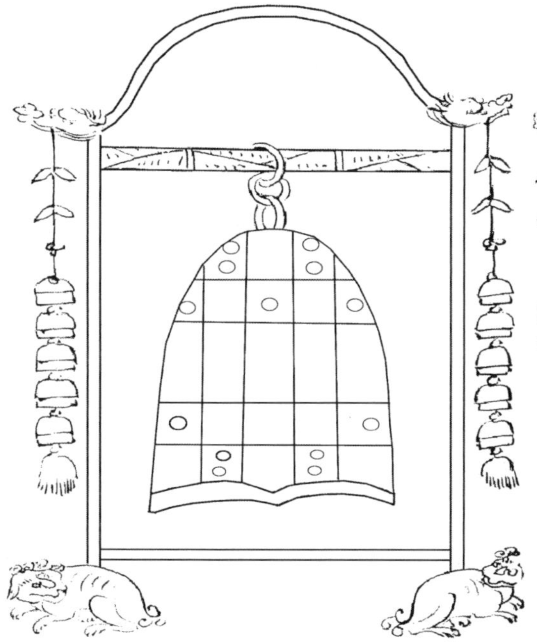

鐘

磬

【注】 伯夷는 淸하고 伊尹은 任하고 柳下惠는 和하니 皆得聖人之道也라 孔子는 時行則行하고 時止則止하니 孔子는 集先聖之大道하여 以成己之聖德者也라 故로 能金聲而玉振之라

振은 揚也라 故로 如金(者)〔音〕[1]之有殺(쇄)에 振揚玉音하여 終始如一也라 始條理者는 金從革이라야 可始之使條理며 終條理者는 玉終其聲而不細也니 合三德而不撓也라

1) (者)〔音〕: 저본에는 '者'로 되어 있으나, 閩本·監本·毛本과 焦循의 ≪孟子正義≫에 의거하여 '音'으로 바로잡았다.(阮元의 〈校勘記〉 참조)

伯夷는 高潔하고 伊尹은 책임이 강하고 柳下惠는 조화를 이루었으니, 모두 聖人의 道를 터득한 것이다. 孔子는 가야 할 때는 가고 멈추어야 할 때는 멈추었으니, 공자는 앞선 聖人들의 大道를 모아서 자신의 聖德을 완성한 사람이다. 그러므로 〈연주에 비유하자면〉 鐘도 연주하고 磬도 연주하는 것이다. 振은 드높이는 것이다. 그러므로 마치 鐘의 音이 점점 미약해질 때 磬의 音을 높임으로써 처음부터 끝까지 소리가 한결같은 것과 같다. 始條理는 鐘이 다른 音의 변화를 이끌어내어 처음으로 條理를 갖추게 하는 것이며, 終條理는 磬으로 그 소리를 끝맺어 끝까지 미약해지지 않는 것이니, 즉 세 聖人의 德을 합하여 동요되지 않음을 비유한 것이다.

始條理者는 智之事也요 終條理者는 聖之事也니라

始條理는 智에 속하는 일이고 終條理는 聖에 속하는 일이다.

【注】 智者는 (智)〔知〕[1]理物이요 聖人은 終始同이라

1) (智)〔知〕: 저본에는 '智'로 되어 있으나, 閩本·監本·毛本·孔本·韓本과 焦循의 ≪孟子正義≫에 의거하여 '知'로 바로잡았다.(阮元의 〈校勘記〉 참조)

智者는 백성을 다스릴 줄 알고, 聖人은 처음과 끝이 한결같다.

智를 譬則巧也요 聖을 譬則力也니 由射於百步之外也하니 其至는 爾力也어니와 其中은 非爾力也니라

智는 비유하자면 技巧에 해당하고 聖은 비유하자면 힘에 해당한다. 이는 백 보 밖에서 활을 쏘는 것과 같으니, 과녁까지 이르게 하는 것은 너의 힘으로 할 수 있지만 과녁에 적중하는 것은 너의 힘으로 할 수 있는 것이 아니다."

【注】〔以〕[1]智는 譬猶人之有技巧也니 可學而益之요 以聖은 譬猶力之有多少하여 自有極

限이니 不可强增이라 聖人은 受天性이니 可庶幾而不可及也라 夫射遠而至는 爾努力也요 其中的者는 爾之巧也니 思改其手用巧意라야 乃能中也라

1) 〔以〕: 저본에는 '以'가 없으나, 廖本・孔本・韓本・考文古本 및 焦循의 ≪孟子正義≫에 의거하여 보충하였다.

智는 비유컨대 사람이 가진 기교와 같으므로 배워서 늘릴 수 있다. 반면에 聖은 비유컨대 힘에 多少(强弱)의 차이가 있는 것과 같아 본래부터 정해진 한계를 지니고 있어서 증강시킬 수가 없다. 聖人은 하늘로부터 타고난 성품을 받았으므로 가까이 근접할 수는 있어도 그 수준까지 도달하지는 못한다. 멀리까지 쏘아서 과녁에 이르는 것은 너의 노력이요, 과녁에 적중하는 것은 너의 기교이다. 그러므로 솜씨를 정교하게 바꾸도록 갈망해야 적중할 수가 있다.

【疏】'孟子曰伯夷'至'非爾力也'. ○ 正義曰：此章言聖人由力, 力有常也, 賢者由巧, 巧可增也, 仲尼天高, 故不可階, 他人丘陵, 猶可踰, 所謂小同而大異者也. '孟子曰, 伯夷目不視惡色, 耳不聽惡聲'至'薄夫敦', 已說上篇詳矣. 此言不視惡色, 不聽惡聲者, 言伯夷淸潔其身, 不欲以亂色留於明, 姦聲留於聰也. 於是使聞伯夷之淸風者, 頑貪之夫莫不變而爲廉潔之人, 懦弱之夫莫不變而爲能有立其剛志也. 聞下惠之和風者, 莫不變鄙狹而爲寬博, 變淺薄而爲敦厚也.

經의 〔孟子曰伯夷〕에서 〔非爾力也〕까지

○ 正義曰：이 장은, 聖人은 비유컨대 힘과 같아서 힘은 정해진 양이 있고 賢者는 기교와 같아서 기교는 증가시킬 수가 있듯이 仲尼는 하늘처럼 높아서 올라갈 수 없지만 〈나머지〉 다른 사람은 구릉과 같아서 넘어설 수 있으니, 이른바 조금 같고 크게 다름〔小同大異〕을 말한 것이다.

〔孟子曰 伯夷目不視惡色 耳不聽惡聲〕에서 〔薄夫敦〕까지

이미 상편(〈公孫丑 上〉)에서 상세하게 설명하였다. 여기에서 나쁜 색을 보지 않고 나쁜 소리를 듣지 않았다고 말한 것은, 伯夷가 자기 몸을 깨끗이 하여 어지러운 색이 눈에 들어오지 않게 하고 간사한 소리가 귀에 들어오지 않게 하고자 하였음을 말한 것이다. 이에 伯夷의 맑은 기풍을 들으면 탐욕스런 사람은 모두 청렴한 사람으로 변하게 되고 나약한 사람은 모두 확고한 의지를 가진 사람으로 변하게 된다. 그리고 柳下惠의 조화로운 기풍을 들으면 편협한 사람에서 관대한 사람으로 변하게 되고 천박한

사람에서 돈후한 사람으로 변하게 된다.

'孔子之去齊'至'孔子也', 言孔子之去齊急速, 但漬米不及炊而卽行, 以其避惡, 故如是也. 去魯國, 則曰遲遲而不忍行去, 此爲去父母國之道也. 所謂父母國者, 孔子所生於魯國, 故爲父母之國也. 大抵孔子量時適變, 其去國可以速則速, 故於齊不待炊而行也. 可以久而未去則久之, 故於魯國所以遲遲吾行也. 可以處此國則處之, 故未嘗有三年之淹. 可以仕於其君則仕之, 故有行可・際可・公養之仕也[1], 凡如此者, 故曰孔子如是也

1) 行可……公養之仕也 : 〈萬章 下〉 제4장에 보인다.

〔孔子之去齊〕에서 〔孔子也〕까지

孔子가 齊나라를 떠날 때는 단지 물에 불려놓은 쌀로 밥을 짓기도 전에 곧장 떠나 악한 사람을 피했기 때문에 이와 같이 말한 것이다. 반면 魯나라를 떠날 때는 느린 걸음으로 차마 떠나지 못한다고 말하였으니, 이것이 바로 부모의 나라를 떠나는 도리이다. 부모의 나라라고 한 것은 孔子가 魯나라에서 태어났기 때문에 부모의 나라라고 한 것이다.

대체로 孔子는 時宜를 잘 살펴 변화된 상황에 적절히 대응하였기 때문에 나라를 떠날 때에도 빨리 떠날 만하면 빨리 떠났다. 그런 까닭에 齊나라에서는 밥 짓기를 기다리지 않고 급히 떠난 것이다. 오래 머물고 떠나지 않을 수만 있다면 오래 머물렀다. 그런 까닭에 魯나라에서는 내 발걸음이 떨어지지 않는다고 한 것이다. 어느 나라든 벼슬을 그만둘 만하면 그만두었다. 그런 까닭에 한 나라에서 3년간 머문 적이 없었다. 어느 군주에게든 벼슬할 만하면 벼슬하였다. 그런 까닭에 道를 행할 가능성을 보고 벼슬한 것과, 군주가 禮를 갖추어 대접해서 벼슬한 것과, 군주가 賢人을 공양해서 벼슬한 것이 모두 이와 같은 것이다. 그래서 孔子가 이렇게 했다고 말한 것이다.

'孟子曰'至'非爾力也', 孟子又曰 伯夷之行, 爲聖人之淸者也, 是其不以物汙其己, 而成其行於淸也. 伊尹之行, 爲聖人之任者也, 是其樂於自爲, 而以天下之重自任也. 柳下惠之行, 爲聖人之和者也, 是其不以己異於物, 而無有所擇也. 唯孔子者, 獨爲聖人之時者也, 是其所行之行, 惟時適變, 可以淸則淸, 可以任則任, 可以和則和, 不特倚於一偏也. 故謂之孔子爲集其大成, 得純全之行者也. 蓋集大成, 卽集伯夷・伊尹・下惠

三聖之道, 是爲大成耳. 如所謂危邦不入, 亂邦不居[1], 是孔子之淸, 而不至伯夷一於淸也. 佛肹(필힐)召而欲往[2], 是孔子之任, 而不至伊尹一於任也. 南子見所不見[3], 陽貨敬所不敬[4], 是孔子之和, 而不至下惠一於和也. 然則伯夷・伊尹・下惠, 是皆止於一偏, 未得其大全也, 而孟子亦皆取之爲聖者. 蓋伯夷・伊尹・下惠各承其時之有弊, 不得不如是而救也. 以孔子觀之, 又能集此三聖而爲大成者也. 方伯夷之時, 天下多進寡退, 而伯夷所以如是潔己不殉. 方伊尹之時, 天下多退而寡進, 而伊尹所以如是而以天下爲己任. 方下惠之時, 天下多潔己而異俗, 而下惠所以如是俯身而同衆. 故伯夷承伊尹之弊而救之淸, 下惠承伯夷之弊而救之和. 孔子又承而集之, 遂爲大成者. 誰謂伯夷・伊尹・下惠救時弊如此, 可不謂爲聖者耶. 雖然, 孟子取爲三聖, 其言又不無意於其間也. 言伯夷但聖之淸者也, 以其取淸而言之矣. 伊尹但聖之任者也, 以其取任而言之矣, 下惠但聖之和者也, 以其取和而言之矣, 孔子之聖則以時也. 其時爲言, 以謂時然則然, 無可無不可. 故謂之集其大成, 又非止於一偏而已. 故孟子於下故取金聲玉振而喩之也. 言集大成者, 如金聲而玉振之者也. 金聲者, 是其始條理也, 言金聲始則隆而終則殺(쇄)者也. 如伯夷能淸而不能任, 伊尹能任而不能和, 下惠能和而不能淸者也. 玉振之者, 是其終條理也, 言玉振則終始如一而無隆殺(쇄)者也. 如孔子能淸・能任・能和者也. 所以合金聲而玉振之而言也. 以其孔子其始如金聲之隆, 而能淸・能任・能和, 其終且如玉振無隆殺, 又能淸而且任・任而且和・和而且淸, 有始有終, 如一者也. 然則孟子於此, 且合金聲玉振之條理而喩歸於孔子, 是其宜也. 然而始條理者, 是爲智者之事也, 終條理者, 是爲聖人之事也. 以智者而譬之, 則若人之有巧也, 以聖人而譬之, 則若人之有力也. 如射於百步之外, 爲遠其射至於百步之外, 是人之力也, 其所以中的者, 非人之力也, 以其人之巧耳. 其譬伯夷・伊尹・下惠但如射於百步之外, 能至而不能中, 孔子於射能至, 又能中者也. 蓋能至, 亦射之善者矣, 而能至能中者, 又備其善者也. 能淸・能任・能和, 是聖人之善者也, 能時, 又備其聖人之善者也. 此一段則孟子摠意而解其始終條理也, 而始終條理又解金聲玉振者也. 金聲玉振又喩孔子集三聖之大成者耳. 蓋條理者, 條則有數而不紊, 理則有分而不可易也.

1) 危邦不入 亂邦不居 : ≪論語≫ 〈太伯〉 제13장에 나오는 孔子의 말이다.
2) 佛肹(필힐)召而欲往 : 晉나라 趙氏의 가신인 필힐이 中牟땅을 기반으로 반란을 일으켜 공자를 부르자 공자가 가려고 한 것을 가리킨다.(≪論語≫ 〈陽貨〉)
3) 南子見所不見 : 南子는 衛 靈公의 부인으로 행실이 음란하였는데, 이러한 南子가 공자

를 부르자 공자가 이에 응한 것을 가리킨다.(≪論語≫ 〈雍也〉)

4) 陽貨敬所不敬 : 주군인 季氏를 가두고 魯나라의 권력을 찬탈한 陽貨가 공자를 만나려고 삶은 돼지를 선물로 보내자 공자가 그의 집에 찾아가 사례한 것을 가리킨다.(≪論語≫ 〈陽貨〉)

〔孟子曰〕에서 〔非爾力也〕까지

맹자가 다시 말한 것이다. 伯夷의 행실은 聖人의 高潔함을 구현한 것으로, 남이 자신을 더럽히지 않게 해서 高潔함으로 그 행실을 완성하였다. 伊尹의 행실은 聖人의 責任感을 실천한 것으로, 스스로 행동하기를 좋아하여 천하의 重任을 自任하였다. 柳下惠의 행실은 聖人의 調和로움을 갖춘 것으로, 자신을 남과 다르다고 생각지 않고 누구든 가리지 않았다. 반면에 孔子는 聖人의 時中을 실천한 분으로, 그 행실이 時宜에 맞게 적절히 변화하여 고결할 만하면 고결하고, 책임질 만하면 책임을 지고, 조화로울 만하면 조화롭게 하여 특별히 어느 한 쪽에 치우치지 않았다. 그런 까닭에 孔子를 集大成했다고 하는 것이니, 그 행실이 완벽한 분이라 하겠다. 集大成이란 곧 伯夷, 伊尹, 柳下惠 등 세 聖人의 道를 모아서 크게 완성하였다는 뜻이다. 예를 들어 이른바 위태로운 나라에 들어가지 않고 혼란한 나라에 살지 않은 것은 孔子의 高潔함이나, 伯夷처럼 고결함 일변도로 가지는 않았다. 佛肹(필힐)이 부르자 가려고 한 것은 孔子의 責任感이나 伊尹처럼 책임감 일변도로 가지는 않았다. 만나서는 안 될 南子를 만난 것이나 공경해서는 안 될 陽貨를 공경한 것은 孔子의 調和로움이나, 柳下惠처럼 조화로움 일변도로 가지는 않았다. 그렇다면 伯夷, 伊尹, 柳下惠는 모두 한쪽으로 치우친 것으로서 완전한 인격을 갖추지는 못한 것이다. 하지만 맹자는 이들 또한 모두 聖人으로 간주하였다. 대체로 伯夷, 伊尹, 柳下惠는 각자 당시에 성행한 병폐를 바로잡기 위해 부득불 이와 같이 행동했던 것이다. 孔子로 보자면 여기에서 더 나아가 이 세 聖人을 集大成한 것이다.

伯夷가 살던 시대에는 천하에 벼슬에 진출하려는 사람은 많고 물러나려는 사람은 적었기 때문에 伯夷가 이와 같이 자신의 지조를 깨끗하게 지켜서 벼슬을 좇지 않았던 것이다. 伊尹이 살던 시대에는 천하에 벼슬에서 물러나려는 사람은 많고 진출하려는 사람은 적었기 때문에 伊尹이 이와 같이 천하를 구제하는 것을 자기의 책임으로 삼았던 것이다. 柳下惠가 살던 시대에는 천하에 자신의 지조를 깨끗하게 지켜서 일반 사람들과 다르게 행동하는 사람이 많았기 때문에 柳下惠가 이와 같이 자신을 낮추어 일반 대중들과 함께하였던 것이다. 그러므로 伯夷는 伊尹 시대의 병폐를 바로잡기 위해 高

潔함을 내세운 것이며, 柳下惠는 伯夷 시대의 병폐를 바로잡기 위해 調和를 내세운 것이다. 孔子는 다시 이들을 이어받아 마침내 集大成한 것이다.

伯夷, 伊尹, 柳下惠가 이처럼 그 시대의 병폐를 바로잡았으니, 聖人이라 부를 자격이 없다고 누가 말하겠는가. 그런데 맹자가 비록 이 세 聖人을 예로 들기는 했지만 그 말 속에는 또 다른 생각이 없지 않다. 伯夷에 대해서는 단지 聖人의 高潔함을 구현한 분이라고 말하였으니 이는 高潔함만을 취하여 말한 것이고, 伊尹에 대해서는 단지 聖人의 責任感을 실천한 분이라고 말하였으니, 이는 責任感만을 취하여 말한 것이며, 柳下惠에 대해서는 단지 聖人의 調和로움을 갖춘 분이라고 말하였으니 이는 調和만을 취하여 말한 것이다. 반면에 孔子가 聖人이 된 것은 時中을 실천했기 때문이다. 時中이란 말은 時宜로 보아 그렇게 해야 할 때는 그렇게 하여 절대적으로 해야 하는 것도 없고 절대적으로 하지 말라는 것도 없는 것을 일컫는다. 그러므로 集大成이라 한 것이니, 또한 어느 한쪽에만 치우쳐 있지 않는 것을 의미한다. 때문에 맹자가 그 다음에 합주에서 鐘도 연주하고 磬도 연주한다는 말을 가져다 비유를 든 것이다. 孔子에 대해 集大成이라 말한 것은 마치 합주에서 鐘도 연주하고 磬도 연주한다는 것과 같다는 것이다.

鐘을 연주하는 것이 始條理라고 한 것은 鐘은 연주를 시작할 때는 크게 울리다가 끝으로 가면서 미약해지는 것을 두고 말한 것이다. 이는 마치 伯夷가 高潔하기만 하고 責任感이 없으며, 伊尹이 責任感은 강하나 調和로움이 없으며, 柳下惠가 調和로움은 있으나 高潔함이 부족한 것과 같다. 磬을 연주하는 것이 終條理라고 한 것은 磬은 그 소리가 처음과 끝이 한결같아 크게 울리거나 미약해지는 차이가 없음을 말한 것이다. 이는 마치 孔子가 高潔하고 責任感이 강하고 調和로움을 갖춘 것과 같다. 그래서 鐘의 연주와 磬의 연주를 합하여 말한 것이다. 이는 孔子의 경우 시작할 때에는 鐘의 웅장한 소리와 같아서 高潔함과 責任感과 調和로움을 하나하나 갖추었으며, 마칠 때에는 웅장함과 미약함의 차이가 없는 磬의 연주와 같아서 또 高潔하면서도 責任感이 강하고 責任感이 강하면서도 調和로움을 갖추었으며 調和로움을 갖추었으면서도 高潔하기까지 하여 시작과 끝이 한결같았기 때문이다.

그렇다면 맹자가 여기에서 鐘과 磬이 시작과 끝에서 주도하는 條理를 합한 것으로 孔子를 비유한 것은 아주 적절하다. 그런데 始條理를 智者의 일에 비유하고 終條理를 聖人의 일에 비유하였다. 智者에다 비유하였으니 이는 사람이 가진 技巧와 같고, 聖人에다 비유하였으니 이는 사람이 가진 힘과 같다. 이를테면 백 보 바깥에서 활을 쏜다고 할 때, 멀리 쏘아서 백 보 바깥의 과녁까지 도달하게 하는 것은 사람의 힘이고, 과녁에 적중하게 하는 것은 사람의 힘이 아니라 그 사람의 技巧에 달린 것이다. 비유컨대 伯夷, 伊尹, 柳下惠는 백 보 바깥에서 활을 쏘아 과녁에 도달하기는 했지만 적중하지는 못한 반면, 孔子는 활을 쏘아 과녁에 도달했을 뿐만 아니라 적중하기까지 한 것과 같다. 과녁까지 도달한 것만으로도 활쏘기에 뛰어난 것이며, 과녁에 도달하기도 하고 적중하기도 했다면 더더욱 여러 뛰어난 점을 구비한 것이다. 마찬가지로 고결함과 책임감과 조화로움은 성인이 지닌 각각의 뛰어난 점이며, 時中은 또 여러 聖人의 뛰어난 점들을 모두 구비한 것이다.

이 단락은 맹자가 생각을 집중하여 始條理와 終條理를 풀이한 것이며, 始條理와 終條理로 다시 鐘의 연주와 磬의 연주를 풀이한 것이다. 鐘의 연주와 磬의 연주는 다시 孔子가 세 聖人을 集大成한 것을 비유하였다. '條理'에서 '條'는 정해진 법도가 있어 흐트러지지 않는 것이고, '理'는 나누어진 역할이 있어 서로 바꾸지 못하는 것이다.

【疏】 ○ 注'夏姬'·'鄭聲'. ○ 正義曰：云'夏姬'者, 按史記云 "夏姬, 夏徵舒之母, 陳大夫御叔之妻. 三爲王后, (二)〔七〕[1]爲夫人, 納之者無不迷惑. 陳靈公與大夫孔寧儀〔行父(보)〕[2]共通於夏姬, 廢失朝政, 徵舒遂殺靈公. 及申公〔巫臣〕[3](蓋)〔盜〕[4](將)[5]夏姬來奔於晉, 晉人殺巫臣, 又娶夏姬." 凡此是也. 云'鄭聲'者, 已說於公孫丑篇.

1) (二)〔七〕: 저본에는 '二'로 되어 있으나, 四庫全書本과 ≪史記≫ 〈陳世家〉에 의거하여 '七'로 바로잡았다.
2) 〔行父(보)〕: 저본에는 '行父'가 없으나, 四庫全書本과 ≪史記≫ 〈陳世家〉에 의거하여 보충하였다.
3) 〔巫臣〕: 저본에는 '巫臣'이 없으나, ≪史記≫ 〈晉世家〉에 의거하여 보충하였다.
4) (蓋)〔盜〕: 저본에는 '蓋'로 되어 있으나, 四庫全書本과 ≪史記≫ 〈晉世家〉에 의거하여 '盜'로 바로잡았다.
5) (將) : 저본에는 '將'이 있으나, ≪史記≫ 〈晉世家〉에 의거하여 衍文으로 처리하였다.

○ 注의 〔夏姬〕와 〔鄭聲〕

○ 正義曰 : 〔夏姬〕 상고하건대 ≪史記≫에 이르기를, "하희는 夏徵舒의 어머니로 陳나라 대부 御叔의 아내이다. 세 번 王后가 되었고 일곱 번 夫人이 되었는데 그녀를 맞아들이는 남자들마다 미혹되지 않는 이가 없었다. 陳 靈公이 대부 孔寧과 儀行父(의행보)와 함께 모두 하희와 간통하여 조정의 정사를 폐하였으므로 하징서가 영공을 살해

하였다. 申公巫臣이 하희를 훔쳐서 晉나라로 망명하자, 晉나라 사람이 무신을 죽이고 또 하희를 아내로 삼았다."라고 하였으니, 모두 이를 말한 것이다.

〔鄭聲〕 이미 〈公孫丑〉편에서 설명하였다.

【疏】 ○ 注'伯夷淸, 伊尹任, 柳下惠和'·'孔子時行則行, 時止則止'者. ○ 正義曰：已說於上篇.

注의 〔伯夷淸 伊尹任 柳下惠和〕와 〔孔子時行則行 時止則止〕

○ 正義曰：이미 上篇(〈公孫丑 上〉)에서 설명하였다.

2. 北宮錡問曰 周室班爵祿也는 如之何잇고

北宮錡가 물었다. "周나라에서는 爵祿의 서열이 어떠했습니까?"

【注】 北宮錡는 衛人이라 班은 列也라 問周家班列爵祿等差謂何니라

北宮錡는 衛나라 사람이다. '班'은 '列'의 뜻이다. 周나라에서 爵祿을 차례로 배열하면 그 등급이 어떠하냐고 물은 것이다.

孟子曰 其詳은 不可得聞也로라 諸侯惡(오)其害己也하여 而皆去其籍이어니와 然而軻也嘗聞其略也로라

맹자가 대답했다. "자세한 내용은 들어보지 못했다. 제후들이 자신에게 불리한 내용이 있는 것을 싫어했기 때문에 해당 전적들을 모두 없애버린 것이다. 하지만 내가 그 대략적인 내용에 대해서는 들은 적이 있다.

【注】 詳은 悉[1]也니 不可得備知也라 諸侯欲恣行하여 憎惡(오)其法度妨害己之所爲라 故로 滅去典籍하니라 今周禮司祿之官에 無其職[2]하니 是는 則諸侯皆去之故로 使不復存也라 軻는 孟子名也라 略은 麤也니 言嘗聞其大綱如此矣라 今考之禮記王制則合矣라

1) 悉：여기에서 '悉'은 '다하다〔盡〕', '알다〔知〕'의 의미를 가지고 있다.
2) 周禮司祿之官 無其職：≪周禮≫ 〈地官 司祿〉에서 '司祿'이란 관직명 아래에 '闕'이란 小注만 있고 세부 직책에 대한 언급이 전혀 없는 것을 가리켜 한 말이다.

'詳'은 '悉'의 뜻이니, 구체적으로 알지 못한다는 말이다. 제후들이 제멋대로 행하고 싶은 마음을 가지고 있어 그 법도가 자신의 행위에 방해가 되는 것을 싫어하였기 때문에 그 전적들을 없애버린 것이다. 예를 들어 지금 ≪周禮≫ 〈地官 司祿〉의 職을 살펴보면 그 직책에 대해 아무런 기록이 없는데, 이는 제후들이 모두 없애버렸기 때문에 더 이상 남아있지 않게 된 것이다. '軻'는 맹자의 이름이다. '略'은 '거칠다'는 뜻이니, 다음과 같이 그 대강을 들은 적이 있다는 말이다. 지금 ≪禮記≫ 〈王制〉편을 상고해보면 그 내용이 서로 합치된다.

天子一位요 公一位요 侯一位요 伯一位요 子男同一位니 凡五等也라

天子가 한 지위, 公이 한 지위, 侯가 한 지위, 伯이 한 지위, 子와 男이 동등하게 한 지위를 차지하니, 모두 다섯 등급이다.

【注】 公은 謂上公九命及二王後[1]也라 自天子以下로 列尊卑之位가 凡五等이라

1) 二王後 : 二王은 멸망한 夏나라 王과 殷나라 王을 지칭하며, 그 후손은 杞나라와 宋나라 제후이다.

公은 九命인 上公과 二王의 후손을 일컫는다. 天子 이하로 尊卑의 지위를 차례로 배열한 것이 모두 다섯 등급이다.

君一位요 卿一位요 大夫一位요 上士一位요 中士一位요 下士一位니 凡六等이라

君이 한 지위, 卿이 한 지위, 大夫가 한 지위, 上士가 한 지위, 中士가 한 지위, 下士가 한 지위이니, 모두 여섯 등급이다.

【注】 諸侯法天子하여 臣名亦有此六等하니 從君下至於士라

諸侯는 天子를 본받았으므로 신하의 명칭 또한 君에서부터 아래로 士까지 이렇게 여섯 등급을 두었다.

天子之制는 地方千里요 公侯는 皆方百里요 伯은 七十里요 子男은 五十里니 凡四等이라 不能五十里는 不達於天子하여 附於諸侯하니 曰附庸이니라

天子의 제도는 領地가 사방 1,000리요, 公과 侯는 모두 사방 100리요, 伯은 사

방 70리요, 子와 男은 사방 50리이니, 모두 네 등급이다. 50리가 못 되는 작은 나라는 천자에게 직접 통하지 못하고 제후에게 의탁해야 하므로 附庸이라 한다.

【注】凡此四等은 制地之等差也라 天子는 封畿千里요 諸侯는 方百里니 象雷震也[1]라 小者不能特達於天子일새 因大國以名通하니 曰附庸也라

1) 諸侯方百里 象雷震也 : 이 구절에 대해 焦循은 ≪孟子正義≫에서 孔穎達의 ≪周易正義≫를 인용하여 "우레가 소리를 내면 백 리까지 들린다. 그러므로 옛 제왕이 나라의 제도를 만들 때 公侯에게 사방 백 리의 땅을 봉하였으니, 이를 본딴 것이다.〔雷之發聲 聞乎百里 故古帝王制國 公侯地方百里 故以象焉〕"라고 설명하였다.

이 네 등급은 領地의 등급을 제정한 것이다. 天子는 王畿 땅으로 사방 1,000리를 봉하고, 諸侯는 사방 100리를 봉하였으니, 이는 雷震을 본뜬 것이다. 작은 나라는 천자에게 단독으로 통할 수 없고 大國에 의탁하여 대국의 이름으로 통하므로 附庸이라 한 것이다.

天子之卿은 受地視侯하고 大夫는 受地視伯하고 元士는 受地視子男이니라

天子의 卿은 采地를 받는 것이 侯와 비등하고, 大夫는 伯과 비등하고, 元士는 子와 男과 비등하다.

【注】視는 比也라 天子之卿大夫士所受采地之制라

'視'는 '비등하다'는 뜻이다. 天子의 卿, 大夫, 士가 받는 采地의 제도이다.

大國은 地方百里니 君은 十卿祿이요 卿祿은 四大夫요 大夫는 倍上士요 上士는 倍中士요 中士는 倍下士요 下士는 與庶人在官者로 同祿하니 祿足以代其耕也니라

大國은 領地가 사방 100리인데, 그 나라의 君은 卿의 봉록의 10배를 받고, 경의 봉록은 大夫의 4배를 받고, 대부는 上士의 2배를 받고, 상사는 中士의 2배를 받고, 중사는 下士의 2배를 받으며, 하사는 庶人 가운데 관직에 있는 자와 동일한 봉록을 받으니, 그 봉록이 농사짓는 것을 대신할 정도의 수준이다.

【注】公侯之國이 爲大國이니 卿祿은 居於君祿十分之一也요 大夫祿은 居於卿祿四分之一也요 上士之祿은 居大夫祿二分之一也요 中士下士도 轉相倍라 庶人在官者는 未命爲士者也니 其祿이 比上農夫라 士不得耕하여 以祿代耕也라

公과 侯의 나라가 大國이 되는데, 그 나라 卿의 봉록은 君의 봉록의 10분의 1을 차지하고, 大夫의 봉록은 경의 봉록의 4분의 1을 차지하고, 上士의 봉록은 대부 봉록의 2분의 1을 차지하며, 中士와 下士의 봉록도 각각 윗등급과 2배씩 차이를 보이며 내려온다. 庶人 가운데 관직에 있는 자란 아직 士에 임명되지 못한 자로서 그 봉록이 上農夫와 비등하다. 士의 신분으로 농사를 지을 수 없기 때문에 봉록 받는 것으로 농사짓는 것을 대신한 것이다.

次國은 地方七十里니 君은 十卿祿이요 卿祿은 三大夫요 大夫는 倍上士요 上士는 倍中士요 中士는 倍下士요 下士는 與庶人在官者로 同祿하니 祿足以代其耕也니라

次國은 領地가 사방 70리인데, 그 나라의 君은 卿의 봉록의 10배를 받고, 경의 봉록은 大夫의 3배를 받고, 대부는 上士의 2배를 받고, 상사는 中士의 2배를 받고, 중사는 下士의 2배를 받으며, 하사는 庶人 가운데 관직에 있는 자와 동일한 봉록을 받으니, 그 봉록이 농사짓는 것을 대신할 정도의 수준이다.

【注】伯爲次國이니 大夫祿이 居卿祿三分之一也라

伯의 나라가 次國이 되는데, 大夫의 봉록이 卿의 봉록의 3분의 1을 차지한다.

小國은 地方五十里니 君은 十卿祿이요 卿祿은 二大夫요 大夫는 倍上士요 上士는 倍中士요 中士는 倍下士요 下士는 與庶人在官者로 同祿하니 祿足以代其耕也니라

小國은 領地가 사방 50리인데, 그 나라의 君은 卿의 봉록의 10배를 받고, 경의 봉록은 大夫의 2배를 받고, 대부는 上士의 2배를 받고, 상사는 中士의 2배를

받고, 중사는 下士의 2배를 받으며, 하사는 庶人 가운데 관직에 있는 자와 동일한 봉록을 받으니, 그 봉록이 농사짓는 것을 대신할 정도의 수준이다.

【注】子男爲小國이니 大夫祿이 居卿祿二分之一也라

子와 男의 나라가 小國이 되는데, 大夫의 봉록이 卿의 봉록의 2분의 1을 차지한다.

耕者之所獲은 **一夫百畝**니 **百畝之糞**에 **上農夫**는 **食**(사)**九人**하고 **上次**는 **食八人**하고 **中**은 **食七人**하고 **中次**는 **食六人**하고 **下**는 **食五人**이니 **庶人在官者**는 **其祿**이 **以是爲差**니라

농부의 소득에 대해 말하자면, 농부 한 사람당 100묘의 토지를 받는데, 100묘의 토지에 거름을 주어 上農夫는 아홉 식구를 먹여 살리고, 上次 農夫는 여덟 식구를 먹여 살리고, 中農夫는 일곱 식구를 먹여 살리고, 中次 農夫는 여섯 식구를 먹여 살리고, 下農夫는 다섯 식구를 먹여 살린다. 庶人으로 관직에 있는 자는 그 봉록이 이에 준하여 차등 있게 지급된다."

【注】獲은 得也라 一夫一婦가 佃田百畝하니 百畝之田에 加之以糞이 是爲上農夫니 其所得穀足以食(사)九口라 庶人在官者는 食(식)祿之等差가 由農夫有上中下之次하여 亦有此五等하니 若今之斗食佐史[1]除吏也라

1) 斗食佐史 : 斗食과 佐史는 漢나라 때의 하급관리로, 斗食은 月俸이 11斛, 佐史는 8곡을 받는 최말단 관리이다.(≪漢書≫ 〈百官公卿表〉 顔師古 注)

'獲'은 얻는 것이다. 한 쌍의 夫婦가 100묘의 토지를 경작하는데, 100묘의 토지에 거름을 충분히 줄 수 있는 사람이 上農夫이니 거기서 얻는 곡식이 아홉 사람을 먹일 수 있다. 庶人 가운데 관직에 있는 자는 농부 가운데 上·中·下의 차등이 있는 것처럼 봉록에도 차등을 두어 그 또한 다섯 등급으로 나누었으니, 지금의 斗食와 佐史와 같은 관리가 이에 해당한다.

【疏】'北宮'至'爲差'. ○ 正義曰 : 此章言聖人制祿, 上下等差, 貴有常尊, 賤有等威, 諸侯僭越, 滅籍從私, 孟子略托言其大綱, 以答北宮錡之問也. '北宮錡問曰, 周室班爵祿也,

如之何'者, 北宮錡問孟子, 以謂周家班列其爵祿, 高下等差, 如之何也. '孟子曰, 其詳不可得而聞也'至'嘗聞其略也'者, 孟子答之, 謂其詳悉則不可得而聞, 諸侯放恣, 憎惡(오)其法度有妨於己之所爲, 盡滅去其典籍, 故今不復有, 然而軻也但嘗聞得其大綱也.

經의 〔北宮〕에서 〔爲差〕까지

○ 正義曰 : 이 장은 聖人이 俸祿을 제정함에 있어 上下 차등을 두어 존귀한 자는 항상 존귀함을 누리고 비천한 사람은 그에 따른 等威가 있게 하였는데, 諸侯들이 참람하게 행동하여 옛 전적들을 없애버리고 私心을 좇았으므로 맹자가 그 대강을 간략하게 말하여 北宮錡의 질문에 답한 것이다.

〔北宮錡問曰 周室班爵祿也 如之何〕 北宮錡가 맹자에게, 周나라에서 爵祿을 차례로 배열할 때 그 高下와 등급을 어떻게 했느냐고 물은 것이다.

〔孟子曰 其詳不可得而聞也〕에서 〔嘗聞其略也〕까지

맹자가 자세한 내용은 들어보지 못했지만, 제후들이 제멋대로 행하여 그 법도가 자신들의 행위에 방해가 되는 것을 싫어한 나머지 그 전적들을 모두 없애버렸기 때문에 지금까지 더 이상 남아있지 않게 되었으나, 다만 내가 그 대강에 대해서는 들은 적이 있다고 대답한 것이다.

'天子一位, 公一位, 侯一位, 伯一位, 子・男同一位, 凡五等'至'上次食八人, 中食七人, 中次食六人, 下食五人. 庶人在官者, 其祿以是爲差'者, 此皆孟子言周室班爵祿之大綱也. 云'天子一位'至'凡五等也'者, 蓋父天母地, 而爲之子者, 天子也. 爵位盛大, 以無私爲德者, 公也. 斥候於外, 以君人爲德者, 侯也. 體仁足以長人者, 伯也. 子, 字也, 字, 養也, 而其德足以養人者, 故曰子也. 男, 任也, 任, 安也, 而其德足以安人者, 故曰男也. 自天子至於子・男, 皆有君道, 故尊卑之位凡有五等. 然公・侯・伯・子・男皆臣乎天子, 而爵位之列自天子始, 所以與天子同其班. '君一位, 卿一位'至'凡六等'者, 蓋出命足以正衆者, 君也. 知進退而其道上達者, 卿也. 智足以帥(솔)人者, 大夫也. 才足以事人者, 士也. 自君以下至於士, 皆有臣道焉, 故尊卑之位凡六等. 然卿・大夫・士皆臣乎國君, 而爵位之列自國君, 所以與國君同其班. 凡此者, 是皆孟子所謂班君臣之爵也.

〔天子一位 公一位 侯一位 伯一位 子男同一位 凡五等〕에서 〔上次食八人 中食七人 中次食六人 下食五人 庶人在官者 其祿以是爲差〕까지

이것은 모두 맹자가 周나라 爵祿 서열의 대강에 대해 말한 것이다.

〔天子一位〕에서 〔凡五等也〕까지

아버지는 하늘이고 어머니는 땅이니, 그 아들 된 사람을 天子라 한다. 작위가 성대하여 私心이 없는 것으로 덕을 삼는 사람을 '公'이라 한다. 외부를 잘 살펴서 백성을 다스리는 것으로 덕을 삼는 사람을 '侯'라고 한다. 仁을 체득하여 백성들을 다스리기에 충분한 사람을 '伯'이라 한다. '子'는 '字'와 같고, '字'는 '기른다'는 뜻인데, 그 덕이 백성들을 기르기에 충분하므로 '子'라고 한다. '男'은 '任'과 같고, '任'은 '편안하다'는 뜻인데, 그 덕이 백성들을 편안하게 만들기에 충분하므로 男이라고 한다. 天子로부터 子・男에 이르기까지 모두가 君主의 道를 가지고 있으므로 尊卑의 지위를 모두 다섯 등급으로 나누었다. 그런데 公・侯・伯・子・男이 모두 天子의 臣下이고, 또 爵位의 서열이 天子로부터 시작되므로 天子와 더불어 한 반열에 둔 것이다.

〔君一位 卿一位〕에서 〔凡六等〕까지

명령을 내어 백성들을 바로잡는 사람을 君이라 한다. 進退를 알아서 그 道를 上達하는 사람을 卿이라 한다. 지혜가 사람들을 통솔하기에 충분한 사람을 大夫라 한다. 재주가 남을 섬기기에 충분한 사람을 士라 한다. 君으로부터 士에 이르기까지 모두 臣下의 道를 가지고 있으므로 尊卑의 지위를 모두 여섯 등급으로 나누었다. 그런데 卿・大夫・士가 國君의 臣下이고 爵位의 서열이 國君으로부터 시작되므로 國君과 더불어 한 반열에 두었다. 이상은 모두 맹자가 이른바 군신의 작위를 차례로 배열한 것이다.

'天子之制地方千里'至'附庸'者, 此孟子言土地之等差也.(故)[1]天子尊於公・侯, 故制地方廣千里, 蓋不方千里, 則無以待天下之諸侯故也. 公・侯卑於天子, 故地廣百里, 蓋不廣百里則無以守宗廟之典籍故也. 伯又卑於公・侯, 子・男又卑於伯, 故其地之廣狹亦莫不有七十里・五十里之差. 凡是四等, 而其德不足以合瑞[2]於天子, 而其地又不足以敵廣於公・侯, 其勢又難以特達於天子者, 故因大國以名通, 則謂之附庸.

1) (故) : 저본에는 '故'가 있으나, 문맥상 연결이 되지 않아 衍文으로 처리하였다.

2) 合瑞 : 諸侯가 天子를 조회할 때 信標로 가지고 가는 瑞玉을 서로 맞춰본다는 뜻으로, 天子를 직접 만난다는 말이다.

〔天子之制地方千里〕에서 〔附庸〕까지

이 말은 맹자가 土地의 等級에 대해 말한 것이다. 天子는 公과 侯보다 신분이 높기 때문에 제정된 領地가 사방 1,000리이니, 사방 1,000리가 되지 않으면 天下의 諸侯들을 접대할 수 없기 때문이다. 公과 侯는 天子보다 신분이 낮기 때문에 그 領地가 사방 100리이니, 사방 100리가 되지 않으면 宗廟의 典籍을 지킬 수 없기 때문이다. 伯은 또 公과 侯보다 신분이 낮고 子와 男은 또 伯보다 낮기 때문에 그 領地의 넓이 또한 70리, 50리의 차이가 생겼다. 이렇게 네 등급을 두었으나 그 德이 天子를 직접 만나기에 부족하고, 그 領地 또한 넓이가 公과 侯에 필적하기에 부족하고, 그 형세 또한 天子에게 단독으로 통할 수 없는 자는 大國에 의탁하여 〈자신의 이름을〉 통하게 해야 하는데, 이를 '附庸'이라고 한다.

'天子之卿受地視侯, 大夫受地視伯, 元士受地視子男'者, 此言天子之卿・大夫・士所受采地之制也. 周禮"上公九命, 侯・伯七命, 子・男五命, 王之三公八命, 其卿六命, 其大夫四命." 鄭玄云"王之上士三命", 則元士者卽上士也. 蓋以六命之卿, 其所受之地則視七命之諸侯, 以四命之大夫, 則所受之地而視七命之伯, 以二命之元士, 其所受之地則視五命之子・男故也. '大國地方百里, 君十卿祿'至'祿足以代其耕也'者, 蓋公・侯之國是爲大國者也. 大國之地方百里, 而國君之祿則十倍於卿, 而卿之祿是爲居於君祿十分之一也. 卿所居之祿又四倍於大夫, 而大夫之祿是爲居卿祿四分之一也. 大夫所受之地則一倍於上士, 而上士之祿是爲居大夫二分之一也. 中士・下士, 亦皆轉爲相倍. 而下士, 與庶人在官者同祿者. 蓋庶人在官者, 是未命爲士者也, 謂府史之屬, 官長所除, 不命於天子・國君者也. 其祿比於上農夫. 然而不耕之者, 蓋以士勞力於事人, 不爲無庸也, 而祿且足以代其耕矣. '次國地方七十里, 君十卿祿'至'祿足以代其耕也'者, 蓋伯之國是爲次國者也, 君・卿・大夫・士之祿亦同大國之君・卿・大夫・士之祿相爲倍差. 其下士與庶人在官者, 亦以祿足以代其耕矣. '小國地方五十里, 君十卿祿'至'祿足以代其耕也'者, 蓋子・男者是爲小國者也, 君・卿・大夫・士之祿亦相爲倍差, 與上同, 其祿足以代其耕亦然.

〔天子之卿受地視侯 大夫受地視伯 元士受地視子男〕

이 말은 맹자가 天子의 卿・大夫・士가 받는 采地의 제도에 대해 말한 것이다. ≪周禮≫ 〈春官宗伯 典命〉에, "上公은 九命, 侯와 伯은 七命, 子와 男은 五命이며, 王의 三公은 八命, 卿은 六命, 大夫는 四命이다."라고 하였는데, 鄭玄 注에 이르기를, "王의 上士는 三命이다."라고 하였으니, 그렇게 본다면 元士는 곧 上士이다. 六命의 卿으로서 그가 받는 采地는 七命의 諸侯와 비등하고, 四命의 大夫로서 그가 받는 采地는 七命의 伯과 비등하고, 二命의 元士로서 그가 받는 采地는 五命의 子와 男과 비등하기 때문이다.

〔大國地方百里 君十卿祿〕에서 〔祿足以代其耕也〕까지

公과 侯의 나라가 大國이 된다. 大國의 領地는 사방 100리인데, 그 나라 國君의 봉록은 卿의 10배여서 卿의 봉록이 君의 봉록의 10분의 1을 차지한다. 卿이 차지하는 봉록은 또 大夫의 4배여서 大夫의 봉록이 卿의 봉록의 4분의 1을 차지한다. 大夫가 받는 采地는 上士의 2배이므로 上士의 봉록은 大夫의 2분의 1을 차지한다. 中士와 下士의 봉록도 각각 윗 등급과 2배씩 차이를 보이며 내려온다. 下士는 庶人 가운데 관직에 있는 자와 동일한 봉록을 받는 사람이다. 庶人으로 관직에 있는 자는 아직 士에 임명되지 못한 자이다. 즉, 府吏 따위의 낮은 관직으로 天子나 國君의 命을 받지 않고 官長이 직접 임명하는 자이다. 그들이 받는 봉록은 上農夫와 비등하다. 하지만 농사를 짓지 않는 것은 士로서 사람을 섬기는 일에 종사하여 노고가 없지 않고 봉록 또한 농사짓는 것을 대신할 정도로 받기 때문이다.

〔次國地方七十里 君十卿祿〕에서 〔祿足以代其耕也〕까지

伯의 나라가 次國이 되며, 차국의 君・卿・大夫・士의 봉록은 또한 大國의 君・卿・大夫・士의 봉록의 차이나는 배수와 같다. 下士와 庶人 가운데 관직에 있는 자는 또한 그 봉록이 농사짓는 것을 대신할 정도로 받는다.

〔小國地方五十里 君十卿祿〕에서 〔祿足以代其耕也〕까지

子와 男의 나라가 小國이 되며, 小國의 君・卿・大夫・士의 봉록은 또한 서로 차이나는 배수가 위와 같으며, 〈下士와 庶人 가운데 관직에 있는 자의〉 봉록이 농사짓는 것을 대신할 정도로 받는 것도 마찬가지이다.

'耕者之所獲, 一夫百畝, 百畝之糞, 上農夫食(사)九人, 上次食八人, 中食七人, 中次食六人, 下食五人. 庶人在官者, 其祿以是爲差'者, 蓋耕者所得, 一夫一婦佃田百畝, 而百畝之田, 加之以糞, 是爲上農夫, 其所得之穀足以食(사)養其九口. 上次則食八人, 中食七人, 中次則食六人, 下食五人. 其庶人在官者, 食祿之等差, 亦如農夫有上・中・下之次, 有此五等矣, 若今之斗食・佐史屬吏是也. 王制云 "王者之制祿爵, 公・侯・伯・子・男, 凡五等, 諸侯之上大夫卿・下大夫・上士・中士・下士, 凡五等." 其不及天子, 又無六等, 殆與孟子不合者, 蓋以孟子所言則周制, 而王制所言則夏・商之制也. 王制云 "公・侯田方百里, 伯七十里, 子・男五十里, 不能五十里者, 不合於天子, 附於諸侯, 曰附庸." 而孟子不言田而言地者, 蓋祿以田爲主. 王制主於分田以制祿, 孟

子主於制地以分國, 而國以地爲主, 此所以有田・地之異也. 王制云"天子之三公田視公侯, 天子之卿視伯, 天子之大夫視子・男, 天子之元士視附庸." 而孟子則言天子之卿受地視〔侯, 大夫受地視〕[1]伯, 元士受地視子男, 其視不同者, 亦以周制與夏・商之制不同也. 孟子所以不言天子之公受地視侯, 而特言其卿者, 蓋卿與公同其所受, 是所謂擧卑以見尊之意也. 此又孟子所云班臣之祿也.

1) 〔侯 大夫受地視〕: 저본에는 '侯 大夫受地視'가 없으나, ≪孟子≫ 본문에 의거하여 보충하였다.

〔耕者之所獲 一夫百畝 百畝之糞 上農夫食九人 上次食八人 中食七人 中次食六人 下食五人 庶人在官者 其祿以是爲差〕 농부의 소득에 대해 말하자면, 한 쌍의 부부가 100묘의 토지를 받는데, 100묘의 토지에 거름을 충분히 줄 수 있는 사람이 上農夫이니, 그들이 수확한 곡식으로 아홉 사람을 먹여 살릴 수 있다. 上次 農夫는 여덟 사람을 먹여 살릴 수 있고, 中農夫는 일곱 사람을 먹여 살릴 수 있고, 中次 農夫는 여섯 사람을 먹여 살릴 수 있고, 下農夫는 다섯 사람을 먹여 살릴 수 있다. 庶人 가운데 관직에 있는 자는 또한 농부 가운데 上・中・下의 차등이 있는 것처럼 봉록에도 차등을 두어 이렇게 다섯 등급으로 나누었으니, 지금의 斗食과 佐史 같은 하급관리가 이에 해당한다.

≪禮記≫ 〈王制〉에는, "王者가 제정한 爵祿은 公・侯・伯・子・男 등 모두 5등급이고, 諸侯의 爵祿은 上大夫인 卿・下大夫・上士・中士・下士 등 모두 5등급이다."라고 하여 天子를 언급하지도 않고 6등급으로 나누지도 않는 등 ≪孟子≫와는 합치되지 않는다. 이는 ≪맹자≫에서 말한 것이 周나라의 제도인데 비해 〈王制〉에서 말한 것은 夏나라와 商나라의 제도이기 때문이다.

〈王制〉에는 "公과 侯의 田은 사방 100리요, 伯은 사방 70리요, 子와 男은 사방 50리요, 50리가 못 되는 작은 나라는 天子에게 직접 통하지 못하고 諸侯에게 의탁해야 하므로 附庸이라 한다."라고 하였는데, ≪孟子≫에서는 '田(경작지)'이라 하지 않고 '地(영지)'라 하였으니, 이는 俸祿을 제정할 때 경작지를 나누어주는 방식으로 주를 삼았기 때문이다. 〈王制〉에서는 경작지를 나누어주는 방식으로 봉록을 제정하는 것을 주된 내용으로 삼은 반면, ≪孟子≫에서는 제정된 영지의 크기로 나라를 나눔에 따라 나라의 구분에 영지의 크기가 기준이 되었던 것이다. 이 때문에 田과 地의 차이를 보인 것이다.

〈王制〉에는 "天子의 三公의 田은 公과 侯와 비등하게 받고, 天子의 卿은 伯과 비등하게 받고, 天子의 大夫는 子와 男과 비등하게 받고, 天子의 元士는 附庸과 비등하게 받는다."라고 하였는데, ≪孟子≫에서는 "天子의 卿은 采地를 받는 것이 侯와 비등하고, 大夫는 伯과 비등하고, 元士는 子와 男과 비등하다."라고 하여 비교 대상이 서로 같지 않다. 이 또한 周나라 제도가 夏나라와 商나라의 제도와 같지 않았기 때문이다. ≪孟子≫에서 天子의 公이 侯와 비등하게 采地를 받는다고 말하지 않고 단지 卿만을 언급한 것은, 卿이 받는 采地가 〈卿보다 지위가 높은〉 公과 같기 때문이다. 이는 낮은 관직을 거론함으로써 높은 관직을 나타내 보인 것이다. 이 또한 맹자가 말한 바 신하의 봉록을 차례로 배열한 것이다.

【疏】 ○ 注'詳, 悉也'至'則(其)[1]合也'. ○ 正義曰 : 云"諸侯欲恣行, 憎惡(오)其法妨害已之所爲, 故滅去典籍. 今周禮司錄之官無其職, 是則諸侯皆去之, 故使不復有也"者, 蓋自列國之後, 先王之法浸壞, 上無道揆, 下無法守, 而諸侯類皆以强呑弱, 以大竝小. 而齊・魯之始封儉於百里, 至孟子時, 齊方百里者十, 魯方百里者五. 此諸侯所以惡(오)其籍害已, 而去司祿之職也. 是時周室班爵祿之道, 孟子所以不得聞其詳, 特以大略而答北宮錡之問也. 云"今考王制則合也"者, 蓋自王制推之, 亦有不合者矣, 已說於前歟.

1) (其) : 저본에는 '其'가 있으나, 趙岐의 本注에 의거하여 衍文으로 처리하였다.

○ 注의 〔詳 悉也〕에서 〔則合也〕까지

○ 正義曰 : 注에서 "제후들이 제멋대로 행하고 싶은 마음을 가지고 있어 그 법도가 자신들의 행위에 방해가 되는 것을 싫어하였기 때문에 그 전적들을 없애버린 것이다. 예를 들어 지금 ≪周禮≫ 〈地官〉의 司祿 관직을 보면 그 직책에 대해 아무런 기록이 없는데, 이는 제후들이 모두 없애버렸기 때문에 더 이상 남아있지 않게 된 것이다."라고 한 것에 대해 설명하면 다음과 같다. 列國 이후로 先王의 법이 무너져 위로는 올바른 법도가 없어지고 아래로는 법도를 준수하지 않아서 제후들이 모두 국력이 강한 나라는 약한 나라를 병탄하고 영토가 큰 나라는 작은 나라를 병탄하였다. 齊나라와 魯나라는 처음 제후로 봉해질 때 사방 100리보다 적었는데, 맹자 당시에 오면 齊나라는 사방 100리의 땅이 열 개나 되고 魯나라는 사방 100리의 땅이 다섯 개나 되었다. 이 때문에 제후들이 자신들에게 방해가 되는 典籍을 싫어하였고 司錄이란 관직도 없애버린 것이다. 이 당시 周나라에서 爵祿을 차례로 배열한 방식에 대해 맹자가 자세히 알지 못한 탓에 단지 대략적인 내용만 들어서 北宮錡의 질문에 대답한 것이다.

注에서 "지금 ≪禮記≫ 〈王制〉편을 상고해보면 그 내용이 서로 합치된다."라고 한 것에 대해 〈王制〉를 가지고 미루어보면 또한 합치되지 않는 곳이 있으니, 이에 대해서는 이미 앞에서 설명하였다.

【疏】 ○ 注'公謂上公九命及二王後也'至'凡五等'. ○ 正義曰：周禮典命職云 "上公九命[1]爲伯", 鄭氏云 "上公謂王之三公有德者, 加命爲二伯, 二王之後, 亦爲上公." 是也.

1) 九命：周나라 관직 가운데 가장 높은 등급으로, 그 아래에 侯와 伯은 七命, 子와 男은 五命이다. 宮室, 車旗, 衣服, 禮儀 등에서 아홉 수의 기물을 사용하였기 때문에 九命이라 한 것이다.

○ 注의 〔公謂上公九命及二王後也〕에서 〔凡五等〕까지

○ 正義曰：≪周禮≫ 〈春官 典命〉의 職에 이르기를, "上公인 九命에는 伯이 포함된다."라고 하였는데, 이에 대한 鄭玄 注에 이르기를, "上公은 王의 三公 중에 德이 있는 자에게 命을 더하여 二伯으로 삼은 것을 이르니, 二王의 후손 또한 上公에 포함된다."라고 한 것이 이에 해당한다.

【疏】 ○ 注'凡此四等, (土)〔制〕[1]地之等差也'至'曰附庸'. ○ 正義曰：云'天子封畿千里, 諸侯方百里, 象雷震也'者, 按周官建王國, 制其畿方千里, 諸侯方百里. 象雷震者, 按周易云 "震驚百里, 驚遠而懼邇"是也. 王制云 "天子之田方千里, 公・侯田方百里, 伯七十里, 子・男五十里, 不能五十里者, 不合於天子, 附於諸侯, 曰附庸." 鄭氏云 "象日月之大, 亦取(略)〔晷〕[2]同也. 天子方千里, 所謂縣內,[3] 以祿公・卿・大夫・元士." 自公侯百里至子男五十里, 鄭氏注云, "〔象〕[4]星辰之大小也. 附庸者, 小城曰附庸. 附庸者, 以國事附於大國, 未能以其名通也."

1) (土)〔制〕：저본에는 '土'로 되어 있으나, 趙岐의 本注에 의거하여 '制'로 바로잡았다.
2) (略)〔晷〕：저본에는 '略'으로 되어 있으나, 四庫全書本과 ≪禮記注疏≫에 의거하여 '晷'로 바로잡았다.
3) 縣內：畿內와 같은 말로, 天子가 거주한 지역을 夏나라 때는 縣內, 殷나라와 周나라 때는 畿內라 하였다.
4) 〔象〕：저본에는 '象'이 없으나, ≪禮記正義≫에 의거하여 보충하였다.

注의 〔凡此四等 制地之等差也〕에서 〔曰附庸〕까지

○ 正義曰："天子는 王畿 땅으로 사방 1,000리를 봉하고, 諸侯는 사방 100리를 봉

하였으니, 이는 雷震에서 象을 취한 것이다."라고 한 것에 대해 설명하자면, 상고하건대 ≪周官≫에서 王國을 세울 때 王畿로 사방 1,000리를 제정하고 제후는 사방 100리를 제정한다고 하였다.

'象雷震'은, 상고하건대 ≪周易≫ 震卦에서 "震動이 100리를 놀라게 한다는 것은 멀리 있는 자를 놀라게 하고 가까이 있는 자를 두렵게 하는 것이다."라고 한 것이 이에 해당한다.

≪禮記≫ 〈王制〉에 이르기를, "천자의 토지는 사방 1,000리이고 公과 侯는 사방 100리이고 伯은 사방 70리이고 子와 男은 사방 50리이니, 50리가 못 되는 나라는 天子에게 朝會할 수가 없어 諸侯에게 의탁해야 하므로 '附庸'이라 한다."라고 하였는데, 鄭玄 注에 이르기를, "거대한 해와 달에서 象을 취한 것이고, 그 크기는 또한 그 그림자를 가지고 재어도 동일하다. 천자의 토지 사방 1,000리는 이른바 畿內에 해당되며, 이것으로 公, 卿, 大夫, 元士의 봉록을 준다."라고 하였고, 公과 侯의 토지 사방 100리에서 子와 男의 토지 사방 50리까지 언급한 것에 대한 鄭玄 注에 이르기를, "크고 작은 星辰에서 象을 취한 것이다. 그리고 附庸이란, 작은 城을 일컬어 附庸이라 한다. 附庸은 나랏일을 大國에 의탁할 뿐 天子에게 직접 그 이름으로 통하지 못한다."라고 하였다.

【疏】 ○ 注'視, 比也'至'制也[1)]'. ○ 正義曰：王制云 "天子之三公之田視公・侯, 天子之卿視伯, 天子之大夫視子・男, 天子之元士視附庸." 鄭注云 "視猶比也. 元, 善也. 善士謂命士也. 此殷所因夏爵三等之制也. 殷有鬼侯・梅伯. 春秋變周之文, 從殷之質, 合伯・子・男以爲一, 則殷爵三等者, 公・侯・伯也, 異畿內謂之子. 周武王初定天下, 更立五等之爵, 增以子・男, 而猶因殷之地, 以九州之界尙狹也. 周公攝政, 致太平, 斥大九州之界, 制禮, 成武王之意, 封王者之後爲公及有功之諸侯, 大者地方五百里[2)], 其次侯四百里, 其次伯三百里, 其次子二百里, 其次男百里, 所因殷之諸侯亦以功黜陟之, 其不合者, 皆益之地爲百里焉. 是(有)〔以〕[3)]周世有爵尊而國小, 爵卑而國大者. 唯天子畿內, 不(用)〔增〕[4)]以祿群臣[5)], 不主爲治民也." 周禮大司(職)〔徒〕[6)]云 "以土圭[7)]之法, 求地中, 以建王國, 制其畿方千里. 諸公之地, 封疆方五百里, 其食者半, 諸侯之地, 封疆方四百里, 其食者參之一, 諸伯之地, 封疆方三百里, 其食者參之一, 諸子之地, 封疆方二百里, 其食者四之一, 諸男之地, 封疆方百里, 其食者四之一." 是又鄭注本此而言也. 云"天子之卿・大夫・士所受采地之制"者, 按周禮云 "凡造都鄙, 制其地域而封溝之, 以其室數制之. 不易之地家百畝, 一易之地家二百畝, 再易之地家三百畝." 又注云 "都鄙者, 王子弟公卿大夫采地, 其界曰都, 鄙, 所居也. 王制曰 '天子之縣內方百里之國(七)〔九〕[8), 七十里之國二十有一, 五十里之國六十有三.' 此蓋(變)〔夏〕[9)時采地之數, 周未聞矣."是宜孟子但言其大綱, 而其詳所以未之聞也.

1) 也 : 趙岐의 本注에는 '也'가 없다.
2) 封王者之後爲公及有功之諸侯 大者地方五百里 : 傳寫 과정에서 오류가 생긴 듯하다. 문맥상 王者의 후손과 功이 있는 제후 가운데 가장 뛰어난 자를 公에 봉하여 사방 500리의 땅을 준다는 의미로 보아야 할 것이다.
3) (有)〔以〕 : 저본에는 '有'로 되어 있으나, ≪禮記正義≫에 의거하여 '以'로 바로잡았다.
4) (用)〔增〕 : 저본에는 '用'으로 되어 있으나, ≪禮記正義≫에 의거하여 '增'으로 바로잡았다.
5) 群臣 : 畿內 지역의 公, 卿, 大夫를 말한다.
6) (職)〔徒〕 : 저본에는 '職'으로 되어 있으나, ≪周禮≫에 의거하여 '徒'로 바로잡았다.
7) 土圭 : 해 그림자를 이용하여 토지를 측량하는 기구이다.
8) (七)〔九〕 : 저본에는 '七'로 되어 있으나, 四庫全書本과 ≪周禮注疏≫에 의거하여 '九'로 바로잡았다.
9) (變)〔夏〕 : 저본에는 '變'으로 되어 있으나, 四庫全書本과 ≪周禮注疏≫에 의거하여 '夏'로 바로잡았다.

注의 〔視 比也〕에서 〔制也〕까지

○ 正義曰 : ≪禮記≫ 〈王制〉에 이르기를, "天子의 三公에게 주는 토지는 公・侯와 비등하게 받고, 天子의 卿은 伯과 비등하게 받고, 天子의 大夫는 子와 男과 비등하게 받고, 天子의 元士는 附庸과 비등하게 받는다."라고 하였는데, 이에 대한 鄭玄 注에, "'視'는 '比'와 같다. '元'은 '善'이니, 善士는 命士를 이른다. 이것은 殷나라가 夏나라에서 이어받은 3등급의 관작 제도이다. 殷나라에는 鬼侯와 梅伯이 있었다. 春秋시대에는 周나라의 文을 변용하고 殷나라의 質을 추종하여 伯・子・男을 하나로 합하였다. 그렇다면 殷나라 작위의 3등급은 公・侯・伯이요, 畿內만 달리하여 子라 일컬었다. 周 武王이 처음 천하를 평정했을 때 5등급의 작위를 다시 제정하여 子와 男을 추가하기는 하였으나 여전히 殷나라 땅을 그대로 이어받았으니, 九州의 경계가 아직 협소했기 때문이다. 周公이 섭정을 하여 태평성대를 이룩하고 九州의 경계를 확대하고, 禮를 제정하여 武王의 뜻을 이룬 다음 王者의 후손과 功이 있는 제후 가운데 가장 뛰어난

자를 公에 봉하여 크게는 사방 500리의 땅을 주고, 그다음 侯에게는 사방 400리의 땅을 주고, 그다음 伯에게는 사방 300리의 땅을 주고, 그다음 子에게는 사방 200리의 땅을 주고, 그다음 男에게는 사방 100리의 땅을 주었으며, 이전부터 있었던 殷나라 제후들에게도 그 功에 따라 등급을 올리거나 내려주었으며, 天子에게 직접 朝會할 수 없는 附庸의 경우는 모두 땅을 더해 주어 사방 100리로 만들었다. 이 때문에 周나라 시대에는 작위가 높으면서 나라가 작은 경우도 있고 작위는 낮으면서 나라가 큰 경우도 있었다. 다만 天子의 畿內 지역에서는 群臣들의 봉록을 더해 주지 않았으니, 그들이 백성을 다스리는 일을 주로 삼지 않기 때문이다."라고 하였다.

≪周禮≫ 〈地官 大司徒〉에 이르기를, "土圭之法으로 땅의 중앙을 구하여 王國을 건설하고, 畿內 지역으로 사방 1,000리의 땅을 제정한다. 公의 영지는 사방 500리 강역에 조세의 절반을 취하고, 侯의 영지는 사방 400리 강역에 조세의 3분의 1을 취하고, 伯의 영지는 사방 300리 강역에 조세의 3분의 1을 취하고, 子의 영지는 사방 200리 강역에 조세의 4분의 1을 취하고, 男의 영지는 사방 100리 강역에 조세의 4분의 1을 취한다."라고 하였는데, 이 또한 鄭玄 注는 이에 근거하여 말한 것이다.

注에서 "天子의 卿, 大夫, 士가 받는 采地의 제도이다."라고 한 것에 대해 설명하면 다음과 같다. 상고하건대 ≪周禮≫ 〈地官 大司徒〉에 이르기를, "무릇 都鄙를 만들 때는 먼저 그 지역을 정하여 도랑으로 경계를 짓고 거주할 집의 수를 정한다. 매년 농사를 지을 수 있는 땅은 한 집에 100묘를 주고, 1년을 휴경해야 하는 땅은 한 집에 200묘를 주며, 2년을 휴경해야 하는 땅은 한 집에 300묘를 준다."라고 하였는데, 또 이에 대한 鄭玄 注에 이르기를, "都鄙는 王의 子弟와 公, 卿, 大夫의 采地를 일컫는 것으로, 그 경계를 都라 하고 都에서 사람들이 거주하는 곳을 鄙라고 한다. ≪禮記≫ 〈王制〉에 '천자의 畿內에 사방 100리의 나라가 9개, 사방 70리의 나라가 21개, 사방 50리의 나라가 63개이다.'라고 하였는데, 이는 夏나라 때 采地의 數이고 周나라 당시에는 어떠했는지 알지 못한다."라고 하였다. 그렇다면 맹자가 단지 그 大綱에 대해서만 말하고, 상세한 내용에 대해서는 알지 못한 것이 당연하다 하겠다.

【疏】 ○ 注'公侯之國爲大國'至'代耕也', 又自'伯爲次國'至'三分之一也', 又'子男爲小國'至'二分之一也'. ○ 正義曰：王制云 "凡四海之內九州. 州方千里, 建百里之國三十, 七十里之國六十, 五十里之國百有二十, 凡二百一十國. 名山大澤不以封, 其餘以爲附庸間(한)田. 八州, 州二百一十國." 鄭氏云 "立大國三十, 十三公[1]也. 立次國六十, 十六

卿[2]也. 立小國百(三)〔二〕[3]十, 十二少卿[4]也. 名山大澤不以封, 與民同財, 不得障管, 亦賦稅矣. 此大界方三千里, 三三而九, 方千里者九也. 其一爲縣內, 餘八, 各立一州, 此殷制也. 周公制禮, 九州大界方七千里, 七七四十九, 方千里者四十九也. 其一爲畿內, 餘四十八. 八州各有方千里者六. 設法一州封地方五百里者不過四, 謂之大國. 又封方四百里者不過六, 又封方三百里不過十一, 謂之次國. 又封方二百里者不過二十五, 及餘方百里者謂之小國. 盈上四等之數, 竝四十六. 一州二百一十國, 則餘方百里者百六十四也. 凡處地方千里者五, 方百里者五十九, 其餘方百里者四十一, 附庸地也." 又云 "(次)〔大〕[5]國三卿, 皆命於天子, 下大夫五人, 上士二十七人. 次國三卿, 二卿命於天子, 一卿命於其君, 下大夫五人, 上士二十七人. 小國(三)〔二〕[6]卿, 皆命於其君, 下大夫五人, 上士二十七人." 然而先王之制, 列爵惟五, 分土惟三. 此所以有公·侯·伯·子·男, 而又有大國·次國·小國之殊制爾. 故三十里之遂[7], 二十里之郊, 九里之城, 三里之宮, 是大國之制如此也, 自(三)〔二〕[8]十里之遂, 九里之郊, 三里之城, 一里之宮, 是次國之制如此也, 自九里之遂, 三里之郊, 一里之城, 以城爲宮, 是小國之制如此也. 大抵上綦於大國, 下綦於小國, 其地雖廣狹不同, 其祿雖多寡有異, 及君之所受, 均十卿之祿而已. 自卿以下至於士, 其祿各相殺(쇄), 以一此卿祿居於君祿十分之一, 大夫居於卿祿四分之一, 上士居大夫祿二分之一, 次國大夫居卿祿三分之一, 小國大夫居卿祿二分之一也. 其間王制·周官與孟子雖有不合者, 亦於前言其大槪也.

1) 三公 : 天子의 畿內에 있는 三公의 封地를 가리키는 것으로, 사방 100리이다.(≪禮記正義≫ 孔穎達 疏)
2) 六卿 : 天子의 畿內에 있는 六卿의 封地를 가리키는 것으로, 사방 70리이다.(≪禮記正義≫ 孔穎達 疏)
3) (三)〔二〕: 저본에는 '三'으로 되어 있으나, 四庫全書本에 의거하여 '二'로 바로잡았다.
4) 少卿 : 天子의 畿內에 있는 大夫의 封地를 가리키는 것으로, 사방 50리이다.(≪禮記正義≫ 孔穎達 疏)
5) (次)〔大〕: 저본에는 '次'로 되어 있으나, 四庫全書本과 ≪禮記正義≫에 의거하여 '大'로 바로잡았다.
6) (三)〔二〕: 저본에는 '三'으로 되어 있으나, 四庫全書本과 ≪禮記正義≫에 의거하여 '二'로 바로잡았다.
7) 遂 : 행정단위의 하나이다. 도성 밖을 郊라 하고 郊 바깥 지역을 遂라 한다.
8) (三)〔二〕: 저본에는 '三'으로 되어 있으나, 四庫全書本에 의거하여 '二'로 바로잡았다.

○ 注의 〔公侯之國爲大國〕에서 〔代耕也〕까지와 〔伯爲次國〕에서 〔三分之一也〕까지와 〔子男爲小國〕에서 〔二分之一也〕까지

○ 正義曰：≪禮記≫〈王制〉에 이르기를, "무릇 四海의 안은 九州로 나뉜다. 州는 사방 1,000리이니, 〈한 州에〉 사방 100리의 나라 30개, 사방 70리의 나라 60개, 사방 50리의 나라 120개여서 도합 210개의 나라를 세운다. 그 가운데 名山과 大澤은 封地의 대상에서 제외하며, 그 나머지 땅은 附庸과 閒田으로 둔다. 〈畿內를 제외한〉 8개 州에 州마다 210개의 나라를 둔다."라고 하였는데, 이에 대한 鄭玄 注에 이르기를, "大國을 세운 것이 30개인데, 그 가운데 10개는 三公을 위한 것이다. 次國을 세운 것이 60개인데, 그 가운데 10개는 六卿을 위한 것이다. 小國을 세운 것이 120개인데, 그 가운데 12개는 少卿을 위한 것이다. 名山과 大澤을 封地의 대상에서 제외한다는 것은, 백성들과 더불어 그 속의 재물을 공유하여 독점하지 않고 〈백성들이 취한 재물에 대해서〉 세금만 부과한다는 말이다. 이 大界는 사방 3,000리인데, 3×3은 9이므로 사방 1,000리의 땅이 9개가 된다. 그 가운데 하나는 縣內(畿內)가 되며, 나머지 여덟 개에 각각 하나의 州를 세웠으니, 이는 殷나라의 제도이다. 周公이 禮를 제정할 무렵 九州의 大界가 사방 7,000리였는데, 7×7은 49이므로 사방 1,000리의 땅이 49개가 된다. 그 가운데 1개는 畿內가 되며, 나머지는 48개로, 8개 州에 각각 사방 1,000리의 땅을 6개씩 두게 된다. 그때 만든 法에 따르면, 1개 州에서 사방 500리 되는 封地는 4개를 넘지 않게 하고는 이를 大國이라 불렀다. 그리고 사방 400리 되는 封地는 6개를 넘지 않고, 또 사방 300리 되는 封地는 11개를 넘지 않게 하고는 이를 次國이라 불렀다. 또 사방 200리 되는 封地는 25개를 넘지 않고, 여기에 사방 100리의 封地를 포함하여 이를 小國이라 불렀다. 위의 네 등급의 나랏수를 다 채우면 모두 46개가 된다. 1개 州에 210개의 나라가 있다고 한다면 나머지 사방 100리가 되는 것이 164개가 된다. 여기에서 사방 1,000리의 나라가 5개를 차지하면, 사방 100리가 되는 나라는 59개이고, 그 나머지 사방 100리가 되는 41개 지역은 附庸地이다."라고 하였다.

〈王制〉에는 또 "大國은 卿이 셋이니, 〈세 卿이〉 모두 天子로부터 임명되며, 下大夫는 5인, 上士는 27인이다. 次國은 卿이 셋인데, 두 卿은 天子로부터 임명되고 한 卿은 그 나라 군주로부터 임명되며, 下大夫는 5인, 上士는 27인이다. 小國은 卿이 둘이니, 〈두 卿이〉 모두 그 나라 군주로부터 임명되며, 下大夫는 5인, 上士는 27인이다."라고 하였다. 하지만 先王의 제도는 작위를 다섯 가지로 나누고, 토지의 분봉은 세 가지로 나누

었다. 이 때문에 公・侯・伯・子・男과 같은 작위가 있게 되었으며, 또 大國・次國・小國에 따른 각기 다른 제도가 있게 된 것이다. 그러므로 30리의 遂와 20리의 郊와 9리의 城과 3리의 宮을 두는 것은 大國의 제도이고, 20리의 遂와 9리의 郊와 3리의 城과 1리의 宮을 두는 것은 次國의 제도이며, 9리의 遂와 3리의 郊와 1리의 城과, 城으로 宮을 겸한 것은 小國의 제도이다.

대체로 위로는 가장 큰 大國과 아래로는 가장 작은 小國까지 그 땅이 비록 넓이가 같지 않고 그 봉록이 비록 많고 적음의 차이가 있지만 君이 받는 봉록은 똑같이 卿의 10배이다. 卿 이하로부터 士에 이르기까지 그 봉록이 등급별로 각각 줄어드는데, 大國의 경우 卿의 봉록은 君의 봉록의 10분의 1을 차지하고, 大夫의 봉록은 卿의 봉록의 4분의 1을 차지하고, 上士의 봉록은 大夫의 봉록의 2분의 1을 차지한다. 그리고 次國의 경우 大夫의 봉록이 卿의 봉록의 3분의 1을 차지하고, 小國의 경우 大夫의 봉록이 卿의 봉록의 2분의 1을 차지한다. 〈王制〉와 ≪周官≫과 ≪孟子≫ 사이에 비록 서로 합치되지 않는 것이 있기는 하지만 또한 앞에서 그 대강을 언급해놓았다.

【疏】 ○ 注'獲, 得也. 一夫一婦, 佃田百畝'至'若今之斗食佐史除吏也'. ○ 正義曰：古者制民之産, 以六尺爲步, 步百爲畝, 畝百爲夫. 此耕者之所得, 所以一夫受田百畝也. 王制云"農夫百畝, 百畝之分, 上農夫食(사)九人, 其次食八人, 其次食七人, 其次食六人. 下農夫食五人." 鄭氏以謂"農夫皆受田於公, 田肥瘠有五等, 收入不同." 其說是矣. 然孟子言"上農夫食九人, 上次食八人, 中食七人, 中次食六人, 下食五人." 凡三等, 又與此異. 蓋以周禮以一易・再易・不易之地言之, 所以有三等. 孟子・王制論所入食人之衆寡, 此所以有五等也. 周禮上地家七人[1], 而孟子言(上地)[2]上農夫食九人, 上次食八人者, 蓋上農夫足以食九人, 而其家七人者, 亦得以受之, 此民所以有餘財. 自七人以下, 則不得以受上地矣. 先王之制祿, 諸侯之下士視上農夫, 祿足以代其耕, 則庶人在官者與下士同祿. 其多寡之數, 一視五等農夫爲差, 而班祿亦不外此.

1) 上地家七人：≪周禮≫ 〈地官 小司徒〉에 나온다.
2) (上地)：저본에는 '上地'가 있으나, 문맥상 衍文으로 처리하였다.

○ 注의 〔獲 得也 一夫一婦 佃田百畝〕에서 〔若今之斗食佐史除吏也〕까지

○ 正義曰：古代에는 백성들의 生業을 마련해줄 때 6尺을 1步로 삼고 100步를 1畝로 삼고 100畝를 1夫로 삼았다. 이는 농부의 소득을 언급한 것이니, 따라서 한 농부

가 받는 토지는 100畝이다. ≪禮記≫ 〈王制〉에 이르기를, "농부 한 사람당 100묘의 토지를 받는데, 100묘의 토지를 나누어주면 上農夫는 아홉 식구를 먹여 살리고, 그다음은 여덟 식구를 먹여 살리고, 그다음은 일곱 식구를 먹여 살리고, 그다음은 여섯 식구를 먹여 살리고, 下農夫는 다섯 식구를 먹여 살린다."라고 하였는데, 이에 대한 鄭玄注에 "농부들이 모두 토지를 公的으로 받는데 토지의 비옥도에 따라 5등급으로 나누며 그에 맞게 거두어들이는 수확량이 다르다."고 하였으니, 그 설명이 맞다. 그런데 ≪孟子≫에서는 "上農夫는 아홉 식구를 먹여 살리고, 上次 農夫는 여덟 식구를 먹여 살리고, 中農夫는 일곱 식구를 먹여 살리고, 中次 農夫는 여섯 식구를 먹여 살리고, 下農夫는 다섯 식구를 먹여 살린다."라고 하여 크게 3등급으로 나누었으니, 또한 〈왕제〉의 이 말과 차이를 보인다.

대체로 ≪周禮≫에서는 1년을 휴경해야 하는 땅, 2년을 휴경해야 하는 땅, 매년 농사를 지을 수 있는 땅을 언급함으로써 3등급으로 구분하였다. 반면 ≪맹자≫와 〈왕제〉에서는 거두어들인 곡식으로 먹여 살리는 사람 수의 多寡를 따졌으므로 이 경우엔 5등급으로 구분하였다. ≪주례≫에서 '上地家는 식구가 일곱 사람'이라고 하였는데, ≪맹자≫에서 上農夫는 아홉 식구를 먹여 살리고 上次 農夫는 여덟 식구를 먹여 살린다고 하였다. 이것은 아마도 上農夫라면 아홉 식구를 충분히 먹여 살릴 수 있는데, 식구가 일곱 사람인 집도 上地를 받을 수 있으니, 이 경우엔 백성들이 재물의 여유가 있게 된다는 것이다. 식구가 일곱 사람 이하인 집은 上地를 받을 수 없다. 先王이 봉록을 제정할 때 諸侯의 下士는 上農夫와 비등하여 그 봉록이 농사짓는 것을 대신할 정도의 수준이니, 庶人으로 관직에 있는 자는 下士와 봉록이 같다. 그 많고 적은 수는 한결같이 5등급의 농부에 준하여 차등을 두며, 봉록의 반열 또한 여기에서 벗어나지 않는다.

3. 萬章問曰 敢問友하노이다

만장이 물었다. "朋友의 道가 어떠해야 하는지 감히 여쭙습니다."

【注】問朋友之道也라

朋友의 道에 대해 질문한 것이다.

孟子曰 不挾長하며 **不挾貴**하며 **不挾兄弟而友**니 **友也者**는 **友其德也**니 **不可以有挾也**니라

맹자가 대답했다. "나이 많은 것을 내세우지 않고 높은 권세를 내세우지도 않고 형제의 부귀함을 내세우지 않고 벗을 사귀어야 할 것이다. 벗을 사귀는 것은 그 사람의 德을 벗하는 것이니, 달리 내세우는 것이 있어서는 안 된다.

【注】 長은 年長이라 貴는 貴勢라 兄弟는 兄弟有富貴者라 不挾是乃爲友를 謂相友以德也라

'長'은 나이가 많은 것이다. '貴'는 높은 권세이다. '兄弟'는 부귀한 형제이다. 이러한 것을 내세우지 않고 벗을 사귀는 것을 '德으로 서로 벗한다'고 이른다.

孟獻子는 **百乘之家也**라 **有友五人焉**하더니 **樂正裘**와 **牧仲**이요 **其三人**은 **則予忘之矣**로라 **獻子之與此五人者**는 **友也**니 **無獻子之家者也**요 **此五人者亦有獻子之家**면 **則不與之友矣**[1]리라

1) 獻子之與此五人者……則不與之友矣 : 趙岐는 이 문장에서 '無獻子之家'와 '有獻子之家'의 주체를 此五人, 즉 다섯 사람의 賢者로 보았다. 반면에, 朱熹는 ≪孟子集註≫에서 '無獻子之家'의 주체는 孟獻子로, '有獻子之家'의 주체는 此五人으로 보았으며, '無'와 '有'에 있어서도 조기는 소유의 有無로 본 반면, 주희는 의식함의 有無로 보았다. 주희의 견해를 따른다면 이 문장은 "獻子가 이 다섯 사람과 벗으로 사귐에 있어 현자 자신의 집안을 의식함이 없었다. 이 다섯 사람들 또한 현자의 집안을 의식하였다면 그와 벗으로 사귀지 않았을 것이다."로 번역된다.

孟獻子는 百乘의 집안 출신으로 다섯 사람의 벗이 있었는데, 樂正裘와 牧仲이고, 나머지 〈세 사람은〉 내가 이름을 잊어버렸다. 獻子가 이 다섯 사람과 함께한 것은 벗으로 사귄 것이니, 그들이 현자의 집안과 같은 〈富貴를〉 가지지 않았기 때문이다. 이 다섯 사람들 또한 현자의 집안과 같은 〈부귀를〉 가지고 있었다면 현자와 벗으로 사귀려 하지 않았을 것이다.

【注】 獻子는 魯卿이니 孟氏也요 有百乘之賦라 樂正裘牧仲其五人者는 皆賢人無位者也라 此五人者가 自有獻子之家富貴而復有德이면 不肯與獻子友也라 獻子가 以其富貴下此五

人이라 五人屈禮而就之也라

獻子는 魯나라 卿으로 孟氏이며 百乘의 군대를 보유하고 있었다. 樂正裘와 牧仲 등 다섯 사람은 모두 아무 지위도 갖지 않은 賢人들이다. 이 다섯 사람이 만약 獻子의 집안과 같은 富貴를 가지고 있고 거기에다 德까지 갖추고 있었다면 헌자와 벗으로 사귀려 하지 않았을 것이다. 獻子가 자신이 富貴한데도 이 다섯 사람에게 자신을 낮추었기 때문에 이 다섯 사람이 몸을 굽히고 禮를 다하여 그에게 다가간 것이다.

非惟百乘之家爲然也라 **雖小國之君**이라도 **亦有之**하니 **費惠公曰 吾於子思**엔 **則師之矣**요 **吾於顔般**엔 **則友之矣**요 **王順長息**은 **則事我者也**라하니라

百乘의 집안만 그런 것이 아니다. 비록 小國의 군주라 하더라도 또한 그러한 예가 있다. 費 惠公이 말하기를, '내가 子思에 대해서는 스승으로 모셨고, 내가 顔般에 대해서는 벗으로 사귀었으며, 王順과 長息의 경우는 나를 섬기는 자들이다.'라고 하였다.

子思

【注】小國之君은 若費惠公者也라 王順長息은 德不能見師友라 故로 曰 事我者也라

小國의 군주는 費 惠公과 같은 자이다. 王順과 長息은 그 덕이 스승으로 모시거나 벗으로 사귈 수 있는 정도가 아니었으므로 "나를 섬기는 자들이다."라고 말한 것이다.

非惟小國之君爲然也라 **雖大國之君**이라도 **亦有之**하니 **晉平公於**[1]**亥唐也**에 **入云則入**하고 **坐云則坐**하고 **食云則食**하여 **雖蔬食(사)菜羹**이라도 **未嘗不飽**하니 **蓋不敢不飽也**라 **然**이나 **終於此而已矣**요

1) 於 : 監本・毛本・孔本・韓本에는 '於' 위에 '之'가 있다.(阮元의 〈校勘記〉 참조)

小國의 군주만 그런 것이 아니다. 비록 大國의 군주라 하더라도 또한 그러한 예가 있다. 晉 平公이 亥唐에 대해서 그가 들어오라 하면 들어가고 앉으라 하면

앉고 먹으라 하면 먹었다. 비록 거친 밥과 나물국을 주더라도 배가 부르도록 먹지 않은 적이 없었으니, 이는 감히 배가 부르도록 먹지 않을 수 없었기 때문이다. 하지만 이 정도로 예우하는 데 그쳤을 뿐이었다.

【注】大國之君은 如晉平公者也라 亥唐은 晉賢人也니 隱居陋巷이라 晉平公이 嘗往造之하여 亥唐言入이면 平公乃入하고 言坐乃坐하고 言食乃食也라 蔬食(사)는 糲食也라 不敢不飽는 敬賢也라 終於此는 平公이 但以此禮下之而已라

大國의 군주는 晉 平公과 같은 자이다. 亥唐은 晉나라 賢人으로 누추한 골목에 은거하였다. 진 평공이 그에게 찾아갔을 때 해당이 들어오라 말하면 진 평공은 그제야 들어가고, 앉으라 말하면 그제야 앉고, 먹으라 말하면 그제야 먹었다. 蔬食는 거친 밥이다. 감히 배가 부르도록 먹지 않을 수 없었던 것은 賢人을 공경했기 때문이다. 이 정도에서 끝났다는 것은 平公이 단지 이 정도로 예우하는 데 그쳤다는 말이다.

弗與共天位也하며 弗與治天職也하며 弗與食天祿也하니 士之尊賢者也라 非王公〔之〕[1]尊賢也니라

1)〔之〕: 저본에는 '之'가 없으나, 監本·毛本·孔本·韓本에 의거하여 보충하였다.(阮元의 〈校勘記〉 참조)

平公은 그와 더불어 天位를 함께하지도 않았고, 그와 더불어 天職을 함께 다스리지도 않았으며, 그와 더불어 天祿을 함께 먹지도 않았다. 이는 士가 賢者를 높이는 방식이지 王公이 賢者를 높이는 방식은 아니다.

【注】位·職·祿은 皆天之所以授賢者어늘 而平公不與亥唐共之요 而但卑身下之하니 是乃匹夫尊賢者之禮耳라 王公尊賢은 當與共天職矣라

작위, 직책, 봉록은 모두 하늘이 賢者에게 주는 것인데 平公이 亥唐과 더불어 이를 함께하지 않고 단지 자신을 낮추어 그들을 예우하는 데에만 그쳤으니, 이는 匹夫가 賢者를 높이는 禮일 뿐이다. 王公이 賢者를 높이려면 마땅히 그와 더불어 天職을 함께해야 한다.

舜이 **尙見帝**어시늘 **帝館甥於貳室**하시고 **亦饗舜**하사 **迭爲賓主**하시니 **是天子而友匹夫也**니라

반면에 舜이 올라가 堯임금을 찾아뵈었을 때, 堯임금이 사위를 副宮에 머물게 하였고 또 舜이 차려놓은 음식을 먹기도 하여 서로 번갈아 가며 賓主가 되었으니, 이는 天子가 匹夫를 벗으로 사귄 것이다.

【注】 尙은 上也라 舜在甽畝之時에 堯友禮之[1]라 舜上見堯할새 堯舍之於貳室하고-貳室은 副宮也[2]라- 堯亦就享舜之所設하여 更迭爲賓主라 禮에 謂妻父曰外舅요 謂我舅者를 吾謂之甥이라 堯以女妻舜이라 故로 謂舜甥이라 卒與之天位하니 是天子而[3]友匹夫也라

1) 舜在甽畝之時 堯友禮之 : 이 10자는 錯簡되어 들어간 것으로 보인다. '尙上也'는 문맥상 '舜上見堯' 이하와 곧바로 연결이 되어야 한다.
2) 貳室 副宮也 : 앞의 '貳室'을 부연 설명한 것이다.
3) 而 : 廖本·孔本·韓本·考文古本에는 '而'가 '之'로 되어 있다.(阮元의 〈校勘記〉 참조)

尙은 올라간다는 뜻이다. 舜이 밭에서 농사를 지을 때 堯임금이 舜을 벗으로 예우한 것이다. 舜이 올라가 堯임금을 찾아뵈었을 때 堯임금이 舜을 貳室(別宮)에 머물게 하였고-貳室은 副宮이다.- 堯임금이 또 舜이 차려놓은 음식을 먹기도 하여 서로 번갈아가며 賓主가 되었다. 禮書에 아내의 아버지를 外舅라 하고 나를 外舅라 부르는 사람을 내 입장에서 甥이라 부른다. 堯임금이 딸을 舜에게 시집보냈으므로 舜을 甥이라 한 것이다. 堯임금이 마침내 舜에게 天位를 물려주었으니, 이는 天子가 匹夫를 벗으로 사귄 것이다.

用下敬上을 **謂之貴貴**요 **用上敬下**를 **謂之尊賢**이니 **貴貴尊賢**이 **其義一也**니라

아랫사람으로서 윗사람을 공경하는 것을 貴貴라 하고 윗사람으로서 아랫사람을 공경하는 것을 尊賢이라 하는데, 貴貴와 尊賢은 그 뜻이 하나이다."

【注】 下敬上은 臣恭於君也요 上敬下은 君禮於臣也니 皆禮所尙이라 故云 其義一也라하니라

아랫사람이 윗사람을 공경하는 것은 신하가 군주를 공경하는 것이고, 윗사람이 아랫사람을 공경하는 것은 군주가 신하를 禮로써 대하는 것이니, 이는 모두 예법에서 중시하는 행동이다. 그래서 "그 뜻이 하나이다."라고 말한 것이다.

【疏】'萬章問曰'至'其義一也'. ○ 正義曰：此章言匹夫友賢, 下之以德, 王公友賢, 授之以爵, 大聖之行, 千載爲法者也. '萬章問曰, 敢問友'者, 是萬章問孟子爲朋友之道如何也. '孟子曰'至'挾也', 孟子答之, 以謂不挾戴年長, 又不挾戴其貴勢, 抑又不挾戴其兄弟有富貴者, 而友朋友也. 是友其德也, 以其不可以有挾戴其勢而友之也. '孟獻子, 百乘之家也'至'其義一也', 孟子又言孟獻子, 魯卿, 是有兵車百乘之家者也, 有友五人焉, 其二人曰樂正裘・牧仲, 其三人則我忘其姓名矣. 夫獻子之與此五人者, 是友也, 以此五人無獻子之家富貴也. 此五人如亦有獻子之家富貴, 則不與獻子爲之友矣. 無他, 以其兩貴不能以相下故也. 獻子與之爲友, 則以貴下賤故也. 所謂好人之善而忘己之勢者也. 今五人與獻子爲友者, 亦所謂樂己之道而忘人之勢者也. 非惟百乘之家爲然也, 雖爲小國之君亦有如是也. 費惠公乃小國之君也, 嘗云'我於子思則師事之矣, 我於顔般則友之矣, 王順・長息, 則不足爲之師友, 但事我者也.' 非惟小國之君爲如是也, 雖大國之君亦有如是矣. 晉平公者乃大國之君也, 嘗往於亥唐之家, 亥唐言入則入其門, 言坐則坐, 言食則食, 雖蔬食菜羹之薄, 亦未嘗不飽也, 蓋爲不敢不飽也. 然終於此以禮下之而已矣, 而平公弗能與之共天位也, 又弗能與之治天職也, 抑又不與食其天祿也. 且職・位・祿皆云天者, 蓋此三者皆天之所以授於人也. 故云國君之位必曰天位, 云職必曰天職, 云祿則曰天祿耳. 言平公以身禮下之, 是士者之尊賢矣, 非所謂王公大人尊賢者也, 以其王公大人尊賢, 則當與共天位也, 不當以身禮下之也. 夫舜於往日上見於堯帝, 堯乃館舍之於副宮, 堯亦就副宮而饗舜所設, 更(경)爲之賓主, 然卒禪其天位, 此天子之友其匹夫也. 云匹夫者, 蓋舜本則耕於歷山, 但側微之賤者也, 故云匹夫. 云甥者, 蓋堯爲舜之外舅, 堯所以謂舜爲甥也. 且用下敬上, 如舜之上見於堯, 故欽堯爲友, 是謂貴其貴. 用上敬下, 如堯館於貳室, 故欽舜而與之爲友, 是謂尊其賢. 貴貴尊賢, 禮皆所尙, 故曰其義則一而無二也. 蓋獻子有五人者, 左傳"趙簡子云'魯孟獻子有鬪臣五人.'"[1] 豈謂此五人者乎. 然亦名字則未之詳.

1) 趙簡子云魯孟獻子有鬪臣五人：≪國語≫〈晉語〉에 나오는 말이다.

經의 〔萬章問曰〕에서 〔其義一也〕까지

○ 正義曰：이 장은 匹夫가 賢者를 벗으로 사귈 때는 德으로 예우를 하지만 王公이 賢者를 벗으로 사귈 때는 그에게 爵位를 주므로 大聖人의 행위는 천년토록 모범이 됨을 말한 것이다.

〔萬章問曰 敢問友〕이것은 만장이 맹자에게 朋友의 道가 어떠해야 하는지 질문한 것이다.

〔孟子曰〕에서 〔挾也〕까지

맹자가 대답한 것이다. 나이 많은 것을 내세우지 않고, 또 높은 권세를 내세우지 않고 더 나아가 형제의 부귀함을 내세우지 않고 벗을 사귀어야 한다. 이는 그 사람의 德을 사귀는 것이니, 자신과 주변의 형세를 내세워 벗을 사귀어서는 안 된다.

〔孟獻子 百乘之家也〕에서 〔其義一也〕까지

맹자가 다시 말한 것이다. 孟獻子는 魯나라의 卿으로 兵車 百乘을 보유한 집안이다. 다섯 사람의 벗이 있었는데 그중에 두 사람은 樂正裘와 牧仲이고, 나머지 세 사람은 내가 그 姓名을 잊어버렸다. 獻子가 이 다섯 사람과 함께한 것은 벗으로 사귄 것이니, 이 다섯 사람이 헌자 집안과 같은 富貴를 가지지 않았기 때문이다. 이 다섯 사람이 만약 자신들도 헌자 집안과 같은 부귀를 가지고 있었더라면 헌자와 벗이 되지 않았을 것이다. 그것은 다름이 아니라 양쪽 모두 신분이 높으면 서로 낮출 수 없기 때문이다. 헌자가 그들과 벗이 된 것은 귀한 신분으로 천한 사람에게 몸을 낮추었기 때문이다. 그것은 이른바 상대방의 長點을 좋아하고 자신의 權勢를 잊어버린 것이다. 지금 다섯 사람이 헌자와 벗이 된 것 또한 이른바 자신의 道를 즐기고 상대방의 권세를 잊은 것이라 하겠다.

百乘의 집안만 그런 것이 아니다. 비록 小國의 군주라 하더라도 또한 그러한 예가 있다. 費 惠公은 소국의 군주인데, 그가 일찍이 말하기를, '내가 子思에 대해서는 스승으로 모셨고, 내가 顔般에 대해서는 벗으로 사귀었으며, 王順과 長息의 경우는 내가 스승이나 벗으로 삼기에는 부족하고 단지 나를 섬기는 자들이다.'라고 하였다.

小國의 군주만 그런 것이 아니다. 비록 大國의 군주라 하더라도 또한 그러한 예가 있다. 晉 平公은 大國의 군주인데, 그가 일찍이 亥唐의 집을 방문한 적이 있었다. 그때 해당이 들어오라 하면 그 문으로 들어가고 앉으라 하면 앉고 먹으라 하면 먹었다. 비록 거친 밥과 나물국과 같이 소박한 음식을 주더라도 또한 배가 부르도록 먹지 않은 적이 없었으니, 이는 감히 배가 부르도록 먹지 않을 수 없었기 때문이다. 하지만 이 정도로 예우하는 데 그쳤을 뿐이었다. 平公은 그와 더불어 天位를 함께하지 못하였고, 또 그와 더불어 天職을 함께 다스리지도 못하였으며, 또 그와 더불어 天祿을 함께 먹지도 않았다. 位와 職과 祿에 모두 '天'자를 붙인 것은 이 세 가지가 모두 하늘이 사람에게 주는 것이기 때문이다. 그래서 國君의 爵位를 언급할 때는 반드시 '天位'라 말하고, 國君의 職責을 언급할 때는 반드시 '天職'이라 하였으며, 국군의 俸祿을 언급할 때는 반드시 '天祿'이라 한 것이다. 平公이 몸을 낮추어 예우한 것은 士가 賢者를 높이는 방식이지 이른바 王公大人이 賢者를 높이는 방식은 아니라고 말했는데, 이는 王公大人이 賢者를 높이는 방식은 마땅히 그와 더불어 天位를 함께해야 하며 몸을 낮추어 예우하는 정도에 그쳐서는 안 되기 때문이다.

예전에 舜이 올라가 堯임금을 알현하자, 堯임금이 舜을 副宮에 머물게 하였고 堯임금이 또한 副宮에 나아가 舜이 차려놓은 음식을 먹기도 하여 서로 번갈아 가며 賓主가 되었고 마침내 天位를 禪讓하였으니, 이는 天子가 匹夫를 벗으로 사귄 것이다. 匹夫라고 한 것은, 舜이 본래 歷山에서 농사를 지으며 살아가는 미천한 신분이었기 때문에 필부라고 한 것이다. '甥'이라고 한 것은 堯임금이 舜의 外舅(장인)였기 때문에 堯임금이 舜을 일러 甥(사위)이라 부른 것이다.

아랫사람으로서 윗사람을 공경한 것은, 이를테면 舜이 올라가 堯임금을 알현하고는 堯임금을 공경하여 벗으로 삼은 것이 이에 해당한다. 이것을 일러 존귀한 사람을 귀하게 모신다고 하는 것이다. 윗사람으로서 아랫사람을 공경한 것은, 이를테면 堯임금이 舜을 副宮에 머물게 하고는 舜을 공경하여 그와 벗이 된 것이 이에 해당한다. 이것을 일러 현자를 높이 받든다고 하는 것이다. 존귀한 사람을 귀하게 모시는 것과 賢者를 높이 받드는 것은 예법에서 모두 중시하는 행동이다. 그래서 그 뜻이 하나요 둘이 아니라고 말한 것이다. 獻子에게 다섯 사람의 벗이 있다고 한 것은 ≪春秋左氏傳≫에, "趙簡子가 '魯나라 孟獻子에게 鬪臣 다섯 사람이 있다.' 하였다."라고 하였는데 아마도 이 다섯 사람을 일컬은 것으로 보인다. 하지만 그들의 구체적 이름은 알려져 있지 않다.

○ 注'妻父曰外舅' ○ 正義曰：此蓋案禮記而云也.

○ 注의 〔妻父曰外舅〕

○ 正義曰 : 이것은 아마도 ≪禮記≫에 의거하여 말한 것인 듯하다.

孟子注疏解經 卷第十 下

萬章章句 下

趙氏 注 孫奭 疏

4. 萬章曰 敢問交際는 何心也잇고

萬章이 물었다. "交際를 할 때 어떤 마음가짐으로 해야 하는지 감히 여쭙습니다."

【注】際는 接也라 問交接道當執何心爲可也라

際는 接의 뜻이다. 交接의 방법은 어떤 마음을 가지고 해야 하는지 물은 것이다.

孟子曰 恭也니라

맹자가 대답했다. "恭敬하는 마음을 가져야 한다."

【注】當執恭敬爲心이라

恭敬하는 마음을 가져야 한다는 말이다.

曰 卻之卻之爲不恭은 何哉[1]잇고

1) 卻之卻之爲不恭 何哉 : 一說에는 앞의 '卻之'를 만장의 질문으로, '卻之爲不恭'을 맹자의 대답으로, '何哉'를 만장의 질문으로 나누어 보기도 한다.(焦循의 ≪孟子正義≫ 참조) 한편 朱熹는 ≪孟子集註≫에서 '卻之'가 중복된 이유를 모르겠다고 주해하였다.

萬章이 물었다. "한사코 물리치고 받지 않는 것을 不恭이라고 하는데, 왜 그런 것입니까?"

【注】萬章問 卻不受尊者禮를 謂之不恭이라하니 何然也오하니라

萬章이 묻기를, '尊者가 보낸 예물을 물리치고 받지 않는 것을 不恭이라 하는데 왜

그런 것이냐.'고 한 것이다.

曰 尊者賜之어든 曰 其所取之者義乎아 不義乎아하여 而後受之면 以是爲不恭이라 故로 弗卻也니라

맹자가 대답했다. "가령 尊者가 예물을 내려주었는데 내가 마음속으로 '그가 이 예물을 취득할 때 옳은 방법으로 얻었는지 옳지 않은 방법으로 얻었는지'를 먼저 따져본 다음에 받는다면 이러한 태도를 不恭하다고 하는 것이다. 그러므로 물리쳐서는 안 된다."

【注】孟子曰 今尊者賜己어든 己問其所取此物寧以義乎아하여 得無不義乃後受之면 以是爲不恭이라 故로 不當問尊者不義而卻之也라

맹자가 말하기를, '가령 尊者가 자기에게 예물을 주었는데 마음속으로 그가 이 물건을 취득할 때 옳은 방법으로 얻었는지를 스스로 따져보아 올바른 방법으로 얻은 것을 확인한 후에야 받는다면 이러한 태도를 不恭하다고 하는 것이다. 그러므로 尊者가 올바르지 못한 방법으로 얻은 것인지 스스로 확인해본 다음에 물리쳐서는 안 된다.'고 한 것이다.

曰 請無以辭卻之요 以心卻之하여 曰 其取諸民之不義也라하고 而以他辭無受가 不可乎잇가

萬章이 물었다. "청컨대 직접 말로 물리치지 말고 마음으로 물리쳐서 '그가 백성들에게 옳지 않은 방법으로 취득한 것'이라 생각만 하고 다른 말로 핑계를 대고 받지 않는다면 되지 않겠습니까?"

【注】萬章曰 請無正以不義之辭卻也요 心知其不義하여 以他辭讓無受之가 不可邪(야)아

萬章이 묻기를, '청컨대 옳지 않다는 말을 대놓고 하여 물리치지는 말고 옳지 않은 방법으로 취득한 것이라는 것을 마음속으로만 인지한 상태에서 다른 말로 핑계대고 사양하여 받지 않는다면 되지 않겠느냐.'고 한 것이다.

曰 其交也以道요 其接也以禮면 斯孔子도 受之矣시니라

맹자가 대답했다. "상대방이 道理에 맞게 사귀고 예의를 갖추어 접대한다면 이러한 경우에는 孔子께서도 받으셨다."

【注】孟子言其來(交求)〔求交〕[1]已以道理요 其接待已有禮者면 若斯에 孔子受之矣라하니 蓋言其可受之也라

1) (交求)〔求交〕: 저본에는 '交求'로 되어 있으나, 岳本·孔本·韓本·考文古本에 의거하여 '求交'로 바로잡았다.(阮元의 〈校勘記〉 참조)

맹자가 말하기를, '상대방이 찾아와서 道理에 맞게 나와 사귀기를 구하고 예의를 갖추어 나를 접대한다면, 이러한 경우에는 孔子도 받았다.'고 하였으니, 이는 받아도 됨을 말한 것이다.

萬章曰 今有禦人於國門之外者가 其交也以道요 其餽也以禮면 斯可受禦與잇가

萬章이 물었다. "지금 만약 도성문 밖에 길을 가로막고 강도짓을 하는 자가 있어서 그가 道理에 맞게 사귀기를 구하고 예의를 갖추어 예물을 보내온다면 강도가 보낸 물건을 받아도 되겠습니까?"

【注】禦人은 以兵禦人而奪之貨라 如是而以禮道來交接已면 斯可受乎아

禦人은 무기를 들고 사람들을 가로막아 재물을 빼앗는 것이다. 이와 같은 짓을 하고서도 예의와 도리를 갖추어 나에게 예물을 보내 사귀기를 구한다면 받아도 되냐고 물은 것이다.

曰 不可하니 康誥曰 殺越人于貨하여 閔不畏死를 凡民이 罔不譈(대)라하니 是는 不待敎而誅者也라 殷受夏하고 周受殷하니 所不辭也요 於今爲烈하니[1] 如之何其受之리오

1) 殷受夏……於今爲烈: 朱熹는 ≪論語集註≫에서 이 14자를 衍文으로 처리하였다.

맹자가 대답했다. "받아서는 안 된다. ≪尙書≫ 〈康誥〉에 이르기를, '사람을 죽

이고 재물을 빼앗아 강포하여 죽음을 두려워할 줄 모르는 자는 일반 백성들도 누구나 죽일 수 있다.'라고 하였으니, 이는 君主의 敎命을 기다릴 것도 없이 죽일 수 있는 자이다. 殷나라는 夏나라에게 전수받고, 周나라는 殷나라에게 전수받았으니 더 이상 의심의 여지가 없으며, 그것이 지금까지 분명한 법으로 전해오고 있으니 어찌 그들이 보내준 것을 받을 수 있겠는가."

【注】孟子曰 不可受也라 康誥는 尙書篇名이니 周公이 戒成王康叔封[1]이라 越于는 皆於也니 殺於人하고 取於貨는 閔然不知畏死者요 譈는 殺也니 凡民無不得殺之者也라 若此之惡은 不待君之敎命이요 遭人得討之라 三代相傳以此法하여 不須辭問也요 於今爲烈하니-烈은 明法[2]이라- 如之何受其餽也리오

1) 康叔封 : '康叔'은 周公의 아우이며 '封'은 康叔의 이름이다.
2) 烈明法 : 앞의 '烈'을 부연 설명한 것이다.

맹자가 '받아서는 안 된다.'고 말한 것이다. 〈康誥〉는 ≪尙書≫의 篇名으로 周公이 成王과 康叔 封을 훈계한 글이다. '越'과 '于'는 모두 '於'의 뜻이니, 사람을 죽이고 재물을 빼앗는 것은 포악하여 죽음을 두려워할 줄 모르는 자라는 것이다. '譈'는 '殺'의 뜻이니, 일반 백성들도 누구나 죽일 수 있는 자라는 것이다. 이렇게 나쁜 놈은 君主의 敎命을 기다릴 것도 없이 보는 대로 징벌할 수가 있다. 三代가 이러한 법을 전하여 더 이상 의심의 여지가 없으며, 그것이 지금까지 분명한 법으로 전해오고 있으니-'烈'은 분명한 법이다.- 어찌 그들이 보내준 것을 받을 수 있겠는가.

曰 今之諸侯取之於民也는 猶禦也어늘 苟善其禮際矣면 斯君子受之라하시니 敢問何說也니잇고

萬章이 물었다. "지금의 제후가 백성에게 취하는 것이 길을 막고 강도짓을 하는 것과 같거늘 그들이 만약 예의를 잘 갖추어 사귀기를 구한다면 군자는 이를 받는다고 하시니, 이것이 도대체 무슨 말인지 감히 여쭙습니다."

【注】萬章曰 今之諸侯賦稅於民에 不由其道하고 履畝[1]强求하니 猶禦人也어늘 (欲)〔苟〕[2] 善其禮以接君子면 君子(欲)〔且〕[3]受之라하니 何說也오 君子는 謂孟子也라

1) 履畝：私田의 作況을 踏査하여 세금을 징수하는 것이다. ≪春秋公羊傳≫ 宣公 15년에 "밭에서 세금을 징수하는 것은 어떻게 하는가? 밭을 답사하여 세금을 징수한다.〔稅畝者何 履畝而稅也〕"라고 하였는데, 何休 注에 "당시 宣公이 백성에게 은혜와 신망이 없어 백성들이 公田에 盡力하지 않으려고 하였다. 그러므로 私田을 답사하여 作況이 가장 좋은 밭의 가장 좋은 곡식을 택하여 세금을 거두었다."라고 하였다.

2) (欲)〔苟〕: 저본에는 '欲'으로 되어 있으나, 焦循의 ≪孟子正義≫에 의거하여 '苟'로 바로잡았다.

3) (欲)〔且〕: 저본에는 '欲'으로 되어 있으나, 孔本과 韓本 및 焦循의 ≪孟子正義≫에 의거하여 '且'로 바로잡았다.(阮元의 〈校勘記〉 참조)

萬章이, '지금의 제후가 백성들에게 세금을 거둘 때 정상적인 방법을 쓰지 않고 경작지를 답사하여 강압적으로 징수하는 것이 마치 강도와 같거늘 그들이 만약 예의를 잘 갖추어 君子에게 사귀기를 구한다면 君子는 이를 받는다고 하였으니, 이것이 도대체 무슨 말이냐.'고 물은 것이다. 君子는 맹자를 두고 한 말이다.

曰 子以爲 有王者作인댄 **將比今之諸侯而誅之乎**아 **其敎之不改而後**에 **誅之乎**아 **夫謂非其有而取之者盜也**니 **充類至**[1]는 **義之盡**[2]**也**[3]라 **孔子之仕於魯也**에 **魯人**이 **獵較**(각)이어늘 **孔子亦獵較**하시니 **獵較**도 **猶可**온 **而況受其賜乎**아

1) 充類至：이 구절에 대해 趙岐는 '그 類를 가득 채워서 아주 심한 것〔滿其類 大過至者〕'이라 주해하였고, 焦循은 ≪孟子正義≫에서 趙岐 注를 이어받아 '類'는 '法'과 같은 뜻으로 당시 '10분의 1의 세금을 거두어들이는 법적인 규정〔什一而稅 此法式也〕'으로 주해하였고, 또한 '充類'는 '법적인 규정대로 다 채워서 거두어들이는 것〔盈滿其法式〕'이고, '充類至'는 '법적으로 규정된 것 이외에 추가로 많이 거두어들이는 것〔於法式之外又多取之〕'으로 주해하였다.

2) 義之盡：'義'는 '宜'의 뜻으로 여기서는 제후로서 마땅히 수행해야 할 직분을 말하며, '盡'은 '至'와 같은 뜻으로 '義之盡'은 제후의 직분을 극도로 수행한 것이라는 의미이다.(焦循의 ≪孟子正義≫ 참조)

3) 夫謂非其有而取之者盜也……義之盡也：朱熹는 ≪孟子集註≫에서 이 구절에 대해 趙岐의 견해를 받아들이지 않고, "자기의 소유가 아닌데 취하는 자를 도둑이라 이르는 것은 이에 그 부류를 확대해석하여 의미의 지극히 精密한 경우까지 나아가서 極言을 했을 뿐이고 진짜 도둑이라고 말한 것은 아니다.〔其謂非有而取爲盜者 乃推其類 至於義之至精至密之處而極言之耳 非便以爲眞盜也〕"라고 주해하였다. 이에 따라 본 문장을 번역

하면, "자기의 소유가 아닌데 취하는 자를 도둑이라 이르는 것은, 그 부류를 미루어 넓혀서 의미의 지극히 정밀한 곳까지 이른 것이다."가 된다.

맹자가 대답했다. "그대가 생각하기에 王者가 나타난다면 장차 지금의 諸侯들을 모조리 죽이겠는가? 아니면 그들을 가르치고 나서 잘못을 고치지 않은 다음에야 죽이겠는가? 무릇 자기의 소유가 아닌 것을 취하는 자를 일러 盜賊이라고 하는데, 제후가 백성들에게 세금을 거두어들이는 규정을 아주 심하게 적용하여 가득 채워서 거두어들인 것은 정해진 직분을 극도로 수행한 것일 뿐이다. 孔子께서 魯나라에 벼슬하실 때 魯나라 사람들이 獵較을 하자 孔子께서도 따라 獵較을 하셨으니, 獵較도 오히려 할 수 있는데 하물며 그들이 보내준 물건을 받는 것 정도야 말할 나위가 있겠는가."

【注】孟子謂萬章曰 子以爲後如有聖人興作인댄 將比地盡誅今之諸侯乎아 將敎之하여 其不改者乃誅之乎아하니 言必敎之하여 誅其不改者也라 殷之衰는 亦猶周之末[1)]이로되 武王不盡誅殷之諸侯하고 滅國五十而已니 知後王者亦不盡誅也라 謂非其有而竊取之者爲盜라 充은 滿이요 至는 甚也라 滿其類大過至者는 但義盡耳니 未爲盜也라 諸侯는 本當稅民之類者로 今大盡耳니 亦不可比於禦라 孔子隨魯人之獵較한대 獵較者는 田獵相較하여 奪禽獸得之以祭하니 時俗所尙하여 以爲吉祥이라 孔子不違而從之는 所以小同於世也라 獵較도 尙猶可爲온 況受其賜而不可也아

1) 周之末 : 공자와 맹자가 활동했던 春秋戰國時代를 가리킨다.

맹자가 萬章에게 말하기를 '그대가 생각하기에 나중에 聖人이 나타난다면 장차 지금의 제후들을 모든 지역에서 모조리 다 죽이겠는가? 아니면 그들을 가르치고 나서 잘못을 고치지 않은 자만 죽이겠는가?'라고 한 것은 반드시 그들을 가르쳐서 잘못을 고치지 않는 자를 죽인다는 말이다. 殷나라의 쇠퇴기는 또한 周나라 말기와 상황이 같았는데, 武王이 殷나라 諸侯들을 모두 다 죽이지 않고 50개 諸侯國만 멸망시켰을 뿐이니, 후대에 나타날 王者 또한 諸侯들을 다 죽이지는 않을 것임을 알 수 있다.

자기 소유가 아닌 것을 훔쳐서 취하는 자를 도적이라 한다. '充'은 '채운다'는 뜻이요, '至'는 '심하다'는 뜻이다. 〈제후가 백성들에게〉 세금을 거두어들이는 규정을 아주 심하게 적용하여 가득 채워서 거두어들인 것은 정해진 직분을 극도로 수행한 것뿐이

지 도적이 되지는 않는다. 즉, 제후는 본래 백성들에게 세금을 거두어들이는 법을 시행하는 사람으로 지금 그 직분을 극도로 수행한 것뿐이니, 또한 강도짓에 견주어서는 안 된다는 말이다.

孔子가 魯나라 사람들이 즐기는 獵較놀이를 따라하였는데, 엽각은 사냥의 결과물을 서로 비교하여 〈적게 잡은 상대방의〉 금수를 빼앗아 그것으로 제사를 지내는 것이니, 당시 풍속에서 이를 좋아하여 상서로운 놀이로 여겼다. 孔子가 이러한 풍속을 어기지 않고 따라한 것은 세상 사람들과 어느 정도 함께하려고 그리한 것이다. 獵較도 오히려 할 수 있는데 하물며 그들이 보내준 물건을 받는 것이야 불가할 것이 있겠는가.

曰 然則孔子之仕也는 非事道與잇가

萬章이 물었다. "그렇다면 孔子께서 벼슬하신 것은 道를 행하려고 하신 것이 아니었습니까?"

【注】 萬章問 孔子之仕는 非欲事行其道與잇가

萬章이 묻기를, '공자가 벼슬한 것은 자신의 도를 행하려고 한 것이 아니냐.'고 한 것이다.

曰 事道也시니라

맹자가 대답했다. "道를 행하려고 하신 것이다."

【注】 孟子曰 孔子所仕者는 欲事行其道시니라

맹자가 대답하기를, '孔子가 벼슬한 것은 자신의 道를 행하려고 한 것이다.'라고 한 것이다.

事道어시니 奚獵較也니잇고

萬章이 물었다. "道를 행하려 하신다면서 어찌 獵較을 하신단 말입니까?"

【注】 萬章曰 孔子欲事道어시니 如何可獵較也니잇고

萬章이 묻기를, '孔子가 道를 행하려 한다면서 어찌 獵較을 할 수 있단 말이냐.'고 한 것이다.

曰 孔子先簿正祭器[1)]하고 不以四方之食으로 供簿正하시니라

1) 先簿正祭器 : 朱熹는 미상으로 주해하였다.

맹자가 대답했다. "孔子께서는 먼저 장부를 정리하여 祭器를 바로잡았고, 四方의 진귀한 음식을 장부로 바로잡은 祭器에는 올리지 못하게 하셨다."

【注】孟子曰 孔子仕於衰世하여 不可卒暴改戾라 故로 以漸正之라 先爲簿書하여 以正其宗廟祭祀之器하고 卽其舊禮하여 取備於國中하고 不以四方珍食으로 供其所簿正之器度라 珍食은 難常有하니 乏絶則爲不敬이라 故로 獵較以祭也라

맹자의 말이다. 孔子가 쇠락한 시대에 벼슬하면서 당시의 풍속을 급작스레 개선할 수 없었으므로 점진적으로 바로잡으려 하였다. 먼저 장부를 정리하여 宗廟 제사에 사용하는 祭器를 바로잡았고, 舊禮에 따라 나라 안에서 祭物을 취하여 갖추었으며, 장부로 바로잡은 제기에는 四方의 진귀한 음식을 올리지 않게 하였다. 진귀한 음식은 항상 장만하기는 어려우니, 그것이 부족하거나 떨어지면 不敬이 되기 때문에 獵較을 하여 제사를 지낸 것이다.

曰 奚不去也시니잇고

萬章이 물었다. "그런데 어찌하여 〈魯나라를〉 떠나지 않으셨습니까?"

【注】萬章曰 孔子不得行道어늘 何爲不去也잇고

萬章이 묻기를, '孔子가 道를 행할 수 없었는데 어찌하여 떠나지 않은 것이냐.'고 한 것이다.

曰 爲之兆也시니 兆足以行矣로되 而不行而後去하시니 是以로 未嘗有所終三年淹也시니라

맹자가 대답했다. "시작점이 있었기 때문이다. 그 시작점이 충분히 시행할 만

한데 군주가 이를 시행하지 않은 다음에야 〈그 나라를〉 떠난 것이니, 이 때문에 〈공자는〉 3년이 지나도록 한 나라에 머문 적이 없었다.

【注】兆는 始也라 孔子每仕에 常爲之正本造始하여 欲以次治之로되 而不見用이면 占其事始而退하니라 足以行之矣로되 而君不行也然後에 則孔子去矣라 終者는 竟也라 孔子未嘗得竟事一國也三年淹留而不去者也라

'兆'는 시작점이다. 孔子는 벼슬을 할 때마다 항상 근본을 바로 세우고 시작점에 나아가 순차적으로 다스리려고 하였다. 하지만 받아들여지지 않으면 그 일의 시작점에서 점을 쳐본 다음에 물러났다. 시작점이 충분히 시행할 만한데 군주가 이를 시행하지 않은 다음에야 孔子는 〈그 나라를〉 떠났다. '終'은 끝난다는 뜻이다. 孔子는 한 나라에 벼슬하면서 3년이 지나도록 떠나지 않고 머물러 있은 적이 없었다.

孔子有見行可之仕하시며 有際可之仕하시며 有公養之仕하시니 於季桓子엔 見行可之仕也요 於衛靈公엔 際可之仕也요 於衛孝公엔 公養之仕也니라

孔子께서는 道를 행할 수 있는 가능성을 보고 벼슬한 경우가 있고, 君主가 禮를 갖추어 대접하는 것을 보고 벼슬한 경우가 있으며, 君主가 賢者를 公養하는 것을 보고 벼슬한 경우가 있다. 季桓子에 대해서는 道를 행할 수 있는 가능성을 보고 벼슬한 경우에 해당하고, 衛 靈公에 대해서는 君主가 禮를 갖추어 대접하는 것을 보고 벼슬한 경우에 해당하며, 衛 孝公에 대해서는 君主가 賢者를 公養하는 것을 보고 벼슬한 경우에 해당한다."

【注】行可는 冀可行道也라 魯卿季桓子秉國之政에 孔子仕之는 冀可得因之行道也라 際는 接也라 衛靈公이 接遇孔子以禮라 故로 見之也라 衛孝公이 以國君養賢者之禮로 養孔子하니 孔子故留宿以答之也라

'行可'는 道를 행할 가능성을 기대한 것이다. 魯나라 卿인 季桓子가 國政을 장악하고 있을 때 孔子가 벼슬하였는데, 이는 공자가 그를 통해 道를 행할 수 있을 거라 기대하였기 때문이다. '際'는 '接'의 뜻이다. 衛 靈公이 禮를 갖추어 공자를 대접하였으므로 공자가 이 점을 본 것이다. 衛 孝公은 國君이 賢者를 供養하는 禮에 따라 공자를 공양

하였으므로 공자가 留宿하면서 응답한 것이다.

【疏】'萬章(問)[1]曰'至'公養之仕也'. ○ 正義曰：此章言聖人憂民, 樂行其道, 苟善辭命, 不忍逆距, 不合則去, 亦不淹久, 蓋仲尼行止之節者也. '萬章(問)曰, 敢問交際何心也', 萬章問孟子, 凡交接之際, 當執何心而交接也. '孟子曰恭也', 孟子答之曰, 但當執恭敬之心也. '曰, 卻之卻之爲不恭, 何哉', 萬章又問孟子, 言卻去之・卻去之而不受, 是爲不恭敬然也. 何哉者, 是何然也. '曰, 尊者賜之, 曰 其所取之者義乎'至'故弗卻也', 孟子又答之, 言尊長賜己, 己乃問之曰, 其所取此物寧以義取之乎, 不以義取之乎, 乃方受之, 以此是爲不恭敬也. 但當受之, 不當問尊長所取不義, 則卻去之也. 謂宜受之, 故不可卻去也. '曰請無以辭卻之'至'不可乎', 萬章又問曰, 如尊長賜己之物, 其所取之不義, 但請無以直言不義之辭卻之, 但以己心卻去而不受, 爲取民之不義也, 然後飾以他辭而不受, 不可乎. 故以此問. '孟子曰, 其交也以道, 其接也以禮, 斯孔子受之矣', 孟子又答之曰, 其以物來交己以道理, 其接待於己亦以禮度, 此孔子受之矣. 言其如此交接, 則可受之也. '萬章曰, 今有禦人於國門之外'至'斯可以受禦與', 萬章又問曰, 假使今有人以兵禦人於國門之外者, 而奪得其貨物, 其來交己也以道理交之, 其餽賜己也亦以禮度, 如此誠可以受禦奪之物與. '曰不可'至'如之何其受之', 孟子又答之, 以爲不可受也. 且尙書康誥之篇有云 殺於人而取于貨, 暋然强暴, 爲不畏死者, 雖凡之衆民, 無有不憝惡(오)之也. 如此者, 是可不待教而後誅殺之者也.-言卽殺之, 更不必待其教命之後也.[2]- 如若殷受夏之天下, 周受殷之天下, 所不辭也, 無他, 以其夏桀・殷紂無道義, 當伐之而受其天下也. 於今乃竊比聖王之迹, 而遂以殺人而受物於人, 爲之暴烈, 如之何可受之.-言不可受此之餽也.[3]- '曰今之諸侯'至'敢問何〔說〕[4]也', 萬章又曰, 今之諸侯賦稅於民, 不以其道, 亦如禦人而奪貨者也, 苟善其禮以交接之, 斯君子且受之, 敢問何謂也.

1) (問) : 저본에는 '問'이 있으나, 해당 經文에 의거하여 衍文으로 처리하였다. 아래도 같다.
2) 言卽殺之 更不必待其教命之後也 : 앞의 '是可不待教而後誅殺之者也'를 부연 설명한 것이다.
3) 言不可受此之餽也 : 앞의 '如之何可受之'를 부연 설명한 것이다.
4) 〔說〕 : 저본에는 '說'이 없으나, 해당 經文에 의거하여 보충하였다.

經의 〔萬章曰〕에서 〔公養之仕也〕까지

○ 正義曰 : 이 장은, 聖人이 백성을 근심하고 자신의 道를 즐겨 행하되 좋은 말로 사귀기를 구하면 차마 거절하지 못하였으며, 서로 뜻이 맞지 않으면 떠나가서 그 또한 오래 머물러 있지 않았으니, 仲尼의 행적이 이에 해당함을 말한 것이다.

〔萬章曰 敢問交際何心也〕 萬章이 맹자에게 묻기를 '무릇 交接을 할 때 어떤 마음가짐으로 交接을 해야 하느냐.'고 한 것이다.

〔孟子曰恭也〕 맹자가 대답하기를, '恭敬하는 마음을 가져야 한다.'고 한 것이다.

〔曰 卻之卻之爲不恭 何哉〕 萬章이 맹자에게 다시 물은 것이다. 한사코 물리치고 받지 않는 것은 상대방을 공경하지 않는 행위라고 한다. 何哉는 이는 왜 그런 것이냐는 뜻이다.

〔曰 尊者賜之 曰 其所取之者義乎〕에서 〔故弗卻也〕까지

맹자가 다시 대답한 것이다. 尊長者가 나에게 예물을 주었는데 그가 이 물건을 취득할 때 올바른 방법으로 얻은 것인지 옳지 않은 방법으로 얻은 것인지를 스스로 확인해본 다음에 받는다면 이러한 태도는 상대방을 공경하지 않는 것이 된다. 즉, 곧장 받아야 하고 尊長者가 이를 취득할 때 옳지 못한 방법으로 얻은 것인지 확인해본 다음에 물리쳐서는 안 된다. 이는 의당 받아야 하는 것이기에 물리쳐서는 안 된다는 말이다.

〔曰請無以辭卻之〕에서 〔不可乎〕까지

萬章이 다시 묻기를 '만약 尊長者가 나에게 내려준 예물이 옳지 않은 방법으로 취득한 것이라면, 청컨대 옳지 않은 물건이라는 말을 상대에게 직설적으로 하여 물리치지는 말고, 단지 그것이 옳지 않은 방법으로 백성들에게 취득한 것이라는 점을 가지고 자기 마음속으로 물리치고 받지 않은 다음에 겉으로는 다른 말로 꾸며대고 받지 않으면 되지 않겠느냐.'고 한 것이다. 그래서 이 말로 물어본 것이다.

〔孟子曰 其交也以道 其接也以禮 斯孔子受之矣〕 맹자가 다시 대답한 것이다. 상대방이 예물을 가지고 찾아와서 道理에 맞게 나와 사귀려 하고, 나를 접대함에 있어서도 예의와 법도를 갖춘다면, 이러한 경우 孔子도 받았다고 한 것이다. 즉, 이와 같이 交際한다면 받아도 된다는 말이다.

〔萬章曰 今有禦人於國門之外〕에서 〔斯可以受禦與〕까지

만장이 다시 묻기를 '가령 지금 어떤 사람이 도성문 밖에서 무기로 사람을 가로막고 재물을 빼앗는다고 할 때 그가 만약 나에게 찾아와서 도리에 맞게 사귀려 하고 또 예의와 법도를 갖추어 예물을 보내온다면, 이와 같은 경우 강도짓한 물건을 받아도 되겠냐.'고 한 것이다.

〔曰不可〕에서 〔如之何其受之〕까지

맹자가 다시 대답하기를 '받아서는 안 된다.'고 한 것이다. 그리고 ≪尙書≫ 〈康誥〉편에 이르기를, '사람을 죽이고 재물을 빼앗아 완강하고 포악하여 죽음을 두려워할 줄 모르는 자에 대해서는 일반 백성이라 하더라도 증오하지 않는 이가 없다.'라고 하였으니, 이러한 사람은 君主의 敎命을 기다릴 것도 없이 죽여도 되는 자이다.-곧바로 죽여서 敎命이 내리기를 더 이상 기다릴 필요가 없음을 말한 것이다.- 이를테면 殷나라는 夏나라 天下를 물려받고 周나라는 殷나라 天下를 물려받아 사양하지 않은 것은 다름이 아니라 夏나라 桀王과 殷나라 紂王이 道義가 없기 때문에 당연히 그들을 정벌하여 천하를 물려받은 것이다. 지금 내가 속으로는 聖王의 행적에다 견주면서 결국은 사람을 죽이고서 빼앗은 물건을 남에게서 받아 포악한 짓을 하는 꼴이 될 것이니, 어찌 받을 수 있겠는가.-이렇게 보내준 것은 받아서는 안 됨을 말한 것이다.-

〔曰今之諸侯〕에서 〔敢問何說也〕까지

萬章이 다시 말하기를, '지금의 제후가 백성들에게 세금을 거둘 때 정상적인 방법을 쓰지 않고, 또한 마치 강도가 길을 막고 재물을 뺏는 것처럼 하고 있거늘 그들이 만약 예의를 잘 갖추어 사귀기를 구한다면 君子가 이를 받는다고 하였으니 도대체 무슨 말인지 감히 묻는다.' 한 것이다.

'曰子以爲有王者作'至'而況受其賜乎', 孟子又謂萬章曰, 子今以爲後如有王者興作, 將比今之諸侯無道而盡誅之乎. 其待敎之, 其不改者乃誅之乎. 言必待敎之不改者也. 夫所謂非其所有而取之者, 是爲盜也, 如充取民賦稅之類至大過者, 但義之盡耳, 亦未爲盜者也. 故曰, 夫所謂非其有而取之者, 是爲盜也, 充類至, 義之盡也. 然孟子必以此言者, 其意蓋謂今之諸侯雖取於民不以義, 然而受敎之, 猶庶幾能省(생)刑罰, 薄稅斂, 爲善政也. 此固在所敎而不誅, 今萬章乃曰 今之諸侯猶禦也, 殊不知與禦人之元惡·不待敎而誅者異矣. 然則萬章之所問, 乃云此者, 是其繆也, 宜孟子答之此耳. 孔子之仕於魯國, 魯國之人田獵較(각)奪禽獸, 孔子亦田獵較奪其禽獸. 然而獵較而孔子猶尙可爲, 而況受其賜而乃爲不可也. 言此者, 但有道理以交接, 則可受而不可辭卻也. '曰, 然則孔子之仕也, 非事道與', 萬章又問孟子, 言如此則是孔子之爲仕也, 非欲事其

道與. '曰事道也', 孟子答之, 以爲孔子之事是欲行其道也. '事道奚獵較也', 萬章又問曰, 孔子旣以欲行其道, 何以田獵較奪禽獸也. '曰, 孔子先簿正祭器, 不以四方之食供簿正', 孟子又答之曰, 孔子所以獵較者, 以其孔子仕於衰世, 不可以卒暴更(경)變. 故先且卽簿書而正宗廟之祭器. 旣欲正其祭器, 又不以四方之珍食供簿正祭器, 所以獵較而供簿正耳. 然而孔子必以獵較禽獸而供簿正祭器, 且不以四方之珍食者, 但爲四方珍食, 難常有之, 恐後人無珍食以供之, 故又絶其祭之禮, 所以如此也. '曰奚不去也', 萬章又問曰, 言孔子旣仕於衰世, 不可卒暴更(경)變以行其道, 何爲而不去而莫仕也. '曰爲之兆也'至'淹也'者, 孟子又答之曰, 孔子所以不去而且獵較者, 以其假爲行道之始也. 兆, 始也. 然假獵較爲兆, 旣足以行之矣, 而君乃不行之者, 孔子然後去之也, 如此. 是以孔子歷聘, 未嘗有於一國得終三年淹留而不去也. 是其時君不行孔子之兆故也. 如得行其兆, 孔子遂大行其道, 以輔佐其君, 雖留而弗去可也.

〔曰子以爲有王者作〕에서 〔況受其賜乎〕까지

맹자가 만장에게 다시 말한 것이다. '지금 그대가 생각하기에, 나중에 만약 王者가 나타난다면 장차 지금의 제후들을 無道하다고 여겨 모두 다 죽이겠는가? 아니면 그들을 가르쳐서 잘못을 고치지 않은 자만 죽이겠는가?'라고 한 것은 반드시 그들을 가르쳐서 잘못을 고치지 않는 자만 죽인다는 말이다. 이른바 자기 소유가 아닌 것을 취하는 자를 도적이라 하는데, 만약 백성들에게 세금을 거두어들이는 규정을 아주 심하게 적용하여 가득 채워서 거두어들였다면 이는 단지 정해진 직분을 극도로 수행한 것뿐이지 또한 도적이 되지는 않는다. 그래서 '이른바 자기 소유가 아닌 것을 취하는 자를 도적이라 하는데, 제후가 法으로 규정된 것보다 더 심하게 거두어들인 경우는 정해진 직분을 아주 극도로 수행한 것일 뿐이다.'라고 한 것이다. 그런데 맹자가 굳이 이 말을 한 것은, 그 의도가 아마도 지금의 제후들이 비록 백성에게 세금을 거두면서 정해진 직분을 벗어났다 하더라도 그들이 가르침을 받는다면 오히려 형벌을 줄이고 세금을 적게 거두어 善政을 베풀 수 있지 않을까 기대했기 때문일 것이다. 이렇듯 맹자의 생각이 그들을 죽이지 않고 가르치는 데에 있거늘 萬章이 지금의 제후들은 길을 막고 물건을 빼앗는 强盜와 같다고 말하였으니, 지금의 제후가 가르칠 것도 없이 죽여도 되는 아주 나쁜 강도와는 차이가 있음을 전혀 몰랐던 것이다. 그렇다면 萬章이 질문을 하면서 이런 말을 한 것은 틀린 것이며, 맹자가 이렇게 대답을 한 것은 당연하다 하겠다.

孔子가 魯나라에 벼슬할 때 魯나라 사람들이 사냥한 결과물을 비교하여 상대방의 금수를 빼앗는 놀이를 하였는데, 孔子 또한 사냥 결과를 비교하여 금수를 빼앗는 놀이를 하였다. 이렇게 獵較까지도 孔子는 그대로 하였는데 하물며 그들이 보내준 물건을 받는 것이야 불가할 것이 있겠는가. 이 말을 한 것은 단지 道理를 갖추어 사귀기를 구한다면 그들이 보내준 물건을 사양하지 말고 받아도 된다는 것이다.

〔曰 然則孔子之仕也 非事道與〕 萬章이 다시 맹자에게 묻기를, '이와 같다면 孔子가 벼슬한 것은 자신의 道를 행하려고 한 것이 아니었냐.'고 말한 것이다.

〔曰事道也〕 맹자가 대답하기를, '孔子가 한 일은 자신의 道를 행하려고 한 것'이라고 한 것이다.

〔事道奚獵較也〕 萬章이 다시 묻기를, '孔子가 기왕 자신의 道를 행하려고 했다면 어찌 사냥한 결과물을 비교하여 상대방의 금수를 빼앗는 그런 놀이를 한단 말이냐.'고 한 것이다.

〔曰 孔子先簿正祭器 不以四方之食供簿正〕 맹자가 다시 대답했다. 孔子가 獵較을 한 것은 孔子가 쇠락한 시대에 벼슬하면서 당시의 풍속을 급작스레 바꿀 수가 없었기 때문이다. 그래서 먼저 장부를 정리하여 宗廟의 祭器를 바로잡으려 한 것이다. 祭器를 바로잡으려 하였을 뿐 아니라 사방의 진귀한 음식들을 장부로 바로잡은 제기에 올리지 않으려고 하였다. 이 때문에 獵較을 해서라도 장부로 바로잡은 제기에 올리려고 한 것이다. 그런데 孔子가 굳이 금수를 엽각해서 장부로 바로잡은 祭器에 올리고, 또 사방의 진귀한 음식을 올리려 하지 않은 까닭은 단지 사방의 진귀한 음식이란 것이 항상 보유하고 있기가 어려운 탓에 후대 사람들이 제사에 올릴 진귀한 음식이 없다는 이유로 제사 지내는 예를 끊어버리지나 않을까 염려하여 이와 같이 한 것이다.

〔曰奚不去也〕 萬章이 다시 묻기를, '孔子가 쇠락한 시대에 벼슬하면서 급작스레 풍속을 바꾸어 자신의 道를 행할 수 없게 되었는데 어찌하여 벼슬을 버리고 떠나지 않았느냐.'고 한 것이다.

〔曰爲之兆也〕에서 〔淹也〕까지

맹자가 다시 대답한 것이다. 孔子가 魯나라를 떠나지 않고 또 獵較까지 한 것은 엽각을 빌려 道를 행할 수 있는 시초로 삼으려고 하였기 때문이다. '兆'는 시작이다. 그런데 엽각을 빌려 시작으로 삼은 것이 이미 충분히 행할 만한데 군주가 행하지 않은 다음에야 孔子가 이처럼 떠난 것이다. 이 때문에 孔子가 여러 나라를 두루 찾아다녔으나 한 나라에서 3년이 끝날 때가지 떠나지 않고 머문 적이 없었다. 이는 당시의 군주가 孔子의 시작점을 행하지 않았기 때문이다. 만약 그 시작점을 행할 수 있었더라면 孔子가 마침내 자신의 道를 크게 행하여 그 군주를 보좌하였을 것이다. 그러니 아무리 떠나지 않고 머물러 있으려 한들 그럴 수 있겠는가.

'孔子有見行可之仕'至'公養之仕也', 孟子又因而言孔子有見行可之仕, 有際可之仕, 有公養之仕. 如於魯卿季桓子再三(時)〔將〕[1]受, 乃語魯君, 爲周道遊, 往觀終日, 怠於政事. 子路曰 "夫子可以行矣." 孔子曰 "魯今且郊, 如致膰乎大夫, 則吾猶可以止." 桓子卒受女樂, 又不致膰俎於大夫, 孔子遂行宿于魯之南屯地. 桓子喟然歎曰 "夫子罪我以群婢故也." 凡此是孔子有見行可之仕也. 以其見既行之後, 乃且歎曰 "夫子罪我以群婢故也." 孰謂非於季桓子有見行可之仕乎. 於衛靈公, 是際可之仕也. 今按世家又云 "衛靈公聞孔子來, 喜郊迎, 問伐蒲之事. 後又問陳於孔子, 孔子曰 '俎豆之事, 則嘗聞之矣, 軍旅之事, 未之學也.'" 凡此是孔子有際可之仕也. 以其接遇孔子, 而孔子因言之此, 又孰謂非於衛靈公有際可之仕乎. 於衛孝公爲公養之仕者, 史記諸家於衛國竝無孝公. 所謂公養之仕, 但言以養賢之禮養孔子也. 今按史記紀孔子, 則亦衛靈公也. 據春秋年表云, "衛靈公卽位三十八年, 孔子來, 祿之."[2] 又案孔子世家云 "孔子適衛, 衛靈公問孔子, '居魯得祿幾何.' 對曰 '奉粟六萬.' 衛人亦致粟六萬. 居頃之, 或譖孔子, 孔子遂去衛." 是則孔子於衛靈公有公養之仕也. 如衛孝公, 則吾亦未能信, 以其無以按據故也. 以時推之, 則孔子於季桓子受女樂之時, 則靈公卽位之三十七年也, 魯定公十二年也. 定公十三年, 是衛靈公卽位之三十八年也. 問陳之時, 則卽位之四十三年, 衛靈公是年卒. 後之學者, 宜精究之.

1) (時)〔將〕: 저본에는 '時'로 되어 있으나, ≪史記≫ 〈孔子世家〉에 의거하여 '將'으로 바로잡았다.
2) 據春秋年表云……祿之 : ≪史記≫ 〈十二諸侯年表〉의 衛 靈公 38년 조에 "孔子가 오자 魯나라 때와 똑같은 봉록을 주었다.〔孔子來 祿之如魯〕"라고 한 것을 두고 한 말이다.

〔孔子有見行可之仕〕에서 〔公養之仕也〕까지

맹자가 다시 앞의 말을 이어서 말한 것이다. 孔子는 道를 행할 수 있는 가능성을 보고 벼슬한 경우가 있고, 君主가 禮를 갖추어 대접하는 것을 보고 벼슬한 경우가 있으며, 君主가 賢者를 公養하는 것을 보고 벼슬한 경우가 있다.

魯나라 卿인 季桓子를 사례로 들면 다음과 같다. 〈齊나라에서 女樂을 보내오자〉 季桓子가 몰래 두세 번 가서 보고는 받아들이려 마음먹고 魯君에게 청하여 도로를 두루 돌아다니며 유람하자고 말하고 〈魯君과 함께〉 가서 종일토록 보느라 정사를 게을리하였다. 이에 子路가 말하기를, "선생님께서 떠나는 게 좋겠습니다."라고 하니, 孔子가 말하기를, "魯나라에서 이제 곧 郊祭를 지내게 될 터인데, 그때 만약 大夫들에게 제사 때 쓴 고기를 보내준다면 나는 그래도 남아 있을 것이다."라고 하였다. 季桓子가 결국 女樂을 받아들이고, 또 제사 때 쓴 고기를 大夫들에게 보내주지 않자, 孔子가 마침내 魯나라를 떠나 魯나라의 남쪽 屯땅에서 유숙하였다. 季桓子가 크게 탄식하기를, "선생은 齊나라 女樂을 받아들인 것을 가지고 나를 꾸짖고 있구나."라고 하였다. 이상은 孔子가 道를 행할 수 있는 가능성을 보고 벼슬한 사례를 든 것이다. 孔子가 떠난 것을 본 다음에 "선생은 齊나라 여악들을 받아들인 것을 가지고 나를 꾸짖고 있구나."라고 탄식하였으니, 季桓子의 경우 가능성을 보고 벼슬한 것이 아니라고 누가 말하겠는가.

衛 靈公의 경우는 君主가 禮를 갖추어 대접하는 것을 보고 벼슬한 사례에 해당한다. 지금 ≪史記≫ 〈孔子世家〉를 살펴보건대, 또 "위 영공이 孔子가 온다는 소식을 듣고서 기뻐하여 교외까지 나가 영접하면서 蒲땅을 정벌해도 되느냐고 물었고, 나중에 또 孔子에게 陣法에 대해 물은 적이 있는데, 孔子가 대답하기를, '祭祀 지내는 일은 일찍이 들은 바 있으나, 軍事에 대한 일은 배우지 못했다.'고 하였다."라고 하였다. 이상은 孔子가 그 나라 君主가 禮를 갖추어 대접하는 것을 보고 벼슬한 사례를 든 것이다. 위 영공이 공자를 대접하였는데 공자가 이렇게 말했으니 위 영공의 경우 禮를 갖추어 대접하는 것을 보고 벼슬한 것이 아니라고 또 누가 말하겠는가.

衛 孝公의 경우는 君主가 賢者를 公養하는 것을 보고 벼슬한 사례에 해당한다고 하였는데, ≪史記≫를 비롯한 각종 역사서에는 모두 衛나라에 孝公이 없는 것으로 되어 있다. 이른바 君主가 賢者를 公養하는 것을 보고 벼슬했다는 것은 다만 현자를 공양하는 예로 孔子를 공양했음을 말한 것이다. 지금 ≪史記≫의 孔子에 관한 기록을 보면 이 또한 衛 靈公에 해당된다. 즉, 春秋年表에 의하면 "위 영공 즉위 38년에 孔子가 오자 그에게 봉록을 주었다."라고 하였고, 또 〈孔子世家〉를 살펴보면 "孔子가 衛나라에 갔을 때 위 영공이 孔子에게 '魯나라에 있을 때 얼마의 봉록을 받았습니까?'라고 묻자 '조 6만을 받았습니다.'라고 대답하였으므로 衛나라에서도 조 6만을 주었다. 얼마 후 어떤 사람이 위 영공에게 孔子를 참소하는 일이 생기자 孔子가 마침내 衛나라를 떠났

다."라고 하였다. 그렇다면 孔子가 위 영공에게 벼슬한 것은 公養하는 것을 보고 벼슬한 것이 된다. 위 효공의 경우에 해당한다고 한 것에 대해서는 나 또한 믿지 못하겠으니, 이에 대한 아무런 근거를 찾을 수 없기 때문이다. 시기적으로 볼 때, 季桓子가 女樂을 받는 것을 孔子가 본 시기는 靈公이 즉위한 지 37년 되는 해이며, 魯 定公 12년에 해당한다. 정공 13년은 위 영공 즉위 38년이다. 陣法에 대해 물은 시기는 위 영공 즉위 43년으로 위 영공이 이해에 사망하였다. 이에 대해서는 후대 학자들이 정밀하게 연구해보아야 할 것이다.

○ 注'康誥, 尙書篇名. 周公戒成王, 封康叔.[1] ○ 正義曰：案尙書云"成王旣伐管叔·蔡叔, 以殷餘民封康叔, 作康誥." 孔安國傳云"命康叔之誥, 康, 圻內國名, 叔, 封字也." 云"殺越人于貨, 暋不畏死, 凡民罔弗憝", 注云"殺人顚越人, 於是以取貨利. 暋, 强也. 自强爲惡(악), 而不畏死, 人無不惡(오)之者, 言當消絶之." 釋云"越, 于也, 於也."

1) 封康叔：위의 趙岐 注에는 '康叔封'으로 되어 있어 '封'을 康叔의 이름으로 보았으나, 孫奭 疏에는 '封'을 동사로 처리하였다. 이는 孫奭이 疏를 달 때 참고한 조기 주와 十三經注疏本에서 사용한 조기 주의 해당 구절이 서로 달랐기 때문으로 추정된다.

○ 注의〔康誥 尙書篇名 周公戒成王 封康叔〕

○ 正義曰：상고하건대 ≪尙書≫ 〈周書 康誥〉에 이르기를, "成王이 管叔과 蔡叔을 정벌한 다음 殷나라의 남은 백성들을 康叔에게 封하면서 〈康誥〉를 지어주었다." 하였는데, 孔安國 傳에 이르기를, "康叔에게 명한 誥文으로, 康은 畿內의 나라 이름이고 叔은 封의 字이다."라고 하였다.

'사람을 죽이고 재물을 빼앗아 강포하여 죽음을 두려워할 줄 모르는 자는 일반 백성들도 누구나 죽일 수 있다.'라고 한 구절에 대한 注에 이르기를, "사람을 죽여서 쓰러뜨리고 이에 재물을 빼앗는 것이다. 暋은 强의 뜻이다. 스스로 강포하여 악을 행하되 죽음을 두려워할 줄 모르니 사람들이 누구나 미워한다는 것으로, 마땅히 근절시켜야 함을 말한 것이다."라고 하였다. 글자 풀이에 이르기를, "越은 于, 於와 같은 뜻이다."라고 하였다.

○ 注'諸侯滅國五十'. ○ 正義曰：此蓋據經之文也, 已在滕文公之篇說焉.

○ 注의〔諸侯滅國五十〕

○ 正義曰：이것은 經典에 근거한 글로서, 〈滕文公〉편에서 이미 설명하였다.

○ 注'魯卿季桓子秉國之政'至'答之'. ○ 正義曰：左傳定公五年夏, "季平子卒, 桓子嗣立." 杜預云, "季孫斯也." 云'衛孝公養賢者之禮養孔子', 不知何據.

○ 注의 〔魯卿季桓子秉國之政〕에서 〔答之〕까지

○ 正義曰：≪春秋左氏傳≫ 定公 5년 여름 條의, "季平子가 卒하니 桓子가 계승하였다."라고 한 것에 대한 杜預 注에 "季孫斯이다."라고 하였다.

注에서 '衛 孝公이 賢者를 供養하는 예로 孔子를 供養하였다.'라고 한 것은 무슨 근거로 말했는지 모르겠다.

5. 孟子曰 仕非爲貧也로되 而有時乎爲貧하며 娶妻非爲養也로되 而有時乎爲養이니라

맹자가 말했다. "벼슬하는 것은 본래 가난을 면하려고 하는 것이 아니지만 때로는 가난을 면하기 위해 하는 경우가 있으며, 아내를 맞이하는 것은 본래 봉양을 받기 위한 것이 아니지만 때로는 봉양을 받기 위해 하는 경우가 있다.

【注】 仕는 本爲行道濟民也로되 而有以居貧親老而仕者며 娶妻는 本爲繼嗣也로되 而有以親執釜竈하여 不擇妻而娶者라

벼슬하는 것은 본래 道를 행하여 백성을 구제하기 위한 것이지만 때로는 집안이 가난하고 부모가 연로하기 때문에 벼슬하는 경우가 있으며, 아내를 맞이하는 것은 본래 후사를 잇기 위한 것이지만 때로는 직접 요리를 해야 하는 형편에 있기 때문에 아내의 조건을 가리지도 않고 맞이하는 경우가 있다.

爲貧者는 辭尊居卑하며 辭富居貧이니라

가난을 면하기 위해 벼슬하는 경우라면 높은 자리를 사양하고 낮은 자리에 있어야 하며 봉록을 많이 받는 자리를 사양하고 적게 받는 자리에 있어야 한다.

【注】 爲貧之仕는 當讓高顯之位요 無求重祿이라

가난을 면하기 위해 하는 벼슬은 마땅히 높고 현달한 자리를 사양하고 봉록을 많이 받는 자리를 구하지 말아야 할 것이다.

辭尊居卑하며 **辭富居貧**은 **惡**(오)**乎宜乎**오 **抱關擊柝**이니라

높은 자리를 사양하고 낮은 자리에 있으며 봉록이 많은 자리를 사양하고 적은 자리에 있으려면 어떤 자리가 가장 적절한가? 성문을 지키는 자리가 가장 적절하다.

【注】辭尊富者인대 安所宜乎아 宜居抱關擊柝監門之職也라 柝은 門關之木也라 擊은 椎之也라 或曰 柝은 行夜所擊木也니 傳[1]曰 魯擊柝하니 聞於邾라하니라

1) 傳 : ≪春秋左氏傳≫ 哀公 7년 기사를 가리킨다.

지위가 높고 봉록이 많은 자리를 사양하려면 어떤 자리에 있는 것이 가장 적절한가? 성문의 빗장 나무를 두드리는 문지기의 직책이 가장 적절하다. '柝'은 문의 빗장으로 걸어놓은 나무이다. '擊'은 망치로 두드리는 것이다. 혹 '柝'을 밤중에 순찰을 돌며 두드리는 나무라고 설명한 곳도 있으니, ≪春秋左氏傳≫에 "魯나라에서 딱딱이를 치니 그 소리가 邾나라까지 들렸다."고 한 것이 그 예이다.

孔子嘗爲委吏矣사 **曰 會計**를 **當而已矣**라하시고 **嘗爲乘田矣**사 **曰 牛羊**을 **茁壯長而已矣**니라 **位卑而言高**가 **罪也**요 **立乎人之本朝而道不行**이 **恥也**니라

孔子께서 일찍이 委吏가 되셨을 때에는 '계산을 정확하게 하기만 하면 된다.'라고 하셨고, 일찍이 乘田이 되셨을 때에는 '牛羊을 무럭무럭 잘 자라게 하기만 하면 된다.'라고 하셨다. 낮은 자리에 있으면서 높은 사람이 할 말을 하는 것은 죄를 짓는 것이요, 남의 조정에서 벼슬하면서 道가 행해지지 않는 것은 부끄러운 일이다."

【注】孔子嘗以貧而祿仕라 委吏는 主委積(자)倉庾之吏也니 不失會計當直其多少而已라 乘田은 苑囿之吏也로 主六畜[1]之芻牧者也니 牛羊茁壯肥好長大而已라 茁(茁)[2]은 生長貌也니 詩云 彼茁者葭라하니라 位卑면 不得高言豫朝事라 故但稱職而已라 立本朝하얀 大道當行이니 不行이면 爲己之恥라 是以로 君子祿仕者는 不處大位니라

1) 六畜 : 희생에 사용되는 소·말·양·닭·개·돼지를 가리킨다.

2) 茁(茁) : 저본에는 '茁茁'로 되어 있으나, 孔本·韓本·考文古本에 의거하여 한 자를 衍文으로 처리하였다.(阮元의 〈校勘記〉 참조)

孔子가 일찍이 가난을 면하기 위해 봉록을 바라고 벼슬한 사례이다. 委吏는 창고 업무를 주관하는 관리이므로 계산을 정확하게 하여 보관된 물품의 수효만 잘 맞으면 된다. 乘田은 苑囿를 담당하는 관리로서 희생에 사용되는 가축의 사육을 주관하므로 牛羊이 무럭무럭 살찌고 잘 크기만 하면 된다. '茁'은 생장하는 모양이니, 《詩經》 〈召南 騶虞〉에 "저 무럭무럭 자라는 갈대"라고 한 것이 그 예이다.

낮은 자리에 있으면 높은 사람이 하는 말로 조정의 일에 관여해서는 안 된다. 그러므로 단지 직책에 걸맞게 행동하기만 하면 된다. 하지만 조정에서 벼슬한다면 마땅히 큰 道를 행해야 할 것이니, 만약 道가 행해지지 않으면 그것은 자기에게 부끄러운 일이 된다. 그러기에 君子가 가난을 면하기 위해 벼슬하는 경우에는 높은 지위에 처하지 않는 법이다.

爲委吏圖

爲乘田吏圖

【疏】'孟子曰'至'恥也'. ○ 正義曰：此章言國有道則能者處卿相, 國無道則聖人居乘田, 量時安卑, 不受言責, 獨善其身者也. '孟子曰, 仕非爲貧'至'道不行, 恥也', 孟子言 爲仕者, 志在欲行其道, 以濟生民, 非爲家貧乏財, 故爲仕也. 然而家貧親老而仕者, 亦有時而爲貧也. 娶妻志在爲繼嗣以傳業, 非爲其欲奉養其己, 故娶妻也. 然而有以親執釜爨, 不擇妻而娶者, 是娶妻亦有時乎爲養也. 然以孟子於此乃言娶妻之謂者, 蓋妻亦臣之喻, 故因言爲仕, 而帶言之也. 所以於下文不復敍之, 而獨繼之以爲貧而言也. 言爲貧者不苟貪, 但免朝不食・夕不食・饑餓不能出門戶足矣, 高爵非所慕也, 故辭其尊而處卑, 重祿非所慕也, 故辭其富而處貧. 凡此者, 以其爵有尊卑, 祿有多寡故然也. 以其祿之少者, 則又以貧言之, 非所謂家貧之貧也. 此又知孟子立言之法也. 言辭尊而處卑, 辭富而居貧, 是安所而宜之乎. 言抱關擊柝者是也. 抱關擊柝之職, 乃監門守禦之吏也. 擊柝者, 所以擊關門之木以警寇也. 以其是爵之卑・祿之貧者也, 故曰"惡(오)乎宜乎, 抱關擊柝." 又引孔子而證之, 言孔子嘗以貧而祿仕, 但爲委吏, 以掌倉庾, 又嘗爲乘田之吏, 以掌苑囿, 主芻牧也. 爲委吏, 則曰"會計當料量多少斯已矣", 未嘗侵官犯分也, 爲乘田之助吏, 則曰"牛羊茁壯肥長斯已矣", 又未嘗侵官犯分也. 是皆但爲稱職耳. 孟子於此, 遂因言之曰"如位處卑, 而言在高位者, 是罪之極也, 如立乎人之朝, 而道不得行者, 君子之所恥辱也." 孔子曰"不在其位, 不謀其政", 又曰"邦無道, 富且貴焉, 恥也"[1], 皆此之謂也.

1) 不在其位……恥也：모두 ≪論語≫〈泰伯〉에 보이는 말이다.

經의 〔孟子曰〕에서 〔恥也〕까지

○ 正義曰：이 장은 나라에 道가 있으면 능력이 있는 사람이 卿相의 자리에 있게 되고 나라에 道가 없으면 聖人이 乘田의 자리에 있게 되니, 때를 헤아려 낮은 자리에 편안히 지내면서 국정에 대해 말할 책임을 지지 않고 자신의 몸을 홀로 선하게 유지함을 말한 것이다.

〔孟子曰 仕非爲貧〕에서 〔道不行 恥也〕까지

맹자의 말이다. 벼슬하는 것은, 그 뜻이 자신의 道를 행하여 백성을 구제하는 데 있는 것이지 집안이 가난하여 재물이 없기 때문에 벼슬하는 것이 아니다. 하지만 집안이 가난하고 부모가 연로하기 때문에 벼슬하기도 하니, 이는 벼슬하는 것이 때로는 가난을 면하기 위해 하기도 하는 것이다. 아내를 맞이하는 것은 그 뜻이 後嗣를 이어

家業을 전하기 위한 것이지 자기 몸을 봉양하려고 아내를 맞이하는 것이 아니다. 하지만 직접 요리를 해야 하는 형편에 있기 때문에 아내의 조건을 가리지도 않고 맞이하기도 하니, 이는 아내를 맞이하는 것이 때로는 봉양을 받기 위해 하기도 하는 것이다. 그러나 맹자가 여기에서 아내를 맞이하는 상황을 언급한 것은 아내 또한 신하에 비유될 수 있는 처지이기 때문에 신하가 벼슬하는 것을 강조하기 위해 곁들여 언급한 것이다. 그래서 아랫글에서는 더 이상 말하지 않고, 오직 가난을 면하기 위해 벼슬하는 것만 가지고 말했다. 즉, 가난을 면하기 위해 벼슬하는 경우에는 벼슬을 구차하게 탐하지 않고 단지 아침도 못 먹고 저녁도 못 먹어 굶주려서 문밖에도 나가지 못하는 것만 면하면 충분하다.

높은 관작을 바라는 것이 아니기 때문에 높은 자리를 사양하고 낮은 자리에 있으며, 많은 봉록을 바라는 것이 아니기 때문에 봉록을 많이 받는 자리를 사양하고 봉록을 적게 받는 자리에 있는다. 이렇게 말한 것은 관직에는 尊卑가 있고 봉록에는 多寡가 있기 때문이다. 봉록이 적은 벼슬을 가지고 또 '貧'이라고 표현하였는데, 이는 이른바 '家貧'이라고 할 때의 貧이 아니다. 여기에서 맹자의 표현법을 다시 한 번 알 수 있다.

높은 자리를 사양하고 낮은 자리에 있으며 봉록이 많은 자리를 사양하고 적은 자리에 있으려면 어떤 곳에 있어야 적절한가? 抱關擊柝하는 자리가 이에 해당한다. 抱關擊柝하는 직책은 성문을 지키는 관리를 가리킨다. 擊柝은 성문의 빗장으로 걸어놓은 나무를 두드려서 외부 침입자를 경계하는 것을 말한다. 이 자리가 관작이 낮고 봉록이 적은 자리이기 때문에 "어떤 자리가 가장 적절한가? 성문을 지키는 자리가 가장 적절하다."고 말한 것이다.

다시 孔子를 예로 들어 다음과 같이 인증하였다. 공자가 일찍이 가난을 면하기 위해 봉록을 바라고 벼슬을 할 때에는 단지 委吏가 되어 창고 업무를 담당하였고, 또 苑囿를 담당하는 乘田이란 관리가 되어 가축의 사육을 주관하였다. 委吏로 있을 때는 "계산을 해서 수치만 잘 맞으면 그만이다."라고 하면서 일찍이 직분을 뛰어넘는 언행을 한 적이 없었으며, 乘田이란 하급 관리로 있을 때는 "牛羊이 무럭무럭 살찌고 잘 크기만 하면 그만이다."라고 하면서 이때에도 직분을 뛰어넘는 언행을 한 적이 없었다. 이러한 자리에서 모두 직책에 걸맞게 행동하였을 뿐이다. 여기에서 맹자는 孔子의 사례로 인하여 말하기를, "낮은 자리에 있으면서 높은 자리에 있는 사람이 할 말을 하는 것은 매우 큰 죄가 되며, 남의 조정에서 벼슬하면서 道가 행해지지 않는 것은 君子

가 부끄러워하는 바이다."라고 하면서 끝을 맺었다. 孔子가 "그 지위에 있지 않으면 그 政事를 도모하지 말라."라고 한 것이나, 또 "나라에 道가 없을 때 부유하고 귀한 것은 부끄러운 일이다."라고 한 것은 모두 이를 두고 한 말이다.

○ 注'親老而仕'至'娶者'. ○ 正義曰：傳[1)]云 "任重而道遠者, 不擇地而息, 家貧親老者, 不擇官而仕", 是其意歟.

1) 傳：≪韓詩外傳≫의 내용을 가리킨다.

○ 注의 〔親老而仕〕에서 〔娶者〕까지

○ 正義曰：≪韓詩外傳≫에, "짐이 무겁고 가는 길이 멀면 땅을 가리지 않고 휴식하게 되며, 집안이 가난하고 부모가 연로하면 관직을 가리지 않고 벼슬하게 된다."라고 한 말과 같은 의미일 것이다.

○ 注'傳曰, 魯擊柝, 聞於邾'. ○ 正義曰：已說在敍篇.

○ 注의 〔傳曰 魯擊柝 聞於邾〕

○ 正義曰：이미 敍篇에서 말했다.

○ 注'孔子'至'道也'.[1)] ○ 正義曰：案孔子世家云 "孔子貧且賤, 嘗爲(委)〔季〕氏吏[2)]而料量平, 嘗爲司職吏而畜息蕃. 由是爲司空, 已而去魯." 是其事也. 云"詩云, 彼茁者葭", 注云 "茁, 出也, 葭, 蘆也." 箋云 "言蘆之始出者."

1) 孔子至道也：저본인 阮元의 十三經注疏本에는 趙岐의 해당 注가 "孔子嘗以貧而祿仕……不處大位"로 되어 있으나, 宋代에 판각된 蜀刻本 ≪孟子趙注≫(이 본은 1919년에 商務印書館에서 續古逸叢書를 간행할 때 ≪宋槧大字本孟子≫라는 이름으로 영인하였다.)에는 이 구절 다음에 '章指言國有道則能者處卿相 國無道則聖人居乘田 量時安卑 不受言責 獨善其身之道也' 36자의 章指가 추가되어 있다. 孫奭 疏에서 '孔子至道也'로 표제어를 단 것은 손석이 北宋 초기에 통행한 趙注本을 따랐기 때문이다.(≪孟子趙注≫(광서사범대학출판부, 2018) 참조)

2) (委)〔季〕氏吏：四庫全書에 수록된 3종의 ≪史記≫에는 모두 '季氏史(吏)'로 되어 있고, 같은 내용을 수록한 朱熹의 〈論語集註序說〉에는 '委吏'로 되어 있으며, 본 저본에는 季氏史(吏)와 委吏가 뒤섞여 '委氏吏'로 되어 있다. ≪사기≫에 의거하여 저본의 '委'를 '季'로 바로잡았다.

注의 〔孔子〕에서 〔道也〕까지

○ 正義曰 : 상고하건대 ≪史記≫ 〈孔子世家〉에 이르기를, "孔子가 빈천했던 시기에 일찍이 季氏의 말단 관리를 지낸 적이 있는데 저울질이 공평했으며, 일찍이 司職吏를 지낼 때에는 가축이 번성하였다. 이로 말미암아 司空이 되었고, 얼마 후 魯나라를 떠났다."라고 하였는데, 그때의 일에 해당한다.

〔詩云 彼茁者葭〕 注(毛傳)에 이르기를, "茁은 나오다는 뜻이고 葭는 갈대이다."라고 하였고, 箋(鄭箋)에 이르기를, "갈대가 처음 나온 것을 말한다."라고 하였다.

6. 萬章曰 士之不託諸侯는 何也잇고

萬章이 물었다. "士가 諸侯에게 의탁하지 않는 것은 무엇 때문입니까?"

【注】 託은 寄也니 謂若寄公[1]食祿於所託之國也라

1) 寄公 : 나라를 잃고 다른 나라에 빌붙어 사는 제후를 이른다.

託은 의탁하는 것이니, 寄公처럼 의탁한 나라에서 봉록을 받아먹는 것을 이른다.

孟子曰 不敢也니라 諸侯失國而後에 託於諸侯는 禮也요 士之託於諸侯는 非禮也니라

맹자가 말했다. "감히 못하는 것이다. 諸侯가 나라를 잃은 뒤에 다른 諸侯에게 의탁하는 것은 禮에 있는 일이지만, 士가 諸侯에게 의탁하는 것은 禮가 아니다."

【注】 謂士位輕하여 本非諸侯敵體라 故로 不敢比失國諸侯得爲寄公也라

士는 지위가 낮아 근본적으로 諸侯와 대등한 지위에 있지 않다. 그러므로 나라를 잃은 제후가 寄公이 되는 것과는 감히 견줄 수 없다는 말이다.

萬章曰 君이 餽之粟이면 則受之乎잇가

萬章이 물었다. "군주가 곡식을 보내준다면 이를 받아도 됩니까?"

【注】士窮而無祿에 君饋之粟이면 則可受之乎잇가

士가 궁핍한 데다 봉록도 없이 지내고 있을 때 군주가 만약 곡식을 보내준다면 이를 받아도 되느냐는 말이다.

曰 受之니라

맹자가 대답했다. "받아도 된다."

【注】孟子曰 受之也라

맹자가 받아도 된다고 말한 것이다.

受之는 何義也잇고

萬章이 물었다. "받아도 되는 것은 무슨 까닭입니까?"

【注】萬章曰 受粟은 何義也잇고

萬章이 묻기를, '곡식을 받아도 되는 것은 무슨 까닭이냐.'고 한 것이다.

曰 君之於氓也에 固周之니라

맹자가 대답했다. "군주는 백성들에 대해서 당연히 구제해주어야 하기 때문이다."

【注】氓은 民也라 孟子曰 君之於民에 固當周其窮乏이어니 況於士乎아

'氓'은 백성이다. 맹자가 말하기를, '군주는 백성들에 대해서 당연히 그들의 궁핍함을 구제해주어야 하는 것이니 하물며 士에 대해서야 두말할 것이 있느냐.'고 한 것이다.

曰 周之則受하고 賜之則不受는 何也잇고

萬章이 물었다. "구제해주는 것은 받으면서 예물로 주는 것은 받지 않는 것은 무엇 때문입니까?"

【注】萬章言 士窮에 (居)〔君〕[1]周之則受하고 賜之則不受는 何也잇고 周者는 謂周急稟貧民之常(料)〔科〕[2]也라 賜者는 謂禮賜橫加也라

1) (居)〔君〕: 저본에는 '居'로 되어 있으나, 廖本·孔本·韓本·考文古本에 의거하여 '君'으로 바로잡았다.(阮元의 〈校勘記〉 참조)
2) (料)〔科〕: 저본에는 '料'로 되어 있으나, 廖本·孔本·韓本·考文古本에 의거하여 '科'로 바로잡았다.(阮元의 〈校勘記〉 참조)

萬章이 '士가 궁핍하게 지낼 때 君主가 구제해주면 이를 받지만 예물로 주면 받지 않는 것은 무엇 때문이냐.'고 말한 것이다. '周'는 긴급한 상황을 구제하기 위해 빈민들에게 내려주는 일상적인 조치를 이른다. '賜'는 이유도 없이 예물을 주는 것을 이른다.

曰 不敢也니라

맹자가 대답했다. "감히 받지 못하는 것이다."

【注】孟子曰 士不敢受賜라

맹자가 말하기를, '士는 예물로 주는 것을 감히 받지 못한다.'고 말한 것이다.

曰 敢問其不敢은 何也잇고

萬章이 물었다. "감히 받지 못하는 것은 무엇 때문인지 감히 여쭙습니다."

【注】萬章問 何爲不敢이라

萬章이 묻기를, '무엇 때문에 감히 받지 못하는 것이냐.'고 한 것이다.

曰 抱關擊柝者는 皆有常職하여 以食於上하나니 無常職而賜於上者를 以爲不恭也니라

맹자가 말했다. "성문을 지키는 사람들은 모두 일정한 職事를 가지고 있어 그 때문에 위로부터 봉록을 받아먹을 수 있다. 하지만 일정한 職事도 없이 위로부터 받아먹는 것은 不恭이 되기 때문이다."

【注】孟子曰 有職事者는 可食於上祿이라 士不仕하여 自以不任職事而空受賜면 爲不恭이라 故로 不受也라

맹자의 말이다. 職事가 있으면 위로부터 봉록을 받아먹을 수 있다. 하지만 士가 벼슬에 나가지 않아 아무런 職事도 맡지 않았으면서 군주가 주는 것을 받기만 한다면 이는 不恭이 된다. 그래서 받지 못하는 것이다.

曰 君이 餽之則受之라하시니 不識케이다 可常繼乎잇가

萬章이 물었다. "군주가 예물로 보내주면 받는다고 하셨는데, 그렇다면 계속해서 늘 보내주어도 되는지 모르겠습니다."

【注】萬章曰 君禮餽賢臣이면 賢臣受之라하니 不知可繼續而常來致之乎아 將當輒更以君命將之也라

萬章이 묻기를, '군주가 어진 신하에게 예물로 보내주면 어진 신하가 받는다고 하였는데, 그렇다면 계속해서 늘 보내주어도 되는지 모르겠다.'고 한 것이다. 이는 장차 계속해서 군주의 命으로 보내겠다는 것이다.

曰 繆(목)公之於子思也에 亟(기)問하시며 亟餽鼎肉이어시늘 子思不悅하사 於卒也에 摽使者하여 出諸大門之外하시고 北面稽首再拜而不受하시고 曰 今而後에 知君之犬馬畜伋이라하시니 蓋自是로 臺無餽也하니

맹자가 대답했다. "魯 繆公이 子思에 대해서 자주 문안을 하고 자주 삶은 고기를 보내자 자사가 불쾌하게 여겨 마지막에 다시 보내왔을 때 使者를 손짓으로 물리쳐 대문 밖에 나가 있게 하고는 북쪽을 향해 머리를 조아려 두 번 절하고 받기를 거부하며 말하기를, '지금에서야 군주가 나를 개나 말처럼 기른다는 사실을 알았다.'라고 하였으니, 이때부터 심부름꾼이 더 이상 예물을 가져다 주지 않았다.

【注】孟子曰 魯繆公時에 尊禮子思하야 數(삭)問하며 數餽鼎肉이어늘 子思以君命(道)〔煩〕[1)]이라 故로 不悅也라 於卒者는 末後復(부)來時也라 摽는 麾也니 麾使者出大門之外하고 再拜叩頭不受曰 今而後에 知君以犬馬畜伋이라하니라 伋은 子思名也라 責君之不優以不煩하고 而但

數與之食物을 若養犬馬라 臺는 賤官이니 主使令者라 傳에 曰 僕臣臺[2)]라하니라 從是之後로 臺不持餽來하니 繆公慍也라 慍은 恨也라

1) (道)〔煩〕: 저본에는 '道'로 되어 있으나, 廖本·孔本·韓本·考文古本에 의거하여 '煩'으로 바로잡았다.(阮元의 〈校勘記〉 참조)

2) 僕臣臺: ≪春秋左氏傳≫ 召公 7년 조에, "하늘에는 10개의 날짜(甲부터 癸까지의 10일)가 있고 사람에는 10등급의 위계가 있어 낮은 사람은 높은 사람을 섬기고 높은 사람은 신을 섬긴다. 그러므로 王은 公을 신하로 삼고, 公은 大夫를 신하로 삼고, 大夫는 士를 신하로 삼고, 士는 皁를 신하로 삼고, 皁는 輿를 신하로 삼고, 輿는 隸를 신하로 삼고, 隸는 僚를 신하로 삼고, 僚는 僕을 신하로 삼고, 僕은 臺를 신하로 삼는다.〔天有十日 人有十等 下所以事上 上所以共神也 故王臣公 公臣大夫 大夫臣士 士臣皁 皁臣輿 輿臣隸 隸臣僚 僚臣僕 僕臣臺〕"라고 하였다.

맹자의 말이다. 魯 繆公 때에 목공이 子思를 존경하여 자주 문안을 하고 자주 삶은 고기를 보내자, 子思는 군주의 명이 자신을 번거롭게 만든다고 생각하여 기뻐하지 않았다. '於卒'은 마지막에 다시 보내왔을 때이다. '摽'는 손짓으로 물리치는 것이니, 使者를 손짓으로 물리쳐 대문 밖에 나가 있게 하고는 두 번 절하고 머리를 조아린 채 받기를 거부하며 말하기를, "지금에서야 군주가 나를 개나 말처럼 기른다는 사실을 알았다."라고 한 것이다. '伋'은 子思의 이름이다. 군주가 번거롭지 않은 방식으로 자신을 우대하지 않고 단지 개나 말을 기르듯 음식만 자주 보내주는 것을 나무란 것이다. '臺'는 미천한 관리이니, 심부름을 주로 하는 자이다. ≪春秋左氏傳≫에 "僕은 臺를 신하로 삼는다."라고 하였다. 그 이후로 臺가 예물을 가지고 오지 않았으니, 繆公이 언짢아 한 것이다. '慍'은 '恨'의 뜻이다.

悅賢不能擧요 又不能養也니 可謂悅賢乎아

賢者를 좋아한다면서 제대로 등용하지도 못하고 또 제대로 供養하지도 못하였으니, 賢者를 좋아했다고 말할 수 있겠는가."

【注】 孟子譏繆公之雖欲有悅賢之意나 而不能擧用使行其道하고 又不能優養終竟之하니 豈可謂悅賢也리오

맹자가, '繆公이 비록 賢者를 좋아하는 마음을 가져보려고 하였지만 賢者를 등용하여 그의 道를 실행하게 하지 못하고 또 끝까지 잘 봉양하지도 못하였으니, 어찌 賢者

를 좋아했다고 말할 수 있겠느냐.'고 기롱한 것이다.

曰 敢問國君이 欲養君子인댄 如何라야 斯可謂養矣니잇고

만장이 물었다. "나라의 군주가 君子를 供養하고자 할 때 어떻게 해야 참다운 供養이라 할 수 있겠습니까?"

【注】 萬章問國君養賢之法也라

萬章이 나라의 군주가 賢者를 供養하는 법에 대해 물어본 것이다.

曰 以君命將之어든 再拜稽首而受하나니 其後에 廩人繼粟하며 庖人繼肉하여 不以君命將之니 子思以爲 鼎肉이 使己僕僕爾亟拜也라 非養君子之道也라하시니라

맹자가 대답했다. "군주의 命으로 이를 행하면 두 번 절하고 머리를 조아리며 받는 법이다. 그 후로는 창고지기가 곡식을 계속 대어주고 푸줏간 사람이 고기를 계속 대어주되 군주의 명으로 행하지 않아야 한다. 子思는 삶은 고기가 자신을 번거롭게 자주 절하게 만든다고 생각하였으니, 이는 君子를 供養하는 법도가 아니다.

【注】 將者는 行也라 孟子曰 始以君命行이어든 禮拜受之하나니 其後에 倉廩之吏繼其粟하여 將盡復送하며 廚宰之人日送其肉하되 不復以君命者는 欲使賢者不答以敬이니 所以優之也라 子思所以非繆公者는 以爲鼎肉使己數拜故也라 僕僕은 煩猥貌니 謂其不得養君子之道也라

'將'은 행한다는 뜻이다. 맹자가 이르기를, 처음에 군주의 명으로 이를 행하면 예의상 절을 하고 받아야 한다. 그 후로 창고의 관리는 곡식을 계속 대주어 곡식이 떨어질 듯하면 다시 보내주고, 푸줏간의 사람은 날마다 고기를 보내주되 더 이상 군주의 명으로 보내지 않는 것은 賢者로 하여금 경건함을 갖추어 답례하지 않게 하려고 한 것이니, 현인을 우대하는 방법이다. 子思가 繆公을 비난한 것은 삶은 고기가 자신을 자주 절하게 만든다고 생각했기 때문이다. '僕僕'은 번거로워하는 모양이니, 군자를 공양하는 법도를 얻지 못했음을 말한 것이다.

堯之於舜也에 使其子九男事之하며 二女女焉하시고 百官牛羊倉廩을 備하여 以養

舜於畎畝之中이러시니 **後**에 **擧而加諸上位**하시니 **故**로 **曰 王公之尊賢者也**라하노라

堯임금이 舜에 대해서 그 자식 아홉 아들로 하여금 舜을 섬기게 하고 두 딸을 시집보냈으며 百官과 牛羊과 倉廩을 갖추어 舜을 들 가운데서 供養하게 하시더니 나중에는 舜을 등용하여 높은 자리에 앉히셨다. 그래서 이를 두고 王公이 賢者를 높이 받든 것이라고 말한다."

【注】 堯之於舜如是하니 是王公尊賢之道也라 九男以下는 已說於上篇이라 上位는 尊帝位也라

堯임금이 舜에 대해 이와 같이 하였으니, 이것이 바로 王公이 賢者를 높이 받드는 방식이다. '九男' 이하는 상편(〈萬章 上〉)에서 이미 설명하였다. '上位'는 존귀한 임금의 자리이다.

【疏】 '萬章曰'至'尊賢者也'. ○ 正義曰：此章言知賢之道, 擧之爲上, 養之爲次, 不擧不養, 賢惡(오)肯歸. 是以孟子上陳堯・舜之大法, 下刺繆公之不弘者也. '萬章曰, 士之不託諸侯何也', 萬章問孟子, 言士之不寄公食祿於諸侯, 是如之何也. '孟子曰, 不敢也'至'非禮也'者, 孟子答之, 以爲士之所以不託於諸侯者, 以其不敢也. 如諸侯失去其國, 然後託於諸侯, 是禮也, 士之託於諸侯, 非是禮也. 以其諸侯失國, 不得繼世, 而託食祿於諸侯, 則所託之諸侯不敢臣之也, 以賓禮之而已. 蓋爲諸侯, 於諸侯有賓道焉. 士之於諸侯, 則臣道也. 有臣之道, 故不敢託也, 如託於諸侯, 則非禮也. '萬章曰, 君餽之粟, 則受之乎', 萬章又問孟子, 士旣窮而無祿, 如國君餽賜之以粟, 則可受之乎. '曰受之', 孟子以爲可受之也. '受之何義也', 萬章又問受之是何義也. '曰君之於氓也, 固周之', 孟子又答云, 君之於民, 固當賙其窮乏, 況爲士乎. '曰周之則受, 賜之則不受, 何也', 萬章又問, 謂國君周之則受之也, 君所賜則不受, 是如之何. '曰不敢也', 孟子又答之, 以爲是不敢也. '曰敢問其不敢何也', 萬章又以此問之. '曰抱關擊柝者'至'恭也', 孟子又答之曰, 抱關擊柝爲監門之吏者, 是皆有常職事, 可以食於君也, 如士者, 是無常職事, 若空見賜於君者, 是以爲不恭, 故不敢受也. 以其受與不受, 特在義之而已. '曰君餽之則受之, 不識可常繼乎', 萬章又問, 以謂國君餽之以粟, 則可以受之, 不知可以常繼續而餽之與. '曰繆公之於子思'至'可謂悅賢者乎', 孟子又答之, 言魯繆公尊於子思, 數數(삭삭)問之, 而又數數餽賜其鼎肉, 子思以君命如是之煩, 故憤而不喜悅. 於卒

末後復來餽之時, 子思乃麾使者出諸大門之外, 嚮北稽首, 再拜辭之而不受, 曰, 至今而後乃知魯君以犬馬畜養其伋也. 伋, (曾子)〔子思〕[1]自稱其名也. 蓋自子思如是辭之之後, 僕臣臺從此不持餽來也. 孟子於此, 又因而譏繆公旣能悅其子思之賢, 而不能擧而用之, 又不能以祿養之, 可謂爲能悅賢者乎. 言不可爲悅賢之君也. '曰敢問國君欲養君子, 如何斯可謂養矣', 萬章又問國君今欲養賢, 如之何可以謂之養也. '曰以君命將之'至'王公之尊賢者也', 孟子答之, 以爲始以君命賜行, 禮拜而受之. 其後倉庾之吏繼其粟, 將盡又送餽之, 廚宰之人繼送其肉而不絶, 又不以君命, 欲使賢者不答以敬, 以是爲優其養. 所以非繆公以爲鼎肉, 使己數數拜而僕僕然也. 僕僕卽煩猥貌也. 如此, 是非所以養賢之道也. 且堯帝於舜也, 乃使九男事之, 二女女焉. 女者以女嫁人謂之女也. 又以百官牛羊倉廩備, 以養舜於畎畝側微之中, 後能擧用而加諸帝位. 如此, 則爲王公大人所以尊賢者也. 孟子引此, 適所以譏繆公不能擧用子思, 徒使鼎肉有迫子思之煩猥也, 抑又所以救時之弊者焉.

1) (曾子)〔子思〕: 저본에는 '曾子'로 되어 있으나, 阮元의 〈校勘記〉에 의거하여 '子思'로 바로잡았다.

經의 〔萬章曰〕에서 〔尊賢者也〕까지

○ 正義曰 : 이 장은, 賢者를 알아보는 것으로는 그를 登用하는 것이 최상이요, 그를 供養하는 것이 다음이니, 등용하지도 않고 공양하지도 않는다면 賢者가 어찌 귀의하려 하겠느냐고 말한 것이다. 그래서 맹자가 위에서는 堯舜의 大法에 대해 진술하고 아래에서는 繆公의 속좁은 행동을 비판한 것이다.

〔萬章曰 士之不託諸侯何也〕 萬章이 맹자에게 묻기를, '士가 寄公처럼 諸侯에게 의탁하여 봉록을 받아먹지 않는 것은 무엇 때문이냐.'고 한 것이다.

〔孟子曰 不敢也〕에서 〔非禮也〕까지

맹자가 대답하기를, '士가 諸侯에게 의탁하지 않는 것은 감히 그렇게 하지 못하기 때문이다. 諸侯가 자기 나라를 잃은 뒤에 다른 諸侯에게 가서 의탁하는 것은 禮에 있는 일이지만, 士가 諸侯에게 의탁하는 것은 禮가 아니다. 諸侯가 나라를 잃음으로써 先代를 잇지 못하고 다른 諸侯에게 의탁해 봉록을 받아먹는다면 의탁한 나라의 諸侯가 감히 그를 신하로 대하지 못하고 賓客에 대한 禮로 대접해야 한다. 諸侯의 입장에서 다른 諸侯에 대해 賓客으로 대접하는 도리가 있기 때문이다. 士는 諸侯에 대해 臣下로서의 도리를 가지고 있다. 臣下의 도리가 있기 때문에 감히 제후에게 의탁하지 못하는 것이니, 만약 諸侯에게 의탁을 한다면 그것은 禮가 아니다.'라고 한 것이다.

〔萬章曰 君餽之粟 則受之乎〕 萬章이 다시 맹자에게 묻기를, '士가 궁핍한 데다 봉록조차 없을 때 國君이 만약 곡식을 보내준다면 받아도 되느냐.'고 한 것이다.

〔曰受之〕 맹자가 받아도 된다고 말한 것이다.

〔受之何義也〕 만장이 다시 묻기를, '받아도 되는 것은 무슨 도리이냐.'고 한 것이다.

〔曰君之於氓也 固周之〕 맹자가 다시 대답하기를, '군주는 백성들에 대해서 그들의 궁핍함을 구제해주어야 하니 하물며 士에 대해서야 두말할 것이 있느냐.'고 한 것이다.

〔曰周之則受 賜之則不受 何也〕 만장이 다시 묻기를, '나라의 군주가 구제해주면 이를 받지만 군주가 예물로 주면 받지 않는 것은 무엇 때문이냐.'고 한 것이다.

〔曰不敢也〕 맹자가 다시 대답하기를, '감히 받지 못하는 것'이라고 한 것이다.

〔曰敢問其不敢何也〕 만장이 다시 그 말을 받아 되물은 것이다.

〔曰抱關擊柝者〕에서 〔恭也〕까지

맹자가 다시 대답하기를, '抱關擊柝하여 성문을 지키는 관리들은 모두 일정한 職事를 가지고 있어 군주로부터 봉록을 받아먹을 수 있지만, 士의 신분으로 일정한 職事도 없이 군주가 주는 것을 받기만 한다면 이는 不恭이 되므로 감히 받지 못하는 것'이라고 한 것이다. 받는 것과 받지 못하는 것의 구분은 단지 받을 만한 이치를 가지고 있느냐 없느냐에 달려 있을 뿐이다.

〔曰君餽之則受之 不識可常繼乎〕 萬章이 다시 묻기를, '나라의 군주가 곡식을 보내주면 받을 수 있다고 하였는데, 그렇다면 계속해서 보내주어도 되는지 모르겠다.'고 한 것이다.

〔曰繆公之於子思〕에서 〔可謂悅賢者乎〕까지

맹자가 다시 대답한 것이다. 魯 繆公이 子思를 존경하여 자주 문안을 하고 또 자주 삶은 고기를 보냈는데, 子思가 군주의 명이 이처럼 자신을 번거롭게 만든다고 생각하고는 성을 내며 기뻐하지 않았다. 마지막에 다시 보내왔을 때 子思가 마침내 使者를 손짓으로 물리쳐 대문 밖에 나가 있게 하고는 북쪽을 향해 머리를 조아리며 두 번 절하고 예물 받기를 사양하며 말하기를, "지금에서야 魯나라 군주가 나를 개나 말처럼 기른다는 사실을 알았다."라고 하였다. '伋'은 子思가 자신의 이름을 스스로 일컬은 것이다. 자사가 이렇게 사양한 뒤로 僕의 신하인 臺가 이때부터 예물을 가지고 오지 않았다. 맹자가 이에 다시 '목공이 子思의 훌륭한 능력을 좋아하면서도 그를 등용하지 못하고 또 봉록으로 供養하지도 못하였으니, 賢者를 좋아했다고 말할 수 있겠느냐.'고

기롱한 것이다. 즉, 賢者를 좋아하는 군주라 할 수 없음을 말한 것이다.

〔曰敢問國君欲養君子 如何斯可謂養矣〕 萬章이 다시 묻기를, '나라의 군주가 지금 賢者를 供養하고자 할 때 어떻게 해야 참다운 供養을 했다고 말할 수 있겠느냐.'고 한 것이다.

〔曰以君命將之〕에서 〔王公之尊賢者也〕까지

맹자가 대답한 것이다. 처음에 군주의 명으로 예물을 내려주면 예의상 절을 하고 받는다. 그 후로는 창고의 관리가 곡식을 계속 대주어 곡식이 떨어질 듯하면 다시 보내주고 푸줏간 사람이 고기를 계속 보내어 끊이지 않게 하되 다시 군주의 명으로 이를 보내지 않는 것은 賢者로 하여금 경건함을 갖추어 답례하지 않게 하려고 한 것이니, 이것이 賢者에 대한 供養을 잘하는 것이다. 그래서 子思가 繆公을 비난하면서 삶은 고기가 자신에게 자주 절하느라 번거롭게 만들고 있다고 생각한 것이다. '僕僕'은 번거로워하는 모양이다. 이와 같이 하는 것은 賢者를 供養하는 법도가 아니다. 그리고 堯임금이 舜에 대해서 아홉 아들로 하여금 舜을 섬기게 하고 두 딸을 그에게 시집보냈다. '女'는 딸을 다른 사람에게 시집보내는 것을 이른다. 또 百官과 牛羊과 倉廩을 갖추어 농사짓는 미천한 신분의 舜을 供養하였고 나중에는 舜을 등용하여 임금의 자리에 앉혔다. 이렇게 하는 것이 王公과 大人이 賢者를 높이 받드는 방식이다. 맹자가 이를 인용하여 마침 繆公이 子思를 등용하지 못하고 부질없이 삶은 고기를 보내 子思를 번거롭게 만든 것을 기롱하였으니, 이 또한 당시의 폐단을 바로잡으려 한 것이다.

○ 注'託, 寄也, 謂若寄公'. ○ 正義曰：案禮記大喪服[1]云"君之喪, 未斂, 爲寄公者." 是也.

1) 大喪服：현재 전해지는 ≪禮記≫ 판본에는 해당 편명이 '喪大記'로 되어 있다.

○ 注의 〔託 寄也 謂若寄公〕

○ 正義曰：≪禮記≫ 〈喪大記〉에서 "군주의 초상에 염습을 하기 전에는 寄公을 위하여…….."라고 한 것이 그 예이다.

○ 注'九男二女'. 更不復說.

○ 注의 〔九男二女〕

더 이상 다시 설명하지 않는다.

7. 萬章曰 敢問不見諸侯는 何義也잇고

萬章이 물었다. "제후를 만나보지 않으시는 것은 무슨 까닭인지 감히 여쭙습니다."

【注】問諸侯聘請而夫子不見之는 於義何取也오

諸侯가 부르는데 선생이 만나보지 않는 것은 무슨 까닭에서 나온 것이냐고 물은 것이다.

孟子曰 在國曰市井之臣이요 在野曰草莽之臣이라 皆謂庶人이니 庶人이 不傳質(지)爲臣하여는 不敢見於諸侯가 禮也니라

맹자가 대답했다. "都邑에 있는 사람을 市井之臣이라 하고 郊野에 있는 사람을 草莽之臣이라고 하는데, 이는 모두 庶人을 일컬은 것이다. 庶人의 경우 폐백을 가지고 가서 신하가 되지 않으면 감히 제후를 만나지 못하는 것이 禮이다."

【注】在國은 謂都邑也라 民會於市라 故로 曰 市井之臣이라 在野居之를 曰 草莽之臣이라 莽은 亦草也라 庶는 衆也라 (庶衆)〔衆庶〕[1]之人은 未得爲臣이라 傳은 執也라 見君之質(지)는 執雉之屬也라 未爲臣則不敢見之禮也라

1) (庶衆)〔衆庶〕: 저본에는 '庶衆'으로 되어 있으나, 宋本·孔本·韓本·考文古本 및 孫奭 疏에 의거하여 '衆庶'로 바로잡았다.

'在國'은 都邑을 이른다. 백성들이 시장에서 모이므로 市井之臣이라 한 것이다. 郊野에 있는 사람을 草莽之臣이라고 한다. '莽' 또한 풀이다. '庶'는 衆의 뜻이다. 일반 서인은 아직 신하가 되지 못한 사람이다. '傳'은 '執'의 뜻이다. 군주를 만날 때 가지고 가는 폐백은 執雉, 즉 꿩을 가지고 가는 예 따위를 말한다. 신하가 되지 않았으면 감히 만나보지 못하는 것이 禮이다.

萬章曰 庶人은 召之役이면 則往役이어늘 君欲見之하여 召之則不往見之는 何也잇고

萬章이 물었다. "庶人의 경우 군주가 불러서 부역을 시키면 가서 부역을 해야 하는데, 군주가 만나보고자 하여 일부러 불렀는데도 가서 만나보지 않으신 것은 무엇 때문입니까?"

【注】庶人은 召使給役事면 則往供役事어늘 君召之見에 不(月)〔肯〕[1)]往見은 何也오

1) (月)〔肯〕: 저본에는 '月'로 되어 있으나, 阮元의 〈校勘記〉에 의거하여 '肯'으로 바로잡았다.

庶人은 군주가 불러서 부역을 시키면 가서 부역을 해야 하는데, 군주가 만나자고 부르는데도 가서 만나보지 않은 것은 무엇 때문이냐고 물은 것이다.

曰 往役은 義也요 往見은 不義也니라 且君之欲見之也는 何爲也哉오

맹자가 말했다. "가서 부역하는 것은 의무이지만 내가 가서 군주를 만나는 것은 의무가 아니다. 그리고 군주가 나를 보고자 하는 까닭이 도대체 무엇이겠느냐?"

【注】孟子曰 庶人은 法當給役이라 故로 往役이 義也며 庶人은 非臣也니 不當見君이라 故로 往見이 不義也라 且君何爲欲見而召之오

맹자가 말한 것이다. 庶人은 법적으로 부역에 이바지해야 한다. 그러므로 가서 부역하는 것이 당연한 의무이다. 庶人은 신하가 아니므로 군주를 만나는 것이 합당하지 않다. 그러므로 가서 만나는 것이 의무는 아니다. 그리고 군주가 무엇 때문에 만나려고 자신을 부른 것이겠느냐고 물어본 것이다.

曰 爲其多聞也며 爲其賢也니이다

萬章이 대답했다. "들은 것이 많기 때문이며 賢者이기 때문입니다."

【注】萬章曰 君以是欲見之也라

萬章이 '군주가 이 때문에 보려고 한 것'이라고 말한 것이다.

曰 爲其多聞也인댄 則天子不召師온 而況諸侯乎아 爲其賢也인댄 則吾未聞欲見賢而召之也로라

맹자가 말했다. "들은 것이 많기 때문이라면, 天子도 스승을 부르지 못하는 법인데 하물며 諸侯가 부를 수 있겠는가. 賢者이기 때문이라면, 나는 賢者를 만나보고 싶어 하면서 그를 불렀다는 말을 들어본 적이 없다.

【注】 孟子曰 安有召師召賢之禮而可往見〔也〕[1]리오

1)〔也〕: 저본에는 '也'가 없으나, 宋本·孔本·韓本·考文古本에 의거하여 보충하였다.(阮元의 〈校勘記〉 참조)

맹자가 말하기를, "어찌 스승을 부르고 賢者를 부르는 禮가 있기에 가서 만나볼 수 있겠느냐."고 한 것이다.

繆(목)公이 亟(기)見於子思하고 曰 古에 千乘之國이 以友士하니 何如하니잇고 子思不悅하여 曰 古之人이 有言曰 事之云乎언정 豈曰友之云乎리오하시니 子思之不悅也는 豈不曰 以位則子는 君也요 我는 臣也니 何敢與君友也며 以德則子는 事我者也니 奚可以與我友리오 千乘之君이 求與之友로되 而不可得也하니 而況可召與아

繆公이 子思를 자주 찾아뵙고 말하기를, '옛날에 千乘의 나라 군주가 士와 벗을 하는 것이 어떠했습니까?'라고 하자, 子思께서 불쾌해하면서, '옛사람의 말에 섬겼다고 하였지 어찌 벗을 하였다고 말했겠습니까.'라고 말씀하셨다. 자사께서 불쾌해한 이유는 아마도 지위로 따지면 당신은 군주이고 나는 신하이니 어찌 감히 군주와 벗을 하겠으며, 德으로 따지자면 당신은 나를 스승으로 섬겨야 할 사람이니 어찌 나와 벗을 하겠느냐고 생각했기 때문일 것이다. 千乘의 나라 군주가 벗이 되기를 구하는 것도 오히려 불가능한데 하물며 불러서 볼 수 있겠는가.

【注】 魯繆公欲友子思하니 子思不悅而稱曰 古人曰見賢人當事之언정 豈云友之邪(야)아 孟子云 子思所以不悅者는 豈不謂臣不可友君이요 弟子不可友師也라 若子思之意는 亦不可友하니 況乎可召之리오

魯 繆公이 子思와 벗을 하려고 하자 子思가 불쾌해하면서 둘러대기를, "옛사람의 말

에 賢人을 만나면 마땅히 섬겼다고 하였지 어찌 그와 벗했다고 말했겠는가."라고 하였다. 맹자의 말에 따르면, 子思가 불쾌해 한 이유는 아마도 신하는 군주와 벗을 할 수 없고 제자는 스승과 벗을 할 수 없다고 생각했기 때문일 것이다. 그렇다면 子思의 생각 또한 벗이 될 수 없다고 여긴 것이니, 하물며 불러서 볼 수 있겠느냐는 것이다.

齊景公이 **田**할새 **招虞人以旌**한대 **不至**어늘 **將殺之**러니 **志士**는 **不忘在溝壑**이요 **勇士**는 **不忘喪其元**이라하시니 **孔子**는 **奚取焉**고 **取非其招不往也**시니라

齊 景公이 사냥을 할 때 旌이란 깃발로 虞人을 불렀으나 오지 않자 景公이 그를 죽이려 하였다. 〈孔子께서 이를 두고 말씀하시기를,〉 '志士는 자기의 시신이 구렁텅이에 나뒹굴 각오를 잠시도 잊지 않으며, 勇士는 자신의 머리가 언제든 잘려나갈 수 있다는 것을 잠시도 잊지 않는다.'라고 하셨으니, 孔子께서는 그에게서 어떤 점을 취했겠는가. 자신을 부르는 올바른 방법이 아니면 가지 않은 점을 취한 것이다."

【注】 已說於上篇이라

上篇(〈滕文公 下〉)에서 이미 설명하였다.

曰 敢問招虞人何以니잇고

萬章이 물었다. "虞人을 부를 때는 무엇을 사용하는지 감히 여쭙습니다."

【注】 萬章問招虞人當何用也라

萬章이, '虞人을 부를 때는 무엇을 사용해야 하느냐.'고 물은 것이다.

曰 以皮冠이니 **庶人**은 **以旃**(전)이요 **士**는 **以旂**(기)요 **大夫**는 **以旌**이니라

맹자가 대답했다. "皮冠을 사용한다. 庶人은 旃을 사용하고 士는 旂를 사용하며 大夫는 旌을 사용한다.

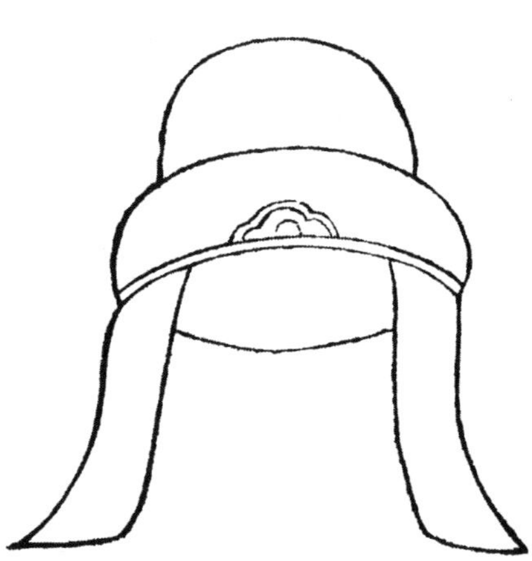
皮冠

【注】 孟子曰 招禮若是라 皮冠은 弁也라 旃은 通帛也[1]라 因章曰旃[2]이라 旂는 旌有鈴者라 旌은 注旄(首者)〔于首〕[3]者라

1) 旃 通帛也 : ≪周禮≫ 〈春官 司常〉에서 '旃'에 대해 정의한 것을 인용한 것이다. 여기서 通帛은 단일한 색의 통비단을 뜻한다.
2) 因章曰旃 : ≪爾雅≫에서 '旃'에 대해 정의한 것을 인용한 것이다.
3) (首者)〔于首〕 : 저본에는 '首者'로 되어 있으나, 閩本·監本·毛本에 의거하여 '于首'로 바로잡았다.

맹자가 말하기를 부르는 禮가 이와 같다는 것이다. 皮冠은 모자의 일종이다. 旃은 通帛으로 만든 것으로 여기에 文章을 넣은 것을 旃이라 한다. 旂는 旃에 방울을 매단 것이다. 旌은 깃대 끝에 소꼬리로 만든 장식을 매단 것이다.

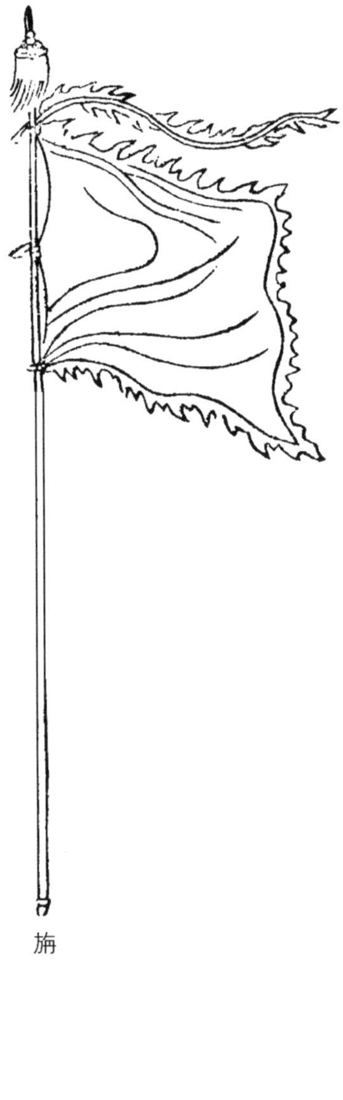
旃

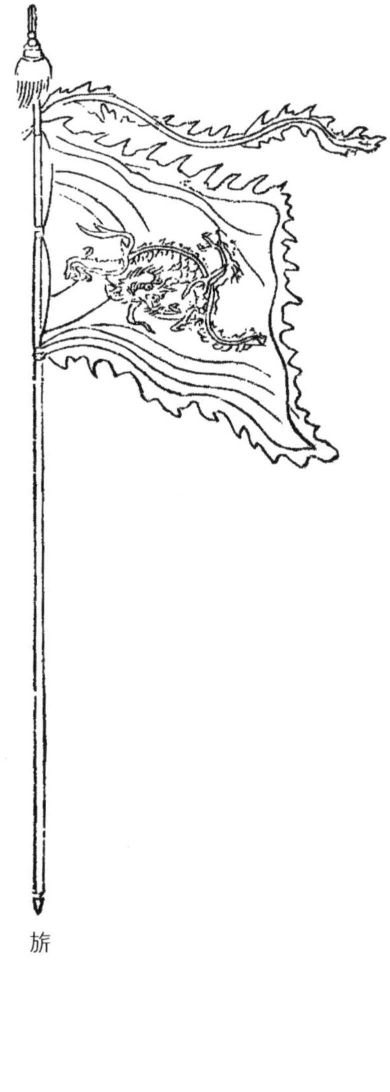
旂

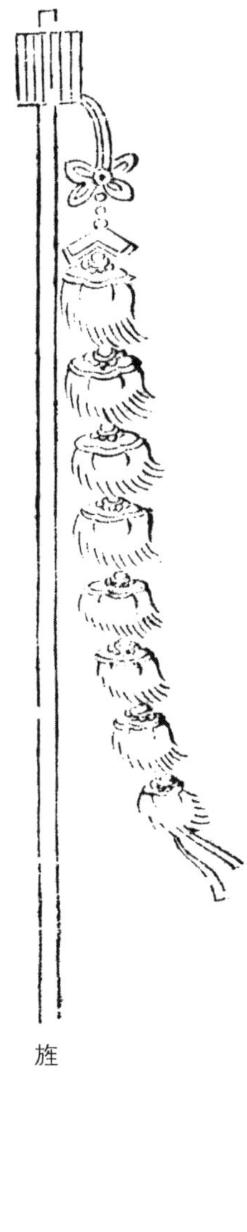
旌

以大夫之招로 **招虞人**이어늘 **虞人**이 **死不敢往**하니 **以士之招**로 **招庶人**이면 **庶人**이 **豈敢往哉**리오 **況乎以不賢人之招**로 **招賢人乎**아

景公이 大夫를 부르는 방식으로 虞人을 불렀기 때문에 虞人이 죽는 한이 있어도 감히 가지 않았던 것이다. 만약 士를 부르는 방식으로 庶人을 부른다면 庶人이 어찌 감히 갈 수 있겠는가. 하물며 賢人이 아닌 사람을 부르는 방식으로 賢人을 부르는 경우야 말할 필요가 있겠는가.

【注】 以貴者之招로 招賤人이면 賤人도 尙不敢往이어늘 況以不賢人之招로 招賢人乎아 不賢之招는 是不以禮者也라

귀한 사람을 부르는 방식으로 천한 사람을 부른다면 천한 사람조차도 감히 가지 못하거늘 하물며 賢人이 아닌 사람을 부르는 방식으로 賢人을 부르는 경우야 말할 필요가 있겠는가. 여기에서 賢人이 아닌 사람을 부르는 방식이란 禮를 갖추지 않고 부르는 것을 말한다.

欲見賢人而不以其道는 **猶欲其入而閉之門也**니라 **夫義**는 **路也**요 **禮**는 **門也**니 **惟君子能由是路**하며 **出入是門也**니

賢人을 만나보고 싶어 하면서 그에 맞는 방법을 쓰지 않는 것은 마치 사람이 들어오기를 바라면서 문을 닫아버리는 것과 같다. 무릇 義는 길과 같고 禮는 門과 같아서 오직 君子만이 이 길을 지나갈 수 있고 이 문을 드나들 수 있다.

【注】 欲人之入而閉其門이면 何得而入乎아 閉門은 如閉禮也라

사람이 들어오기를 바라면서 그 문을 닫아버린다면 어떻게 들어올 수 있겠는가. 문을 닫는 것은 禮를 폐하는 것과 같다.

詩云 周道[1]**如(底)〔厎〕**[2]하니 **其直如矢**로다 **君子所履**요 **小人所視**라하니라

1) 周道 : 朱熹는 ≪詩集傳≫에서 ≪詩經≫의 여러 곳에 나오는 周道를 '큰길〔大路〕' 또는 '周나라로 가는 길〔適周之路〕'로 주해하였으며, 趙岐는 별도의 注를 달지 않았다. 〈毛詩序〉에서는 이 시를 설명하면서 "동방의 부세와 요역이 이 길을 통해 서쪽 주나라로

모두 실려갔다.〔東方之賦役 莫不由是而西輸於周也〕"라고 하였다.

2) (底)〔厎〕: 저본에는 '底'로 되어 있으나, 阮元의 〈校勘記〉에 의거하여 '厎'로 바로잡았다.

≪詩經≫에 이르기를, '周나라로 가는 길이 숫돌처럼 평평하니 곧기가 화살과 같도다. 그 길을 君子는 밟고 지나가고 小人은 이를 보고서 본받는다.'라고 하였다."

【注】詩는 小雅大東之篇이라 厎(지)는 平이요 矢는 直이요 視는 比也라 周道平直하여 君子履直道하고 小人比而則(칙)之하나니 以喩虞人能效君子守死善道也라

詩는 〈小雅 大東〉편이다. 厎는 평평함을 표현한 것이고 矢는 곧음을 표현한 것이며 視는 견주어본다는 뜻이다. 周나라로 가는 길이 평평하고 곧아서 君子는 이 곧은 길을 밟고 지나가고 小人은 이를 견주어 본받는다고 한 것이니, 이 詩句로 虞人이 목숨을 걸고 正道를 지킨 君子의 모습을 본받았음을 비유적으로 표현한 것이다.

萬章曰 孔子는 君命召어시든 不俟駕而行하시니 然則孔子는 非與잇가

萬章이 물었다. "孔子께서는 군주가 명하여 부르면 말에 멍에 매기를 기다리지 않고 서둘러 가셨다고 하였으니, 그렇다면 공자께서는 잘못한 것입니까?"

【注】俟는 待也라 孔子不待駕而應君命也하니 孔子爲之非與아

'俟'는 기다린다는 뜻이다. 공자는 말에 멍에 매기를 기다리지 않고 곧장 군주의 명에 응하였으니 공자가 잘못한 것이냐고 물은 것이다.

曰 孔子는 當仕有官職而以其官召之也니라

맹자가 대답했다. "공자께서는 당시 벼슬에 나아가 관직을 맡고 계셨는데, 그 관직으로 불렀기 때문이다."

【注】孟子言[1] 孔子所以不待駕者는 孔子當仕位하여 有官職之事한대 君以其官名召之하니 豈得不顚倒[2]리오 詩云 顚之倒之 自公召之[3]라하니 不謂賢者無位而君欲召見也라

1) 言 : 孔本・韓本・考文古本에는 '曰'로 되어 있다.

2) 顚倒 : 급히 서두르느라 아래위 옷을 거꾸로 입는 것을 뜻한다.

3) 顚之倒之 自公召之 : ≪詩經≫ 〈齊風 東方未明〉의 시이다. 趙岐는 이 구절을 "서둘러 옷을 입는 것은 公所에서 불렀기 때문이다."고 보았다. 반면에 孫奭은 이 구절에 대한 疏에서 "여러 신하들이 위아래 옷을 거꾸로 입고 서둘러 조회를 왔는데 君所에서 또 사람을 보내어 부른다고 한 것이다."라고 한 孔穎達의 견해를 받아들여 주해하였다.

맹자가 말하기를, 공자가 말에 멍에 매기를 기다리지 않은 것은 공자가 당시 벼슬자리에 나가 관직의 일을 맡고 있었던 상황에서 군주가 그 관직의 이름으로 불렀기 때문이니 어찌 서둘러 가지 않을 수 있겠느냐고 한 것이다. ≪詩經≫에 "서둘러 옷을 입는 것은 公所에서 불렀기 때문이다."라고 한 것은 지위가 없는 賢者를 군주가 불러서 보려고 한 상황을 표현한 것이 아니다.

【疏】'萬章曰'至'召之也'. ○ 正義曰 : 此章言君子之志, 志於行道, 不得其禮, 亦不苟往者也.[1] '萬章曰, 敢問不見諸侯, 何義也', 萬章問孟子所以不見諸侯, 其義謂何. '孟子曰, 在國曰市井之臣'至'禮也' 孟子答之, 以謂凡在都邑謂之市井之臣, 在郊野謂之草莽之臣, 然總而言之, 皆謂之衆庶之人. 如衆庶之人未得傳質(지)爲臣者, 故不敢就見於君也, 以其無禮也. 傳質者, 所執其物以見君也. 如公執桓圭, 侯執信圭, 伯執躬圭, 子執穀璧, 男執蒲璧.[2] 又諸侯世子執纁, 孤執玄, 附庸之君執黃, 卿執羔, 大夫執鴈, 士執雉,[3] 是所以爲贄也. '萬章曰, 庶人召之役則往役, 君欲見, 召之則不往見之, 何也', 萬章又問孟子曰, 庶人於君, 召之給役, 則庶人往就其役事, 今君欲見, 召之乃不往者, 是如之何也. 萬章見齊王召孟子, 孟子不往, 所以有是問之. '曰, 往役, 義也. 往見, 不義也', 孟子答之曰, 庶人往應其役, 是其義當往也. 以其庶人於君, 其法當爲之役故也. 往而見君者, 是不義也. 以其庶人非臣也, 義不當往見君故也. '且君之欲見之也者, 何爲也哉', 孟子又以此問萬章, 言且國君所欲見之者, 何爲也哉. '曰, 爲其多聞也, 爲其賢也', 萬章答之曰, 君之所以欲見之者, 是爲多聞, 又爲其賢有德也. '曰爲其多聞也'至'而召之也', 孟子又曰, 如是爲其多聞也者, 則雖天子, 亦且不召其師, 而況諸侯可召而見之乎. 如是賢爲有其德也, 則我未曾聞知有欲見賢者而以召之也. '繆公亟(기)見子思'至'不往也', 孟子又引繆公而證之, 言魯繆公數數(삭삭)見於子思, 乃曰古者千乘之國君以友其士, 何如. 子思遂慍而不喜, 曰, 古之人有言曰, 見賢人則當事矣, 豈嘗云友之乎. 然而子思所以不悅者, 其意豈不謂以位推之, 則子是爲君, 尊矣, 而我則臣

下也, 何敢與君爲之交友也. 以有德論之, 則子事我, 爲子之師也, 奚可以與我爲友. 是則千乘之國君求賢者與之爲友, 而尙且不可得也, 而況諸侯於今可召賢者而見之乎. '齊景公'至'不往也', 說於上篇矣, 此更不云.

1) 此章言君子之志……亦不苟往者也 : 北京大本에는 章指를 "이 장의 章指는 다음과 같다. 君子는 道를 행하는 데 뜻을 두었으므로 그에 합당한 예우를 받지 않으면 또한 구차하게 가지 않았다. 합당한 예우를 받았으므로 伊尹이 세 번 초빙을 받은 뒤에 湯임금에게 나아갔던 것이며, 道를 행하기에 미흡하였으므로 長沮와 桀溺이 짝을 지어 밭을 갈았으며 接輿가 거짓으로 미친 척한 것이니 어찌 만나 볼 수 있었겠는가.〔此章指言君子之志 志於行道 不得其禮 亦不苟往 於禮之可 伊尹三聘而後就湯 道之未洽 沮溺耦耕 接輿佯狂 豈可見也〕"라고 하였다.
2) 公執桓圭……男執蒲璧 : ≪周禮≫ 〈春官 大宗伯〉에 나오는 말이다. 鄭玄 注에 의하면, 桓圭는 궁실의 모양을 새겨넣은 홀로서 윗사람을 편안하게 한다는 뜻이 담겨 있으며, 信圭와 躬圭는 사람의 형체를 새겨넣은 홀로서 행동에 신중을 기하여 자기 몸을 보전한다는 뜻이 담겨 있으며, 穀璧은 사람이 먹고사는 곡식을 새겨넣은 홀이고, 蒲璧은 사람이 편안히 앉는 자리의 재료인 부들을 새겨넣은 홀이다.
3) 諸侯世子執纁……士執雉 : ≪尙書≫ 〈虞書 舜典〉의 '폐백으로 사용하는 세 가지 비단과 두 가지 生物과 한 가지 죽은 예물〔三帛二生一死贄〕'에 대한 孔安國 傳에 나오는 말이다. 여기에서 '孤'는 원문에 '公之孤'로 되어 있다.

經의 〔萬章曰〕에서 〔召之也〕까지

○ 正義曰 : 이 장은 君子는 道를 행하는 데 뜻을 두었으므로 그에 합당한 예우를 받지 않으면 또한 구차하게 가지 않았음을 말한 것이다.

〔萬章曰 敢問不見諸侯 何義也〕 만장이 맹자에게 제후를 만나보지 않는 것은 그 까닭이 무엇이냐고 물은 것이다.

〔孟子曰 在國曰市井之臣〕에서 〔禮也〕까지

맹자가 대답한 것이다. 무릇 都邑에 있는 사람을 市井之臣이라 하고 郊野에 있는 사람을 草莽之臣이라 하지만 이를 통틀어 말하면 모두 衆庶之人이라고 한다. 〈맹자의 처지가〉 마치 폐백을 가져가 군주를 만나 신하가 되지 못한 衆庶之人과 같으므로 감히 군주를 찾아가 만나지 못한 것이다. 그러한 禮가 없기 때문이다. 傳質(지)는 신분에 맞는 물건을 폐백으로 가지고 가서 군주를 만나는 것이다. 예를 들어 公은 桓圭를 폐백으로 가져가고, 侯는 信圭를 가져가고, 伯은 躬圭를 가져가고, 子는 穀璧을 가져가고, 男은 蒲璧을 가져간다. 그리고 제후의 世子는 붉은 비단을 가져가고, 公의 孤는 검은 비단을 가져가고, 附庸의 군주는 누런 비단을 가져가고, 卿은 염소를 가져가고, 大夫는 기러기를 가져가고, 士는 꿩을 가져간다. 이상은 폐백을 가져가는 예이다.

桓圭

信圭

躬圭

穀璧

蒲璧

〔萬章曰 庶人召之役則往役 君欲見 召之則不往見之 何也〕 萬章이 다시 맹자에게 묻기를 '庶人과 군주의 관계에서 군주가 불러서 부역을 시키면 庶人은 가서 부역을 해야 하는데, 지금 군주가 보고자 하여 불렀는데도 가지 않는 것은 무엇 때문이냐.'고 한 것이다. 齊나라 왕이 맹자를 불렀는데도 맹자가 가지 않는 것을 萬章이 보고서 이렇게 질문한 것이다.

〔曰 往役 義也 往見 不義也〕 맹자가 대답하기를 '庶人의 경우 부역에 나가는 것이 당연한 의무이다. 庶人과 군주의 관계에서 법적으로 부역에 나가야 하기 때문이다. 하지만 庶人이 가서 군주를 만나는 것은 의무가 아니다. 庶人이 신하가 아니어서 의무적으로 군주를 만나러 갈 필요가 없기 때문이다.'라고 한 것이다.

〔且君之欲見之也者 何爲也哉〕 맹자가 다시 이 말로 萬章에게 질문한 것으로, 군주가 만나고자 하는 것이 무엇 때문이겠느냐고 한 것이다.

〔曰 爲其多聞也 爲其賢也〕 萬章이 대답하기를, '군주가 맹자를 만나보고자 하는 까닭은 들은 것이 많기 때문이며 또 어진 덕을 지녔기 때문이다.'라고 한 것이다.

〔曰爲其多聞也〕에서 〔而召之也〕까지

맹자가 다시 '만약 들은 것이 많기 때문이라면, 비록 天子라 하더라도 스승을 부르지 못하는 법인데 하물며 諸侯가 불러서 볼 수 있겠는가. 만약 賢者여서 德을 지니고 있기 때문이라면, 나는 賢者를 만나보고 싶어 하면서 그를 불렀다는 말을 일찍이 들어본 적이 없다.'라고 말한 것이다.

〔繆公亟見子思〕에서 〔不往也〕까지

맹자가 다시 繆公을 예로 들어 앞의 말을 인증한 것이다. 魯 繆公이 자주 子思를 찾아가 만났는데, 그가 말하기를, "옛날에 千乘의 나라 군주가 士와 벗하는 것이 어떠했습니까?"라고 하자, 子思가 불쾌한 표정을 지으며, "옛사람의 말에 賢人을 만나면 마땅히 섬겨야 한다고 하였지 어찌 그와 벗했다고 말했겠습니까."라고 하였다. 그런데 子思가 불쾌하게 여긴 까닭은 마음속으로 아마도 이렇게 생각했기 때문일 것이다. 즉, 지위를 가지고 따지면 당신은 존귀한 군주이고 나는 신하이니 어찌 감히 군주와 벗으로 사귈 수 있겠으며, 德이 있는 것으로 따지면 당신은 나를 스승으로 섬겨야 할 처지이니 어찌 나와 벗이 될 수 있겠느냐는 것이다. 그렇다면 千乘의 나라 군주가 賢者와 벗이 되기를 구하는 것도 오히려 불가능한데 하물며 諸侯가 지금처럼 賢者를 불러서 볼 수 있겠느냐는 말이다.

〔齊景公〕에서 〔不往也〕까지

上篇에서 설명하였으므로 여기에서는 다시 언급하지 않는다.

'曰敢問招虞人何以', 萬章見孟子言齊景公招虞人之事, 遂因問之, 曰, 招虞人當用何物而招之. '曰以皮冠, 庶人以旃'至'賢人乎', 孟子以答之, 曰, 招虞人當以皮弁而招之也, 庶人則以通帛招之, 士以旂, 大夫以旌. 如以大夫之旌招虞人, 虞人雖死亦且不敢往應其招也, 以其士之旂而招庶人, 庶人豈敢往而應之哉. 而況以不賢之招而招賢人乎. 不賢之招, 卽不以禮之謂也. '欲見賢人而不以道'至'小人所視', 孟子又言, 今之諸侯欲見賢人而不以其道, 是若欲人入其門而反閉其門也, 如此, 尙何可得而見之乎. 夫義是若路也, 禮若門也, 惟君子之人能由行此義之路, 出入此禮之門. 上今乃反塞(색)其義路, 而閉其禮門, 使君子何由而出入哉. 此孟子亦卽此謂今之諸侯欲見賢人, 而乃欲召之, 則賢尙可得而見邪(야), 而小雅大東之詩, 有云周道平直如砥之平箭之直也, 君子亦所常履行此平直之道, 而爲小人所常視而則(칙)法之矣. 然以此證之者, 蓋謂賢人所以不往見於諸侯者, 是所守以義, 而爲衆人所矜式耳. '萬章曰, 孔子君命召不俟駕而行, 然則孔子非與.' 萬章又問孟子, 以謂孔子常於君命召, 則不敢坐待駕而後行, 如此, 則孔子誠爲非與. '曰, 孔子當仕, 有官職, 而以其官召之也', 孟子又答之曰, 孔子所以不俟駕而行者, 以其當於爲仕有官職, 而國君以其官而召之也, 豈得爲非耶.

〔曰敢問招虞人何以〕

萬章이 맹자가 齊 景公이 虞人을 부른 일을 말하는 것을 보고서, 마침내 이를 계기로 虞人을 부를 때 무슨 물건을 가지고 불러야 하느냐고 물은 것이다.

〔曰以皮冠 庶人以旃〕에서 〔賢人乎〕까지

맹자가 대답한 것이다. 虞人을 부를 때는 마땅히 皮弁으로 불러야 하며, 庶人을 부를 때는 通帛으로 만든 깃발로 불러야 하며, 士를 부를 때는 旂로, 大夫를 부를 때는 旌으로 불러야 한다. 만약 大夫를 부를 때 쓰는 旌으로 虞人을 부른다면 虞人이 죽는 한이 있어도 감히 그 부름에 가서 응할 수 없을 것이며, 士를 부를 때 쓰는 旂를 가지고 庶人을 부른다면 庶人이 어찌 감히 가서 그 부름에 응할 수 있겠는가. 하물며 賢人이 아닌 사람을 부르는 방식으로 賢人을 부르는 경우야 말할 필요가 있겠는가. 賢人이 아닌 사람을 부르는 방식이란 곧 禮를 갖추지 않고 〈부르는 것을〉 말한다.

〔欲見賢人而不以道〕에서 〔小人所視〕까지

맹자가 다시 말한 것이다. 지금의 諸侯들이 賢人을 만나보고 싶어 하면서도 그에 맞는 방법을 쓰지 않는 것은 마치 사람이 문으로 들어오기를 바라면서 도리어 그 문을 닫아버리는 것과 같으니, 이렇게 하고서 어떻게 賢人을 만나볼 수 있겠는가. 무릇 義는 길과 같고, 禮는 문과 같아서 오직 君子만이 이 義의 길을 지나갈 수 있고 이 禮의 문을 드나들 수 있다. 그런데 지금은 도리어 그 義의 길을 막아버리고 그 禮의 문을 막아버리고 있으니, 君子가 어떻게 지나가고 드나들 수 있겠는가. 맹자 또한 이러한 상황에 있었기 때문에 당시의 諸侯들이 賢人을 만나보고 싶어 하기는 하지만 〈賢人을 찾아가지 않고〉 도리어 불러서 보고자 하고 있으니 賢人을 어떻게 만나볼 수 있겠느냐고 말했던 것이며, 〈小雅 大東〉편의 詩에서는 周나라로 가는 길이 숫돌처럼 평평하고 화살처럼 곧아서 君子들도 항상 이 평평하고 곧은 길을 따라가고 소인들은 항상 이를 보고서 모범으로 삼는다고 말한 것이다. 그러나 이 시를 통해 확실하게 말할 수 있는 것은, 아마도 賢人이 諸侯를 찾아가 만나지 않은 것은 義에 따라 지조를 지킨 것으로 일반 사람들의 모범이 되었다는 것이다.

〔萬章曰 孔子君命召不俟駕而行 然則孔子非與〕 萬章이 맹자에게 다시 묻기를, '공자는 항상 군주가 명하여 부르면 감히 말에 멍에 매기를 앉아서 기다리지 않고 서둘러 갔다고 하였으니, 그렇다면 공자는 진실로 잘못한 것이냐.'고 한 것이다.

〔曰 孔子當仕 有官職 而以其官召之也〕 맹자가 다시 대답하기를, '공자가 말에 멍에 매기를 기다리지 않고 서둘러 간 것은 당시 벼슬에 나아가 관직을 맡고 있었는데 군주가 그 관직으로 불렀기 때문이니, 어찌 잘못한 것이라고 할 수 있겠느냐.'고 한 것이다.

○ 注'質, 執雉之屬'. ○ 正義曰：已說於前矣.

○ 注의 〔質 執雉之屬〕

○ 正義曰 : 이미 앞에서 설명하였다.

○ 注'孟子曰'至'首者'. ○ 正義曰：案士冠禮注云"皮弁以白鹿〔皮〕[1]爲之象〔上古也〕[2]", 舊禮圖[3]云"以鹿皮淺毛黃白者爲之, 高尺二寸." 今虞人以皮弁者, 皮弁以田故也. 又案周禮・司常職云"交龍爲旂, 通帛爲旃, 析羽爲旌." 鄭注云"通帛謂大赤, 從周正色, 無飾. 析羽, 皆五采繫之於旞旌之上, 所謂注旄於首"是也.

1) 〔皮〕 : 저본에는 '皮'가 없으나, 鄭玄 注에 의거하여 보충하였다.

2) 〔上古也〕 : 저본에는 '上古也'가 없으나, 四庫全書本에 의거하여 보충하였다.

3) 舊禮圖 : ≪三禮圖≫ 舊本을 가리킨다.

注의 〔孟子曰〕에서 〔首者〕까지

○ 正義曰 : 상고하건대 ≪儀禮≫ 〈士冠禮〉 鄭玄 注에 이르기를, "皮弁은 흰 사슴의 가죽으로 만드니 上古시대를 본뜬 것이다."라고 하였고, 옛 ≪三禮圖≫에는 "털이 짧고 황백색의 사슴 가죽으로 만들며 그 높이가 1尺 2寸이라고 한다."라고 하였다. 지금 虞人을 부를 때 皮弁으로 부른 것은 皮弁이 사냥할 때 쓰는 모자이기 때문이다. 또 상고하건대 ≪周禮≫ 〈春官 司常〉에 이르기를, "交龍을 그려넣은 것을 旂라 하고, 通帛으로 만든 것을 旃이라 하고, 깃털을 쪼개서 매단 것을 旌이라 한다."고 하였는데, 이에 대한 鄭玄 注에 이르기를, "通帛은 순적색의 비단인데, 이는 周나라를 상징하는 색을 따른 것으로 아무런 장식이 없다. 析羽는 모두 오색의 깃털을 깃발의 위에 매단 것이니, 이른바 '깃대 끝에 소꼬리로 만든 장식을 매단다〔注旄於首〕'는 것이다.

○ 注'詩小雅'至'善道也'. ○ 正義曰 : 此詩蓋刺亂之詩也. 譚國在東, 其大夫作是詩, 故云大東. 注云 "如砥, 貢財予均也, 如矢, 賞罰不偏也." 言君子皆法傚, 履而行之, 其如砥矢之平直, 小人又皆視之, 共之無怨也.

○ 注의 〔詩小雅〕에서 〔善道也〕까지

○ 正義曰 : 이 詩는 혼란한 세상을 풍자한 시이다. 譚나라는 東方에 위치하였는데 그 나라 大夫가 이 시를 지었으므로 편명을 〈大東〉이라 한 것이다. 注에 이르기를, "숫돌과 같다는 것은 공물로 바치는 재물이 고르게 부과되었다는 것이요, 화살과 같다는 것은 賞罰이 한쪽으로 치우치지 않았다는 것이다."라고 하였으니, 이는 君子들이 모두 본받아 실천하는 것이 마치 숫돌처럼 평평하고 화살처럼 곧으며, 소인들 또한 모두 보고서 이에 공감하고 원망하지 않았음을 말한 것이다.

○ 注'孟子言孔子所以不待駕'至'豈可見也'.[1] ○ 正義曰 : 語云 "君命召, 不俟駕而行." 是時孔子爲中都宰, 以其有官職也. 詩云 "顚之倒之, 自公召之", 此乃國風東方未明之章文也. 箋云 "群臣顚倒衣裳而朝, 人又從君所來而召之也." 云,'伊尹三聘而後就湯', 孟子云 "湯三使往聘之"[2], 是其文也. 云'沮・溺耦耕, 接輿佯狂', 按論語云 "長沮・桀溺耦而耕." 鄭注云 "長沮・桀溺, 隱者也. 耜廣五寸, 二耜爲耦." 又云 "楚狂接輿歌而過孔子曰 '鳳兮鳳兮[3].' 蓋楚狂接輿, 是楚人, 姓陸, 名通, 字接輿也. 昭王時政令無常,乃被髮佯狂, 不仕, 時人謂之楚狂也. 趙注引而證其解.

1) 孟子言孔子所以不待駕至豈可見也 : 저본인 阮元의 十三經注疏本에는 趙岐의 해당 注가 '孟子言孔子所以不待駕者……不謂賢者無位而君欲召見也'로 되어 있으나, 宋代에 판각된 蜀刻本 ≪孟子趙注≫에는 이 구절 다음에 '章指言君子之道 志於行道 不得其體 亦不苟往 於禮之可 伊尹三聘而後就湯 道之未洽 沮溺耦耕 接輿佯狂 豈可見也' 47자의 章指가 추가되어 있다. 孫奭이 疏에서 '孟子言孔子所以不待駕至豈可見也'로 표제어를 단 것은 손석이 北宋 초기에 통행한 趙注本을 따랐기 때문이다.(≪孟子趙注≫(광서사범대학출판부, 2018) 참조)

2) 湯三使往聘之 : ≪孟子≫ 〈萬章 上〉에 나온다.

3) 楚狂接輿歌而過孔子曰 鳳兮鳳兮 : ≪論語≫ 〈微子〉에 나온다.

○ 注의 〔孟子言孔子所以不待駕〕에서 〔豈可見也〕까지

○ 正義曰 : ≪論語≫ 〈鄕黨〉에 이르기를, "군주가 명하여 부르면 말에 멍에 매기를 기다리지 않고 서둘러 갔다."고 하였는데, 이 당시에 공자가 中都의 邑宰가 되어 관직을 가지고 있었기 때문이다. 그런데 ≪詩經≫에서 말한 "顚之倒之 自公召之"는 〈國風 東方未明〉의 내용으로, 이에 대한 鄭玄 箋에 이르기를, "여러 신하들이 위아래 옷을 거꾸로 입고 서둘러 조회를 왔는데 君所에서 또 사람을 보내어 부른다고 한 것이다." 하였다.

章指의 〔伊尹三聘而後就湯〕 맹자가 "湯王이 세 번이나 사람을 보내어 초빙했다."고 한 것이 이를 두고 한 말이다.

章指의 〔沮溺耦耕 接輿佯狂〕 상고하건대 ≪論語≫에서 "長沮와 桀溺이 짝을 이루어 밭을 간다."고 한 구절에 대한 鄭玄 注에 이르기를, "長沮와 桀溺은 隱者이다. 보습은 너비가 5촌으로 보습 2개가 짝을 이룬다."고 하였고, 또 "楚狂 接輿가 孔子 앞을 지나며 노래하기를, '鳳이여, 鳳이여!'라고 하였다."라고 하였는데, 楚狂 接輿는 초나라 사람으로 성은 陸이고 이름은 通이며 字는 接輿이다. 昭王 때에 政令이 혼란해지자 머리를 풀어 헤치고 거짓으로 미친 척하여 벼슬하지 않으니, 당시 사람들이 그를 楚狂이라 불렀다. 趙岐 注에서 이들을 인용하여 해석의 인증자료로 삼은 것이다.

8. 孟子謂萬章曰 一鄕之善士라야 斯友一鄕之善士하고 一國之善士라야 斯友一國之善士하고 天下之善士라야 斯友天下之善士니라

맹자가 萬章에게 말했다. "한 고을의 훌륭한 인물이 되어야 한 고을의 훌륭한 인물들과 벗을 할 수 있고, 한 나라의 훌륭한 인물이 되어야 한 나라의 훌륭한 인물들과 벗을 할 수 있으며, 천하의 훌륭한 인물이 되어야 천하의 훌륭한 인물과 벗을 할 수 있다.

【注】鄕은 鄕人之善者라 國은 一國之善者라 天下는 四海之內라 各以大小來相友하여 自爲疇匹也라

'鄕'은 鄕人 가운데 훌륭한 사람이다. '國'은 한 나라 사람 가운데 훌륭한 사람이다. '天下'는 四海의 안이다. 각자 인물의 大小에 맞게 서로 벗을 하여 나름의 짝을 이루는 것이다.

以友天下之善士로 爲未足하면 又尙論古之人하나니 頌其詩하며 讀其書하되 不知其人이 可乎아 是以로 論其世也니 是尙友也니라

천하의 훌륭한 인물들과 벗을 하는 것으로도 부족하다 생각되면 다시 위로 거슬러 올라가 옛 인물들을 연구하게 되는데, 그들이 지은 시를 읊조리고 그들이 쓴 책을 읽으면서 그들의 인물됨을 모른다면 말이 되겠는가. 그래서 그들이 산 시대를 연구하게 되는데, 이것이 바로 옛사람을 벗하는 것이다."

【注】好善者는 以天下之善士로 爲未足極其善道也하여-尙은 上也[1]라- 乃復上論古之人하나니 頌其詩하며-詩歌(國近)〔頌之〕[2]故曰頌[3]이라- 讀其書(者)[4]하되 猶恐未知古人高下라 故로 論其世以別之也니 -在三皇[5]之世爲上이요 在五帝[6]之世爲次요 在三王[7]之世爲下[8]라- 是爲好上友之人也라

1) 尙 上也 : '尙'을 설명하기 위해 삽입된 것이다.
2) (國近)〔訟之〕: 저본에는 '國近'으로 되어 있으나, 阮元의 〈校勘記〉에 의거하여 '訟之'로 바로잡았다.
3) 詩歌(國近)〔訟之〕故曰頌 : 앞의 '頌'을 부연 설명한 것이다.
4) (者) : 저본에는 '者'가 있으나, 焦循의 ≪孟子正義≫에 의거하여 衍文으로 처리하였다.
5) 三皇 : 伏羲, 神農, 燧人(또는 女媧)을 가리킨다.
6) 五帝 : 黃帝, 顓頊, 帝嚳, 唐堯, 虞舜을 가리킨다.

7) 三王：夏, 殷, 周 3대를 가리킨다.
8) 在三皇之世爲上……在三王之世爲下：앞의 '論其世以別之也'를 부연 설명한 것이다.

善을 좋아하는 사람은 천하의 善士와 벗하는 것으로는 善道를 극진히 하기에 부족하다고 생각하여-'尙'은 '上'의 뜻이다.- 이에 다시 위로 거슬러 올라가 옛사람을 연구하게 되는데, 그들이 지은 시를 읊조리고-詩歌로 칭송하였으므로 頌이라 한다.- 그들이 쓴 책을 읽으면서 행여라도 옛사람의 인물 高下를 알지 못할까 염려하였으므로 그들이 산 시대를 연구하여 분석하게 되는데,-三皇의 시대가 가장 위이고, 五帝의 시대가 다음이며, 三王의 시대가 가장 아래이다.- 이것이 바로 옛사람과 벗하기를 좋아하는 사람이라 하겠다.

【疏】'孟子'至'尙友也'. ○ 正義曰：此章言好高慕遠, 君子之道, 樂其崇茂者也.[1] '孟子謂萬章曰'至'是尙友也', 孟子謂萬章, 言一鄕之中有其善者, 所友斯亦一鄕之善士者也. 一國之中有善士, 所友者亦一國之善士者也. 天下於四海之內, 有其善士者, 所友亦以天下之善士者也. 如友天下之善士者爲未足以極其善道, 則又上論古之人, 而頌歌其詩, 看讀其書. 如此, 不知其如是之人可以友也乎. 然猶未知其人之可友也, 抑又當論其人所居之世如何耳. 能以此, 乃是尙友之道也. 孟子所以謂之以此者, 蓋欲教當時之人尙友也. 孔子云"無友不如己者", 與其詩云"高山仰止, 景行行止", 亦其意與.

1) 此章言好高慕遠……樂其崇茂者也：北京大本에는 章指를 "이 장의 章指는 다음과 같다. 고상한 것을 좋아하고 원대한 것을 바라는 것은 君子의 道이므로 비록 각자 차이는 있지만 자기가 추구하는 높은 이상을 즐기라고 말한 것이다. 그래서 仲尼는 '자기보다 못한 사람을 벗하지 말라.'고 하였고, ≪詩經≫에서는 '높은 산을 사람들이 다 우러러보듯이 고상한 행동은 사람들이 다 보고서 본받는다.'라고 한 것이다.〔此章指言好高慕遠 君子之道 雖各有倫 樂其崇茂 是以 仲尼曰 毋友不如己者 高山仰止 景行行止〕"라고 하였다.

經의 〔孟子〕에서 〔尙友也〕까지

○ 正義曰：이 장은 고상한 것을 좋아하고 원대한 것을 바라는 것은 君子의 道이므로 자기가 추구하는 높은 목표를 즐겁게 추구하라고 말한 것이다.

〔孟子謂萬章曰〕에서 〔是尙友也〕까지

맹자가 萬章에게 말한 것이다. 한 고을 안에서 善을 가지고 있는 사람은 벗을 하는 대상이 또한 한 고을의 善士이다. 한 나라 안에서 善을 가지고 있는 사람은 벗을 하는 대상이 또한 한 나라의 善士이다. 天下, 즉 四海 안에서 善을 가지고 있는 사람은 벗을 하는 대상이 또한 천하의 善士이다. 만약 천하의 善士와 벗을 하는 것으로는 善道를 극진히 하기에 부족하다고 여긴다면 다시 위로 거슬러 올라가 옛사람을 연구하여 그들이 지은 시를 노래하고 그들이 쓴 책을 읽게 된다. 이렇게 하고서도 그 사람이 벗을 할 수 있는 사람인지 모를 수 있겠는가. 그럼에도 불구하고 그 사람이 벗을 할 수 있는 사람인지 모르겠다면 다시 그 사람이 살던 시대가 어떠한지 연구해보아야 한다. 이렇게 하는 것이 바로 옛사람을 벗하는 방법이다. 맹자가 이 말을 한 것은 당시 사람들로 하여금 옛사람을 벗하게 하려고 하였기 때문이다. 孔子가 말한 "자기보다 못한 사람을 벗하지 말라."고 한 것과, ≪詩經≫ 〈小雅 車舝〉에서 말한 "높은 산을 사람들이 다 우러러보듯이 고상한 행동은 사람들이 다 본받는다."고 한 것도 그와 같은 의미이다.

9. 齊宣王이 問卿한대 孟子曰 王은 何卿之問也시니잇고

齊 宣王이 卿에 대해서 묻자, 맹자가 말했다. "왕께서는 어떤 卿에 대해 물은 것입니까?"

【注】王問何卿也라

왕이 물은 것이 어떤 卿이냐는 말이다.

王曰 卿不同乎잇가 曰 不同하니 有貴戚之卿하며 有異姓之卿하니이다

왕이 물었다. "卿은 다 같지 않습니까?"

맹자가 대답했다. "같지 않습니다. 貴戚의 卿도 있고 異姓의 卿도 있습니다."

【注】孟子曰 卿不同이라 貴戚之卿은 謂內外親族也요 異姓之卿은 謂有德命爲(王)〔三〕[1]卿也라

1) (王)〔三〕: 저본에는 '王'으로 되어 있으나, 廖本·孔本·韓本·考文古本에 의거하여 '三'으로 바로잡았다.(阮元의 〈校勘記〉 참조)

맹자가 말하기를 '卿이 다 같지는 않다.'고 한 것이다. 貴戚의 卿은 왕의 내외 친족을 이르는 것이고, 異姓의 卿은 德이 있어 三卿에 임명된 자를 이른다.

王曰 請問貴戚之卿하노이다

왕이 말했다. "貴戚의 卿에 대해 물어보겠습니다."

【注】問貴戚之卿如何라

貴戚의 卿은 어떠하냐고 물은 것이다.

曰 君有大過則諫하고 **反覆之而不聽**이면 **則易位**니이다

맹자가 말했다. "군주에게 큰 잘못이 있으면 간쟁을 하고, 반복해서 간쟁을 해도 듣지 않으면 군주의 자리를 갈아치웁니다."

【注】孟子曰 貴戚之卿은 反覆諫君하되 君不聽이면 則欲易君之位하여 更立親戚之(貴)〔賢〕[1] 者라

1) (貴)〔賢〕: 저본에는 '貴'로 되어 있으나, 阮元의 〈校勘記〉에 의거하여 '賢'으로 바로잡았다.

맹자가 말하기를, '貴戚의 卿은 반복해서 군주에게 간언을 하되 군주가 듣지 않으면 군주의 자리를 갈아치우고 친척 중의 다른 賢者를 다시 세우려 할 것'이라고 한 것이다.

王이 **勃然變乎色**한대

왕이 발끈 화를 내며 얼굴을 붉히자

【注】王聞此言하여 慍怒而驚懼라 故로 勃然變色이라

왕이 이 말을 듣고 성이 나고 놀랐으므로 발끈 화를 내며 얼굴을 붉힌 것이다.

曰 王勿異也하소서 **王問臣**하실새 **臣不敢不以正對**호이다

맹자가 말했다. "왕께서는 괴이하게 여기지 마소서. 왕께서 신에게 물으셨기에 신이 감히 바른대로 대답하지 않을 수 없었습니다."

【注】孟子曰 王勿怪也하소서 王問臣하실새 臣不敢不以其正義對호이다

맹자가 말하기를, '왕은 괴이하게 여기지 마소서. 왕께서 신에게 물으셨기에 신이 감히 정확한 뜻으로 대답하지 않을 수 없었습니다.'라고 한 것이다.

王色定然後에 請問異姓之卿한대

왕의 안색이 가라앉은 다음에 異姓의 卿에 대해 묻자,

【注】王意解하고 顏色定하여 復問異姓之卿如之何也라

왕이 마음이 풀려 안색이 가라앉자 '이성의 경은 어떠하냐.'고 다시 물은 것이다.

曰 君有過則諫하고 反覆之而不聽이면 則去니이다

맹자가 대답했다. "군주에게 잘못이 있으면 간쟁을 하고, 반복해서 간쟁을 해도 듣지 않으면 떠나버립니다."

【注】孟子言 異姓之卿은 諫君不從이면 (王)〔三〕[1]而待(旅)〔放〕[2]이라가 遂不聽之면 則去而之他國也라

1) (王)〔三〕: 저본에는 '王'으로 되어 있으나, 阮元의 〈校勘記〉에 의거하여 '三'으로 바로잡았다.

2) (旅)〔放〕: 저본에는 '旅'로 되어 있으나, 阮元의 〈校勘記〉에 의거하여 '放'으로 바로잡았다.

맹자가 말하기를, '異姓의 卿은 군주에게 간쟁을 하여 군주가 따르지 않으면 세 번을 간쟁하여 대죄하되 끝내 잘 듣고 따르지 않으면 그 나라를 떠나 타국으로 간다.'고 한 것이다.

【疏】'齊宣'至'則去'. ○ 正義曰：此章言國須賢臣, 必擇忠良, 親近貴戚, 或遭殃禍者也.[1] '齊宣王問卿', 是齊王問孟子爲卿者如之何也. '孟子曰, 王何卿之問', 孟子答之, 以謂王問何卿也. '王曰, 卿不同乎', 宣王見孟子以爲問何卿, 故問之曰, 然是卿有不同而異之乎. '曰不同, 有貴戚之卿, 有異姓之卿', 孟子又答之, 曰卿不同也, 以其有貴戚內外親族之卿, 有異姓有貴之卿也. '王曰, 請問貴戚之卿', 宣王又問貴戚之卿是如之

何也. 曰, 君有過謬則諫諍, 以至反覆數諫, 君不聽從, 則欲更易(경역)君位, 更(갱)立其君者也. '王勃然變乎色', 宣王聞此言, 遂憤而驚恐, 乃勃然變乎顏色. '曰, 王勿異也, 王問臣, 臣不敢不以正對', 孟子又曰, 王勿怪異我之言也. 王之所以問臣, 臣不敢不以正義對王也. '王色定, 然後請問異姓之卿', 宣王見孟子此言, 顏色遂解, 而心且安定, 故無驚恐, 然後又問其異姓之卿是如之何. '曰, 君有過則諫, 反覆之而不聽, 則去', 孟子又答之曰, 國君有過謬則諫諍之, 以至反覆數諫, 而不聽從, 則去而之他國者是也. 如紂之無道, 微子・比干諫之而不聽, 一則雖爲之見剖, 一則抱祭器而從周. 伊尹發於有莘之野, 而爲殷湯興治天下, 蓋亦本湯立賢無方故也, 宜孟子以是而告齊王.

1) 此章言國須賢臣……或遭殃禍者也 : 北京大本에는 "이 장의 章指는 다음과 같다. 나라에는 모름지기 賢臣이 있어야 하되 반드시 忠良한 인물을 골라야 하며 貴戚을 가까이하게 되면 혹 재앙을 만날 수 있다. 반면에 伊尹은 有莘에서 등용되어 殷나라를 위해 道를 일으켰다. 그러므로 '成湯이 賢者를 등용함에 그 어떤 구애도 받지 않았다.'고 한 것이다.〔此章指言國須賢臣 必擇忠良 親近貴戚 或遭殃禍 伊發有莘 爲殷興道 故云 成湯立賢無方也〕"라고 하였다.

經의 〔齊宣〕에서 〔則去〕까지

○ 正義曰 : 이 장은 나라에는 모름지기 賢臣이 있어야 하되 반드시 忠良한 인물을 골라야 하며 貴戚을 가까이하게 되면 혹 재앙을 만날 수 있음을 말한 것이다.

〔齊宣王問卿〕 이것은 齊 宣王이 맹자에게 '卿이 된 자는 어떠하여야 하느냐.'고 물은 것이다.

〔孟子曰 王何卿之問〕 맹자가 대답하기를, '왕이 물은 것은 어떤 卿이냐.'고 한 것이다.

〔王曰 卿不同乎〕 宣王이, 맹자가 '어떤 卿을 물은 것이냐.'고 말하는 것을 보고서 '卿이 다 같지 않고 다른 것이 있느냐.'고 물은 것이다.

〔曰不同 有貴戚之卿 有異姓之卿〕 맹자가 다시 대답하기를, '卿이 다 같지 않으니, 貴戚, 즉 내외 친족이 차지하는 卿이 있고, 또 異姓으로 신분이 귀해진 卿이 있다.'고 한 것이다.

〔王曰 請問貴戚之卿〕 宣王이 '貴戚의 卿은 어떠하냐.'고 다시 물은 것이다. 이에 맹자가 대답하기를, '군주에게 잘못이 있으면 간쟁을 하고 여러 차례 반복해서 간쟁을 해도 군주가 잘 듣고 따르지 않으면 군주의 자리를 갈아치우고 자기 군주를 다시 세우려 할 것이다.'라고 한 것이다.

〔王勃然變乎色〕 宣王이 이 말을 듣고서 마침내 성이 나고 놀라 발끈 화를 내며 안색을 붉힌 것이다.

〔曰 王勿異也 王問臣 臣不敢不以正對〕 맹자가 다시 말하기를, '왕은 나의 말을 괴이하게 여기지 마소서. 왕께서 신에게 물으셨기에 신이 감히 정확한 뜻으로 왕에게 대답하지 않을 수 없었습니다.'라고 한 것이다.

〔王色定 然後請問異姓之卿〕 宣王이 맹자의 이 말을 듣고서 마침내 안색이 풀리고 마음 또한 안정이 되어 놀라고 두려운 마음이 없어진 다음에야 '異姓의 卿이 어떠하냐.'고 다시 물은 것이다.

〔曰 君有過則諫 反覆之而不聽 則去〕 맹자가 다시 대답하기를, '군주에게 잘못이 있으면 간쟁을 하고 여러 차례 반복해서 간쟁을 해도 군주가 듣고 따르지 않으면 그 나라를 떠나 타국으로 가는 사람이 이에 해당한다.'고 한 것이다. 예를 들어 紂王이 무도한 정치를 할 때 微子와 比干이 간쟁을 하였으나 紂王이 듣지 않자 한 사람(比干)은 비록 배를 가르는 형벌을 당하였으나 한 사람(微子)은 祭器를 안고 떠나 周나라를 따랐으며, 伊尹은 有莘의 들판에서 등용되어 殷나라 湯王을 위해 세상에 나와 천하를 다스렸으니, 이 또한 湯王이 賢者를 등용함에 있어 그 어떤 구애도 받지 않았기 때문이다. 그러니 맹자가 이 말로 齊王에게 고한 것은 당연한 것이다.

孟子注疏解經 卷第十一 上

告子章句 上

凡二十章

모두 20章이다.

趙氏 注 孫奭 疏

【注】告子者는 告는 姓也요 子는 男子之通稱也요 名은 不害니 兼治儒墨之道者라 嘗學於孟子나 而不能純徹性命之理라 論語曰 子罕言命[1]이라하니 謂性命難言也라 以告子能執弟子之問이라 故以題篇하니라

1) 子罕言命 : ≪論語≫ 〈子罕〉에 "공자께서는 利와 命과 仁을 드물게 말씀하셨다.〔子罕言利與命與仁〕"라는 말이 나온다.

告子는 告가 姓이고 子는 남자의 通稱이며, 이름은 不害이니, 儒家와 墨家의 道를 겸하여 공부한 사람이다. 일찍이 맹자에게 배웠으나 性과 命의 이치에 완전히 통달하지는 못하였다. ≪論語≫에서 "孔子께서는 命을 드물게 말씀하셨다."고 하였으니, 性과 命은 말하기 어려운 것이다. 告子가 제자로서 질문을 잘하였으므로 篇名으로 삼았다.

【疏】○ 正義曰：此篇首論告子言性, 所以次於萬章問孝之篇者, 以其爲孝之道, 其本在性也. 故此篇首以告子之言性, 遂爲篇題, 次於萬章, 不亦宜乎. 此篇凡三十六章, 趙氏分之以成上下卷. 此卷凡二十章而已. 一章言養性長義, 順夫自然, 殘木爲器, 變而後成. 二章言人之欲善, 由水好下, 迫勢激躍, 失其素眞. 三章言人之性與善俱生. 四章言明仁義由內, 以曉告子. 五章言公都・告子受命, 然後乃理. 六章言天之生人, 皆有善性, 引而趨之, 善惡異衢. 其七章言人稟性俱有好憎, 或爲君子, 或爲小人, 猶麰(모)麥不齊, 雨露使然也. 八章言秉心持正, 使邪不干, 猶止斧斤, 不伐牛山, 則山木茂, 人則稱仁. 九章言弈爲小數, 不精不能, 一人善之, 十人惡之, (若)〔雖〕[1]竭其道, 何由(智哉)〔能成〕.[2] 十章言舍生取義, 義之大者也. 十一章言由路求心, 爲得其本.

十二章言舍大惡(오)小, 不知其要. 十三章言莫知養身, 而養其樹木. 十四章言養其行, 治其政, 俱用智力, 善惡相厲, 是以君子居處思義, 飮食思禮. 十五章言天與人性, 先立其大. 十六章言古人修天爵, 自樂之也, 今要人爵, 以誘(待)〔時〕[3]也, 得人棄天, 道之忌也, (或)〔惑〕以招(之)〔亡〕[4], 小人事也. 十七章言所貴在身, 人不知求. 十八章言爲仁不至, 不反求諸己, 謂水勝火, 熄而後已, 不仁之甚, 終爲亡矣. 十九章言功毁幾成, 人在愼終, 五穀不熟, 荑稗是勝, 是以爲仁, 必其成也. 二十章言彀張規矩, 以喩爲仁, 學不爲(人)〔仁〕[5], 由是二教, 失其法而行之者也. 其餘十六章, 趙氏分在下卷, 各有敍焉.

1) (若)〔雖〕: 저본에는 '若'으로 되어 있으나, 뒤에 나오는 本章의 章指에 의거하여 '雖'로 바로잡았다.
2) (智哉)〔能成〕: 저본에는 '智哉'로 되어 있으나, 뒤에 나오는 本章의 章指에 의거하여 '能成'으로 바로잡았다.
3) (待)〔時〕: 저본에는 '待'로 되어 있으나, 뒤에 나오는 本章의 章指에 의거하여 '時'로 바로잡았다.
4) (或)〔惑〕以招(之)〔亡〕: 저본에는 '或以招之'로 되어 있으나, 뒤에 나오는 本章의 章指에 의거하여 '或'은 '惑'으로, '之'는 '亡'으로 바로잡았다.
5) (人)〔仁〕: 저본에는 '人'으로 되어 있으나, 뒤에 나오는 本章의 章指에 의거하여 '仁'으로 바로잡았다.

○ 正義曰 : 이 편은 첫머리에서 告子가 性에 대해 언급한 것을 논하였는데, 萬章이 孝에 대해 질문한 篇의 다음에 편차한 것은 孝를 행하는 道는 그 근본이 性에 있기 때문이다. 그러므로 이 篇의 첫머리를 告子가 性에 대해 언급한 것으로 삼고서 마침내 篇名으로 삼아 〈萬章〉편 다음에 두었으니, 매우 타당하지 않은가.

이 篇은 모두 36章인데, 趙氏가 나누어 上卷과 下卷으로 만들었다. 이 卷은 모두 20章이다.

제1장에서는 "性을 함양하고 義를 기르는 일은 자연스러운 천성을 따르고, 나무를 해쳐 그릇을 만드는 일은 변화시킨 뒤에 이루어짐을 말하였다.

제2장에서는 "사람이 善을 행하려는 것은 물이 아래로 흐르기를 좋아하는 것과 같다. 가해진 외부의 힘에 의해 물이 거꾸로 흐르거나 튀어 오르는 것은 본성을 잃은 것이다."라고 말하였다.

제3장에서는 인간의 性은 善과 함께 타고나는 것임을 말하였다.

제4장에서는 仁과 義가 인간의 내부에서 비롯되는 것임을 밝혀서 告子의 迷惑을 깨우쳤음을 말하였다.

제5장에서는 公都子와 告子는 가르침을 받은 뒤에야 이해하는 자임을 말하였다.

제6장에서는 하늘이 사람을 세상에 낼 때에는 모두 善한 性을 가지고 있는데, 그들을 이끌어서 어디로 가게 하느냐에 따라 善과 惡의 길이 달라짐을 말하였다.

제7장에서는 "사람이 타고난 性에는 모두 좋아함과 미워함이 있는데, 누군가는 君子가 되기도 하고 누군가는 小人이 되기도 한다. 이는 마치 麰麥마다 成長이 균일하지 않은 이유가 雨露가 그렇게 만들기 때문인 것과 같다."라고 말하였다.

제8장에서는 "마음을 잡고 바름을 견지하여 不正이 干犯하지 못하게 하는 것은 도끼와 자귀를 금지하여 牛山의 나무를 벌목하지 못하게 하면 산의 나무가 무성해지는 것과 같으니, 사람들이 仁함을 칭찬하게 된다."라고 말하였다.

제9장에서는 "바둑이 하찮은 技藝지만 專一하지 않으면 잘할 수 없다. 한 사람이 잘하더라도 열 사람이 망쳐버리니, 비록 온갖 방법을 다 쓰더라도 어떻게 성공할 수 있겠는가."라고 하였다.

제10장에서는 삶을 포기하고 義를 선택하는 것이 義 가운데 큰 것임을 말하였다.

제11장에서는 길을 따라가고 잃어버린 마음을 구하는 것이 근본을 얻는 것임을 말하였다.

제12장에서는 중대한 것은 버려두고 사소한 것은 싫어하는 것은 요체를 모르는 것임을 말하였다.

제13장에서는 자기 몸은 기를 줄 모르면서 나무를 기르는 것을 말하였다.

제14장에서는 "행실을 수양하고 政事를 다스릴 때에 모두 智慧와 勇力을 사용하고 善과 惡으로써 勉勵한다. 그러므로 君子는 거처할 때에도 義를 생각하고 음식을 먹을 때도 禮를 생각하는 것이다."라고 말하였다.

제15장에서는 하늘이 인간에게 性을 부여하였으니, 큰 것을 먼저 확립해야 함을 말하였다.

제16장에서는 "古人이 天爵을 닦은 것은 스스로 즐긴 것이었고, 지금 사람이 人爵을 구하는 것은 時流에 迷惑된 것이다. 人爵을 얻고서 天爵을 버리는 짓은 道가 꺼리는 바이고, 迷惑되어 잃음을 초래하는 것은 小人의 일이다."라고 말하였다.

제17장에서는 존귀한 것이 자기 몸에 있는데도 사람들은 구할 줄 모름을 말하였다.

제18장에서는 "仁을 실천하는 것이 지극하지 못하고 돌이켜 자신에게서 찾지도 않으면서 '물이 불을 이기는 것은 물이 불을 끈 뒤에야 그러한 것일 뿐이다.'라고 말하니, 不仁이 심하여 끝내 반드시 仁을 잃을 것이다."라고 말하였다.

제19장에서는 "일은 거의 성공할 단계에서 실패하니 사람은 마무리를 신중하게 해야 한다. 五穀이 여물지 않으면 荑稗가 더 낫다. 그러므로 仁을 실천할 때에는 익숙해지기를 기필하는 것이다."라고 말하였다.

제20장에서는 "활시위를 당기는 것과 걸음쇠와 곱자를 가지고서 仁을 실천하는 것을 비유하였으니, 배움에 仁을 실천하지 않는 것은 두 가지를 가르침에 올바른 방법을 잃고서 행하도록 하는 것과 같다."라고 말하였다.

나머지 16章은 趙氏가 나누어 下卷으로 편차하고 각 장마다 설명을 두었다.

【疏】 ○ 注'告子者姓'至'(篇題)〔題篇〕'[1) ○ 正義曰：云'告子名不害'者, 盡心篇有浩生不害, 疑爲告子. 姓告名不害, 以浩生爲字. 趙注又云 "浩生姓, 名不害", 又爲二人. 其佗經傳未詳甚人. 云'論語子罕言命', 蓋論語第九篇首云也, 故以題其篇.

1) (篇題)〔題篇〕: 저본에는 '篇題'로 되어 있으나, 앞의 注에 의거하여 '題篇'으로 바로잡았다.

○ 注의 〔告子者姓〕에서 〔題篇〕까지

○ 正義曰 : 〔告子 名不害〕 〈盡心〉편에 浩生不害가 나오는데, 이 사람이 告子인 듯하다. 姓이 告이고 이름이 不害이며, 浩生으로 字를 삼았다. 趙岐 注에는 다시 "浩生이 姓이고 이름이 不害이다."라고 하여 다른 두 사람으로 보았다. 다른 經傳에는 어떤 사람인지 자세히 나와 있지 않다.

〔論語子罕言命〕 ≪論語≫ 제9편의 首章이므로 '子罕'으로 篇名을 삼았다.

1. 告子曰 性은 猶杞柳也요 義는 猶桮棬也니 以人性爲仁義는 猶以杞柳爲桮棬이니라

告子가 말하였다. "인간의 性은 버드나무와 같고 義는 잔과 같으니, 인간의 性으로써 仁義를 실천하는 것은 버드나무를 가지고 잔을 만드는 것과 같습니다."

【注】告子以爲人性爲才幹이요 義爲成器니 猶以杞柳之木爲桮棬也라 杞柳는 柜柳也라 一曰 杞는 木名也라 詩云 北山有杞[1]라 桮棬은 桮素也라

1) 北山有杞 : ≪詩經≫ 〈小雅 南山有臺〉에는 "남산에 杞가 있다.〔南山有杞〕"라고 되어 있다.

告子는 인간의 性은 材木이고 義는 그릇이니, 버드나무 材木으로 잔을 만드는 것과 같다고 여긴 것이다. 杞柳는 柜柳(버드나무)이다. 一說에는 "杞는 나무 이름이다."라고 하였다. ≪詩經≫에는 "北山에 杞가 있다."라고 하였다. 桮棬은 桮素(꾸미지 않은 잔)이다.

杞

孟子曰 子能順杞柳之性而以爲桮棬乎아 將戕賊杞柳而後以爲桮棬也아

맹자가 말하였다. "그대는 버드나무의 성질을 따라 잔을 만들 수 있는가? 아니면 버드나무의 성질을 해치고 나서야 잔을 만들 수 있는가?

【注】戕은 猶殘也니 春秋傳曰 戕舟發梁[1]이라하다 (所)〔子〕[2]能順完杞柳하여 不傷其性而成其桮棬乎아 將斤斧殘賊之라야 乃可以爲桮棬乎아 言必殘賊也라

1) 戕舟發梁 : ≪春秋左氏傳≫ 襄公 28년에 나온다.
2) (所)〔子〕: 저본에는 '所'로 되어 있으나, 廖本·孔本·韓本·考文古本·足利本에 의거하여 '子'로 바로잡았다.(阮元의 〈校勘記〉 참조)

戕은 殘의 의미와 같으니, ≪春秋左氏傳≫에 "艦艇을 파괴하고 橋梁을 철거하였다."라고 하였다. "그대는 버드나무의 성질을 따르고 온전히 보존하여 그 성질을 손상하지 않고서 잔을 만들 수 있는가? 아니면 도끼로 버드나무의 성질을 해치고 나서야 잔을 만들 수 있는가?"라고 말한 것이니, 반드시 해칠 것이라는 의미이다.

如將〔戕〕[1]賊杞柳而以爲桮棬이면 則亦將戕賊人하여 以爲仁義與아

1) 〔戕〕: 저본에는 '戕'이 없으나, 阮元의 〈校勘記〉에 의거하여 보충하였다.

만약 버드나무의 성질을 해쳐 잔을 만든다면, 또한 사람을 해쳐 仁義를 실천할 수 있는 것인가?

【注】孟子言 以人身爲仁義가 豈可復殘傷其形體하여 乃成仁義邪(야)아 明不可(此)〔比〕[1] 桮棬이라

1) (此)〔比〕: 저본에는 '此'로 되어 있으나, 閩本・監本・毛本・廖本・孔本・韓本・考文古本에 의거하여 '比'로 바로잡았다.(阮元의 〈校勘記〉 참조)

맹자가 "사람의 몸으로써 仁義를 실천하는 것이, 어찌 그 형체를 다시 해쳐야 仁義를 이룰 수 있다는 것이겠는가."라고 말한 것이니, 잔에다 비유할 수 없음을 밝힌 것이다.

率天下之人而禍仁義者는 必子之言夫인저

천하의 사람을 몰아 仁義를 해치게 하는 것은 반드시 그대의 말일 것이다."

【注】以告子轉性爲仁義가 若轉木以成器니 必殘賊之라 故言率人以禍仁義者는 必子之言이라하니라 夫는 蓋歎辭也라

告子는 인간의 性을 변화시켜 仁義를 실천하는 것이 나무의 성질을 변화시켜 그릇을 만드는 것과 같다고 여겼으니, 반드시 사람의 性을 해치게 된다. 그러므로 "사람을 몰아 仁義를 해치게 하는 것은 반드시 그대의 말일 것이다."라고 말한 것이다. 夫는 감탄사이다.

【疏】'告子'至'言夫' ○ 正義曰 : 此章言養性長義, 順夫自然, 殘木爲器, 變而後成. 孟子拂之, 不假以言也.[1] '告子曰'至'爲桮棬', 告子言人之性譬若杞柳, 義若桮棬也, 以人之性爲其仁義之道, 若以杞柳之木爲之桮棬也. 杞, 枸杞也. 柳, 少楊也. 桮, 素樸也. 棬, 器之似〔升〕[2], 屈轉木作也. 以其杞柳可以楺而作棬也. '孟子曰 子能順杞柳之性爲桮棬乎'至'必子之言夫', 孟子乃拂之曰 "子能順杞柳之木性以爲桮棬乎. 以其將以斤斧殘賊其杞柳然後爲之桮棬也. 如將斤斧殘賊杞柳而以爲之桮棬, 是亦將殘賊人之形軀然後以爲仁義與. 且驅天下之之人而殘禍仁義之道者, 是亦必子之此言也." 孟子所以拂之以此, 蓋謂人之性仁義, 固有不可比之桮棬以杞柳爲之也.

1) 此章言養性長義……不假以言也 : 北京大本에는 章指를 "이 장의 章指는 다음과 같다. 性을 함양하고 義를 기르는 일은 자연스러운 천성을 따르고, 나무를 해쳐서 그릇을 만드는 일은 변화시킨 뒤에 이루어진다. 告子는 道가 편벽되고 견해에 純正하지 않은 점이 있어 仁은 내면에 있고 義는 외면에 있다고 여겼으니, 남과 어긋나게 된 단서이다. 맹자가 고자의 주장을 바로잡았으니 말할 필요도 없는 것이었다.〔此章指言養性長義 順夫自然 殘木爲器 變而後成 告子道偏 見有不純 仁內義外 違人之端 孟子拂之 不假以言也〕"라고 하였다.

2)〔升〕: 저본에는 '升'이 없으나, 바로 아래 疏에서 ≪廣韻≫을 인용하여 '器似升屈木作'이라고 한 것에 의거하여 보충하였다.

經의〔告子〕에서〔言夫〕까지

○ 正義曰 : 이 장에서는 "性을 함양하고 義를 기르는 일은 자연스러운 천성을 따르고, 나무를 망가뜨려 그릇을 만드는 일은 변화시킨 뒤에 이루어진다. 맹자가 告子의 주장을 바로잡았으니, 말할 필요도 없는 것이었다."라고 말하였다.

〔告子曰〕에서〔爲桮棬〕까지

告子가 "인간의 성은 비유하자면 버드나무와 같고 의는 잔과 같으니, 인간의 성으로 인의의 도를 실천하는 것은 버드나무 재목을 가지고 잔을 만드는 것과 같다. 杞는 枸杞이다. 柳는 少楊이다. 桮는 素樸한 잔이다. 棬은 升과 비슷한 그릇으로 나무를 휘어서 만드는 것이다. 버드나무를 휘어야 잔을 만들 수 있기 때문이다."라고 말한 것이다.

〔孟子曰 子能順杞柳之性爲桮棬乎〕에서〔必子之言夫〕까지

맹자가 그의 주장에 반대하여 "그대는 버드나무 재목의 성질을 따라 잔을 만들 수 있는가? 도끼로 버드나무의 성질을 해치고 나서야 잔을 만들 것이다. 만약 도끼로 버드나무의 성질을 해치고 나서야 잔을 만든다면, 또한 사람의 형체를 해치고 나서야 仁義를 실천할 수 있는 것인가? 장차 천하의 사람을 몰아 仁義의 道를 해치게 하는 것은 또한 반드시 그대의 이 말일 것이다."라고 말한 것이다. 맹자가 이 말로써 告子의 주장에 반대한 것은, 인간의 性인 仁義는 본래 버드나무로 만들 수 있는 잔과 비교할 수 없는 점이 있다고 여겼기 때문이다.

【疏】○ 注'杞柳柜柳'至'素' ○ 正義曰 : 案說文云 "杞, 枸杞", "柳, 少楊也", "桮, 䁨(공)也." 棬, 屈木盂也, 所謂器, 似升, 屈木作是也. 詩云 "北山有杞", 南山有臺文也.

○ 注의〔杞柳柜柳〕에서〔素〕까지

○ 正義曰 : 상고하건대 ≪說文解字≫에 "杞는 枸杞이다."라고 하였고, "柳는 少楊이다."라고 하였고, "桮는 㔶(작은 잔)이다."라고 하였다. 棬은 나무를 휘어 만든 사발이니, 이른바 '그릇이다. 升과 비슷하며, 나무를 휘어 만든다.'라고 한 것이 이것이다. ≪詩經≫에 "北山에 杞가 있다."라고 하였는데, 〈南山有臺〉편의 글이다.

2. 告子曰 性은 猶湍水也라 決諸東方則東流하고 決諸西方則西流하나니 人性之無分於善不善也는 猶水之無分於東西也니라

告子가 말하였다. "인간의 性은 여울물과 같아서 동쪽으로 터주면 동쪽으로 흐르고 서쪽으로 터주면 서쪽으로 흐릅니다. 인간의 性이 善하니 不善하니 하는 정해진 구분이 없는 것은 마치 물이 동쪽이니 서쪽이니 하는 정해진 방향성이 없는 것과 같습니다."

【注】 湍(水)〔者〕[1]는 圜也니 謂(湍水湍縈水)〔湍湍瀠水〕[2]也라 告子以喩人性若是水也는 善惡隨物而化하여 無本善不善之性也라

1) (水)〔者〕: 저본에는 '水'로 되어 있으나, 廖本·孔本·韓本·考文古本에 의거하여 '者'로 바로잡았다.(阮元의 〈校勘記〉 참조)

2) (湍水湍縈水)〔湍湍瀠水〕: 저본에는 '湍水湍縈水'로 되어 있으나, 廖本·孔本·韓本·考文古本에 의거하여 '水'를 빼고 '縈'을 '瀠'으로 바로잡았다.(阮元의 〈校勘記〉 참조)

湍이라는 것은 旋回함이니, 빙글빙글 旋回하는 물을 일컫는다. 告子가 인간의 性이 물과 같다고 비유한 것은 善과 惡이 사물에 따라 변화하여 본래 善하거나 不善한 性이 없다는 것이다.

孟子曰 水信無分於東西어니와 無分於上下乎아 人性之善也는 猶水之就下也니 人無有不善하며 水無有不下니라 今夫水를 搏而躍之면 可使過顙이며 激而行之면 可使在山이어니와 是豈水之性哉리오 其勢則然也니 人之可使爲不善이 其性이 亦猶是也니라

맹자가 말하였다. "물은 진실로 동쪽이니 서쪽이니 하는 정해진 방향성이 없지

만, 위와 아래의 구분이 없는가? 인간의 性이 善한 것은 물이 아래로 흐르는 것과 같으니, 인간의 性은 善하지 않음이 없으며, 물은 아래로 흐르지 않음이 없다. 지금 손으로 물을 쳐서 튀어 오르게 하면 이마 위로 오르게 할 수도 있고, 물길을 막아 거꾸로 흐르게 하면 산 위에 올라가 있게 할 수도 있다. 하지만 이것이 어찌 물의 본성이겠는가. 외부의 힘이 그렇게 만든 것이다. 인간으로 하여금 不善을 행하게 만들 수 있는 것도 그 性이 또한 이와 같이 되기 때문이다."

【注】孟子曰 水誠無分於東西라 故決之而往也어니와 水豈無分於上下乎아 水性但欲下耳라 人性生而有善이 猶水之欲下也니 所以知人皆有善性이 似水無有不下者也라-躍은 跳요 顙(상)은 額也라-人以手跳水면 可使過顙이며 激之면 可令上山이나 皆迫於勢耳요 非水之性也라 人之可使爲不善은 非順其性也라 亦妄爲利欲之勢所誘迫耳니 猶是水也라 言其本性非不善也라

맹자가 "물은 진실로 동쪽이니 서쪽이니 하는 정해진 방향성이 없다. 그러므로 터주는 대로 흘러가지만, 물이 어찌 위와 아래의 구분이 없겠는가. 물의 본성은 단지 아래로 흘러가려고 한다. 인간의 性이 나면서부터 善한 것은 물이 아래로 흘러가려고 하는 것과 같으니, 이를 통해 인간이 모두 善한 본성을 지닌 것은 물이 아래로 흘러가지 않음이 없는 것과 같음을 알 수 있다.-躍은 튀어 오름이고, 顙은 이마이다.- 사람이 손으로 물을 튀어 오르게 하면 이마 위로 튀어 오르게 할 수 있으며, 물길을 막으면 산으로 올라가게 할 수 있으나, 모두 외부의 힘에 밀려 그렇게 된 것일 뿐이고 물의 본성은 아니다. 사람으로 하여금 不善을 행하게 만들 수 있는 것은 그 性을 따르게 한 것이 아니라, 함부로 利欲의 형세에 유혹되고 핍박되게 만든 것일 뿐이니, 이 물의 경우와 같은 것이다."라고 말한 것이다. 그 본성이 善하지 않은 것이 아님을 말하였다.

【疏】'告子'至'是也' ○ 正義曰：此章言人之欲善, 猶水好下. 迫勢激躍, 失其素眞. 是以守正性爲君子, 隨曲折爲小人者也. '告子曰 性猶湍水也'至'東西也', 告子言人之性猶縈廻之水也.-湍, 圜, 縈廻之勢也.- 縈廻之水, 決之使流於東方則東流之, 使之流西方則西流之. 而人之性無分於爲善爲不善也, 如縈廻之(之)[1]水, 無分於東西也. '孟子曰'至'是也', 孟子言水之性無分於東西上下乎.-言有分於東西上下也.- 人性之善也, 猶水之就下也, 人無有性之不善者, 水無有不就下者. 今夫水之勢, 搏而跳之, 可使過顙, 激而行之, 可令上山. 如此, 豈水性如是哉. 是其勢如是也. 人之性所以可使爲不善者,亦若此水之勢也. 以其人之性不善, 乃利慾而誘迫之也, 亦搏激其水之謂也.

1) (之) : 저본에는 '之'가 있으나, 四庫全書本에 의거하여 衍文으로 처리하였다.

經의 〔告子〕에서 〔是也〕까지

○ 正義曰 : 이 장에서는 "사람이 善을 행하려는 것은 물이 아래로 흐르기를 좋아하는 것과 같다. 가해진 외부의 힘에 의해 물이 거꾸로 흐르거나 튀어 오르는 것은 본성을 잃은 것이다. 그러므로 바른 性을 지키면 君子가 되고, 曲折을 따르면 小人이 된다."라고 말하였다.

〔告子曰 性猶湍水也〕에서 〔東西也〕까지

告子가 "인간의 性은 旋回하는 물과 같다.-湍은 旋回함이니, 빙빙 도는 모양이다.- 旋回하는 물은 물길을 터서 동쪽으로 흐르게 하면 동쪽으로 흐르고 서쪽으로 흐르게 하면 서쪽으로 흐른다. 그래서 인간의 性에 善하니 不善하니 하는 정해진 구분이 없는 것이 마치 旋回하는 물에 동쪽이니 서쪽이니 하는 정해진 방향성이 없는 것과 같다."라고 말한 것이다.

〔孟子曰〕에서 〔是也〕까지

맹자가 "물의 본성에 동쪽이니 서쪽이니 위니 아래니 하는 구분이 없는가?-동쪽이니 서쪽이니 위니 아래니 하는 구분이 있다는 말이다.- 인간의 性이 善한 것은 물이 아래로 흐르는 것과 같으니, 인간의 性은 不善한 경우가 없으며, 물은 아래로 흐르지 않는 경우가 없다. 지금 물의 형세로 말하자면, 손으로 쳐서 튀어 오르게 하면 이마 위로 오르게 할 수 있고, 물길을 막아 거꾸로 흐르게 하면 산으로 올라가게 할 수 있다. 이러한 것이 어찌 물의 본성이 그러해서이겠는가. 그 형세가 그러해서인 것이다. 인간의 性으로 不善을 행하게 만들 수 있는 것도 이 물의 형세와 같다. 인간의 性이 不善을 행하는 것은 利慾이 유혹하고 핍박해서이니, 또한 물을 치고 막는 경우와 같음을 일컬은 것이다."라고 말한 것이다.

【疏】 ○ 注'湍者, 圜也' ○ 正義曰 : 說文云 "湍, 急瀨水", 又云 "瀨, 水流沙上也." (令)〔今〕[1] 謂縈廻之水者, (然)〔言〕[2]其水流沙上, 縈廻之勢湍湍然也.

1) (令)〔今〕 : 저본에는 '令'으로 되어 있으나, 監本·毛本에 의거하여 '今'으로 바로잡았다.(阮元의 〈校勘記〉 참조)

2) (然)〔言〕 : 저본에는 '然'으로 되어 있으나, 監本·毛本에 의거하여 '言'으로 바로잡았다.(阮元의 〈校勘記〉 참조)

○ 注의 〔湍者 圜也〕

○ 正義曰：≪說文解字≫에 "湍은 급히 흐르는 여울이다."라고 하였고, 또 "瀨는 물이 모래 위로 흐르는 것이다."라고 하였다. 지금 여기서 '선회하는 물'이라고 한 것은 그 물이 모래 위를 흐르며 선회하는 모양이 빙글빙글 도는 것을 말한다.

3. 告子曰 生之謂性이니라

告子가 말하였다. "타고난 그대로의 모습을 性이라고 합니다."

【注】凡物生同類者는 皆同性이라

무릇 사물 중에 同類로 태어난 것은 모두 性이 같다.

孟子曰 生之謂性也는 猶白之謂白與아

맹자가 말하였다. "타고난 그대로의 모습을 性이라고 하는 것은 흰 것을 희다고 하는 것과 같은 것인가?"

【注】猶見白物皆謂之同白이니 無異性이라

흰 사물을 보고 '똑같이 희다'라고 하는 것과 같으니, 다른 性은 없는 것이다.

曰 然하다

告子가 말하였다. "그렇습니다."

【注】告子曰 然하다

告子가 그렇다고 말한 것이다.

白羽之白也가 猶白雪之白이며 白雪之白이 猶白玉之白歟아

〈맹자가 말하였다.〉 "흰 깃털의 흰색이 흰 눈의 흰색과 같으며, 흰 눈의 흰색이 흰 옥돌의 흰색과 같은 것인가?"

【注】孟子以爲羽性輕하며 雪性消하고 玉性堅하니 雖俱白이나 其性不同이라 問告子以三白之性同邪(야)아

맹자는 깃털의 성질은 가볍고 눈의 성질은 쉽게 녹고 옥돌의 성질은 단단하니, 비록 모두 흰색이지만, 그 성질은 다르다고 여겼다. 그래서 告子에게 "세 가지 흰색의 성질은 같은가?"라고 물은 것이다.

曰 然하다

告子가 말하였다. "그렇습니다."

【注】告子曰 然하다 誠以爲同也라

告子가 "그렇습니다. 진실로 같다고 여깁니다."라고 말한 것이다.

然則犬之性이 猶牛之性이며 牛之性이 猶人之性歟아

〈맹자가 말하였다.〉 "그렇다면 개의 性은 소의 性과 같으며, 소의 性은 인간의 性과 같단 말인가."

【注】孟子言犬之性이 豈與牛同所欲이며 牛之性이 豈與人同所欲乎아

맹자가 "개의 性이 어찌 소와 원하는 바가 같겠으며, 소의 性이 어찌 인간과 원하는 바가 같겠는가."라고 말한 것이다.

【疏】'告子曰生之'至'性歟' ○ 正義曰：此章言物雖有性, 性各殊異. 惟人之性, 與善俱生者也.[1] '告子曰 生之謂性', 告子言人之生與物之生皆謂之性, 以其爲同也. '孟子曰 生之謂性也 猶白之謂白歟', 孟子見告子以爲凡物生同謂之性, 故問之曰 "然則生之謂性, 是如凡物之白皆謂同白, 無異性也." '曰然', 告子以爲誠如是也. '白羽之白也 猶白雪之白 白雪之白 猶白玉之白歟', 孟子又言是則白羽毛之白, 亦如白雪之白, 白雪之白, 亦如白玉之白歟. 故以此三者問告子,[2] 然孟子以謂羽毛之白, 則其性輕, 白雪之白, 其性易(이)消, 白玉之白, 其性堅, 是其性有不同其白也. '曰然', 告子不知爲有異, 故亦以爲誠然也, 言則同也. '然則犬之性猶牛之性 牛之性猶人之性歟', 孟子曰 "又如是, 則犬狗之性猶牛之性, 牛之性亦猶人之性與." 孟子所以言此者, 以其犬之性, 金畜

也, 故其性守, 牛之性, 土畜也, 故其性順, 夫人受天地之中, 萬物俱備於我者也, 是其稟陰與陽之氣所生也, 故其性能柔能剛, 是爲不同者. 告子不知, 但知其麤者也.

1) 此章言物雖有性……與善俱生者也 : 北京大本에는 "이 장의 章指는 다음과 같다. 사물마다 비록 性을 지니고 있으나, 性은 각기 다르다. 오직 인간의 性은 善과 함께 타고나서 어린아이가 우물에 빠지려 할 때에 그 진실함이 발현된다. 告子는 사물의 性이 같다고 여겼으니 대강만 알았던 것이고, 맹자는 性을 정밀하게 궁구하여 옳음이 그 안에 있었다.〔此章指言物雖有性 性各殊異 惟人之性 與善俱生 赤子入井 以發其誠 告子一之 知其粗矣 孟子精之 是在其中〕"라고 하였다.
2) 故以此三者問告子 : 이 구절은 뒤에 나오는 '是其性有不同其白也'의 다음에 와야 의미가 통하므로 문맥에 맞게 번역하였다.

經의 〔告子曰生之〕에서 〔性歟〕까지

○ 正義曰 : 이 장에서는 "사물마다 비록 性을 지니고 있으나, 性은 각기 다르다. 오직 인간의 性은 善과 함께 타고나는 것이다."라고 말하였다.

〔告子曰 生之謂性〕 告子가 "인간이 타고난 것과 사물이 타고난 것을 모두 性이라고 부르니, 똑같기 때문이다."라고 말한 것이다.

〔孟子曰 生之謂性也 猶白之謂白歟〕 맹자는 告子가 "모든 사물이 타고난 것을 똑같이 性이라고 한다."라고 말하는 것을 보았기 때문에, "그렇다면 타고난 그대로의 모습을 性이라고 하는 것은 모든 사물의 흰 것을 모두 똑같이 희다고 하는 것과 같은 것이니, 다른 性은 없는 것인가?"라고 물은 것이다.

〔曰然〕 告子가 진실로 그러하다고 말한 것이다.

〔白羽之白也 猶白雪之白 白雪之白 猶白玉之白歟〕 맹자가 다시 "그렇다면 흰 깃털의 흰색은 또한 흰 눈의 흰색과 같으며, 흰 눈의 흰색은 또한 흰 옥돌의 흰색과 같은가?"라고 말한 것이다. 하지만 맹자는 깃털의 흰색은 성질이 가볍고, 흰 눈의 흰색은 성질이 쉽게 녹고, 흰 옥돌의 흰색은 성질이 단단하니, 그 성질은 그 흰색에 따라 똑같지는 않다고 여겼다. 그러므로 이 세 가지를 가지고 告子에게 물은 것이다.

〔曰然〕 告子는 차이가 있는 것을 알지 못하였으므로 다시 진실로 그러하다고 말한 것이니, 같다는 말이다.

〔然則犬之性猶牛之性 牛之性猶人之性歟〕 맹자가 "또 그러하다면 개의 性이 소의 性과 같으며, 소의 性도 인간의 性과 같단 말인가."라고 말한 것이다. 맹자가 이렇게 말한 이유는, 개의 性으로 말하자면 〈五行의〉 金에 속하는 가축이므로 지키는 성질을 지

녔기 때문이고, 소의 性으로 말하자면 〈오행의〉 土에 속하는 가축이므로 순종하는 성질을 지녔기 때문이며, 인간은 天地의 中正한 기운을 받아 만물이 나에게 구비된 경우로서 음과 양의 기운을 받아 태어났으므로 그 性이 부드러우면서도 강할 수 있기 때문이다. 이것이 같지 않은 까닭이다. 告子는 이것을 잘 모르고, 대강만 알았던 것이다.

4. 告子曰 食色이 性也니 仁은 內也라 非外也요 義는 外也라 非內也니라

告子가 말하였다. "食欲과 色欲이 性이니, 仁은 인간의 내부에 있지 외부에 있는 것이 아니며, 義는 외부에 있는 것이지 내부에 있는 것이 아닙니다."

【注】人之甘食悅色者가 人之性也라 仁由內出이요 義在外也니 不從己身出也라

인간이 음식을 달게 먹고 色을 좋아하는 것이 인간의 性이다. 仁은 인간의 내부로부터 우러나오는 것이고, 義는 외부에 있는 것이니 자신으로부터 우러나오지 않는다.

孟子曰 何以謂仁內義外也오

맹자가 말하였다. "무엇을 근거로 仁은 인간의 내부에 있고 義는 외부에 있다고 말하는 것인가?"

【注】孟子怪告子是言也라

맹자가 告子의 이 말을 괴이하게 여긴 것이다.

曰 彼長而我長之라 非有長於我也니 猶彼白而我白之라 從其白於外也라 故謂之外也라하노라

告子가 말하였다. "〈예를 들자면〉 저 사람이 나보다 나이가 많아서 그를 어른으로 공경하는 것이지, 그의 나이 많음이 나의 내부에 있는 것이 아닙니다. 이는 저 물건이 흰색이어서 내가 희다고 말하는 것이 외부에 있는 흰색으로 인해 내가 희다고 인식하는 것과 같은 경우입니다. 그러므로 義가 외부에 있다고 하는 것입니다."

【注】告子言 見彼人年老長大라 故我長敬之라 長大者非在我者也니 猶白色見(현)於外者也라

告子가 "저 사람이 나보다 나이가 많기 때문에 내가 어른으로 공경하는 것이지, 저 사람의 나이 많음이 나에게 있는 것이 아니다. 이는 흰색이 외부에 보여서 〈내가 희다고 인식하는〉 것과 같은 경우이다."라고 말한 것이다.

曰 異니라 於白馬之白也[1)]는 無以異於白人之白也어니와 不識長馬之長也가 無以異於長人之長歟아 且謂長者義乎아 長之者義乎아

1) 異 於白馬之白也：朱熹는 ≪孟子集註≫에서 '異於'를 衍文이라고 주장한 張氏의 說과 闕文이 있는 듯하다고 주장한 李氏의 說을 모두 인용하였다. 闕文이 있다는 것은 '白馬' 앞에 '白' 1자가 더 있어 '異於白 白馬之白也'가 되어야 한다는 것이다.

맹자가 말하였다. "〈나이 많은 것과 흰색은〉 경우가 다르다. 말의 털빛이 흰 것을 희다고 하는 것은 사람의 피부가 흰 것을 희다고 하는 것과 차이가 없다. 하지만 늙은 말을 잘 돌보는 것이 나이 많은 어른을 공경하는 것과 차이가 없단 말인가. 그리고 그대는 나이 많은 것 그 자체를 義라고 여기는가? 나이 많은 어른을 공경하는 것을 義라고 여기는가?"

【注】孟子曰 長異於白이라 白馬白人을 同謂之白可也어니와 不知敬老馬無異於敬老人邪(야)아 且謂老者爲(義)〔有〕[1)]義乎아 將謂敬老者爲有義乎아 且敬老者는 己也니 何以爲外也아

1) (義)〔有〕：저본에는 '義'로 되어 있으나, 廖本·孔本·韓本·考文古本에 의거하여 '有'로 바로잡았다.(阮元의 〈校勘記〉 참조)

맹자가 "나이 많음은 흰색과 경우가 다르다. 흰 말과 흰 사람을 보고 똑같이 희다고 하는 것은 괜찮다. 하지만 늙은 말을 잘 돌보는 것이 노인을 공경하는 것과 차이가 없다는 것인가. 그리고 나이가 많은 것을 義가 있는 것이라 여기는가? 아니면 나이 많은 어른을 공경하는 것을 義가 있는 것이라 여기는가? 또 노인을 공경하는 것은 자기 자신이니, 무엇을 근거로 하여 외부에 있다고 여기는 것인가?"라고 말한 것이다.

曰 吾弟則愛之하고 **秦人之弟則不愛也**하나니 **是**는 **以我爲悅者也**라 **故謂之內**오 **長楚人之長**하며 **亦長吾之長**하나니 **是**는 **以長爲悅者也**라 **故謂之外也**라하노라

告子가 말하였다. "내 동생이면 사랑하고 秦나라 사람의 동생이면 사랑하지 않습니다. 이는 나로부터 우러나오는 사랑으로 인해 기뻐하는 경우이므로 仁이 내부에 있다고 하는 것입니다. 楚나라의 나이 많은 어른도 공경하고 내 집안의 나이 많은 어른도 공경하니, 이는 상대의 나이가 많음으로 인해 기뻐하는 경우이므로 義가 외부에 있다고 하는 것입니다."

【注】告子曰 愛從己則己心悅이라 故謂之內요 所悅喜老者在外라 故曰外也라호라

告子가 "사랑이 자기로부터 우러나와 자기 마음이 기쁘므로 '내부에 있다.'고 하는 것이고, 기뻐하는 대상인 어른이 밖에 있으므로 '외부에 있다.'고 하는 것이다."라고 말한 것이다.

曰 耆秦人之炙가 **無以異於耆吾炙**하니 **夫物**이 **則亦有然者也**니 **然則耆炙**도 **亦有外歟**아

맹자가 말하였다. "秦나라 사람의 불고기를 좋아하는 것은 우리 집 불고기를 좋아하는 것과 차이가 없다. 모든 사물에도 그러한 이치가 있으니, 그렇다면 불고기를 좋아하는 것도 외부에 있는 것인가."

【注】孟子曰 耆炙同等이니 情出於中이요 敬楚人之老와 與敬己之老도 亦同己情性敬之라 雖非己炙라도 同美라 故曰物則有然者也라 如耆炙之意가 豈在外邪(야)아 言楚秦은 喩遠也라

맹자가 "불고기를 좋아함은 똑같으니 그 마음이 내면에서 나오고, 楚나라의 노인을 공경하는 것과 내 집안의 노인을 공경하는 것도 똑같이 자기 情과 性으로 공경한다. 비록 자기 집의 불고기가 아니더라도 똑같이 맛있기 때문에 '사물에는 그러한 이치가 있다.'라고 하는 것이다. 그러니 불고기를 좋아하는 마음이 어찌 외부에 있는 것이겠는가."라고 말한 것이다. 楚나라와 秦나라를 말한 것은 거리가 먼 것을 비유한 것이다.

【疏】‘告子曰食色’至‘亦有外歟’ ○ 正義曰：此章言事者雖從外，行其事者，皆發於中．明仁義由內，所以曉告子之惑者也．‘告子曰 食色 性也 仁 內也 非外也 義 外也 非內也’，告子言人之嗜其甘食，悅其好色，是人之性也．仁在我爲內，非自外而入者也．義在彼非在我，故爲外也，非內也．‘孟子曰 何以謂仁內義外也’，孟子見告子以爲仁內義外，故問之曰“何以爲仁內義外．”‘曰彼長而我長之’至‘故謂之外也’，告子言彼人之年老，而我從而敬長之，非有長在我也．如彼物之色白，而我從而白之，是從其白於外也，我故謂義爲在外也．‘曰 異於白馬之白也 無以異於白人之白也 不識長馬之長也 無以異於長人之長歟 且謂長者義乎 長之者義乎’，孟子又闢之曰“彼長而我長之，異於彼白而我白之也．於白馬之色白，無以異於白人之色白也，是則同也．不知長老馬無以異於長人之長老乎．以其是則有異也．蓋白馬之白，與白人之白者，彼白而我白之耳，我何容心於其間哉．固無異也．長馬之長，與長人之長，則有欽不欽之心矣，此所以有異焉．以其長人之長者有欽，長馬之長者無欽，是則長者在彼，長之者在我，而義自長之者生，非自長者生也．如此，告子何得謂之外乎．”故問之曰“且謂長者爲有義乎．長之者爲有義乎．”‘曰吾弟則愛之’至‘故謂之外也’，告子又謂“我之弟則親愛之，秦人之弟則我不愛，是愛以我爲悅者也．愛主仁，故謂仁爲內也．敬長楚人之長者，亦敬長吾之長者，是以長爲悅者也．長主義，故謂義爲外也．”‘曰耆秦人之炙 無以異於耆吾炙’至‘亦有外歟’，孟子又以秦人之炙而排之曰“好秦人之炙，無以異於好吾之炙．爲物耳則亦有如是也，然則好炙亦有外歟．”且孟子所以排之以此者，蓋謂仁義皆內也．以其秦人之弟則不愛，吾弟則愛之，愛與不愛，是皆自我者也．告子謂之以我爲悅則是矣．吾之長者吾長之，楚人之長吾亦長之，長之亦皆自我者也．告子又謂之以長爲悅則非矣．是亦猶秦人之炙與吾之炙雖不同，而嗜之者皆自我也．如是，則義果非生於外者也．云炙(實)〔者〕，[1] 周書曰“黃帝始燔肉爲炙”是也．秦・楚，所以喩外．

1) (實)〔者〕：저본에는 ‘實’로 되어 있으나，監本・毛本・四庫全書本에 의거하여 ‘者’로 바로잡았다.(阮元의 〈校勘記〉 참조)

經의 〔告子曰食色〕에서 〔亦有外歟〕까지

○ 正義曰：이 장에서는 “일이라는 현상은 비록 인간의 외부에서 발생하지만, 그 일을 행하는 원인은 모두 인간의 내부에서 생겨난다. 仁과 義가 인간의 내부에서 비롯되는 것임을 밝혔으니, 告子의 迷惑을 깨우친 것이다.”라고 말하였다.

〔告子曰 食色 性也 仁 內也 非外也 義 外也 非內也〕 告子가 “사람이 맛난 음식을 좋

아하고 色을 좋아하는 것이 인간의 性이다. 仁은 우리 인간의 내부에 있는 것이니, 바깥으로부터 들어오는 것이 아니다. 義는 相對에게 있는 것이고 우리 인간에게 있는 것이 아니므로 외부에 있는 것이지 내부에 있는 것이 아니다."라고 말한 것이다.

〔孟子曰 何以謂仁內義外也〕 맹자가, 告子가 "仁은 내부에 있고 義는 외부에 있다."라고 말하는 것을 보았으므로 "무엇을 근거로 하여 仁은 인간의 내부에 있고 義는 외부에 있다고 말하는 것인가?"라고 물은 것이다.

〔曰彼長而我長之〕에서 〔故謂之外也〕까지

告子가 "저 사람이 나이가 많기에 내가 그에 따라 그를 어른으로 공경한 것이지, 그의 나이 많음이 나에게 있는 것이 아니다. 저 물건의 색이 흰색이기에 내가 그에 따라 희다고 하는 것은 외부에 있는 그 흰색으로 인해 희다고 인식하는 것과 같은 경우이다. 그래서 내가 義가 외부에 있다고 하는 것이다."라고 말한 것이다.

〔曰 異於白馬之白也 無以異於白人之白也 不識長馬之長也 無以異於長人之長歟 且謂長者義乎 長之者義乎〕 맹자가 다시 "저 사람이 나보다 나이가 많아서 그를 어른으로 공경하는 것은 저 물건이 흰색이어서 내가 희다고 하는 것과는 경우가 다르다. 말의 털빛이 흰 것을 희다고 하는 것은 사람의 피부가 흰 것을 희다고 하는 것과 차이가 없으니, 똑같은 것이다. 하지만 늙은 말을 잘 돌보는 것이 나이 많은 어른을 공경하는 것과 차이가 없단 말인가. 이것은 차이가 있다. 대개 말의 털빛이 흰 것을 희다고 하는 것과 사람의 피부가 흰 것을 희다고 하는 것은 對象이 희기 때문에 내가 희다고 하는 것일 뿐이니, 내가 어찌 그 사이에 마음을 둘 수 있겠는가. 이 둘 사이에는 본래 차이가 없다. 늙은 말을 잘 돌보는 것과 나이 많은 어른을 공경하는 것에는 공경하는 마음과 공경하지 않는 마음이 각기 있으니, 이것이 바로 차이가 있는 까닭이다. 나이 많은 어른을 공경함에는 공경하는 마음이 있고, 늙은 말을 잘 돌보는 것에는 공경하는 마음이 없으니, 이는 나이 많음은 저 사람에게 있고 나이 많은 사람을 공경하는 것은 나에게 있으며, 義는 나이 많은 어른을 공경하는 것에서부터 생기는 것이지, 나이 많음 그 자체로부터 생기는 것이 아니기 때문이다. 이와 같은데도 告子는 어찌하여 義가 인간의 외부에 있다고 말하는가?"라고 반박한 것이다. 그러므로 맹자가 "그리고 그대는 나이 많은 것을 義라고 여기는가? 나이 많은 어른을 공경하는 것을 義라고 여기는가?"라고 물은 것이다.

〔曰吾弟則愛之〕에서 〔故謂之外也〕까지

告子가 다시 "내 동생이면 사랑하고 秦나라 사람의 동생이면 내가 사랑하지 않으니,

이 사랑함은 나로부터 우러나와 기뻐하는 것이다. 사랑함은 仁을 위주로 하므로 仁이 내부에 있다고 하는 것이다. 楚나라의 나이 많은 어른도 공경하고 내 집안의 나이 많은 어른도 공경하니, 이는 상대의 나이가 많음으로 인해 기뻐하는 것이다. 나이 많음은 義를 위주로 하므로 외부에 있다고 하는 것이다."라고 말한 것이다.

〔曰耆秦人之炙 無以異於耆吾炙〕에서 〔亦有外歟〕까지

맹자가 다시 秦나라의 불고기를 예로 들어 그를 반박하여 "秦나라 사람의 불고기를 좋아하는 것은 우리 집 불고기를 좋아하는 것과 차이가 없다. 사물이라면 또한 이러한 이치가 있으니, 그렇다면 불고기를 좋아하는 것도 외부에 있는 것인가."라고 말한 것이다. 또 맹자가 이것으로 그를 반박한 까닭은 仁과 義가 모두 인간의 내부에 있는 것이라고 여겼기 때문이다. 秦나라 사람의 동생이면 사랑하지 않고 나의 동생이면 사랑하니, 사랑함과 사랑하지 않음은 모두 나로부터 말미암는 것이다. 告子가 이것을 두고 "나로부터 우러나오는 사랑으로 인해 기뻐하는 것이다."라고 한 것은 옳다. 내 집안의 나이 많은 어른도 나는 공경하고 楚나라의 나이 많은 어른도 나는 공경하니, 그들을 공경함도 모두 나로부터 말미암는 것이다. 告子가 다시 이것을 두고 "상대의 나이가 많음으로 인해 기뻐하는 것이다."라고 한 것은 잘못이다. 이것은 또한 秦나라 사람의 불고기와 우리 집 불고기가 비록 같지 않지만, 내가 그것들을 좋아하는 것은 모두 나로부터 말미암는 것과 같은 경우이다. 이와 같다면 義는 과연 외부에서 생겨나는 것이 아니다. '불고기'라는 것은 ≪周書≫에 "黃帝가 처음으로 고기를 구워 불고기를 만들었다."라고 한 것이 이것이다. 秦나라와 楚나라는 외부를 비유한 것이다.

5. 孟季子[1]問公都子曰 何以謂義內也오

1) 孟季子 : 趙岐는 注에서 孟季子를 '季子'라고만 칭하였으며, 孫奭은 疏에서 季子는 〈告子 下〉 제5장에 나오는 任나라의 處守(도성의 수비를 담당하는 관리)인 季任이라고 보았다. 朱熹는 ≪孟子集註≫에서 "孟季子는 孟仲子의 동생인 듯하다."라고 하였다. 이에 대해 焦循은 ≪孟子正義≫에서, 이 章의 文勢가 任나라 사람이 食과 色에 대해 물었던 〈告子 下〉 제1장과 비슷하다는 점과, 朱熹의 말대로 孟仲子의 동생으로 맹자와 한 집안 사람이라면 어째서 對面하여 토론하지 않고 公都子를 통해 토론을 벌였는가 하는 점 등을 들어 '孟'자가 衍文이라고 판단하였다.

季子가 公都子에게 물었다. "무엇을 근거로 義가 인간의 내부에 있다고 합니까?"

【注】季子亦以爲義外也라

季子도 義가 인간의 외부에 있다고 여겼던 것이다.

曰 行吾敬故로 謂之內也니라

公都子가 말하였다. "내가 지닌 공경하는 마음을 실천하기 때문에 내부에 있다고 하는 것입니다."

【注】公都子曰 以敬在心而行之라 故言內也라

公都子가 "공경이 마음에 있어 그것을 행하기 때문에 내부에 있다고 하는 것이다."라고 말한 것이다.

鄕人이 長於伯兄一歲면 則誰敬고

〈季子가 말하였다.〉 "동네 사람이 그대의 맏형보다 한 살이 더 많으면 그대는 누구를 공경하시겠습니까?"

【注】季子曰 敬誰也오

季子가 "누구를 공경하겠는가?"라고 말한 것이다.

曰 敬兄이니라

公都子가 말하였다. "형을 공경하겠습니다."

【注】公(子都)〔都子〕[1]曰 當敬兄也라

1) (子都)〔都子〕: 저본에는 '子都'로 되어 있으나, 문맥과 四庫全書本에 의거하여 '都子'로 바로잡았다.

公都子가 "마땅히 형을 공경할 것입니다."라고 말한 것이다.

酌則誰先고

〈季子가 말하였다.〉 "술을 따른다면 누구에게 먼저 따르겠습니까?"

【注】季子曰 酌酒면 則誰先酌고

季子가 "술을 따른다면 누구에게 먼저 따르겠는가?"라고 말한 것이다.

曰 先酌鄕人이니라

公都子가 말하였다. "동네 사람에게 먼저 따르겠습니다."

【注】公都子曰 當先鄕人이라

公都子가 "마땅히 동네 사람에게 먼저 따르겠다."라고 말한 것이다.

所敬은 在此하고 所長은 在彼하니 果在外라 非由內也로다

〈季子가 말하였다.〉 "공경하는 대상은 여기에 있고, 어른으로 대접하는 대상은 저기에 있으니, 義는 과연 외부에 있는 것이지 내부에서 우러나오는 것이 아닙니다."

【注】季子曰 所敬者는 兄也요 所酌者는 鄕人也라 如此면 義果在外요 不由內也라 果는 猶竟也라

季子가 "공경하는 대상은 형이고, 술을 먼저 따르는 대상은 동네 사람이다. 이와 같다면 義는 과연 외부에 있는 것이지 내부에서 우러나오는 것이 아니다."라고 말한 것이다. 果는 竟과 같다.

公都子不能答하여 以告孟子한대

公都子가 대답을 못하여 이것을 맹자에게 아뢰었다.

【注】公都子無以答季子之問이라

公都子가 季子의 물음에 대답할 수 없었던 것이다.

孟子曰 敬叔父乎아 敬弟乎아하면 彼將曰 敬叔父라하리라 曰 弟爲尸則誰敬고하면 彼將曰 敬弟라하리라 子曰 惡(오)在其敬叔父也오하면 彼將曰 在位故也라하리니

子亦曰 在位故也라하라 庸敬은 在兄하고 斯須之敬은 在鄕人하니라

맹자가 말하였다. "季子에게 '叔父를 공경하는가? 동생을 공경하는가?'라고 물어보라. 그러면 그는 '숙부를 공경한다.'라고 대답할 것이다. 그러면 다시 '동생이 尸童이 되면 누구를 공경하는가?'라고 물어보라. 그러면 그는 '동생을 공경한다.'라고 대답할 것이다. 그러면 자네가 '숙부를 공경한다던 말은 어디로 가버렸는가?'라고 물어보라. 그러면 그는 '동생이 시동의 자리에 있기 때문이다.'라고 대답할 것이다. 그러면 자네도 '동네 사람이 손님의 자리에 있기 때문에 먼저 술을 따르는 것일 뿐이다.'라고 말하라. 평상시 공경하는 대상은 형이고, 잠시 공경하는 대상은 동네 사람인 것이다."

【注】孟子使公都子로 答季子如此라 言弟以在尸位라 故敬之요 鄕人以在賓位라 故先酌之耳라 庸은 常也라 常敬은 在兄이요 斯須之敬은 在鄕人이라

맹자가 公都子로 하여금 季子에게 이와 같이 답하게 한 것이니, 그 대답은 "동생은 尸童의 자리에 있기 때문에 공경한 것이고, 동네 사람은 손님의 자리에 있기 때문에 먼저 술을 따르는 것일 뿐이다."라는 의미이다. 庸은 평상시이다. 평상시 공경하는 대상은 형이고, 잠시 공경하는 대상은 동네 사람이다.

季子聞之하고 曰 敬叔父則敬하고 敬弟則敬하니 果在外라 非由內也로다

季子가 그 말을 듣고 말하였다. "叔父를 공경할 자리에서는 叔父를 공경하고 동생을 공경할 자리에서는 동생을 공경하니, 義는 과연 외부에 있는 것이지 내부에서 우러나오는 것이 아니군요."

【注】隨敬所在而敬之하니 果在外라

공경할 대상이 있는 곳에 따라 공경하니, 義는 과연 외부에 있는 것이다.

公都〔子〕[1]曰 冬日則飮湯하고 夏日則飮水하나니 然則飮食亦在外也아

1) 〔子〕 : 저본에는 '子'가 없으나, 四庫全書本 · 北京大本에 의거하여 보충하였다.

公都子가 말하였다. "겨울에는 뜨거운 물을 마시고 여름에는 차가운 물을 마시니, 그렇다면 먹고 마시는 것도 외부에 있다는 말입니까"

【注】 湯水雖異名이나 其得寒溫者는 中心也라 雖隨敬之所在라도 亦中心敬之하니 猶飮食從人所欲이라 豈可復謂之外也리오

뜨거운 물과 차가운 물이 비록 명칭은 다르지만, 차가움과 뜨거움을 취하는 것은 나의 마음이다. 비록 공경할 대상에 따라 공경하더라도 이것 역시 내 마음속에서 공경하는 것이니, 마시고 먹는 것이 사람의 욕구에 따르는 것과 같은 경우이다. 어찌 다시 외부에 있는 것이라고 할 수 있겠는가.

【疏】 '孟季'至'(是)〔食〕[1]亦在外也' ○ 正義曰：此章言凡人隨形, 不本其原, 賢者達情, 知所以然. 季子信之, 猶若告子, 公都受命, 然後乃理者也. '孟季子問公都子曰 何以謂義內也', 孟季子猶若告子, 以爲義外, 故問孟子弟子公都子曰 "何以謂義爲內也." '曰 行吾敬 故謂之內也', 公都子答之曰 "所敬在心而行之, 故謂義爲內也." '鄕人長於伯兄一歲 則誰敬', 季子又問之曰 "鄕之人有長於己之伯兄一歲, 則當敬誰." '曰 敬兄', 公都子曰 "當敬己之兄也." '酌則誰先', 季子又問之曰 "如在筵, 則酌酒先酌誰." '曰 先酌鄕人', 公都子曰 "當先酌鄕人也." '所敬在此 所長在彼 果在外 非由內也', 季子又言 "所敬在兄, 是敬在此, 酌在鄕人, 是所長在彼, 是義果在外者也, 非由內而出之也." '公都子不能答 以告孟子', 公都子於此遂無言以應答, 而乃告知於孟子. '孟子曰'至'斯須之敬在鄕人', 孟子謂公都子曰 "敬叔父乎. 敬弟乎. 彼季子將曰 '敬叔父', 則問之曰 '弟爲主, 則誰敬.' 彼季子將曰 '敬弟', 則又問之曰 '如敬弟, 則安在敬其叔父也.' 彼季子將曰 '弟在位, 故敬之也.' 子亦與之曰 '所以先酌鄕人者, 亦以在賓之位, 故先酌之也.' 言常敬者在兄, 斯須少頃之敬在鄕人也." '季子聞之'至'非由內也', 季子聞孟子此言, 故謂之曰 "敬叔父則敬之, 敬己之弟則亦敬之, 是隨敬所有, 則敬在外, 非由內也." '公都子曰 冬日則飮湯'至'亦在外也', 公都子由孟子敎之, 以此乃曉其理, 故自又以冬夏所飮比喩而曉季子之惑也. 言冬寒之日則飮湯, 夏熱之日則飮水, 如是則飮食亦有在外者也. 蓋謂湯水雖異名, 然得其寒熱而飮之者, 在我之中心然也, 猶敬叔父敬弟雖有異, 然而能敬之者在我而已. 敬在我, 則敬在心而出之者也, 安得謂之在外乎. 季子卽下卷所謂季任, 爲任處守[2]者.

1) (是)〔食〕: 저본에는 '是'로 되어 있으나, 閩本·監本·毛本에 의거하여 '食'으로 바로잡았다.(阮元의 〈校勘記〉 참조)
2) 處守 : 고대 중국에서 都城의 守備를 담당하던 관리이다.

經의 〔孟季〕에서 〔食亦在外也〕까지

○ 正義曰 : 이 장에서는 "보통 사람은 드러난 형상만을 따르고 근원을 궁구하지 않으나, 賢者는 상황을 통찰하여 근본 원인을 잘 파악한다. 季子는 믿는 것이 마치 告子와 비슷하고, 公都子는 가르침을 받은 뒤에야 이해하는 자이다."라고 말하였다.

〔孟季子問公都子曰 何以謂義內也〕 孟季子의 생각이 告子와 비슷하여 義가 인간의 외부에 있다고 여겼다. 그러므로 맹자의 제자인 公都子에게 "무엇을 근거로 義가 인간의 내부에 있다고 하는가?"라고 물은 것이다.

〔曰 行吾敬 故謂之內也〕 公都子가 그에게 "공경하는 것이 마음에 있어 그것을 행하기 때문에 義가 내부에 있다고 하는 것이다."라고 말한 것이다.

〔鄕人長於伯兄一歲 則誰敬〕 季子가 다시 "동네 사람 중에 자기 맏형보다 한 살이 더 많은 자가 있다면 누구를 공경해야 하는가?"라고 물은 것이다.

〔曰 敬兄〕 公都子가 "자기 형을 공경해야 한다."라고 말한 것이다.

〔酌則誰先〕 季子가 다시 "만약 술자리에 있다고 하면 술을 따를 때에 누구에게 먼저 따르겠는가?"라고 물은 것이다.

〔曰 先酌鄕人〕 公都子가 "마땅히 동네 사람에게 먼저 따르겠다."라고 말한 것이다.

〔所敬在此 所長在彼 果在外 非由內也〕 季子가 다시 "공경하는 대상이 형일 때는 공경함이 여기에 있고, 먼저 술을 따르는 대상이 동네 사람일 때에는 어른으로 대접함이 저기에 있으니, 이것은 義가 과연 인간의 외부에 있는 것이지 내면으로부터 우러나오는 것이 아니다."라고 말한 것이다.

〔公都子不能答 以告孟子〕 公都子가 이 주장에 대해 응답할 말이 없자, 맹자에게 아뢴 것이다.

〔孟子曰〕에서 〔斯須之敬在鄕人〕까지

맹자가 公都子에게 "季子에게 '叔父를 공경하는가? 동생을 공경하는가?'라고 물어보라. 저 季子는 '叔父를 공경한다.'라고 대답할 것이다. 그러면 그에게 '동생이 尸童이 되면 누구를 공경하는가?'라고 물어보라. 저 季子는 '동생을 공경한다.'라고 대답할 것이다. 그러면 다시 그에게 '동생을 공경한다면, 叔父를 공경한다던 말은 어디로 가버렸는가?'라고 물어보라. 저 季子는 '동생이 尸童의 자리에 있기 때문에 그를 공경하는 것이다.'라고 대답할 것이다. 그러면 자네도 그에게 '동네 사람에게 먼저 술을 따르는 것도 손님의 자리에 있기 때문에 먼저 술을 따르는 것이다.'라고 말하라. 말하자면, 평상시 공경하는 대상은 형이고, 잠시 공경하는 대상은 동네 사람인 것이다."라고 말한 것이다.

〔季子聞之〕에서 〔非由內也〕까지

季子가 맹자의 이 말을 들었으므로 "叔父를 공경할 자리에서는 叔父를 공경하고, 자기 동생을 공경할 자리에서는 또한 동생을 공경하니, 이것은 공경할 대상이 있는 곳에 따라 공경하는 것이다. 그렇다면 공경은 외부에 있는 것이지 내부에서 우러나오는 것이 아니다."라고 말한 것이다.

〔公都子曰 冬日則飮湯〕에서 〔亦在外也〕까지

公都子가 맹자의 그러한 가르침을 통해 비로소 그 이치를 깨달았으므로 스스로 다시 겨울과 여름에 마시는 물을 가지고 비유하여 季子의 迷惑을 깨우쳐주었던 것이다. "추운 겨울철에는 뜨거운 물을 마시고 더운 여름철에는 차가운 물을 마신다. 그렇다면 먹고 마시는 것도 외부에 있다는 말인가."라고 말한 것이다. 이는 "뜨거운 물과 차가운 물이 비록 명칭은 다르지만 차가움과 뜨거움을 취하여 마시는 것은 나의 마음에 달려 있는 것이니, 이것은 叔父를 공경하는 것과 동생을 공경하는 것에 비록 차이가 있지만 공경하는 것은 나에게 달려 있는 것과 같은 경우이다. 공경함이 나에게 있으니, 공경이 마음에 있다가 우러나오는 것이다. 어찌 외부에 있다고 말할 수 있겠는가."라는 의미이다. 季子는 바로 下卷에 나오는 이른바 '季任'이라는 사람으로, 任나라의 處守가 된 사람이다.

6. 公都子曰 告子曰 性은 無善無不善也라하고

公都子가 말하였다. "告子는 '인간의 性은 善도 없고 不善도 없다.'라고 하고,

【注】 公都子道告子以爲人性在化니 無本善不善也라

公都子가 "告子는 '인간의 性은 어떻게 변화하느냐에 달려 있으니, 본래의 善도 없고 不善도 없다.'라고 한다."라고 말한 것이다.

或曰 性은 **可以爲善**이며 **可以爲不善**이니 **是故**로 **文武興**하면 **則民好善**하고 **幽厲興**하면 **則民好暴**라하고

어떤 사람은 '인간의 性은 善을 행할 수도 있고 不善을 행할 수도 있다. 그러므로 文王과 武王이 일어나면 백성들이 善을 행하기를 좋아하고, 幽王과 厲王이 일어나면 백성들이 暴虐한 짓을 좋아한다.'라고 하며,

文王

武王

【注】公都子曰 或人以爲可教以善不善하니 亦由告子之意也라 故文武聖化之起에 民皆喜爲善하고 幽厲虐政之起에 民皆好暴亂이라

公都子가 "어떤 사람은 '善으로 가르칠 수도 있고 不善으로 가르칠 수도 있으니, 또한 告子의 뜻과 같다. 그러므로 文王과 武王이 聖스러운 教化를 일으킬 경우에는 백성이 모두 기꺼이 善을 행하고, 幽王과 厲王이 暴虐한 政治를 일으킬 경우에는 백성이 모두 亂暴한 짓을 좋아한다.'라고 한다."라고 말한 것이다.

或曰 有性善하며 **有性不善**하니 **是故**로 **以堯爲君而有象**[1]하며 **以瞽瞍爲父而有舜**하며 **以紂爲兄之子**요 **且以爲君**이로되 **而有微子啓**[2] **王子比干**[3]이라하나니

1) 象 : 舜의 異母弟이다. 부친인 瞽瞍와 함께 舜에게 온갖 악행을 저질렀다.

2) 微子啓 : 殷나라 紂王의 庶兄으로, 훗날 宋나라의 시조가 되었다.

3) 王子比干 : 紂王의 叔父이다. 少師의 관직에 있으면서 紂王에게 忠諫하다가 被殺되었다.

어떤 사람은 '性이 善한 사람도 있고 性이 不善한 사람도 있다. 그러므로 堯를 임금으로 모시고도 象과 같은 惡人이 있었고, 瞽瞍를 아버지로 두고도 舜과 같은 善人이 있었으며, 紂王을 조카로 두고 또 임금으로 모시면서도 微子 啓, 王子 比干과 같은 賢人이 있었다.'라고 합니다.

微子

比干

【注】公都子曰 或人(者)[1]以爲〔人〕[2]各有性하여 善惡不可化移하니 堯爲君하고 象爲臣이로되 不能使之爲善하며 瞽瞍爲父로되 不能化舜爲惡하며 紂爲君하고 又與微子比干有兄弟之親이로되 亦不能使其二子爲不仁이라하니 是亦各有性也矣라

1) (者) : 저본에는 '者'가 있으나, 孔本·韓本에 의거하여 衍文으로 처리하였다.(阮元의 〈校勘記〉 참조)

2) 〔人〕 : 저본에는 '人'이 없으나, 孔本·韓本에 의거하여 보충하였다.(阮元의 〈校勘記〉 참조)

公都子가 "어떤 사람은 '사람은 각자 타고난 性이 있어 善과 惡을 변화시켜 바꿀 수 없다. 그러므로 堯가 임금으로 있고 象이 신하로 있으면서도 象이 善을 행하도록 할 수 없었으며, 瞽瞍가 아버지로 있었으면서도 舜을 변화시켜 惡을 행하도록 할 수 없었으며, 紂가 임금으로 있고 또 微子·比干과 형제의 친분이 있음에도 그 두 사람이 不仁을 행하도록 할 수 없었다.'라고 하니, 이 또한 각자 타고난 性이 있는 것이다."라고 말한 것이다.

今曰性善이라하시니 **然則彼皆非歟**잇가

지금 선생님께서는 性이 善하다고 하시니, 그렇다면 저들은 모두 틀린 것입니까?"

【注】公都子曰 告子之徒가 其論如此어늘 今孟子曰 人性盡善이라하시니 然則彼之所言이 皆爲非歟잇가

公都子가 "告子의 門徒들이 주장하는 바가 이와 같은데, 지금 선생님께서는 '인간의 性은 다 善하다.'라고 하시니, 그렇다면 저들의 주장은 모두 틀린 것입니까?"라고 말한 것이다.

孟子曰 乃若[1]其情則可以爲善矣니 **乃所謂善也**니라 **若夫爲不善**은 **非才之罪也**니라

1) 乃若 : 朱熹는 發語辭라고 하였고, 楊伯峻은 '若夫'와 같은 '至於'의 의미로 보았다.

맹자가 말하였다. "情을 〈性에〉 順從하게 하면 善을 행할 수 있으니, 이것이 내가 말하는 性이 善하다는 것이다. 不善을 행하는 것은 타고난 才質의 잘못이 아니다.

【注】若은 順也라 性與情은 相爲表裏하니 性善勝情하면 情則從之라 孝經云 此哀戚之情[1]이라하니 情從性也라 能順此情하여 使之善者가 眞所謂善也라 若隨人而强作善者는 非善者之善也라 若爲不善者는 非所受天才之罪라 物動之故也라

1) 此哀戚之情 : ≪孝經≫ 〈喪親〉에 "孝子가 부모의 喪을 당해서는 哭할 때에 소리를 길게 빼지 않으며, 禮를 행할 때에 儀容을 갖추지 않으며, 말을 할 때에 꾸미지 않으며, 좋은 옷을 입어도 편안하지 않으며, 음악을 들어도 즐겁지 않으며, 맛난 음식을 먹어도 달지 않으니, 이것이 부모의 죽음을 슬퍼하는 〈자식의 지극한〉 情이다.〔孝子之喪親也 哭不偯 禮無容 言不文 服美不安 聞樂不樂 食旨不甘 此哀戚之情也〕"라는 孔子의 말이 나온다.

若은 順從함이다. 性과 情은 서로 表裏가 되니, 性의 善함이 情을 이기면 情은 性을 따른다. ≪孝經≫에 "이것이 부모의 죽음을 슬퍼하는 情이다."라고 하였으니, 情이 性을 따른 경우이다. 능히 이 情을 〈性에〉 順從하게 하여 善을 행하도록 하는 것이 진실

로 내가 말하는 性이 善하다는 것이다. 다른 사람을 따라 억지로 善을 행하는 것은 善한 자의 善이 아니다. 不善을 행하는 것은 타고난 才質의 죄가 아니라 外物이 동요하기 때문이다.

惻隱之心을 人皆有之하며 羞惡(오)之心을 人皆有之하며 恭敬之心을 人皆有之하며 是非之心을 人皆有之하니 惻隱之心은 仁也요 羞惡之心은 義也요 恭敬之心은 禮也요 是非之心은 智也니 仁義禮智非由外鑠我也라 我固有之也언마는 弗思耳矣라 故曰 求則得之하고 舍則失之라하니 或相倍蓰而無筭者는 不能盡其才者也니라

측은해하는 마음을 사람이라면 모두 가지고 있고, 부끄러워하는 마음을 사람이라면 모두 가지고 있고, 공경하는 마음을 사람이라면 모두 가지고 있고, 是非를 가리는 마음을 사람이라면 모두 가지고 있으니, 측은해하는 마음은 仁이고, 부끄러워하는 마음은 義이고, 공경하는 마음은 禮이고, 시비를 가리는 마음은 智이다. 仁·義·禮·智는 밖으로부터 나에게 녹아 들어온 것이 아니라, 내가 본래부터 가지고 있던 것인데 생각하지 않고 있었을 뿐이다. 그러므로 '구하면 얻고, 버려두면 잃는다.'라고 하는 것이다. 사람 간에 〈善과 惡의〉 차이가 두 배 혹은 다섯 배가 되고 혹은 헤아릴 수 없을 만큼 벌어지는 것은 그 才質을 다 발휘하지 못하기 때문이다.

【注】仁義禮智는 人皆有其端하여 懷之於內요 非從外銷鑠(삭)我也라 求存之면 則可得而用之요 舍縱之면 則亡失之矣라 故人之善惡이 或相倍蓰하고 或至於無筭者하여 不能相與計多少하니 言其絶遠也라 所以惡乃至是者는 不能自盡其才性也라 故使有惡人이라도 非天獨與此人惡性이라 其有下愚不移[1]者也는 譬若乎被疾不成之人이니 所謂童昏[2]也라

1) 下愚不移 : ≪論語≫ 〈陽貨〉에 "오직 上等의 智者와 下等의 愚人은 변화되지 않는다.〔唯上智與下愚不移〕"라는 孔子의 말이 나온다.

2) 童昏 : ≪國語≫ 〈晉語 4〉에 "귀머거리에게는 소리를 듣게 할 수 없고, 무지몽매한 자에게는 일을 도모하게 할 수 없다.〔聾聵不可使聽 童昏不可使謀〕"라고 한 데서 온 말로, 童昏은 무지몽매한 사람을 가리킨다.

仁·義·禮·智는 사람마다 모두 그 단서를 지녀서 안에 품고 있는 것이고, 밖으로부터 나에게 녹아 들어온 것이 아니다. 그것을 구하여 보존하면 얻어서 쓸 수 있고, 버리고 방치하면 잃게 된다. 그러므로 사람 간에 善과 惡의 차이가 두 배 혹은 다섯 배가 되고, 혹은 헤아릴 수 없을 정도에 이르러 서로 간에 차이가 얼마나 되는지 계산할 수 없는 지경이 되니, 이는 그 차이가 현격하다는 말이다. 惡이 결국 이 지경에 이르는 까닭은 자기의 才性을 스스로 다 발휘하지 못하기 때문이다. 그러므로 설령 惡人이 있다 하더라도 하늘이 유독 이 사람에게 惡한 性을 부여한 것이 아니다. '변화되지 않는 下等의 愚人'이라는 것이 있는데, 비유하자면 질병에 걸려 온전하지 못한 사람과 같으니, 이른바 '童昏'이라는 것이다.

詩曰 天生蒸民하시니 **有物有則**(칙)이로다 **民之秉彝**라 **好是懿德**이라하여늘 **孔子曰 爲此詩者 其知道乎**인저 **故有物**이면 **必有則**이니 **民之秉彝也**라 **故好是懿德**이라하시니라

≪詩經≫에 '하늘이 백성을 내셨으니, 사물이 있으면 법칙이 있도다. 백성들은 일정한 법도를 지닌지라, 이 아름다운 덕을 좋아하네.'라고 하였는데, 孔子께서는 '이 詩를 지은 사람은 道를 아는 사람일 것이다. 그래서 사물이 있으면 반드시 법칙이 있으니, 백성들은 일정한 법도를 지니고 있다. 그러므로 이 아름다운 덕을 좋아하는 것이다.'라고 하셨다."

【注】詩는 大雅蒸民之篇이라 言天生蒸民하니 有物이면 則有所法則(칙)이라 人法天也라 民之秉夷라-夷는 常也라- 常好美德이라하니 孔子謂之知道라 故曰 人皆有是善者也라

詩는 〈大雅 蒸民〉편이다. "하늘이 백성을 내었으니, 사물이 있으면 법칙으로 삼은 바가 있다. 그래서 사람은 하늘을 법칙으로 삼는다. 백성들은 일정한 법도를 지닌지라-夷는 일정함이다.- 항상 아름다운 덕을 좋아한다."라고 하니, 孔子가 이 詩를 두고 "道를 알 것이다."라고 하였다. 그러므로 "사람이 모두 이러한 善을 지니고 있다."라고 말하는 것이다.

【疏】'公都子曰'至'懿德' ○ 正義曰：此章言天之生人, 皆有善性, 引而趨之, 善惡異衢,

高下自懸, 賢愚行殊, 尋其本者, 乃能一諸者也. '公都子曰'至'然則彼皆非與'者, 公都子問孟子"以謂告子言'人之性無有善, 亦無有不善, 但在人之所爲如何耳.' 或有謂'人性可以爲善, 又可以爲不善, 但在上所化如何耳. 如此, 故文王・武王興起, 常以善養人, 則民人皆好善, 至幽王・厲王興起, 常以政暴虐於民, 則民亦皆好其暴亂.' 或有人又謂'人有性善, 有性不善, 非在所化, 稟之於天而已. 如此, 故以堯帝之爲君, 而有象之傲爲臣, 以瞽瞍之頑爲父, 而有舜之聖爲子, 以紂爲兄之子且以爲君, 而有微子啓・王子比干之賢爲臣.' 今孟子乃曰性皆善, 是則彼告子與或人之言者皆不是歟." 故以此問孟子. '孟子曰 乃若其情則可以爲善矣'至'好是懿德', 孟子言"人之乃順其情, 則皆可以爲善矣, 是所謂性善也. 若夫人爲不善者, 非天之降才爾殊也. 其所以爲不善者, 乃自汨喪之耳, 故言非稟天才之罪也." 且情・性・才三者, 合而言之, 則一物耳, 分而言之, 則有三名, 故曰性, 曰情, 曰才. 蓋人之性, 本則善之, 而欲爲善者, 非性也, 以其情然也, 情之能爲善者, 非情然也, 以其才也. 是則性之動則爲情, 而情者未嘗不好善而惡惡(오악)者也, 其不欲爲善者乎. 而才者乃性之用也, 而才者上有以達乎天, 下有以達乎地, 中有以貫乎人, 其有不能爲善者乎. 此孟子所以曰"乃若其情, 則可以爲善矣, 乃所謂善也. 若夫爲不善, 非才之罪也." 言'惻隱之心 人皆有之'至'智也'者, 已說於前矣. 蓋以惻隱・羞惡・恭敬・是非之心, 人皆有是心也. 人能順此而爲之, 是謂仁・義・禮・智也, 仁・義・禮・智卽善也. 然而仁・義・禮・智之善, 非自外銷鑠我而亡之也, 我有生之初固有之也, 但人不思而求之耳, 故曰"求則得而存, 舍而弗求則亡之矣." 然人所以有善有惡, 其善惡相去之遠, 或相倍蓰, 或至於不可計其多少, 如此之絶遠者, 是不能自盡其性才者也. 言才無有不能爲善者矣, 但不能盡其才而爲之耳. 故詩大雅蒸民之篇有曰"上天之生衆民, 有物則有所法則(칙). 民之秉執其常善, 故好是美德而已." 所謂常卽善也, 所謂善卽美德也, 謂美德者卽仁・義・禮・智是也. 孔子常亦云"爲此詩之人, 其能知道者也, 故言有物必有則(칙), 民之秉彝, 故好是懿德也." 然所謂物者卽自人之四肢・五臟・六腑・九竅, 達之於君臣・父子・夫婦・兄弟・朋友, 無非物也. 所謂則(칙)者卽仁之於父子, 義之於君臣, 禮之於夫婦・兄弟, 信之於朋友也. 是無非有物則有則也. 由此觀之, 孟子所以言至此者, 豈非人性皆善者邪(야). 故有物必有則, 是謂性之善也, 能秉其彝, 是謂才也, 好是懿德, 是謂情也. 有物有則, 民之秉彝, 好是懿德, 是能順其情以爲善而才從之者也.

經의 〔公都子曰〕에서 〔懿德〕까지

○ 正義曰 : 이 장에서는 "하늘이 사람을 세상에 낼 때에는 모두 善한 性을 지니고 있는데, 그들을 이끌어 어디로 가게 하느냐에 따라 善과 惡의 길이 달라져서 高下가 절로 벌어지고 賢愚가 갈수록 멀어진다. 그 근본을 살피는 사람이어야 능히 善한 性과 合一할 수 있지 않겠는가."라고 말하였다.

〔公都子曰〕에서 〔然則彼皆非與〕까지

公都子가 맹자에게 "告子는 '인간의 性에는 善도 없고 不善도 없다. 이는 단지 사람이 어떻게 하느냐에 달려 있을 뿐이다.'라고 하였고, 어떤 사람은 '인간의 性은 善을 행할 수도 있고 不善을 행할 수도 있다. 이는 단지 위에서 행하는 教化가 어떠한가에 달려 있을 뿐이다. 이러한 까닭에 文王과 武王이 일어나 항상 善으로 사람을 길러주면 백성들이 모두 善을 좋아하고, 幽王과 厲王이 일어나 항상 백성에게 정치로 暴虐하게 굴면 백성들도 모두 暴虐과 혼란을 좋아한다.'라고 하였고, 또 어떤 사람은 '性이 선한 사람도 있고 性이 不善한 사람도 있으니 教化에 달린 것이 아니라 하늘에게서 받은 것이 그러할 뿐이다. 이와 같은 까닭에 堯帝가 임금인데도 오만한 象이 신하로 있었고, 완악한 瞽瞍가 아버지인데도 聖人인 舜이 자식으로 있었으며, 紂가 조카이자 임금인데도 賢人인 微子 啓와 王子 比干이 신하로 있었다.'라고 합니다. 지금 맹자께서는 性이 모두 善하다고 하시니, 이러하다면 저 告子와 어떤 사람들의 주장은 모두 옳지 않은 것입니까?"라고 물은 것이다. 그러므로 이것을 맹자에게 물었다.

〔孟子曰 乃若其情則可以爲善矣〕에서 〔好是懿德〕까지

맹자가 "사람이 情을 〈性에〉 順從하게 하면 모두 善을 행할 수 있으니, 이것이 내가 말하는 性이 善하다는 것이다. 사람이 不善을 행하는 것은 하늘이 내린 才質이 그렇게 달라서가 아니다. 不善을 행하는 까닭은 바로 〈善한 性을〉 스스로 잃어버렸기 때문이다. 그러므로 타고난 才質의 잘못이 아니라고 하는 것이다."라고 말한 것이다. 그리고 情·性·才 세 가지는 합하여 말하면 하나의 사물일 뿐이고, 나누어 말하면 세 가지 이름이 있으므로 '性'이니 '情'이니 '才'이니 하는 것이다. 대개 인간의 性이 근본은 善하지만, 善을 행하고자 하는 것은 性이 아니라 情이 그러하기 때문이며, 情이 능히 善을 행할 수 있는 것은 情이 그러하기 때문이 아니라 才質 때문이다. 이러하다면 性이 움직여 발현되면 情이 되고, 情이라는 것은 善을 좋아하고 惡을 미워하지 않는 경우가 없었으니, 어찌 善을 행하고자 하지 않겠는가. 그리고 才라는 것은 性의 작용인데, 才

는 위로는 하늘에 이르고 아래로는 땅에 이르며 중간에서는 사람에게 통하니, 어찌 性을 행할 수 없는 경우가 있겠는가. 이것이 맹자가 "情을 〈性에〉 順從하게 하면 善을 행할 수 있으니, 이것이 내가 말하는 性이 善하다는 것이다. 不善을 행하는 것은 타고난 才質의 잘못이 아니다."라고 말한 까닭이다.

〔惻隱之心 人皆有之〕에서 〔智也〕까지

이미 앞에서 설명하였다. 측은해하는 마음, 부끄러워하는 마음, 공경하는 마음, 시비를 가리는 마음은 사람이라면 모두 이러한 마음을 가지고 있다. 사람이 능히 이것을 따라 행하면, 이를 仁·義·禮·智라고 부르는 것이니, 仁·義·禮·智가 바로 善이다. 하지만 仁·義·禮·智의 善은 밖으로부터 나에게 녹아 들어왔다가 없어진 것이 아니라, 우리들이 태어나는 처음부터 본래 지니고 있는 것인데, 다만 사람들이 생각하여 구하지 않았던 것일 뿐이다. 그러므로 "구하면 얻어 존속되고, 버려두고 구하지 않으면 잃어버린다."라고 말하는 것이다. 하지만 사람이 善이나 惡을 지녀서 善과 惡의 차이가 두 배 혹은 다섯 배가 되고, 혹은 얼마나 되는지 계산할 수 없는 지경까지 이르니 이처럼 큰 차이가 생기는 까닭은 자신의 才性을 스스로 다 발휘하지 못하기 때문이다. 이는 才質로는 善을 행하지 못할 것이 없지만, 그 才質을 다 발휘하여 善을 행하지 못하기 때문이라는 말이다. 그러므로 《詩經》 〈大雅 蒸民〉편에서 "하늘이 백성을 내실 때에 사물이 있으면 법칙으로 삼는 것이 있게 하셨다. 그래서 백성들이 일정한 善을 지니게 되었으므로 이 아름다운 덕을 좋아하였던 것이다."라고 말한 것이다. 이른바 '일정한 것〔常〕'이 바로 善이고, 이른바 '善'이라는 것이 바로 아름다운 덕이며, 이른바 '아름다운 덕'이라는 것이 바로 仁·義·禮·智이다. 이에 대해 孔子는 항상 말하기를 "이 詩를 지은 사람은 道를 아는 사람일 것이다. 그래서 '사물이 있으면 반드시 법칙이 있으니, 백성들은 일정한 법도를 지니고 있다. 그러므로 이 아름다운 덕을 좋아한다.'고 말한 것이다."라고 하였다. 하지만 이른바 사물이라는 것으로 말하면, 사람의 四肢·五臟·六腑·九竅로부터 君臣·父子·夫婦·兄弟·朋友에 이르기까지 사물이 아닌 것이 없다. 이른바 법칙이라는 것으로 말하면, 父子 관계에 있어서는 仁이고, 君臣 관계에 있어서는 義이고, 夫婦와 兄弟의 관계에 있어서는 禮이고, 朋友 관계에 있어서는 信이다. 이것이 사물이 있으면 법칙이 있지 않은 경우는 없다는 것이다. 이것을 통해 보자면, 맹자가 이 정도까지 주장한 까닭은 어찌 인간의 性이 모두 善하기 때문이 아니겠는가. 그러므로 사물이 있으면 반드시 법칙이 있다는 것은 性의

善함을 일컬은 것이고, 능히 일정한 법도를 지녔다는 것은 才質을 일컬은 것이고, 이 아름다운 德을 좋아한다는 것은 情을 일컬은 것이다. '사물이 있으면 법칙이 있는데, 백성들은 일정한 법도를 지녔으므로 이 아름다운 德을 좋아한다.'라는 말은 능히 情을 〈性에〉 順從하게 하여 善을 행하고 才質이 그것을 따른다는 의미이다.

【疏】 ○ 注'紂與微子比干有兄弟之親' ○ 正義曰：案史記世家云 "微子啓者, 殷帝乙之首子, 而紂之庶兄也", 又云 "王子比干者, 亦紂之親戚也", 是知有兄弟之親矣.

○ 注의 〔紂與微子比干有兄弟之親〕

○ 正義曰：상고하건대 ≪史記≫ 〈宋微子世家〉에 "微子 啓라는 사람은 殷나라 帝乙의 長子이고 紂의 庶兄이다."라고 하였고, 또 "王子 比干이라는 사람도 紂의 친척이다."라고 하였으니, 이를 통해 형제의 친분이 있음을 알 수 있다.

【疏】 ○ 注'大雅蒸民之詩' ○ 正義曰：此蓋尹吉甫美宣王之詩文也.

○ 注의 〔大雅蒸民之詩〕

○ 正義曰：이것은 아마도 尹吉甫가 宣王을 찬미한 시의 구절인 듯하다.

7. 孟子曰 富歲엔 子弟多賴[1)]하고 凶歲엔 子弟多暴하나니 非天之降才爾殊也라 其所以陷溺其心者然也니라

1) 子弟多賴：趙岐는 '賴'를 '善'으로 풀이하였고, 朱熹는 '賴'를 '藉(의뢰하다)'로 풀이하여 "풍년에는 衣食이 풍족하기 때문에 의뢰하는 바가 있어서 善을 행한다."라고 설명하였다.

맹자가 말하였다. "풍년에는 자제들이 선량함이 많아지고 흉년에는 자제들이 포악함이 많아진다. 이는 하늘이 내려준 재질이 그렇게 달라서가 아니라, 그 마음을 빠뜨리는 환경이 그렇게 만드는 것이다

【注】 富歲는 豐年也요 凶歲는 飢饉也라 子弟는 凡人之子弟也라 賴는 善이요 暴는 惡也라 非天降下才性與之異也라 以飢寒之厄陷溺其心하여 使爲惡者也라

富歲는 풍년이고, 凶歲는 飢饉이다. 子弟는 보통 사람의 子弟이다. 賴는 善이고 暴는 惡이다. 하늘이 내려준 才性이 달라서가 아니라, 飢寒의 재앙이 그 마음을 빠뜨려

서 惡을 행하게 한다는 것이다.

今夫麰(모)麥을 **播種而耰之**호되 **其地同**하며 **樹之時又同**하면 **浡然而生**하여 **至於日至之時**하여 **皆孰矣**나니 **雖有不同**이나 **則地有肥磽(교)**하며 **雨露之養**과 **人事之不齊也**니라

지금 麰麥을 파종하고 흙으로 덮어주는데, 토양도 같고 심는 시기도 같다면 쑥쑥 자라서 夏至쯤 이르게 되면 모두 익을 것이다. 비록 〈익은 정도가〉 다름이 있다 할지라도 이는 토양에 비옥함과 척박함의 차이가 있고, 비와 이슬이 길러준 정도와 농부의 보살핌이 균등하지 않기 때문이다.

【注】 麰麥은 大麥也니 詩云 貽我來麰라하다 言人性之同은 如此麰麥이라 其不同者는 人事雨澤有不足하며 地之有肥磽耳라 磽는 薄也라

麰麥은 大麥이니, ≪詩經≫ 〈周頌 思文〉에 "우리에게 麰를 주셨다."라고 하였다. "인간의 性은 이 麰麥과 같다. 麰麥마다 〈익은 정도가〉 다른 것은 농부의 보살핌과 강수량의 부족함이 있고 토양에 비옥함과 척박함의 차이가 있기 때문이다."라고 말한 것이다. 磽는 척박함이다.

故凡同類者擧相似也니 **何獨至於人而疑之**리오 **聖人**도 **與我同類者**시니라

그러므로 모든 同類는 모두 서로 비슷하니, 어찌 유독 인간에 대해서만 의심하겠는가. 聖人도 우리와 同類인 인간이다.

【注】 聖人도 亦人也니 其相覺(교)者는 以心知耳라 故體類는 與人同이라 故擧相似也라

聖人도 인간이니, 서로 차이가 나는 것은 心知일 뿐이다. 形體의 部類는 사람과 동일하므로 모두 서로 비슷하다고 하는 것이다.

故龍子曰 不知足而爲屨(구)라도 **我知其不爲蕢(궤)也**라하니 **屨之相似**는 **天下之足**이 **同也**일새니라

그래서 龍子는 '발의 치수를 모르고 신을 삼더라도 나는 그것이 삼태기가 되지

않으리라는 것을 안다.'라고 말했던 것이니, 신이 서로 비슷한 것은 천하 사람들의 발이 거의 같기 때문이다.

【注】龍子는 古賢人也라 雖不知足小大라도 作屨者猶不更(경)作蕢라 蕢는 草器也라 以屨相似는 天下之足이 略同故也라

龍子는 옛 賢人이다. 비록 발의 치수를 모르더라도 신을 삼는 사람이 모양을 바꾸어 삼태기를 만들지 않을 것이다. 蕢는 삼태기이다. 신이 서로 비슷한 것은 천하 사람들의 발이 대략 같기 때문이다.

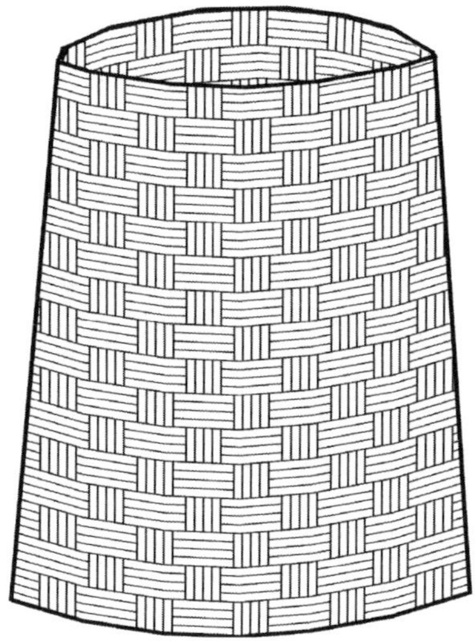

蕢

口之於味에 有同耆也하니 易(역)牙는 先得我口之所耆者也라 如使口之於味也에 其性이 與人殊若犬馬之與我不同類也면 則天下何耆를 皆從易牙之於味也리오 至於味하여는 天下期於易牙하나니 是는 天下之口相似也일새니라

인간의 입이 맛을 느끼는 데 있어서도 똑같이 좋아하는 것이 있으니, 易牙는 우리의 입이 좋아하는 맛을 먼저 깨달은 사람이다. 가령 입이 맛을 느끼는 데 있어서 그의 食性이 남들과 다른 것이 마치 개나 말이 우리 인간과 동류가 아닌 정도의 차이라면, 천하 사람들이 어찌 좋아하는 맛을 모두 易牙의 맛 취향을 따르겠는가. 맛에 있어서는 천하 사람들이 모두 易牙에게 기대를 거니, 이는 천하 사람들의 입이 서로 비슷하기 때문이다.

【注】人口之所耆者相似라 故皆以易牙爲知味라 言口之同也라

사람의 입이 좋아하는 맛은 서로 비슷하다. 그러므로 모두들 易牙가 맛을 잘 안다고 여긴다. 사람의 입이 다 같음을 말한 것이다.

惟耳도 亦然하니 至於聲하여는 天下期於師曠[1)]하나니 是는 天下之耳相似也일새니라

1) 師曠 : 춘추시대 晉나라의 樂師로, 소리를 잘 분별하였다. 앞의 〈離婁 上〉에서 나왔다.

귀도 그러하다. 소리에 있어서는 천하 사람들이 師曠에게 기대를 거니, 이는 천하 사람들의 귀가 서로 비슷하기 때문이다.

【注】耳亦猶口也라 天下皆以師曠爲知聲之微妙也라

귀도 입과 같다는 것이다. 천하 사람들이 모두 師曠이 소리의 미묘함을 잘 안다고 여긴다.

惟目도 **亦然**하니 **至於子都**하여는 **天下莫不知其姣也**하나니 **不知子都之姣者**는 **無目者也**니라

눈도 그러하다. 子都의 경우에는 천하 사람들이 모두 그의 아름다움을 알았으니, 자도의 아름다움을 모르는 사람은 눈이 없는 사람이다.

【注】目亦猶耳也라 子都는 古之姣好者也니 詩에 云 不見子都요 乃見狂且(저)아하다 儻無目者는 乃不知子都好耳라 言目之同也라

눈도 귀와 같다는 것이다. 子都는 외모가 아름다웠던 옛날 사람이니, ≪詩經≫ 〈鄭風 山有扶蘇〉에 "子都는 만나지 못하고 마침내 狂人을 만난단 말인가."라고 하였다. 혹시 눈이 없는 자라면 자도의 아름다움을 모를 것이다. 사람의 눈이 다 같음을 말한 것이다.

故曰 口之於味也에 **有同耆焉**하며 **耳之於聲也**에 **有同聽焉**하며 **目之於色也**에 **有同美焉**하니 **至於心**하여는 **獨無所同然乎**아

그래서 나는 '입이 맛을 느끼는 데 있어서 똑같이 좋아하는 것이 있고, 귀가 소리를 듣는 데 있어서 똑같이 듣기 좋아하는 것이 있으며, 눈이 모습을 보는 데 있어서 똑같이 아름답게 여기는 것이 있다.'라고 하는 것이니, 마음에 있어서만 유독 똑같이 그렇게 여기는 것이 없겠는가.

【注】言人之心性皆同也라

인간의 心性도 모두 같음을 말한 것이다.

心之所同然者는 **何也**오 **謂理也義也**라 **聖人**은 **先得我心之所同然耳**시니 **故理義之悅我心**이 **猶芻豢**(추환)**之悅我口**니라

마음이 똑같이 그렇게 여기는 것은 무엇인가? 理이고, 義이다. 聖人은 우리 마음에 똑같이 그렇게 여기는 것을 먼저 깨달은 사람이다. 그러므로 理와 義가 우리 마음을 기쁘게 하는 것은 고기가 우리 입을 즐겁게 해주는 것과 같다."

【注】心所同耆者는 義理也라 理者는 得道之理라 聖人先得理義之要耳라 理義之悅心이 如芻豢之悅口니 誰不同也리오

마음이 똑같이 좋아하는 것은 義와 理이다. 理라는 것은 道를 깨달은 이치이다. 聖人은 理와 義의 要諦를 먼저 깨달았을 뿐이다. 理와 義가 마음을 기쁘게 하는 것은 고기가 입을 즐겁게 해주는 것과 같으니, 누군들 같지 않겠는가.

【疏】'孟子曰'至'我口' ○ 正義曰：此章言人稟性(但)〔俱〕[1]有好憎, 耳目口心, 所悅者同, 或爲君子, 或爲小人, 猶麰麥不齊, 雨露使然者也.[2] '孟子曰 富歲 子弟多賴'至'猶芻豢之悅我口'者, 孟子言豐熟之年, 凡人之子弟, 多好善,-賴, 善也- 凶荒之年, 凡人之子弟, 多好暴惡. 然而非上天降下才性與之殊異也, 而其所以由飢寒之厄陷溺去其良心而爲之惡也. 無他, 所謂禮義生於富足, 盜賊起於貧窮[3]是也. 且譬夫今之大麥也, 人播種而耰鋤之, 其地高下以同, 藝殖之時又同, 浡浡然而生長秀茂, 至於日至可以收割之時, 皆熟矣. 雖有不同爲不熟者, 則是地有肥薄與雨露之不均, 而人事之所加有不齊也. 故凡物有同其類者, 皆相似也, 何獨至於人而疑爲不然. 雖聖人亦則與我同其類者也. 故龍子之賢人, 有曰"人不知天下人之足而爲草屨者, 我知其人不能爲之蕢也." 蕢, 草器也. 其所以爲屨皆相似者, 以其天下人之足則同也. 故口之於食味, 人有同耆也, 然而易牙先得我口之所好者也. 如使人口於味, 其性之所好與人殊異, 有是若狗馬之與我不同其形類也, 則天下何以耆其味皆從易牙所好之味也. 至於食味, 天下所以皆期指於易牙者, 是天下之人口相似也. 不特口之於味然也, 惟耳於聲亦如是也. 耳於聲, 天下之人所以皆期指於師曠爲知聲之妙者, 是天下之人耳相似也. 又不特耳如是也, 惟天下之目亦如是也. 至於子都者, 天下之人無有不知其姣好也, 不知子都之姣好者, 是無目之人也. 故曰"人口之於味, 其有所同好者焉, 耳之於聲, 以其有同聽者焉,目之於色, 以其有同美者焉." 至於心, 獨無所同亦如是乎. 言人心性亦若口耳皆有同而無異也. 然人心有所同然者何也. 是謂理也, 義也. 惟聖人者但先得我心之所同然耳. 故曰"理義之有喜悅於我心者, 如芻豢之味有悅於我口耳." 蓋理出於性命, 天之所爲也, 義出於道德, 人之所爲也, 而理・義又出於人心所同然也. 是則天之使我有是之謂命, 天命之謂性, 是性命本乎天, 故爲天之所爲也. 天之所爲雖妙, 然而未嘗不有理焉, 如此, 豈非其理有出於性命者乎. 人能存其性命而不失之者, 是所謂有其道德也, 故爲人之所爲者也. 人之所爲道德雖妙, 然而未嘗不有義存焉, 如此, 則豈非其義有出於人心者乎. 合而言之, 則性命道德是爲理義, 雖是理義, 出於性命道德者耳.

1) (但)〔俱〕: 저본에는 '但'으로 되어 있으나, 本篇의 첫머리에 실려 있는 章指와 四庫全書本에 의거하여 '俱'로 바로잡았다.
2) 雨露使然者也 : 北京大本의 章指에는 이 뒤에 "맹자가 이것을 말한 것은 사람들을 권면해서 나아가게 하려는 것이다.〔孟子言是 所以勖而進之〕"라는 말이 더 있다.
3) 禮義生於富足 盜賊起於貧窮 : ≪潛夫論≫ 〈愛日〉에 보이며, ≪잠부론≫에는 '賊'이 '竊'로 되어 있다.

經의 〔孟子曰〕에서 〔我口〕까지

○ 正義曰 : 이 장에서는 "사람이 타고난 性에는 모두 좋아함과 미워함이 있어 귀와 눈과 입과 마음이 좋아하는 것이 사람마다 거의 같다. 그런데 누군가는 君子가 되기도 하고 누군가는 小人이 되기도 한다. 이는 마치 麰麥마다 成長이 균일하지 않은 이유가 雨露가 그렇게 만들기 때문인 것과 같다."라고 말하였다.

〔孟子曰 富歲 子弟多賴〕에서 〔猶芻豢之悅我口〕까지

맹자가 "풍년에는 보통 사람의 子弟들이 善을 좋아하는 경향이 강하고,-賴는 善이다.- 흉년에는 보통 사람의 子弟들이 포악함을 좋아하는 경향이 강하다. 그러나 이는 하늘이 부여한 才性이 서로 달라서가 아니라, 飢寒의 재앙이 그 良心을 파괴하여 惡을 행하게 만들기 때문이다."라고 말한 것이다. 이는 별다른 것이 아니라, 이른바 "禮義는 풍족함에서 생겨나고 盜賊은 빈궁함에서 일어난다."라는 말이 이것이다.

그리고 비유하기를, 지금 저 大麥을 사람이 播種하고 흙으로 덮어 가꾸는데, 그 토양의 高下가 같고 심는 시기도 같다면 쑥쑥 무성하게 자라서 수확이 가능한 夏至 때에 이르러서는 모두 익게 될 것이다. 비록 유달리 익지 않은 것이 있더라도, 이는 토양에 비옥함과 척박함의 차이가 있고 雨露가 길러줌에 불균등함이 있고 사람의 보살핌에도 불균등함이 있기 때문이다. 그러므로 무릇 同類인 사물은 모두 서로 비슷하니, 어찌 유독 인간에 대해서만 그렇지 않다고 의심하겠는가. 비록 聖人이라도 역시 우리와 同類인 인간이다. 그래서 龍子와 같은 賢人은 말하기를 "짚신을 삼는 사람이 천하 사람들의 발 치수를 모르고 짚신을 삼더라도 나는 그 사람이 삼태기를 만들 수 없다는 것을 안다." 하였다. 蕢는 삼태기이다. 그가 만드는 신이 모두 비슷한 것은 천하 사람들의 발이 거의 같기 때문이다.

그러므로 입이 맛을 느끼는 데 있어서도 사람들이 똑같이 좋아하는 것이 있지만, 易牙는 우리의 입이 좋아하는 맛을 먼저 깨달은 사람이다. 가령 사람이 입으로 맛을 느끼는 데 있어서 그 食性이 좋아하는 것이 다른 사람과 전혀 달라서 마치 개나 말이 우리 인간과 同類가 아닌 정도의 차이가 있다면, 천하 사람들이 어찌 좋아하는 맛을 모두 易牙가 좋아하는 맛의 취향을 따르겠는가. 음식의 맛에 있어서 천하 사람들이 모두 易牙에게 기대를 거니, 이는 천하 사람들의 입이 서로 비슷하기 때문이다. 입이 맛을 느끼는 데 있어서만 그러한 것이 아니라, 귀가 소리에 있어서도 그러하다. 귀가 소리에 있어서 천하 사람들이 모두 師曠이 소리의 미묘함을 잘 알 것이라고 기대를 거니, 이는 천하 사람들의 귀가 서로 비슷하기 때문이다. 또 귀만 그러한 것이 아니라, 천하 사람들의 눈도 그러하다. 子都라는 사람에 대해 천하 사람들이 모두 그의 아름다움을 알았으니, 子都의 아름다움을 모르는 사람은 눈이 없는 사람이다. 그러므로 "인간이 입으로 맛을 느끼는 데 있어서 똑같이 좋아하는 것이 있고, 귀가 소리를 듣는 것에 있어서 똑같이 듣기 좋아하는 것이 있으며, 눈이 모습을 보는 데 있어서 똑같이 아름답게 여기는 것이 있다."라고 하는 것이다.

마음에 있어서만 유독 똑같이 그렇게 여기는 것이 없겠는가. 인간의 心性도 입과 귀처럼 똑같이 그렇게 여기는 것이 있음에 차이가 없음을 말한 것이다. 그렇다면 인간의 마음이 똑같이 그렇게 여기는 것은 무엇인가? 理이고 義이다. 오직 聖人만이 우리 마음이 똑같이 그렇게 여기는 것을 먼저 깨달았다. 그래서 "理와 義가 우리 마음을 기쁘게 하는 것이 고기의 맛이 우리들의 입을 즐겁게 해주는 것과 같다."고 말한 것이다. 理는 性命에서 나오니 하늘이 행하는 것이고, 義는 道德에서 나오니 인간이 행하는 것이며, 理와 義는 다시 인간의 마음이 똑같이 그렇게 여기는 것에서 나온다. 그러므로 하늘이 우리 인간으로 하여금 이것을 지니도록 하는 것을 일컬어 '命'이라고 하고, 하늘이 명하는 것을 일컬어 '性'이라고 하는 것이며, 이 性과 命은 하늘에 근본을 둔 것이므로 하늘이 행하는 바가 되는 것이다. 하늘의 행위가 비록 微妙하더라도 거기에 理가 있지 않은 적이 없으니, 이와 같다면 어찌 理가 性命에서 나오는 것이 아니겠는가. 사람이 능히 性命을 보존하여 잃지 않는 경우에 이를 두고 道德을 지녔다고 말하므로 사람이 행하는 바가 되는 것이다. 사람이 행하는 道德이 미록 微妙하더라도 거기에 義가 있지 않은 적이 없으니, 이와 같다면 어찌 義가 인간의 마음에서 나오는 것이 아니겠는가. 합하며 말하면, 性命과 道德이 理와 義가 되는 것이니, 아무리 理와 義라도 性命과 道德에서 나오는 것일 뿐이다.

【疏】 ○ 注'麰麥'至'薄也' ○ 正義曰：釋云 "麰麥, 大麥也, 又短粒麥也." 詩云 "貽我來麰", 此蓋周頌思文之篇, 言后稷配天之詩也. 磽, 說文云 "磽, 石地名也."[1)]

1) 說文云 磽 石地名也：≪說文解字≫에는 磽를 "딱딱한 돌이다. 意符인 '石'과 聲符인 '堯'로 이루어진 글자이다.〔磬石也 從石堯聲〕"라고 하였다. 착오가 있는 듯하다.

○ 注의 〔麰麥〕에서 〔薄也〕까지

○ 正義曰：글자 풀이에 "麰麥은 大麥이니, 또한 낟알의 길이가 짧은 보리이다."라고 하였다. ≪詩經≫에 "우리에게 麰를 주셨다."라고 하였는데, 이는 〈周頌 思文〉편으로, 后稷의 德이 하늘에 짝할 만하다는 내용의 시이다. 磽는 ≪說文解字≫에 "磽는 돌이 많은 땅의 이름이다."라고 하였다.

【疏】 ○ 注'易牙爲知味' ○ 正義曰：案左傳云 "易牙, 齊桓公大夫也. 淄・澠(승)二水爲食, 易牙亦知二水之味. 桓公不信, 數試始驗",[1)] 是易牙爲知味者也.

1) 案左傳云……數試始驗：≪春秋左氏傳≫에는 이러한 내용이 실려 있지 않다. 착오가 있는 듯하다. 다만 ≪列子≫ 〈說符〉와 ≪呂氏春秋≫ 〈精諭〉에는 "淄水와 澠水를 섞어놓아도 易牙는 맛을 보고 분별할 수 있다.〔淄澠之合 易牙嘗而知之〕"라는 말이 있고, ≪淮南子≫ 〈氾論訓〉에는 "臾兒와 易牙는 淄水와 澠水의 물을 섞은 것을 한 모금 맛을 보고서 그 맛을 분별한다.〔臾兒易牙 淄澠之水合者 嘗一哈水而甘苦知矣〕"라는 말이 나온다.

○ 注의 〔易牙爲知味〕

○ 正義曰：상고하건대 ≪春秋左氏傳≫에 "易牙는 齊 桓公의 大夫이다. 淄水와 澠水에서 길어온 두 종류의 물로 음식을 만들어도 易牙는 또한 두 종류 물의 맛을 분별하였다. 桓公이 믿지 않다가 여러 번 시험하고서야 비로소 징험하였다."라고 하였는데, 이것이 바로 易牙가 맛을 잘 안다는 것이다.

【疏】 ○ 注'師曠爲知聲之妙' ○ 正義曰：案呂氏春秋云，已說在離婁篇首．左傳杜氏注云 "晉樂師子野者"是也．

○ 注의 〔師曠爲知聲之妙〕

○ 正義曰 : 상고하건대 ≪呂氏春秋≫에서 언급한 것은 〈離婁〉편 첫머리에서 이미 설명하였다. ≪春秋左氏傳≫에 대한 杜氏 注에 "晉나라 樂師 子野라는 사람이다."라고 한 것이 이 사람이다.

【疏】 ○ 注'子都'，'詩云 不見子都 乃見狂且' ○ 正義曰：案詩國風山有扶蘇之篇文也．注云 "都，世之美好者．狂，狂人也．且(저)，辭也．" 箋云 "人之好色，不往睹子都，反往睹狂醜之人．" 凡此是知子都爲美好者也．

○ 注의 〔子都〕와 〔詩云 不見子都 乃見狂且〕

○ 正義曰 : 상고하건대 ≪詩經≫ 〈國風 山有扶蘇〉편의 구절이다. 그 注(毛亨 傳)에 "子都는 當代에 외모가 아름다운 사람이었다. 狂은 狂人이다. 且는 語辭이다."라고 하였고, 鄭玄 箋에는 "美色을 좋아하는 사람이 가서 子都를 만나지 못하고 도리어 미치고 추한 사람을 가서 만난 것이다."라고 하였다. 무릇 이것을 통해 子都가 외모가 아름다웠던 사람이라는 것을 알 수 있다.

【疏】 ○ 草性曰芻，穀養曰豢． ○ 正義曰：說文云 "牛馬曰芻，犬豕曰豢"，是其解也．

○ 풀을 먹는 食性을 가진 가축을 '芻'라 하고, 곡식을 먹여 키우는 가축을 '豢'이라고 한다.

○ 正義曰 : ≪說文解字≫에 "소와 말을 '芻'라고 하고, 개와 돼지를 '豢'이라고 한다."라고 하였으니, 이것이 그 해설이다.

孟子注疏解經 卷第十一 下

告子章句 上

趙氏 注 孫奭 疏

8. 孟子曰 牛山之木이 **嘗美矣**러니 **以其郊於大國也**라 **斧斤**이 **伐之**어니 **可以爲美乎**아 **是其日夜之所息**과 **雨露之所潤**에 **非無萌蘖之生焉**이언마는 **牛羊**이 **又從而牧之**라 **是以**로 **若彼濯濯也**하니 **人見其濯濯也**하고 **以爲未嘗有材焉**이라하나니 **此豈山之性也哉**리오

맹자가 말하였다. "牛山의 나무들이 예전에는 무성하여 아름다웠는데, 대도시의 近郊에 위치한 까닭에 사람들이 도끼나 자귀로 벌목해 가니, 어떻게 아름다울 수 있겠는가. 그래도 밤낮으로 길러주는 기운과 윤택하게 적셔주는 비와 이슬이 있기 때문에 새싹이 움트지 않는 것은 아니지만, 또다시 소와 양을 방목해 먹인다. 이 때문에 저렇게 민둥민둥해지고만 것이다. 사람들은 저 민둥민둥한 모양만 보고서 처음부터 나무가 있었던 적이 없다고 생각하니, 이것이 어찌 산의 본성이겠는가.

【注】牛山은 **齊之東南山也**라 **邑外謂之郊**라 **息**은 **長也**라 **濯濯**은 **無草木之貌**라 **牛山**(末)〔**木**〕[1] **嘗盛美**러니 **以在國郊**하여 **斧斤牛羊**이 **使之不得有草木耳**요 **非山之性無草木也**라

1) (末)〔木〕: 저본에는 '末'로 되어 있으나, 岳本·孔本·韓本에 의거하여 '木'으로 바로잡았다.(阮元의 〈校勘記〉 참조)

牛山은 齊나라의 동남쪽에 있는 산이다. 邑의 밖을 郊라고 한다. 息은 자람이다. 濯濯은 草木이 없는 모양이다. 牛山의 나무들이 예전에는 무성하고 아름다웠는데, 도시의 근교에 위치하여 도끼와 자귀, 소와 양이 〈나무를 훼손하여〉 牛山에 草木이 있을 수 없게 만든 것일 뿐이지, 산의 本性이 草木이 없는 것이 아니다.

雖存乎人者인들 豈無仁義之心哉리오마는 其所以放其良心者도 亦猶斧斤之於木也에 旦旦而伐之어니 可〔以〕[1]爲美乎아 其日夜之所息과 平旦之氣에 其好惡(오)與人相近也者幾希[2]리오

1) 〔以〕: 저본에는 '以'가 없으나, 阮元의 〈校勘記〉에 의거하여 보충하였다.
2) 其好惡(오)與人相近也者幾希 : 趙岐는 人을 '賢人'으로, 幾希를 '不遠'으로 풀이하였고, 朱熹는 人을 보통 사람으로, 幾希를 '不多'로 풀이하였다. 朱熹의 풀이에 따르면 "선을 좋아하고 악을 미워함에 있어 다른 사람과 비슷한 점이 얼마 되지 않는다."라고 번역된다.

사람이 지닌 본성에도 어찌 仁義의 마음이 없겠는가. 그런데 그 良心을 잃어버리는 이유도 사람이 도끼와 자귀로 산의 나무를 벌목하는 것처럼 아침마다 良心을 잘라버리기 때문이니 어떻게 아름답게 될 수 있겠는가. 그러나 밤낮으로 기르는 仁義와 새벽녘의 志氣가 있으니, 선을 좋아하고 악을 미워함에 있어 賢人과 비슷한 점이 어찌 적겠는가.

【注】存은 在也라 言雖在人之性이라도 亦猶此山之有草木也니 人豈無仁義之心邪(야)리오 其日夜之思 欲息長仁義와 平旦之志氣에 其好惡(오)가 凡人皆有與賢人相近之心이라 幾는 豈也니 豈希는 言不遠也라

存은 있음이다. 다음과 같은 말이다. "사람이 지닌 본성도 이 산에 草木이 있는 것과 같으니, 사람에게 어찌 仁義의 마음이 없겠는가. 밤낮으로 仁義를 기르고자 하는 생각과 새벽녘의 志氣가 있으니, 선을 좋아하고 악을 미워함에 있어 보통 사람이 모두 賢人과 비슷한 마음을 가지게 된다." 幾는 豈이니, 豈希는 멀지 않다는 의미이다.

則其旦晝之所爲有梏亡之矣나니 梏之反覆이면 則其夜氣[1]不足以存이요 夜氣不足以存이면 則其違禽獸不遠矣니 人見其禽獸也하고 而以爲未嘗有才焉者라하나니 是豈人之情也哉리오

1) 夜氣 : 밤새 생겨난 선한 기운이라는 의미로, 앞에서 말한 '새벽녘의 志氣'를 가리킨다.

그런데 그가 낮에 하는 행위가 그것을 束縛하여 사라지게 한다. 束縛하여 사라지게 하는 행위를 반복하면 夜氣가 존속할 수 없게 되고, 夜氣가 존속할 수 없으면 禽獸와의 차이가 멀지 않게 된다. 사람들이 그 禽獸 같은 행위를 보고는 善한 才質이 있던 적이 없었다고 하니, 이것이 어찌 사람의 性情이겠는가.

【注】 旦晝는 日晝也라 其所爲萬事가 有梏亂之하여 使亡失其日夜之所息也하니 梏之反覆이면 利害(於)〔干〕[1]其心하여 其夜氣不能復存也라 人見惡人禽獸之行하고 以爲未嘗(存)〔有〕[2]善(木)〔才〕[3]性하니 此非人之情也라

1) (於)〔干〕: 저본에는 '於'로 되어 있으나, 廖本·閩本·孔本·韓本에 의거하여 '干'으로 바로잡았다.(阮元의 〈校勘記〉 참조)
2) (存)〔有〕: 저본에는 '存'으로 되어 있으나, 廖本·閩本·孔本·韓本·監本·毛本·考文古本에 의거하여 '有'로 바로잡았다.(阮元의 〈校勘記〉 참조)
3) (木)〔才〕: 저본에는 '木'으로 되어 있으나, 廖本·孔本·韓本·考文古本에 의거하여 '才'로 바로잡았다.(阮元의 〈校勘記〉 참조)

旦晝는 낮이다. 낮에 행하는 온갖 행위가 그것을 束縛하고 어지럽혀 밤낮으로 기르는 것을 사라지게 한다. 束縛하는 행위를 반복하면 利害가 그 마음을 干犯하여 夜氣가 더는 존속할 수 없게 된다. 사람들이 惡人의 禽獸 같은 행위를 보고는 善한 才質이 있었던 적이 없다고 생각하니, 이것은 사람의 性情이 아니다.

故로 苟得其養이면 無物不長이요 苟失其養이면 無物不消니라 孔子曰 操則存하고 舍則亡하여 出入無時하며 莫知其鄕[1]은 惟心之謂與인저하시니라

1) 鄕 : 趙岐는 鄕을 '居(머물다)'의 의미로 풀이하였는데, 일반적으로 '向(향하다)'의 의미로 풀이하는 경우가 많다.

그러므로 사물은 진실로 제대로 기른다면 자라지 않는 것이 없고, 진실로 제대로 기르지 못한다면 소멸하지 않을 것이 없다. 孔子께서는 '잡고 있으면 존속하고 버려두면 잃게 되며, 드나드는 데에 일정한 때도 없고 어디에 있는지도 알 수 없는 것은 오직 마음이 이러할 것이다.'라고 하셨다."

【注】 誠得其養을 若雨露於草木과 法度於仁義면 何有不長也리오 誠失其養을 若斧斤牛羊

之消草木과 利欲之消仁義면 何有不盡也리오 孔子曰 持之則存하고 縱之則亡하며 莫知其鄕은-鄕은 猶里니 以喩居也라- 獨心爲若是也라

진실로 제대로 기르기를 마치 비와 이슬이 草木을 적셔주고 法令과 制度가 仁義를 뒷받침해주는 듯이 한다면, 어찌 자라지 않는 것이 있겠는가. 진실로 제대로 기르지 않기를 마치 도끼와 자귀, 소와 양이 草木을 소멸시키고 利欲이 仁義를 소멸시키는 듯이 한다면, 어찌 사라지지 않는 것이 있겠는가. 孔子는 "잡고 있으면 존속하고 버려두면 잃게 되고 머무는 곳도 알 수 없는 것은-鄕은 里와 같으니, 머무는 것을 비유한 것이다.- 오직 마음이 이러하다."라고 하였다.

【疏】'孟子曰 牛山'至'之謂與' ○ 正義曰：此章言秉心持正, 使邪不干, 猶止斧斤, 不伐牛山, 則山木茂, 人則稱仁也. '孟子曰 牛山之木'至'惟心之謂與'者, 孟子言牛山之木, 常爲秀美矣, 然以其爲郊國之外也, 殘之以斤斧之伐, 可以爲秀美乎. 言以其斤斧常伐之, 則不可爲美也. 雖爲斤斧所伐, 然以其日夜之所長息, 雨露之所潤澤, 非無萌牙絲蘖生焉, 柰何萌蘖既生, 而牛羊之畜又從而牧養於其間, 是以牛山若彼濯濯-無草木之貌也.- 人見其濯濯然無草木, 以爲牛山未嘗有材木焉, 是豈牛山之性無草木哉. 言牛山之木常有其材木耳, 其所以無之者, 但斧斤牛羊從而殘滅之矣. 言雖存在乎人者, 豈無仁義之心哉. 然人之所以放去其良心而無仁義者, 亦如斧斤之伐於牛山之木也, 是日日而伐滅之, 可爲美材乎. 言不可爲美材也. 言牛山日夜之所息長草木, 與人平旦之氣, 其好惡(오)與人相近者不遠矣. 以其牛山日夜所息長草木, 莫不欲秀茂爲美, 而惡(오)其斧斤牛羊殘害之爲惡也, 人之平旦之氣, 尙未有利欲汨之, 則氣猶靜, 莫不欲爲之善也, 而惡(오)爲之惡也. 但人平旦之氣, 則其旦晝之所爲利欲有以梏亡之矣.-平旦則未至於晝, 旦晝所以爲日之中矣.- 且人於平旦之時, 其氣靜, 未有利欲事緖以動之, 則未必不善矣, 以其善固存於此時也. 亦如牛山日夜所長草木, 無以斧斤牛羊殘害之, 則未必不美矣, 以其萌蘖生焉而美固已有矣. 柰何斧斤牛羊又從而殘滅之, 亦若旦晝所爲利欲以梏亡之者焉.-梏, 手械也, 利欲之制善, 使不得爲, 猶梏之制手也.- 梏之反覆, 其情緖不一, 則夜於平旦之氣不足以存, 既不足以存, 而爲利欲萬緖梏而亡之, 則其違異於禽獸之行不遠矣. 以其近也. 人見其爲禽獸之行者, 而爲未嘗有才性焉, 是豈人之情爲如是哉. 言非人之情也, 言人情本欲爲善矣, 其所以終(而)〔不〕[1]爲者, 但利欲從而梏亡之矣. 故苟得其所養, 無物不長, 苟失其所養, 無物不消. 如牛山苟日夜之所息・雨露之

所潤, 與平旦之氣, 是得其所養者也, 是則無物不長矣. 如牛山苟爲牛羊從而牧之, 與旦晝所爲而梏亡之, 是失所養者也, 是則無物不消矣. 孟子又引孔子云 "操持之則存, 縱舍之則亡, 其出入徇物而不有常時, 莫知其所向之鄉, 惟獨心爲若是也." 凡此孟子所以言人心性本善, 但當有常操而存之者矣.

1) (而)〔不〕: 저본에는 '而'로 되어 있으나, 監本·毛本에 의거하여 '不'로 바로잡았다. (阮元의 〈校勘記〉 참조)

經의 〔孟子曰 牛山〕에서 〔之謂與〕까지

○ 正義曰 : 이 장에서는 "마음을 잡고 바름을 견지하여 不正이 干犯하지 못하게 하는 것은, 도끼와 자귀를 금지하여 牛山의 나무를 벌목하지 못하게 하면 산의 나무가 무성해지는 것과 같으니, 사람들이 仁함을 칭찬하게 된다."라고 말하였다.

〔孟子曰 牛山之木〕에서 〔惟心之謂與〕까지

맹자가 "牛山의 나무가 일찍이 무성하고 아름다웠으나, 都城의 郊外에 위치함으로 인해 도끼와 자귀로 伐木하여 훼손하니, 무성하고 아름다울 수 있겠는가."라고 말하고, 또 "도끼와 자귀로 항상 伐木하니 아름답게 될 수 없다. 비록 도끼와 자귀로 벌목하더라도 밤낮으로 길러주는 기운과 윤택하게 적셔주는 비와 이슬이 있기 때문에 새싹이 움트지 않는 것은 아니지만, 새싹이 움튼 뒤에 소나 양 같은 가축을 또다시 그 사이에 放牧하므로 牛山이 저처럼 민둥민둥해지고 말았다.-濯濯은 草木이 없는 모양이다.- 사람들은 민둥민둥 草木이 없는 것만 보고는 牛山에 처음부터 나무가 없었다고 생각하니, 草木이 없는 것이 어찌 牛山의 本性이겠는가."라고 말한 것이다. 牛山의 나무가 일찍이 무성했었는데, 그것이 사라지게 된 까닭은 다만 도끼와 자귀, 소와 양이 이어서 훼손해 사라지게 하였기 때문이라는 의미이다.

또 "사람이 지닌 본성에도 어찌 仁義의 마음이 없겠는가. 그런데 사람이 그 良心을 잃어버려 仁義가 없게 된 이유도 도끼와 자귀로 牛山의 나무를 伐木하는 것처럼 날마다 良心을 잘라버리기 때문이니 어떻게 아름다운 才質이 될 수 있겠는가."라고 말한 것이니, 아름다운 才質이 될 수 없다는 의미이다.

또 "牛山에 밤낮으로 자라는 草木과 사람의 새벽녘 기운 때문에, 선을 좋아하고 악을 미워함이 다른 사람과 차이가 크지 않다."라고 말한 것이다. 이것은 牛山에 밤낮으로 자라는 草木을 모두가 무성하고 아름답게 되기를 바라고 도끼와 자귀, 소와 양이 草木을 훼손하는 악한 행위를 미워하기 때문이며, 사람의 새벽녘의 기운을 利欲이 사라지게 만들기 전에는 기운이 오히려 고요하여 모두가 선을 행하고자 하고 악을 행함을 미워하기 때문이다.

다만 사람의 새벽녘 기운을 낮에 행하는 利欲의 행위가 束縛하여 사라지게 한다.-平旦은 낮에 이르기 전이고, 旦晝는 日中이 된 것이다.- 그리고 사람이 새벽녘에는 그 기운이 고요하여 利欲의 실마리가 그것을 동요시키지 않으면 반드시 善하지 않은 것은 아니니, 이는 善이 이때에는 보존되기 때문이다. 또한 만약 牛山에 밤낮으로 자라난 草木을 도끼와 자귀, 소와 양으로 훼손함이 없으면 반드시 아름답지 않은 것은 아니니, 이는 새싹이 움터서 아름다움이 본래 이미 있었기 때문이다.

하지만 도끼와 자귀, 소와 양이 또다시 그것을 훼손하여 사라지게 하니, 이는 또한 낮에 하는 利欲의 행위가 束縛하여 사라지게 하는 것과 같다.-梏은 수갑이니, 利欲이 善을 束縛하여 행하지 못하게 하는 것이 수갑이 손을 束縛하는 것과 같다.- 束縛하는 일이 반복되고 그러한 정황이 한 번으로 끝나지 않게 되면 밤새 생겨난 새벽녘의 기운이 존속할 수 없게 되고, 이미 존속할 수 없는 상황에서 利欲과 관계된 온갖 일들이 束縛하여 사라지게 하면, 禽獸의 행위와 차이가 크지 않게 된다. 이는 짐승과 비슷해지기 때문이다. 사람들이 禽獸 같은 행위를 하는 것을 보고는 善한 才質이 있었던 적이 없다고 하니, 어찌 사람의 性情이 이와 같은 것이겠는가. 사람의 性情이 아니라는 말이며, 사람의 性情은 본래 善을 행하고자 하는데, 끝내 善을 행하지 못하는 이유는 단지 利欲이 이어서 束縛하여 사라지게 하기 때문이라는 말이다.

그러므로 진실로 제대로 기른다면 자라지 않을 사물이 없고, 진실로 제대로 기르지 못한다면 소멸하지 않을 사물이 없다. 이를테면 우산의 밤낮으로 길러주는 기운, 윤택하게 적셔주는 비와 이슬, 새벽녘의 기운은 제대로 길러주는 것이니, 이렇게 하면 자라지 않을 사물이 없을 것이다. 이를테면 우산에 소와 양을 이어서 방목하는 것과 낮에 하는 행위가 良心을 속박하여 사라지게 하는 것은 제대로 기르지 못하는 것이니, 이렇게 하면 소멸하지 않을 사물이 없을 것이다. 맹자가 다시 孔子의 "잡고 있으면 존속하고 버려두면 잃게 되며, 드나드는 것이 사물을 좇아 일정한 때도 없고 향하는 곳도 알 수 없는 것은 오직 마음이 이러할 것이다."라는 말을 인용하였다. 이와 같은 것들은 맹자가 사람의 心性은 본래 善하지만, 항상 붙잡아서 존속시켜야 함을 말한 것이다.

【疏】○ 注'牛山 齊之東南山' ○ 正義曰 : 蓋亦以理推之, 亦自可見. 故傳所謂齊景遊於牛山之上,[1] 是亦知之爲齊之山矣.

1) 齊景遊於牛山之上 : ≪韓詩外傳≫에 "齊 景公이 牛山에 올라가 유람하면서 북쪽으로 제나라를 바라보며 '아름답구나, 齊나라여! 찬란하고 울창하다. 예로부터 사람이 죽지 않는 존재라고 한들 과인이 장차 여기를 버리고 어디로 간단 말인가.'라고 하였다.〔齊景公游於牛山之上而北望齊 日美哉國乎 郁郁蓁蓁 使古而無死者 則寡人將去此而何之〕"라는 말이 나온다.

○ 注의 〔牛山 齊之東南山〕

○ 正義日 : 이것도 이치로 미루어보면 또한 자연히 알 수 있는 것이다. 그러므로 傳(≪韓詩外傳≫)에서 이른바 "齊 景公이 牛山에 올라가 유람하였다."라는 말을 통해 齊나라의 산이라는 것을 또한 알 수 있다.

9. 孟子曰 無或乎王之不智也로다

맹자가 말하였다. "왕이 지혜롭지 못한 것을 괴이하게 여길 것이 없다.

【注】王은 齊王也라 或은 怪也라 時人有怪王不智而孟子不輔之라 故言此也라

왕은 齊나라 왕이다. 或은 괴이하게 여김이다. 당시 사람들 중에 왕이 지혜롭지 못한데도 맹자가 그를 보좌하지 않는 것을 괴이하게 여기는 자가 있었으므로 이렇게 말한 것이다.

雖有天下易(이)生之物也나 一日暴(폭)之요 十日寒之면 未有能生者也라 吾見(현)이 亦罕矣요 吾退而寒之者至矣니 吾如有萌焉에 何哉리오

천하에 잘 자라는 생물이 있다 해도 하루는 햇볕을 쬐어주고 열흘은 차갑게 하면 제대로 자랄 생물이 없을 것이다. 내가 왕을 뵙는 일이 매우 드문데, 내가 물러가고 나면 왕의 마음을 차갑게 하는 자들이 이르니, 내가 어떻게 良心의 싹을 틔우게 할 수 있겠는가.

【注】種易(이)生之草木五穀하여 一日暴溫之하고 十日陰寒以殺之면 物何能生이리오 我亦希見(현)於王이요 既見而退면 寒之者至라 謂左右佞諂順意者多라 譬諸萬物하면 何由得有萌牙生也리오

잘 자라는 草木이나 五穀을 파종하여 하루는 햇볕을 쬐어 따뜻하게 해주고 열흘은 그늘 속에 차갑게 두어 시들게 하면, 생물이 어떻게 제대로 살 수 있겠는가. 내가 왕을 매우 드물게 뵙는데, 뵙고 물러나면 차갑게 하는 자들이 이른다. 이는 왕의 주변에 아첨하고 영합하는 자들이 많다는 말이다. 만물에 비유하면, 어떻게 싹이 트게 할 수 있겠는가.

今夫弈(혁)之爲數가 **小數也**나 **不專心致志**면 **則不得也**라

지금 저 바둑이라는 技藝는 하찮은 技藝이지만, 마음을 집중하고 뜻을 다 바치지 않으면 터득할 수 없다.

【注】 弈은 博也니 或曰 圍棋라 論語에 曰 不有博弈者乎[1)]아하다 數는 技也라 雖小技나 不專心이면 則不得也라

1) 不有博弈者乎 : ≪論語≫ 〈陽貨〉에 "배불리 먹고 하루를 보내면서 마음을 쓰는 데가 없다면 〈어떠한 것도 이루기〉 어렵다. 박혁이라는 것이 있지 않은가. 그것이라도 하는 것이 안하는 것보다는 낫다.〔飽食終日 無所用心 難矣哉 不有博奕者乎 爲之猶賢乎已〕"라는 孔子의 말이 나온다.

弈은 博戲이니, 或者는 바둑〔圍棋〕이라고 한다. ≪論語≫에 "博奕이라는 것이 있지 아니한가."라는 말이 나온다. 數는 技藝이다. 비록 하찮은 技藝이지만, 마음을 집중하지 않으면 터득할 수 없다.

弈秋는 **通國之善弈者也**니 **使弈秋**로 **誨二人弈**이어든 **其一人**은 **專心致志**하여 **惟弈秋之爲聽**하고 **一人**은 **雖聽之**나 **一心**에 **以爲有鴻鵠將至**하고 **思援弓繳(작)而射(석)之**하면 **雖與之俱學**이라도 **弗若之矣**나니 **爲是其智弗若與**아 **曰 非然也**니라

奕秋는 全國에서 바둑을 잘 두는 사람이다. 奕秋로 하여금 두 사람에게 바둑을 가르치게 했다고 가정해보자. 그중 한 사람은 마음을 집중하고 뜻을 다 바쳐서 奕秋의 말만 듣고, 다른 한 사람은 그의 말을 듣기는 하지만 마음 한편에는 기러기와 고니가 날아오리라 예상하고 활과 주살을 당겨 쏘아 맞힐 생각을 하고 있다면, 비록 저 사람과 함께 똑같이 배우더라도 그보다 못하게 될 것이다. 이를

두고 이 사람의 지혜가 그보다 못하다고 할 수 있는가? 그렇지 않다고 하겠다."

【注】 有人名秋하니 通一國이 皆謂之善弈하여 曰弈秋라 使敎二人弈이어든 其一人은 惟秋所善而聽之하고 其一人은 志欲射鴻鵠이라 故不如也니 爲是謂其智不如也아 曰 非也라 以不致志也라 故齊王之不智도 亦若是라

秋라는 이름을 가진 사람이 있었는데, 全國의 사람들이 모두 그가 바둑을 잘 둔다고 하여 '奕秋'라고 불렀다. 그로 하여금 두 사람에게 바둑을 가르치게 했다고 가정했을 때, 그중 한 사람은 奕秋가 잘 가르쳐주는 것만을 듣고, 그 나머지 한 사람은 기러기와 고니를 쏘아 맞히는 것에 뜻을 두므로 다른 한 사람보다 나을 수 없다. 이를 두고 이 사람의 지혜가 다른 한 사람의 지혜보다 못하다고 할 수 있는가? 그렇지 않다. 뜻을 다 바치지 않았기 때문이다. 그러므로 齊나라 왕이 지혜롭지 못한 것도 이와 같은 경우이다.

【疏】 '孟子曰 無或'至'非然也' ○ 正義曰：此章言弈爲小數, 不精不能, 一人善之, 十人惡之, 雖竭其道, 何由能成者也.[1] '孟子曰 無或乎王之不智也'至'非然也' 孟子言時人無怪齊王之不智也, 以其孟子不輔佐之, 故云之此. 言雖有天下易(이)生之物, 如一日溫暖以暴之, 乃十日寒凍以殺之, 是以未有能生者也. 雖有能生之者, 然於我見之亦少矣. 我自輔佐齊王而退歸, 而奸佞諂諛齊王者至多矣. 然而我尙如有心欲使王萌而爲善, 是如之何哉. 孟子言之以此者, 蓋謂吾君不能者, 是謂賊其君者也[2], 所以言時人無或乎王之不智也, 當輔佐君爲之而已. 孟子輔佐齊王, 既退, 而奸佞之臣又陷君於爲惡, 故有激而云此也. 蓋天下易生之物, 譬齊王以爲善也. 一日暴之, 喩孟子一人輔之齊王也, 十日寒之, 喩奸佞臣之衆陷君於爲惡也. 陷君於爲惡者如是之衆, 則齊王所以不智也, 喩未有能生者也. 今夫譬之弈秋, 但爲技數雖小技, 如不專一其心, 致其篤志, 則亦不得精也. 是故弈人名秋者, 通一國皆稱爲善能弈者也, 使秋誨其二人弈, 其一人專心致志, 唯弈秋之言是聽, 一人雖聽之, 其一心以爲有鴻鵠之鳥將至, 乃思援弓繳矢而射(석)之, 雖與皆學夫弈秋, 然亦不若其專心致志者精矣. 爲是弗若之者, 非謂其智弗若也, 以其不專心致志而聽弈秋之誨故也. 此所以曰"爲是其智弗若與", 繼之曰"非然也", 言不然也. 孟子所以引爲比者, 蓋謂齊王如能專心致志, 惟賢者是聽, 則孰不與王爲善乎. 奈齊王不能專心致志, 惟賢是聽, 但爲奸臣之所諛佞. 所以如有鴻鵠將至,

思援弓繳矢而射之者, 故弗若彼之精, 而遂不爲善矣. 然則時人亦不可謂齊王不智, 特當輔之而已. 然旣輔之, 亦當齊王能專心致志聽從之, 然後可矣. 孟子所以旣退而尙如有萌焉, 奈何終輔之, 而齊王奸佞諂諛之衆而不能聽從爲善耳. 此故以弈秋喩已, 而以鴻鵠喩奸佞. 其一以爲有鴻鵠思援弓繳而射之, 喩齊王雖聽已之言, 然不專心致志, 惟在於鴻鵠耳.

1) 此章言弈爲小數……何由能成者也 : 北京大本에는 "이 장의 章指는 다음과 같다. 바둑이 하찮은 技藝지만 專一하지 않으면 잘할 수 없다. 한 사람이 잘하더라도 열 사람이 망쳐버리니 비록 온갖 방법을 다 쓰더라도 어떻게 지혜로울 수 있겠는가. ≪詩經≫ 〈大雅 文王〉에 '많은 훌륭한 인재들이 있으니 文王이 이 때문에 편안하시리라.'라고 하였으니, 이를 일컬은 것이다.〔此章指言弈爲小數 不精不能 一人善之 十人惡之 雖竭其道 何由智哉 詩云 濟濟多士 文王以寧 此之謂也〕"라고 하였다.

2) 吾君不能者 是謂賊其君者也 : ≪孟子≫ 〈離婁 上〉에 보인다.

經의 〔孟子曰 無或〕에서 〔非然也〕까지

○ 正義曰 : 이 장에서는 "바둑이 하찮은 技藝지만 專一하지 않으면 잘할 수 없다. 한 사람이 잘하더라도 열 사람이 망쳐버리니 비록 온갖 방법을 다 쓰더라도 어떻게 성공할 수 있겠는가."라고 말하였다.

〔孟子曰 無或乎王之不智也〕에서 〔非然也〕까지

맹자가 "지금 사람들은 齊나라 왕이 지혜롭지 못한 것을 괴이하게 여길 것이 없다." 라고 한 것이니, 맹자가 왕을 보좌하지 못했기 때문에 이렇게 말한 것이다. 또 "천하에 잘 자라는 生物이 있다 해도 만약 하루만 따듯하게 햇볕을 쬐어주고 이어 열흘은 차갑게 두어 시들게 하면 이렇게 하고도 제대로 자랄 생물이 없을 것이다. 비록 능히 자라는 생물이 있더라도, 내가 그런 경우를 본 것은 매우 적다. 내가 齊나라 왕을 보좌하고서 물러나 집으로 돌아오면, 齊나라 왕에게 간사하게 아첨하는 자들이 이르는 경우가 많다. 그러니 내가 오히려 마음속으로 왕으로 하여금 良心의 싹을 틔워 善을 행하게 하고자 해도 어찌할 수 있겠는가."라고 말한 것이다. 맹자가 이렇게 말한 것은, 대개 자신의 임금이 仁義를 행할 수 없다고 말하는 자를 두고 자기 임금을 해치는 자라고 일컫는 의미이니, 그래서 "지금 사람들은 왕이 지혜롭지 못한 것을 괴이하게 여길 것이 없다. 마땅히 왕이 제대로 할 수 있게 보좌할 뿐이다."라고 말한 것이다. 맹자가 齊나라 왕을 보좌하고서 물러난 뒤에 간사한 신하들이 다시 왕을 惡行에 빠뜨리므로 격앙되어 이렇게 말한 것이다.

천하의 잘 자라는 생물은 齊나라 왕이 善을 행하는 것을 비유한 것이다. 하루 햇볕을 쬐어주는 것은 맹자 한 사람이 齊나라 왕을 보좌하는 것을 비유한 것이고, 열흘 차갑게 하는 것은 간사한 신하의 무리가 임금을 惡行에 빠뜨리는 것을 비유한 것이다. 임금을 惡行에 빠뜨리는 자가 이와 같이 많은 것이 바로 제나라 왕이 지혜롭지 못한 까닭이니, 제대로 자랄 생물이 없는 것으로 이를 비유하였다.

여기서 奕秋에 비유한 것은, 단지 바둑이라는 技藝가 비록 하찮은 技藝이지만 그 마음을 專一하게 하여 독실한 뜻을 다 바치지 않는다면 또한 정밀해질 수 없기 때문이다. 그래서 이름이 秋인 바둑을 두는 사람은 온 나라 사람들이 모두 바둑을 잘 둔다고 칭찬하는 사람인데, 그 秋로 하여금 두 사람에게 바둑을 가르친다고 가정했을 때 그 중 한 사람은 마음을 집중하고 뜻을 다 바쳐서 혁추의 말만 듣고, 다른 한 사람은 奕秋의 말을 듣기는 하지만 마음 한편에는 기러기와 고니가 올 것이라 예상하고 활과 주살을 당겨 쏘아 맞힐 생각을 한다면, 비록 함께 똑같이 奕秋에게 배우더라도 또한 마음을 집중하고 뜻을 다 바쳐 배운 사람만큼 정밀하지 못할 것이다. 이를 두고 저 사람만 못하다고 하는 것은 지혜가 저 사람만 못하다고 하는 것이 아니니, 이 사람이 마음을 집중하고 뜻을 다 바쳐서 奕秋의 가르침을 듣지 않았기 때문이다. 이것이 "이를 두고 이 사람의 지혜가 그보다 못하다고 할 수 있는가."라고 말하고, 이어서 "그렇지 않다."라고 말한 까닭이니, 그렇지 않다는 의미이다.

맹자가 끌어다 비유로 삼은 것은, 대개 "齊나라 왕이 만약 마음을 집중하고 뜻을 다 바쳐서 賢者의 가르침을 듣는다면 누군들 왕과 함께 善을 행하지 않겠는가. 그런데 齊나라 왕은 마음을 집중하고 뜻을 다 바쳐 賢者의 가르침을 듣지 않고 단지 奸臣의 아첨에 빠졌다. 그래서 기러기와 고니가 오면 활과 주살을 당겨 쏘아 맞힐 것을 생각하는 사람과 같으므로 다른 사람의 정밀함만 못하여 마침내 善을 행하지 않게 되었던 것이다. 그렇다면 지금 사람들도 齊나라 왕이 지혜롭지 못하다고 말해서는 안 되며, 다만 잘 보좌해야 할 뿐이다. 그리고 이미 보좌했다면, 또한 齊나라 왕도 마음을 집중하고 뜻을 다 바쳐서 賢者의 가르침을 듣고 따를 수 있게 된 뒤에야 일이 옳게 될 것이다."라고 여겼기 때문이다. 맹자가 이미 물러났으니 오히려 良心의 싹이 트더라도 어떻게 끝내 보좌할 수 있겠는가. 그리고 齊나라 왕에게 간사하게 아첨하는 신하가 많아서 맹자의 가르침을 듣고 따라 善을 행할 수 없었다. 이런 까닭에 맹자가 奕秋로써 자신을 비유하고 기러기와 고니로써 奸臣들을 비유하였으며, 바둑을 배웠던 그 한 사람이 기러기와 고니가 올 것을 예상하고 활과 주살을 당겨 쏘아 맞힐 것을 생각한 일을 가지고 齊나라 왕이 비록 자신의 말을 듣기는 하지만 마음을 집중하고 뜻을 다 바치지 않은 채 오직 기러기와 고니를 쏘아 잡을 생각만 하는 것을 비유한 것이다.

【疏】 ○ 注'弈博也'至'不得也' ○ 正義曰：按陽貨論語第十七之篇云"不有博弈者乎", 而解弈爲博也. 說文(云作博)〔作簙〕[1], "局戲也. 六箸・十二棋也." 古者堯曾作博. 圍棋謂之弈. 說文"弈從(廾)〔廾〕[2]", 言(速)〔竦〕[3]兩手而執之. 棋者, 所執之子, 圍而相殺, 故謂之圍棋. 稱弈者, 又取其落弈之義也.

1) (云作博)〔作簙〕: 저본에는 '云作博'으로 되어 있으나, ≪說文解字≫와 ≪論語註疏≫에 의거하여 '作簙'으로 바로잡았다.

2) (廾)〔廾〕: 저본에는 '廾'으로 되어 있으나, ≪說文解字≫에 의거하여 '廾'으로 바로잡았다.

3) (速)〔竦〕: 저본에는 '速'으로 되어 있으나, ≪春秋左傳注疏≫ 孔穎達 疏와 ≪論語注疏≫ 邢昺 疏에 의거하여 '竦'으로 바로잡았다.

注의 〔弈博也〕에서 〔不得也〕까지

○ 正義曰：≪論語≫ 제17편 〈陽貨〉를 보면 "博奕이라는 것이 있지 않은가."라고 하여 弈을 博으로 풀이하였다. ≪說文解字≫에는 〈博이〉 '簙'으로 되어 있으니, "〈簙은〉 局戲이다. 6개의 대젓가락과 12개의 말〔棋〕이 있다."라고 하였다. 옛날 堯임금이 일찍이 博을 만들었다. 바둑을 '弈'이라고 한다. ≪說文解字≫에 "弈은 廾이 의미를 나타내는 부분이다."라고 하였는데, 두 손을 뻗어 잡는다는 의미이다. 棋라는 것은 손으로 잡는 말〔棋〕이니, 에워싸서 서로 죽이는 방식이므로 '圍棋'라고 부른다. '弈'이라고 칭하는 것은 또한 弈을 둔다는 의미를 취한 것이다.

【疏】 ○ 注'有人名秋 善弈' ○ 正義曰：按傳記有云"弈秋, 通國之善弈也, 有〔吹笙〕[1]過者, 止而聽之, 則弈敗, 笙汨之也." 又云"(疑)〔隸〕[2]首, 天下之善算也, 有鴻鵠過, 彎弧擬, 問以三五, 則不知, 鴻鵠亂之也." 是亦孟子之言與.

1) 〔吹笙〕: 저본에는 '吹笙' 두 글자가 없으나, 四庫全書本 및 ≪劉子≫ 〈專學〉에 의거하여 보충하였다.

2) (疑)〔隸〕: 저본에는 '疑'로 되어 있으나, 四庫全書本 및 ≪劉子≫ 〈專學〉에 의거하여 '隸'로 바로잡았다.

○ 注의 〔有人名秋 善弈〕

○ 正義曰 : 전해오는 기록을 보면 "奕秋는 전국에서 바둑을 잘 두는 사람이다. 〈그가 바둑을 둘 때에〉 笙簧을 불면서 지나가는 사람이 있었는데 〈奕秋가 바둑을〉 멈추고 그 음악을 듣다가 바둑을 졌다. 笙簧 소리가 마음을 어지럽혔기 때문이다."라고 하였고, 또 "隸首는 천하에서 算數를 잘하는 사람이다. 〈그가 숫자를 계산할 때에〉 기러기와 고니가 지나갔다. 〈隸首가〉 활을 당겨 겨누었을 때, 누군가 그에게 3 곱하기 5를 질문하자 무엇이라고 답해야 할 줄 몰랐다. 기러기와 고니가 마음을 어지럽혔기 때문이다."라고 하였으니, 이 또한 맹자가 말한 의미일 것이다.

10. 孟子曰 魚도 我所欲也며 熊掌도 亦我所欲也언마는 二者를 不可得兼인댄 舍魚而取熊掌者也로리라 生亦我所欲也며 義亦我所欲也언마는 二者를 不可得兼인댄 舍生而取義者也로리라

맹자가 말하였다. "물고기 요리도 내가 원하는 것이고 곰발바닥 요리도 내가 원하는 것이지만, 두 가지를 한꺼번에 얻을 수 없다면 물고기 요리를 포기하고 곰발바닥 요리를 선택할 것이다. 삶도 내가 원하는 것이고 義도 내가 원하는 것이지만, 이 두 가지를 한꺼번에 얻을 수 없다면 삶을 포기하고 의를 선택할 것이다.

【注】 熊掌은 熊蹯也니 以喩義요 魚以喩生也라

熊掌은 곰발바닥이니 義를 비유하였고, 물고기로는 삶을 비유하였다.

生亦我所欲이언마는 所欲이 有甚於生者라 故로 不爲苟得也하며 死亦我所惡(오)언마는 所惡가 有甚於死者라 故로 患有所不辟(피)也니라 如使人之所欲이 莫甚於生이면 則凡可以得生者를 何不用也며 使人之所惡가 莫甚於死者면 則凡可以辟患者를 何不爲也리오

삶도 내가 원하는 것이지만, 원하는 것 중에 삶보다 더 간절하게 원하는 것이 있기 때문에 구차하게 삶을 얻으려고 하지 않는 것이다. 죽음도 내가 싫어하는 것이지만, 싫어하는 것 중에 죽음보다 더 극심하게 싫어하는 것이 있기 때문에

죽음의 患難을 피하지 않는 경우도 있는 것이다. 만약 사람이 원하는 것 중에 삶보다 더 간절한 것이 없다면 삶을 얻을 수 있는 모든 방법을 어찌 다 쓰지 않겠으며, 만약 사람이 싫어하는 것 중에 죽음보다 더 극심한 것이 없다면 죽음의 患難을 피할 수 있는 모든 방법을 어찌 다 해보지 않겠는가.

【注】有甚於生者는 謂義也니 義者는 不可苟得이라 有甚於死者는 謂無義也니 不苟辟(피)患也라 莫甚於生이면 則苟利而求生矣요 莫甚於死면 則可辟患에 不擇善하고 何不爲耳리오

삶보다 더 간절하게 원하는 것이 있다는 것은 義를 이르니, 義라는 것은 구차하게 얻어서는 안 된다. 죽음보다 더 극심하게 싫어하는 것이 있다는 것은 義가 없음을 이르니, 患難을 구차하게 피해서는 안 된다. 삶보다 더 간절하게 원하는 것이 없다면 구차하게 이익을 탐하여 삶을 추구할 것이고, 죽음보다 더 극심하게 싫어하는 것이 없다면 죽음의 患難을 피함에 善을 가리지 않고 모든 방법을 어찌 다 해보지 않겠는가.

由是則生而有不用也하며 **由是則可以辟(피)患而有不爲也**니라 **是故**로 **所欲**이 **有甚於生者**하며 **所惡(오)**가 **有甚於死者**하니 **非獨賢者有是心也**라 **人皆有之**언마는 **賢者**는 **能勿喪耳**니라

이렇게 하면 살 수 있는데도 그 방법을 쓰지 않는 경우가 있고, 이렇게 하면 죽음을 피할 수 있는데도 그 방법을 행하지 않는 경우가 있다. 그러므로 원하는 것 중에 삶보다 더 간절하게 원하는 것이 있으며, 싫어하는 것 중에 죽음보다 더 극심하게 싫어하는 것이 있으니, 賢者만이 이런 마음을 가지고 있는 것은 아니다. 사람은 누구나 이 마음을 지니고 있지만, 賢者는 능히 이 마음을 잃지 않을 뿐이다.

【注】有不用은 不用苟生也요 有不爲는 不爲苟惡而辟(피)患也라 有甚於生은 義甚於生也요 有甚於死는 惡(오)甚於死也라 凡人皆有是心이언마는 賢者는 能勿喪亡之也라

방법을 쓰지 않는 경우가 있다는 것은 구차하게 살려는 방법을 쓰지 않는다는 것이고, 방법을 행하지 않는 경우가 있다는 것은 구차하게 惡을 행하여 患難을 피하는 짓을 하지 않는다는 것이다. 삶보다 더 간절하게 원하는 것이 있다는 것은 義가 삶보다

더 간절하게 원하는 것이라는 의미이고, 죽음보다 더 극심하게 싫어하는 것이 있다는 것은 〈義가 없음을〉 싫어하는 것이 죽음보다 더 극심하다는 의미이다. 보통 사람도 다 이 마음을 지니고 있지만, 賢者는 능히 이 마음을 잃지 않는 것이다.

一簞食(사)와 **一豆羹**(갱)을 **得之則生**하고 **弗得則死**라도 **嘑**(호)**爾而與之**면 **行道之人**도 **弗受**하며 **蹴爾而與之**면 **乞人**도 **不屑也**니라

밥 한 그릇과 국 한 사발을 얻어먹으면 살고 얻어먹지 못하면 죽는 상황이라도, 호통을 치면서 주면 길 가는 사람도 받지 않으며, 발로 차서 주면 구걸하는 사람도 깨끗하게 여기지 않는다.

【注】 人之餓者가 得此一器食면 可以生이요 不得則死라 嘑爾는 猶呼爾니 咄啐之貌也라 行道之人은 凡人이니 以其賤己라 故로 不肯受也라 蹴은 蹋(답)也라 以足踐蹋與之면 乞人도 不潔之요 亦由其小라 故로 輕而不受也라

굶주리는 사람이 이 밥 한 그릇을 얻어먹으면 살 수 있고 얻어먹지 못하면 죽는 것이다. 嘑爾는 呼爾와 같으니, 호통치는 모양이다. 길 가는 사람은 보통 사람이니, 자기를 천하게 대하는 까닭에 받으려고 하지 않는 것이다. 蹴은 '발로 참'이다. 발로 밟고 차서 주면 乞人도 깨끗하게 여기지 않으며, 또한 〈밥 한 그릇과 국 한 사발은〉 하찮은 것이므로 가볍게 여겨 받지 않는다.

萬鍾則不辯禮義而受之하나니 **萬鍾**이 **於我何加焉**이리오 **爲宮室之美**와 **妻妾之奉**과 **所識窮乏者得我與**인저

그런데 萬鍾의 祿은 禮義廉恥를 따지지 않고 받으니, 萬鍾의 祿이 자신에게 무슨 보탬이 되겠는가. 집을 아름답게 꾸미고 妻妾을 먹여 살리고 자신이 아는 궁핍한 사람들이 자신이 베푸는 은혜를 입도록 하기 위해서이리라.

【注】 言一簞食(사)則貴禮하고 至於萬鍾則不復辯別有禮義與不(부)하니-鍾은 量器也라- 萬鍾이 於己身何加益哉리오 己身不能獨食萬鍾也니 豈不爲廣美宮室과 供奉妻妾과 施與所知之人窮乏者也아

'밥 한 그릇의 경우에는 禮를 귀중하게 여기고, 萬鍾의 경우에는 禮義廉恥의 與否를 다시 변별하지 않으니,-鍾은 量을 재는 容器이다.- 萬鍾의 祿이 자신에게 무슨 보탬이 되겠는가. 자신이 萬鍾의 祿을 혼자 먹을 수 없으니, 집을 넓혀 아름답게 꾸미고 妻妾을 먹여 살리고 자신이 아는 궁핍한 사람들에게 베풀기 위함이 아니겠는가.'라는 말이다.

鄕爲身엔 **死而不受**라가 **今爲宮室之美**하여 **爲之**하며 **鄕爲身**엔 **死而不受**라가 **今爲妻妾之奉**하여 **爲之**하며 **鄕爲身**엔 **死而不受**라가 **今爲所識窮乏者得我而爲之**하나니 **是亦不可以已乎**아 **此之謂失其本心**이니라

지난날에 자신을 위해서는 죽어도 받지 않다가 지금 집을 아름답게 꾸미기 위해서는 받으며, 지난날에 자신을 위해서는 죽어도 받지 않다가 지금 妻妾을 먹여 살리기 위해서는 받으며, 지난날에 자신을 위해서는 죽어도 받지 않다가 지금 자신이 알고 있는 궁핍한 사람들이 자신의 은혜를 입도록 하기 위해서는 받으니, 이 또한 그만둘 수는 없는 것인가? 이를 두고 그 本心을 잃었다고 하는 것이다."

【注】鄕者엔 不得簞食而食則身死라도 尙不受也라가 今爲此三者爲之하니 是不亦可以止乎아 所謂失其本心者也라

지난날에는 밥 한 그릇을 얻어먹지 못하면 자신이 죽더라도 오히려 받지 않다가 지금은 이 세 가지를 위해 받으니, 이 또한 그만둘 수 없는 것인가? 이것이 이른바 본심을 잃었다고 하는 것이다.

【疏】'孟子曰 魚'至'失其本心' ○ 正義曰：此章言舍生取義, 義之大者也. 簞食・萬鍾, 用有輕重, 縱彼納此, 蓋違其本. 凡人皆然, 君子則否, 所以殊也. '孟子曰 魚我所欲也'至'失其本心'者, 孟子言魚之爲味, 我之所欲者也, 熊蹯之味, 亦我所欲者也. 然而魚與熊蹯, 二者不可兼得, 但舍去其魚而取熊蹯也. 以其熊蹯之味又有美於魚也. 魚在水之物, 熊蹯在山之物, 欲在水, 不可兼得於在山者, 在山又不可兼得於在水者, 故爲二者不可兼得也. 魚所以喩生也, 熊蹯所以喩義, 故曰"生亦我所欲也, 義亦我所欲也, 然而生與義二者亦不可兼得之, 但舍生而取義也. 以其義又有勝於生也." 如勇士

不忘喪其元, 志士不忘在溝壑,[1] 有殺身以成仁,[2] 是皆以義有勝於死也, 是舍生而取義也. 然而生亦爲我心之所欲, 其以所欲有甚於生者, 故不爲苟得也. 死亦爲我心之所惡(오)疾者, 其以所惡有甚於死者, 故患禍有所不逃辟(피)也. 如令人之所欲者無有甚於生, 則凡可以得生者, 何不用而行之也, 令人之惡者無有甚於死者, 則凡可以辟患者, 何不擇而爲之也. 蓋可以得生, 可以辟患者, 皆是不義也. 故不爲苟得, 故患有所不辟也者, 是皆有義也. 由此言之, 則生而有不用也, 是不苟生也, 則可以辟患而有不爲也, 是不苟爲惡以辟患也. 如此, 故所欲有甚於生, 所惡者有甚於死. 非獨賢者有此心也, 人皆有此心也, 但賢人能常存之而勿喪亡之耳. 蓋所欲有甚於生者, 是義也, 所惡有甚於死者, 是不義也. 且以一簞所盛之食, 一豆所盛之羹, 得而食之者, 則養其生, 不得此而食者, 則餓而死, 然而嘑爾叱咄而與之, 雖行道塗之中凡人, 且不肯受而食之也, 如蹴爾踐蹋而與之, 雖乞丐之賤人, 且以爲不潔而不肯受而食也. 言萬鍾之祿, 則不(貴)〔責〕[3]辨禮義而受之者, 雖萬鍾之多, 然於我何足爲益焉. 於我何益, 以其己身不能獨食之也. 己不能獨食, 則爲宮室之廣美, 供奉妻妾, 施與所知之人窮乏者而已. 如是, 則鄕日不得簞食豆羹則身死尙不受, 今乃爲宮室廣美供奉妻妾與施所知之人窮乏者而受, 爲之如此, 是亦不可以止乎. 言此可以止而不止者也, 是謂失其本心者矣, 是忘其義者矣. 故本心卽義也, 所謂賢者但能勿喪亡此本心耳.

1) 勇士不忘喪其元 志士不忘在溝壑 : 본서 〈滕文公 下〉 제1장에 나온다.
2) 有殺身以成仁 : ≪論語≫ 〈衛靈公〉에 "志士와 仁人은 살기 위하여 仁을 해치는 일은 없고, 자신을 희생하여 仁을 이루는 경우는 있다.〔志士仁人無求生以害仁 有殺身以成仁〕"라는 孔子의 말이 나온다.
3) (貴)〔責〕 : 저본에는 '貴'로 되어 있으나, 四庫全書本에 의거하여 '責'으로 바로잡았다.

經의 〔孟子曰 魚〕에서 〔失其本心〕까지

○ 正義曰 : 이 장에서는 "삶을 포기하고 義를 선택하는 것이 義 가운데 큰 것이다. 밥 한 그릇과 萬鍾의 祿을 수용함에 있어 輕重을 두어 저것은 버리고 이것은 받아들이니, 이는 근본을 어기는 것이다. 보통 사람은 다 그러하지만 君子는 그렇지 않으니, 〈君子가 보통 사람과〉 다른 까닭이다."라고 말하였다.

〔孟子曰 魚我所欲也〕에서 〔失其本心〕까지

맹자가 "물고기 요리도 내가 원하는 것이고 곰발바닥 요리도 내가 원하는 것이다. 하지만 물고기 요리와 곰발바닥 요리 두 가지를 한꺼번에 얻을 수 없다면, 다만 물고기 요리를 포기하고 곰발바닥 요리를 신택할 것이다. 곰발바닥 요리가 물고기 요리보다 더 맛있기 때문이다."라고 말한 것이다. 물고기는 물에서 나는 것이고, 곰발바닥은 산에서 나는 것이니, 물에서 나는 것을 원하면 산에서 나는 것까지 한꺼번에 얻을 수 없고, 산에서 나는 것을 원하면 또한 물에서 나는 것까지 한꺼번에 얻을 수 없다. 그러므로 두 가지를 한꺼번에 얻을 수 없는 것이다.

물고기는 삶을 비유하는 것이고 곰발바닥은 의를 비유하는 것이다. 그러므로 "삶도 내가 원하는 것이고 義도 내가 원하는 것이다. 하지만 삶과 義 두 가지를 또한 한꺼번에 얻을 수 없다면 다만 삶을 포기하고 義를 선택할 것이다. 의가 삶보다 더 낫기 때문이다."라고 말한 것이다. "勇士는 자기 머리가 달아날 수 있음을 잊지 않고, 志士는 자기 시신이 도랑이나 골짜기에 버려질 수 있음을 잊지 않는다."라는 말과 "〈志士와 仁人은〉 자신을 희생하여 仁을 이루는 경우가 있다."라는 말은 모두 義가 죽음보다 낫다는 것이니, 삶을 포기하고 義를 선택하는 경우이다.

하지만 삶도 내 마음에 원하는 것이지만, 원하는 것 중에 삶보다 더 간절하게 원하는 것이 있기 때문에 구차하게 삶을 얻으려고 하지 않는 것이다. 죽음도 내 마음에 싫어하는 것이지만, 싫어하는 것 중에 죽음보다 더 극심하게 싫어하는 것이 있기 때문에 죽음의 患難을 피하지 않는 경우가 있는 것이다. 가령 사람이 원하는 것 중에 삶보다 더 간절한 것이 없다면 삶을 얻을 수 있는 모든 방법을 어찌 다 쓰고 행하지 않겠으며, 가령 사람이 싫어하는 것 중에 죽음보다 더 극심한 것이 없다면 죽음의 患難을 피할 수 있는 모든 방법을 어찌 다 택하여 하지 않겠는가. 삶을 얻을 수 있는 방법과 죽음의 환난을 피할 수 있는 방법은 모두 不義한 것이다. 그러므로 삶을 구차하게 얻지 않는 것이며, 환난을 피하지 않는 경우가 있는 것이니, 이것은 모두 義가 있는 것이다.

이것을 바탕으로 말한다면, 살 수 있는데도 그 방법을 쓰지 않는 경우가 있으니 구차하게 살려고 하지 않는 것이며, 죽음을 피할 수 있는데도 그 방법을 행하지 않는 경우가 있으니 구차하게 惡을 행하여 患難을 피하지 않는 것이다. 이런 까닭에 원하는 것 중에 삶보다 더 간절하게 원하는 것이 있으며, 싫어하는 것 중에 죽음보다 더 극심하게 싫어하는 것이 있다. 賢者만이 이런 마음을 가지고 있는 것은 아니다. 사람은 다 이 마음을 지니고 있지만, 賢者는 능히 항상 이 마음을 보존하여 잃지 않을 뿐이다. 원하는 것에 삶보다 더 간절하게 원하는 것이 있다는 것은 義를 가리키고, 싫어하는 것에 죽음보다 더 극심하게 싫어하는 것이 있다는 것은 不義를 가리킨다.

또 한 그릇에 담긴 밥과 한 사발에 담긴 국을 얻어먹으면 삶을 영위할 수 있고 이것을 얻어먹지 못하면 굶어 죽는 상황이지만, 호통치면서 준다면 비록 길 가는 보통 사람조차도 기꺼이 받아서 먹으려고 하지 않을 것이며, 발로 차고 짓밟아서 준다면 비록 구걸하는 천한 사람조차도 불결하게 여겨 기꺼이 받아서 먹으려고 하지 않을 것이다.

다음과 같은 내용이다. 萬鍾의 祿이라면 禮義廉恥를 따지지 않고 받는 사람이 비록 萬鍾의 많은 祿을 받더라도 자신에게 무슨 보탬이 되겠는가. 자신에게 무슨 보탬이 되겠느냐고 하는 것은 자신이 만종의 녹을 혼자 먹을 수 없기 때문이다. 자신이 혼자 먹을 수 없다면, 집을 넓혀 아름답게 꾸미고 妻妾을 먹여 살리고 자신이 아는 궁핍한 사람에게 은혜를 베풀기 위한 것일 뿐이다. 이와 같으니, 지난날에 밥 한 그릇과 국 한 사발을 얻어먹지 못하면 죽는 상황에서도 오히려 받지 않다가 지금 집을 넓혀 아름답게 꾸미고 妻妾을 먹여 살리고 자신이 아는 궁핍한 사람들에게 은혜를 베풀기 위해서는 받는다. 〈萬鍾을〉 받는 것이 이러한데, 이 또한 그만둘 수 없는 것인가. 이는 그만둘 수 있는데도 그만두지 않는 자를 말하는 것이다. 이런 사람을 本心을 잃은 자라고 하는 것이니, 義를 망각한 자이다. 그러므로 本心이 바로 義인 것이며, "賢者는 단지 이 本心을 능히 잃지 않은 것일 뿐이다."라고 하는 것이다.

【疏】 ○ 注'熊蹯' ○ 正義曰：按史記世家云 "宰夫胹(이)熊蹯(번)不熟, 晉靈公怒而殺之", 裴駰注云 "服虔曰 '蹯, 熊掌, 其肉難熟.'"

○ 注의 〔熊蹯〕

○ 正義曰：≪史記≫ 〈晉世家〉를 보면 "요리사가 곰발바닥을 삶았는데 제대로 익지 않자 晉 靈公이 노하여 그를 죽였다."라고 하였는데, 裴駰 注에 "服虔이 말하기를 '蹯은 곰발바닥이니, 그 고기는 익히기 어렵다.' 하였다."라고 하였다.

【疏】 ○ 注'鍾 量器也' ○ 正義曰：齊大夫晏子云, 已說在梁惠篇.[1)]

1) 齊大夫晏子云 已說在梁惠篇 : 본서 〈梁惠王 上〉 1장의 疏에서 "齊나라는 예로부터 네 종류의 도량, 즉 豆·區·釜·鍾이 있다. 4升이 1豆가 되고 4豆가 1區가 되고 4區가 1釜가 되며, 10釜가 1鍾이 된다.〔齊舊四量 豆區釜鍾 四升爲豆 四豆爲區 四區爲釜 釜十爲鍾〕"라는 晏子의 말을 인용한 것을 가리킨다.

○ 注의 〔鍾 量器也〕

○ 正義曰：齊나라 大夫 晏子가 말한 것은 〈梁惠王〉편에 이미 설명하였다.

11. 孟子曰 仁은 **人心也**요 **義**는 **人路也**니라 **舍其路而弗由**하며 **放其心而不知求**하나니 **哀哉**라

맹자가 말하였다. "仁은 사람의 마음이고, 義는 사람의 길이다. 그 길을 버려두고 가지 않으며, 그 마음을 잃어버리고 찾을 줄 모르니, 가련하도다.

【注】 不行仁義者는 不由路하며 不求心者也니 可哀憫哉라

仁과 義를 행하지 않는 자는 길을 따라 가지 않는 자이고 마음을 찾지 않는 자이니, 가련하도다.

人有雞犬放則知求之호되 **有放心而不知求**하나니 **學問之道**는 **無他**라 **求其放心而已矣**니라

사람들은 닭이나 개를 잃어버리면 찾을 줄 알면서 마음을 잃어버리고는 찾을 줄을 모른다. 學問의 道는 다른 것이 아니다. 잃어버린 마음을 찾는 것일 뿐이다."

【注】 人知求雞犬호되 莫知求其心者는 惑也라 學問은 所以求之矣라

사람들은 닭이나 개를 찾을 줄 알면서 마음을 찾을 줄은 모르니, 미혹한 것이다. 학문은 마음을 찾는 것이다.

【疏】 '孟子曰'至'而已矣' ○ 正義曰：此章言由路求心, 爲得其本, 追逐雞犬, 務其末也, 學以求之詳矣. '孟子曰'至'而已矣'者, 孟子言仁者是人之心也, 是人人皆有之者也, 義者是人之路也, 是人人皆得而行之者也. 今有人乃舍去其路而不行, 放散其心而不知求之者, 可哀憫哉. 且人有雞犬放之, 則能求追逐之, 有心放離之, 而不求追復. 然而學問之道無他焉, 但求其放心而已矣. 能求放心, 則仁義存矣, 以其人之所以學問者, 亦以精此仁義也.

經의 〔孟子曰〕에서 〔而已矣〕까지

○ 正義曰：이 장에서는 길을 따라 가고 마음을 찾는 것은 근본을 터득하는 것이고, 닭이나 개를 좇는 것은 말단에 힘쓰는 것이니, 배워서 찾기를 자세히 해야 함을 말하였다.

〔孟子曰〕에서 〔而已矣〕까지

맹자가 다음과 같이 말한 것이다. 仁이라는 것은 사람의 마음이니 사람마다 다 지니고 있는 것이고, 義라는 것은 사람의 길이니 사람마다 다 갈 수 있는 것이다. 지금 사람들은 그 길을 버려두고 가지 않고 그 마음을 잃어버리고 찾을 줄 모르니, 가련하도다. 또 사람들은 닭이나 개를 잃어버리면 능히 그것을 찾으러 좇아가지만, 마음을 잃어버리고는 찾아서 회복하지 않는다. 그런데 學問의 道는 다른 것이 아니라, 단지 잃어버린 마음을 찾는 것일 뿐이다. 잃어버린 마음을 제대로 찾을 수 있다면 仁과 義가 존속할 것이니, 사람이 學問을 하는 까닭도 이러한 仁과 義를 純粹하게 하려는 것이기 때문이다.

12. 孟子曰 今有無名之指屈而不信이 非疾痛害事也언마는 如有能信之者면 則不遠秦楚之路하나니 爲指之不若人也니라

맹자가 말하였다. "지금 어떤 사람이 無名指가 구부러져 펴지지 않는다고 가정하자. 그것이 아프거나 일에 방해가 되는 것은 아니지만, 만약 그 無名指를 펴줄 수 있는 사람이 있다면 秦나라나 楚나라로 가는 길도 멀다고 여기지 않고 〈달려갈〉 것이니, 그것은 손가락이 남과 같지 않기 때문이다.

【注】 無名之指는 手之第四指也라 蓋以其餘指皆有名이요 無名指者는 非手之用指也라 雖不疾痛妨害於事나 猶欲信之하여 不遠秦楚하니 爲指之不若人故也라

無名指는 손에서 네 번째 손가락이다. 이는 나머지 손가락에는 모두 이름이 있고, 無名指는 손에서 사용하는 손가락이 아니기 때문이다. 비록 아프거나 일에 방해가 되는 것은 아니지만, 그래도 펴고자 하여 秦나라나 楚나라도 멀다 여기지 않고 〈달려가니,〉 손가락이 남과 같지 않기 때문이다.

指不若人이면 則知惡(오)之호되 心不若人이면 則不知惡하나니 此之謂不知類[1]也니라

1) 類 : 趙岐는 '類'를 '일〔事〕'로 풀이하였고, 朱熹는 '輕重의 等級〔輕重之等〕'이라고 풀이하였다.

손가락이 남과 같지 않은 것은 싫어할 줄 알면서 마음이 남과 같지 않은 것은 싫어할 줄 모르니, 이것을 두고 '事理를 모른다.'라고 일컫는다."

【注】心不若人이 可惡之大者也어늘 而反惡指라 故曰 不知其類也라 類는 事也라

마음이 남과 같지 않은 것이 싫어할 만한 일 가운데 큰 것인데, 도리어 손가락이 〈남과 같지 않은 것을〉 싫어한다. 그러므로 "사리를 모른다."라고 하는 것이다. 類는 事理이다.

【疏】'孟子曰'至'不知類也' ○ 正義曰：此章言舍大惡小, 不知其要, 憂指忘心, 不卽於道. 是以君子惡之者也. '孟子曰'至'此之謂不知類也', 孟子言今人有第四指爲無名之指屈而不信, 且非疾痛有妨害於爲事也, 如有人能信者, 則不遠秦・楚之路而求信之, 以爲惡(오)其指之不若人也. 且以無名之指爲無用之指, 則恥惡之不若人, 其心不若人, 則不知恥惡之, 是之謂爲不知其類者也. 荀子云 "相形不如論心[1)]", 同其意也. 蓋云秦・楚者, 以其秦・楚相去最爲遠者也, 故取爲已言, 指屈尙不遠秦・楚之路而求信, 況心卽在於已爲最近者也, 尙不能求之耶. 此孟子所以爲不知類者也.

1) 相形不如論心：≪荀子≫ 〈非相〉에 "생김새를 살피는 것은 마음을 논하느니만 못하고, 마음을 논하는 것은 방법을 잘 가려 쓰는 것만 못하다.〔相形不如論心 論心不如擇術〕"라는 말이 나온다.

經의 〔孟子曰〕에서 〔不知類也〕까지

○ 正義曰：이 장에서는 "중대한 것은 버려두고 사소한 것은 싫어하는 것은 요체를 모르는 것이며, 손가락은 근심하고 마음은 망각하는 것은 道에 나아가지 못하는 것이다. 이런 까닭에 君子가 미워하는 것이다."라고 말하였다.

〔孟子曰〕에서 〔此之謂不知類也〕까지

맹자가 "지금 어떤 사람이 네 번째 손가락인 無名指가 구부러져 펴지지 않는데, 그것이 아프거나 일을 하는 데에 방해가 되는 것은 아니지만, 만약 그 無名指를 펴줄 수 있는 사람이 있다면 秦나라나 楚나라로 가는 길도 멀다고 여기지 않고 가서 펴려고 할 것이니, 그것은 손가락이 남과 같지 않은 것을 싫어하기 때문이다. 그런데 쓸모없는 손가락인 無名指가 남과 같지 않은 것은 부끄러워하고 싫어하면서, 마음이 남과 같지 않은 것은 부끄러워하고 싫어할 줄 모르니, 이것을 두고 '事理를 모른다.'라고 일컫

는다."라고 말한 것이다. ≪荀子≫에서 "생김새를 살피는 것은 마음을 논하느니만 못하다."라고 한 것과 의미가 같다. '秦나라나 楚나라'라고 한 것은 秦나라와 楚나라는 서로의 거리가 가장 멀기 때문이다. 그러므로 취하여 자기 말로 삼아 "손가락이 구부러진 경우조차도 秦나라나 楚나라로 가는 길도 멀다 여기지 않고 〈달려가〉 손가락을 펴려고 하는데, 더구나 마음은 자신에 있어 가장 가까운 것인데 오히려 찾지를 않는단 말인가."라고 한 것이다. 이것이 맹자가 "사리를 모른다."라고 여긴 까닭이다.

13. 孟子曰 拱把之桐梓를 人苟欲生之인댄 皆知所以養之者로되 至於身하여는 而不知所以養之者하나니 豈愛身이 不若桐梓哉리오 弗思甚也일새니라

맹자가 말하였다. "두 손을 합해 파지하거나 한 손으로 파지할 정도 둘레의 오동나무나 가래나무를 사람들이 키우려고 할 때에는 모두들 기르는 방법을 알고 있으면서, 자기 몸에 대해서는 기르는 방법을 모르고 있으니, 어찌 자기 몸을 사랑하는 것이 오동나무나 가래나무만 못해서이겠는가. 생각하지 않음이 심하기 때문이다."

桐(오동나무)

梓(가래나무)

【注】拱은 合兩手也요 把는 以一手把之也라 桐梓는 皆木名也라 人皆知灌漑而養之로되 至於養身之道하여는 當以仁義而不知用하니 豈於身不若桐梓哉리오 不思之甚者也니 宜孟子有是以言之歟인저

拱은 두 손을 합한 것이고, 把는 한 손으로 파지한 것이다. 桐과 梓는 모두 나무 이름이다. 사람은 모두들 물을 대어 나무를 키울 줄은 알면서 자기 몸을 기르는 방법에 있어서는 마땅히 仁과 義를 써야 하는데도 쓸 줄 모르니, 어찌 몸에 대한 사랑이 오동나무와 가래나무만 못해서이겠는가. 생각하지 않음이 심하기 때문이니, 맹자가 이렇게 말하는 것도 당연하다.

【疏】'孟子'至'甚也' ○ 正義曰：此章言莫知養身而養其樹木, 失事違務, 不得所急, 所以誡未達者也. 孟子言桐・梓之木, 方於可拱把之時, 人誠欲其生長, 皆知所以灌漑而養之者. 至於己之身, 而不知以仁義之道養之者, 豈人之愛保其身反不若桐・梓之爲急哉. 但人弗思忖之而已, 故以甚者也, 宜誡之以此.

經의 〔孟子〕에서 〔甚也〕까지

○ 正義曰 : 이 장에서는 자기 몸은 기를 줄 모르면서 나무를 기르는 것은 잘못된 일이고 급선무가 될 수 없으므로 깨닫지 못한 자를 훈계하였음을 말하였다.

맹자가 다음과 같이 말한 것이다. 오동나무나 가래나무가 이제 막 두 손을 합해 파지하거나 한 손으로 파지할 정도 되었을 때에는 사람들이 정말 생장시키고자 하여 모두들 물을 대어 기를 줄 안다. 그런데 자기 몸에 있어서는 仁義의 道로 기를 줄 모르니, 사람이 자기 몸을 사랑하는 것이 도리어 오동나무나 가래나무를 절실하게 사랑하는 것만 못해서이겠는가. 다만 사람들이 생각하지 않았기 때문에 심하게 된 것이니, 이렇게 훈계하는 것이 당연하다.

14. 孟子曰 人之於身也에 兼所愛니 兼所愛면 則兼所養也라 無尺寸之膚를 不愛焉이면 則無尺寸之膚를 不養也니

맹자가 말하였다. "사람은 자기 몸에 대해서는 다 사랑하니, 다 사랑하면 다 돌본다. 한 자나 한 치의 피부도 사랑하지 않는 부분이 없으면, 한 자나 한 치의 피부도 돌보지 않는 부분이 없다.

【注】人之所愛則養之하니 於身也에 一尺一寸之膚라도 養相及也라

사람은 사랑하는 것이라면 돌보니, 자기 몸에 대해서는 한 자나 한 치의 피부라도 돌봄이 미치는 것이다.

所以考其善不善者는 豈有他哉리오 於己에 取之而已矣니라

그 사람이 善한지 不善한지를 살피려면 어찌 다른 방법이 있겠는가. 자신에게서 무엇을 취하여 돌보는지를 살펴보는 것뿐이다.

【注】考知其善否는 皆在己之所養也라

그 사람이 善한지 與否를 살펴서 아는 것은 모두 자신이 돌보는 것이 무엇인지에 달려 있다.

體有貴賤하며 有小大하니 無以小害大하며 無以賤害貴라 養其小者爲小人이요 養其大者爲大人이니라

몸에는 귀한 것과 천한 것이 있고 작은 것과 큰 것이 있으니, 작은 것 때문에 큰 것을 해쳐서는 안 되고 천한 것 때문에 귀한 것을 해쳐서는 안 된다. 작은 것을 돌보는 자는 小人이 되고, 큰 것을 돌보는 자는 大人이 된다.

【注】養小則害大하고 養賤則害貴라 小는 口腹也요 大는 心志也라 頭頸은 貴者也요 指拇는 賤者也니 不可舍貴養賤也라 務口腹者는 爲小人하고 治心志者는 爲大人이라

작은 것을 돌보면 큰 것을 해치고, 천한 것을 돌보면 귀한 것을 해치게 된다. 작은 것은 입과 배이고, 큰 것은 마음과 뜻이다. 머리와 목은 귀한 것이고, 손가락은 천한 것이니, 귀한 것을 버려두고 천한 것을 돌보아서는 안 된다. 입과 배의 욕구에 힘쓰는 사람은 小人이 되고, 마음과 뜻을 다스리는 사람은 大人이 된다.

今有場師舍其梧檟하고 養其樲棘하면 則爲賤場師焉이니라

지금 어떤 정원사가 오동나무와 가래나무를 버려두고 멧대추나무를 돌본다면 형편없는 정원사가 되는 것이다.

【注】場師는 治場圃者라 場以治穀이요 圃는 園也라 梧는 桐이요 檟는 梓니 皆木名이라 樲棘은 小棘이니 所謂酸棗也라 言此以喩人舍大養小라 故曰 賤場師也라

場師는 場圃를 가꾸는 사람이다. 場을 두어 곡식을 가꾸고 圃는 정원이다. 梧는 오동나무이고 檟는 가래나무이니, 모두 나무 이름이다. 樲棘은 小棘이니, 이른바 酸棗(멧대추나무)이다. 이것을 말하여 사람이 큰 것을 버려두고 작은 것을 돌보는 것을 비유하였다. 그러므로 '형편없는 정원사'라고 말한 것이다.

養其一指하고 而失其肩背而不知也면 則爲狼疾人也니라

손가락 하나는 돌보면서 어깨와 등이 병들어 잃게 되었는데도 모른다면, 이는 어리석은 사람이다.

【注】謂醫養人疾에 治其一指하고 而不知其肩背之有疾하여 以至於害之면 此爲狼藉亂不知治疾之人也라

남의 질병을 치료하고 돌볼 적에 손가락 하나는 치료하면서 어깨와 등이 병든 줄은 몰라서 몸을 해치는 지경에 이른다면, 이는 어리석고 혼몽하여 병을 치료할 줄 모르는 사람이라는 것을 말한 것이다.

飮食之人을 則人賤之矣나니 爲其養小以失大也니라 飮食之人이 無有失也면 則口腹이 豈適爲尺寸之膚哉리오

음식만 밝히는 사람을 사람들이 천하게 여기니, 작은 것을 돌보느라 큰 것을 잃어버리기 때문이다. 음식을 밝히는 사람이라도 만약 〈큰 것을〉 잃는 일이 없다면, 입과 배의 욕구를 채우는 것이 어찌 단지 한 자나 한 치의 피부만을 위한 것일 뿐이겠는가."

【注】飮食之人을 人所〔以〕[1]賤之者는 爲其養口腹而失道德耳라 如使不失道德하고 存仁義以往이면 不嫌於養口腹也라 故曰 口腹豈但爲肥長尺寸之膚哉리오하니 亦以懷其道德也라

1) 〔以〕: 저본에는 '以'가 없으나, 岳本·孔本·韓本·考文古本·足利本에 의거하여 보충하였다.(阮元의 〈校勘記〉 참조)

음식만 밝히는 사람을 사람들이 천하게 여기는 까닭은 입과 배의 욕구를 채우느라 道德을 잃어버리기 때문이다. 만약 道德을 잃지 않아 仁義를 존속하여 나아간다면 입과 배의 욕구를 채우는 것을 미워하지 않을 것이다. 그러므로 "입과 배의 욕구를 채우는 것이 어찌 다만 한 자나 한 치의 피부만을 살찌우는 것일 뿐이겠는가."라고 하였으니, 또한 道德을 마음에 품고 있기 때문이다.

【疏】'孟子曰 人之於身'至'膚哉' ○正義曰：此章言養其行, 治其正, 俱用智力, 善惡相厲, 是以君子居處思義, 飮食思禮者也. '孟子曰 人之於身也'至'於己取之而已矣', 孟子言"人之於一身也, 無有所不愛也, 以其兼愛之矣. 兼所愛, 則必兼有所養也. 是則一身之中, 無有一尺一寸之肌膚不愛焉, 則亦無有一尺一寸之肌膚不養之也. 以其兼所愛, 必兼所養而已. 然而所以考究其有善其有不善者, 亦豈有他爲哉. 但亦於一己自取之而已矣." 所謂頤其大體, 則爲大人, 從其小體, 則爲小人, 豈非己自取之謂乎. 蓋孟子但云'尺寸之膚'者, 則心在乎中, 又有居待而言者也. 且心爲一身之君, 所謂心爲天君者也. 荀子云"心居中虛, 以治五官."[1] 此之謂也. 言人旣愛尺寸之膚, 雖心亦在所愛焉, 旣養尺寸之膚, 雖心亦在所養焉. 所謂愛養心者, 亦以仁義之道愛養之而已. 人之心, 由人所趨向如何耳, 故曰"所以考其善不善, 於己取之而已矣." '體有貴賤'至'尺寸之膚哉', 孟子又言"人體有貴亦有賤, 有小亦有大. 於人之一身." 合而言之則謂之體, 自體而言之, 又有耳・目・口・鼻・形・心者也. 以貴大, 則心爲一體之貴者大者, 以賤小, 則耳・目・口・鼻・形爲一體之賤者小者. 言人之於一體, 不可務愛養其賤者小者, 以害其貴者大者也. 如養其小者, 則爲之小人, 養其大者, 則爲之大人. 以其耳・目・口・鼻・形五者所好, 不過利欲而已, 而心稟於有生之初, 仁義之道俱存於其間. 是以養心者爲大人君子, 養耳・目・口・鼻・形者以利欲爲小人耳. 故孟子所以有是言也. 今有場師治場圃者, 如舍其梧檟之良木, 而特養其樲棘, 是爲賤場師焉. 梧, 桐也, 檟, 山楸也. 樲棘, 小酸棗也. 梧檟可以爲琴瑟材, 是良木. 小酸棗, 無用之才也, 是賤木也. 此所以喩養體不養其貴者而養其賤者也. 又如養其一指之小, 而失其肩背之大, 則爲狼疾藉亂而不知醫治者也. 此所以比喩養體不養其大者而養其小者也. 且務飮食之人, 則人皆賤之者矣, 無他, 是爲其養小而失去其大也. 如飮食之人亦無有失其養大, 則口腹豈但肥長適尺寸之膚爲哉. 言是亦懷仁義之道者也.

1) 心居中虛 以治五官：≪荀子≫〈天論〉에 "귀, 눈, 입, 코, 형체는 능히 각각 접촉하는

것이 있으되 서로 겸하지는 못하니, 이것을 '天官'이라 한다. 마음은 몸 속 빈 곳에 있으면서 五官을 다스리니 이것을 '天君'이라 한다.〔耳目口鼻形 能各有接而不相能也 夫是之謂天官 心居中虛 以治五官 夫是之謂天君〕"라는 말이 나온다. 여기서 말한 天官이 바로 五官이다.

經의 〔孟子曰 人之於身〕에서 〔膚哉〕까지

○ 正義曰：이 장에서는 "행실을 수양하고 政事를 다스릴 때에 모두 智慧와 勇力을 사용하고 善과 惡으로써 勉勵한다. 그러므로 君子는 거처할 때에도 義를 생각하고 음식을 먹을 때도 禮를 생각하는 것이다."라고 말하였다.

〔孟子曰 人之於身也〕에서 〔於己取之而已矣〕까지

맹자가 "사람은 자기 몸에 대해서는 사랑하지 않는 부분이 없으니, 다 사랑하기 때문이다. 다 사랑한다면 반드시 다 돌본다. 그렇다면 한 사람의 몸에서 한 자나 한 치의 피부도 사랑하지 않는 부분이 없으니 또한 한 자나 한 치의 피부도 돌보지 않는 부분이 없는 것이다. 다 사랑하면 반드시 다 돌보기 때문이다. 그러니 善한지 不善한지를 자세히 살피려면 또한 어찌 다른 방법이 있겠는가. 다만 또한 자신에게서 스스로 무엇을 취하여 돌보는지를 살필 뿐이다."라고 말한 것이다. 이른바 "大體를 기르면 大人이 되고, 小體를 따르면 小人이 된다."라는 말이니, 어찌 자신이 스스로 취함을 말한 것이 아니겠는가. 맹자가 단지 '한 자나 한 치의 피부'만을 말한 것은, 마음이 몸 안에 있어서 다시 뭔가를 기다렸다가 말할 수 있는 것이기 때문이며, 또한 마음이 한 몸의 임금으로서 "마음이 天君이다."라고 일컬어지는 것이기 때문이다. ≪荀子≫에서 "마음은 몸 속 빈 곳에 있으면서 五官을 다스린다."라고 한 것이 이것이다. 사람이 이미 한 자나 한 치의 피부조차 사랑한다면 본디 마음도 사랑하는 대상에 들어 있는 것이며, 이미 한 자나 한 치의 피부조차 돌본다면 본디 마음도 돌보는 대상에 들어 있는 것이다. 이른바 마음을 사랑하고 기른다는 것은 또한 仁義의 道로써 사랑하고 기르는 것일 뿐이다. 사람의 마음은 사람의 趨向이 어떠한지에 따라 달라진다. 그러므로 "그 사람이 善한지 不善한지를 살피려면, 자신에게서 무엇을 취하여 돌보는지를 살펴볼 뿐이다."라고 하는 것이다.

〔體有貴賤〕에서 〔尺寸之膚哉〕까지

맹자가 또 "사람의 몸에는 귀한 것도 있고 천한 것도 있으며, 작은 것도 있고 큰 것도 있다."라고 말한 것이다. 사람의 한 몸에서 합하여 말하면 그것을 '體'라고 부르고, 體의 기준에서 말하면 다시 귀, 눈, 입, 코, 형체, 마음이 있는 것이다. 귀하고 큰 것으로 말하면 마음이 한 몸에서 귀하고 큰 것이고, 천하고 작은 것으로 말하면 귀, 눈, 입, 코, 형체가 한 몸에서 천하고 작은 것이다. 또 "사람의 한 몸에서 천하고 작은 것을 사랑하고 돌보는 일에 힘쓰느라 귀하고 큰 것을 해쳐서는 안 된다. 작은 것을 돌본다면 小人이 될 것이고, 큰 것을 돌본다면 大人이 될 것이다."라고 말한 것이다. 귀, 눈, 입, 코, 형체 다섯 가지가 좋아하는 것은 利欲에 불과하지만, 마음은 태어나는 처음에 부여받아 仁義의 道가 모두 그 사이에 남아 있다. 그런 까닭에 마음을 돌보는 사람은 大人君子가 되고, 귀, 눈, 입, 코, 형체를 돌보는 사람은 利欲으로 인해 小人이 될 뿐이다. 그래서 맹자가 이런 말을 했던 것이다.

지금 정원을 가꾸는 어떤 정원사가 오동나무나 가래나무 같은 좋은 나무를 버려두고 멧대추나무만 돌본다면 형편없는 정원사가 되는 것이다. 梧는 오동이고 檟는 山楸이다. 樲棘은 작은 酸棗이다. 오동나무나 가래나무는 琴瑟의 재목으로 쓸 수 있으니, 좋은 나무이다. 작은 酸棗는 쓸모없는 재목이니, 나쁜 나무이다. 이것은 몸을 돌보면서 귀한 것을 돌보지 않고 천한 것을 돌보는 사람을 비유한 것이다. 또 하찮은 손가락 하나는 돌보면서 중요한 어깨와 등을 버려둔다면 어리석고 혼몽하여 병을 치료할 줄 모르는 사람이다. 이것은 몸을 돌보면서 큰 것을 돌보지 않고 작은 것을 돌보는 사람을 비유한 것이다. 그리고 음식만 밝히는 사람을 사람들이 다 천하게 여기니, 다른 이유가 아니라, 작은 것을 돌보느라 큰 것을 잃어버리기 때문이다. 음식을 밝히는 사람이 큰 것을 돌보는 일에 실수가 없다면, 입과 배의 욕구를 채우는 것이 어찌 단지 한 자나 한 치의 피부만을 살찌우기 위한 일이 되겠는가. 또한 몸에 仁義의 道를 간직하고 있음을 말한 것이다.

【疏】 ○ 注'檟樲棘爲桐梓酸棗' ○ 正義曰：說文云"梧檟, 山楸", 又云"楸, 梓也."[1] 樲棘, 小酸棗也. 是所以案此爲之云.

1) 說文云……梓也：≪說文解字≫에는 '梧檟 山楸'라는 말이 나오지 않는다.

○ 注의 〔檟樲棘爲桐梓酸棗〕

○ 正義曰：≪說文解字≫에는 "梧檟는 山楸이다."라고 하였고, 또 "楸는 梓이다."라고 하였다. 樲棘은 작은 酸棗이다. 趙岐가 이것을 근거로 말한 것이다.

15. 公都子問曰 鈞是人也로되 **或爲大人**하며 **或爲小人**은 **何也**잇고

公都子가 물었다. "다 같은 사람인데, 어떤 사람은 大人이 되고 어떤 사람은 小人이 되는 것은 무슨 까닭입니까?"

【注】鈞은 同也라 言有大有小는 何也잇고

鈞은 같음이다. "대인도 있고 소인도 있는 것은 무슨 까닭입니까?"라고 말한 것이다.

孟子曰 從其大體爲大人이요 **從其小體爲小人**이니라

맹자가 말하였다. "大體를 따르는 사람은 大人이 되고, 小體를 따르는 사람은 小人이 되는 것이다."

【注】大體는 心思禮義요 小體는 縱恣情欲이라

大體는 마음이 禮義를 생각하는 것이고, 小體는 情欲을 마음대로 부리는 것이다.

曰 鈞是人也로되 **或從其大體**하며 **或從其小體**는 **何也**잇고

〈公都子가〉 말하였다. "다 같은 사람인데, 어떤 사람은 大體를 따르고 어떤 사람은 小體를 따르는 것은 무슨 까닭입니까?"

【注】公都子言 人何獨有從小體也오하니라

公都子가 "사람은 어째서 유독 小體를 따르는 경향이 있습니까?"라고 말한 것이다.

曰 耳目之官은 **不思而蔽於物**하나니 **物交物則引之而已矣**라 **心之官則思**니 **思則得之**하고 **不思則不得也**라 **此**[1]**天之所與我者**니 **先立乎其大者**면 **則其小者不能奪也**라 **此爲大人而已矣**니라

1) 此 : 趙岐는 善性과 情欲을 가리키는 것으로 보았으나, 朱熹는 "이 세 가지는 다 하늘이 우리 인간에게 주신 것인데, 그중에도 마음이 가장 크다. 만약 능히 이 마음을 세울 수 있으면 일을 생각하지 않음이 없어서 귀와 눈의 욕심이 능히 빼앗지 못할 것이다.〔此三者皆天之所以與我者 而心爲大 若能有以立之 則事無不思 而耳目之欲 不能奪之矣〕"라

고 하여 귀, 눈, 마음으로 보았다.

〈맹자가〉 말하였다. "귀와 눈이라는 器官은 생각을 하지 못하여 外物에 가려지게 되니, 外物이 器官에 접촉하면 끌어당긴다. 마음이라는 器官은 생각할 수 있는데, 마음이 생각하면 〈道를〉 얻고 생각하지 못하면 〈道를〉 얻을 수 없다. 이것은 하늘이 우리 인간에게 부여해준 것이니, 먼저 큰 것(善性)을 확립하면 작은 것(情欲)이 빼앗을 수 없다. 이런 사람이 大人이 되는 것이다."

【注】孟子曰 人有耳目之官이나 不思라 故로 爲物所蔽라 官은 精神所在也니 謂人有五官六府라 物은 事也라 利欲之事來하여 交引其精神이면 心官不思善이라 故로 失其道而陷爲小人也라 此乃天所與人情性이니 先立乎其大者는 謂生而有善性也요 小者는 情欲也라 善勝惡이면 則惡不能奪之而已矣라

맹자가 "사람에게는 귀와 눈이라는 器官이 있는데, 생각을 하지 못하므로 外物에 가려지게 된다. 器官은 精神이 있는 곳으로, '사람에게 五官과 六府가 있다.'라고 한다. 物은 일이다. 利欲의 일이 다가와 精神을 접촉하여 끌어당기면 心이라는 器官이 善을 생각하지 못하게 된다. 그러므로 道를 잃고 小人이 되는 것이다. 이것이 바로 하늘이 인간에게 부여한 性과 情이니, 먼저 큰 것을 확립한다는 것은 사람이 태어나면서 善한 性을 지니고 있음을 일컫는 것이고, 작은 것은 情欲이다. 善이 惡을 이기면 惡이 善을 빼앗을 수 없을 것이다."라고 말한 것이다.

【疏】'公都子'至'已矣' ○正義曰：此章言天與人性, 先立其大, 心官思之, 邪不乖越, 故謂之大人者也. '公都子問曰 鈞是人也'至'何也'者, 公都子問孟子曰 "世之人皆是人者也, 或有名爲大人, 或有名爲小人者, 是如之何也." '孟子曰 從其大體爲大人 從其小體爲小人', 孟子答之曰 "從事於大體, 而以仁義養其心, 是從其大體, 故謂之大人也, 從其小體, 以利欲養其耳目之官, 是從其小體, 故謂之小人也." '曰 鈞是人也 或從其大體 或從其小體 何也', 公都子未曉, 故問之曰 "旣皆是人也, 或以從養其大體, 或從養其小體, 是如之何." '曰 耳目之官'至'此爲大人而已矣', 孟子又答之曰 "人有耳目之官, 不以心思主之, 而遂蔽於耆欲之物. 旣蔽於物, 則已亦已失矣, 已已失, 則是亦爲物而已. 是則物交接其物, 終爲物引之, 喪其所得矣. 惟心之官則爲主於思, 如心之所思, 則有所得而無所喪, 如不思, 則失其所得而有以喪之耳. 是以天之所與付於我者, 所以先與立其大者, 則心是也. 旣與立其大者, 則小者斯不能奪之矣, 小者則耳目是也. 是以爲之大人而已矣." 蓋耳目主視聽, 是以爲官者也. 心, 君, 主官者也, 亦謂之官者, 以其亦主思, 故亦爲官矣. 荀子云 "心, 君也[1)]", "房中虛而治五官[2)]"者也. 是以心思之大者, 而小者不能奪, (其)〔則〕[3)]耳目不爲利欲之所蔽. 玆所以從其大體而爲大人也. 彼小人者, 以其不思而爲利欲所蔽故也.

1) 心 君也 : ≪荀子≫ 〈解蔽〉에 "마음이라는 것은 육체의 군주이며 정신의 주인이니, 명령을 내리기만 할 뿐 명령을 받는 일은 없다.〔心者 形之君也而神明之主也 出令而無所受令〕"라는 말이 나온다.

2) 房中虛而治五官 : ≪荀子≫ 〈天論〉에 "귀, 눈, 입, 코, 형체는 능히 각각 접촉하는 것이 있으되 서로 겸하지는 못하니, 이것을 '天官'이라 한다. 마음은 몸 속 빈 곳에 있으면서 五官을 다스리니 이것을 '天君'이라 한다.〔耳目口鼻形 能各有接而不相能也 夫是之謂天官 心居中虛 以治五官 夫是之謂天君〕"라는 말이 나온다.

3) (其)〔則〕: 저본에는 '其'로 되어 있으나, 四庫全書本에 의거하여 '則'으로 바로잡았다.

經의 〔公都子〕에서 〔已矣〕까지

○ 正義曰 : 이 장에서는 "하늘이 인간에게 性을 부여하였으니, 먼저 큰 것을 확립하고 마음이라는 器官이 그것을 생각하면, 不正한 것이 넘보지 못한다. 그러므로 이런 사람을 '大人'이라고 하는 것이다."라고 말하였다.

〔公都子問曰 鈞是人也〕에서 〔何也〕까지

공도자가 맹자에게 "세상 사람들은 다 똑같은 사람인데, 어떤 사람은 대인이라는 사람이 되고, 어떤 사람은 소인이라는 사람이 되는 것은 어째서입니까?"라고 물은 것이다.

〔孟子曰 從其大體爲大人 從其小體爲小人〕 맹자가 "大體에 從事하여 仁義로써 마음을 기르는 것은 大體를 따르는 것이므로 그런 사람을 '大人'이라고 부르는 것이며, 小體를 따라 利欲으로써 귀와 눈이라는 器官을 기르는 것은 小體를 따르는 것이므로 이런 사람을 '小人'이라고 부르는 것이다."라고 대답한 것이다.

〔曰 鈞是人也 或從其大體 或從其小體 何也〕 公都子가 이해하지 못하였으므로 "모두 다 똑같은 사람인데, 어떤 사람은 大體를 따라 기르고, 어떤 사람은 小體를 따라 기르는 것은 어째서입니까?"라고 물은 것이다.

〔曰 耳目之官〕에서 〔此爲大人而已矣〕까지

맹자가 다시 "사람에게 귀와 눈이라는 器官이 있는데, 마음처럼 생각하여 주관하지 못하여 마침내 嗜欲의 外物에 가려지게 된다. 外物에 가려지게 되면 자기도 이미 잃게 되고, 자기를 이미 잃고 나면 또한 事物일 뿐이다. 이는 外物이 그 事物과 접촉하면 끝내 外物에 끌려가서 얻은 것을 잃게 되는 것이다. 오직 마음이라는 器官만이 생각의 主體가 되니, 마음이 생각하면 얻는 것은 있고 잃는 것은 없으며, 생각하지 않으면 얻은 것을 잃어서 없어지게 된다. 그런 까닭에 하늘이 우리 인간에게 부여한 것 중에서 큰 것을 먼저 세우는 것이니, 마음이 그것이다. 큰 것을 세우고 나면 작은 것이 그것을 빼앗지 못하니, 작은 것은 바로 귀와 눈이 그것이다. 그러므로 大人이 되는 것이다."라고 대답한 것이다.

대개 귀와 눈은 보고 듣는 일을 주관하므로 官이 되는 것이다. 마음은 군주이며, 주관하는 자이다. 마음 또한 '官'이라고 부르는 것은 또한 생각을 주관하기 때문이니, 그래서 또한 官이 되는 것이다. ≪荀子≫에는 "마음은 군주이다."라고 하고, "마음은 몸속 빈 곳에 있으면서 五官을 다스린다."라고 하였다. 그러므로 큰 것인 마음이 생각하는 것을 작은 것이 빼앗을 수 없다면, 귀와 눈이 利欲에 가려지지 않게 된다. 이것이 그 大體를 따라서 大人이 되는 까닭이다. 저 小人이라는 자는 생각하지 않아 利欲에 가려지기 때문이다.

16. 孟子曰 有天爵者하며 有人爵者하니 仁義忠信과 樂善不倦은 此天爵也요 公卿大夫는 此人爵也니라

맹자가 말하였다. "天爵이라는 것이 있고 人爵이라는 것이 있다. 仁·義·忠·信과 善을 즐겨 행하면서 싫증을 내지 않는 것은 천작이고, 公·卿·大夫는 人爵이다.

【注】天爵은 以德이요 人爵은 以祿이라

天爵은 德으로써 하고, 人爵은 祿으로써 한다.

古之人은 修其天爵而人爵從之러니라 今之人은 修其天爵하여 以要人爵하고 既得人爵이어든 而棄其天爵하나니 則惑之甚者也라

옛 사람들은 天爵을 닦았는데, 人爵이 저절로 따라왔다. 지금 사람들은 天爵을 닦아서 人爵을 추구하고, 人爵을 얻고 난 뒤에는 天爵을 버리니, 매우 迷惑된 짓이다.

【注】人爵從之는 人爵自至也라 以要人爵의 要는 求也라 得人爵이어든 棄天爵하니 惑之甚也라

人爵이 따른다는 것은 人爵이 저절로 이른다는 것이다. '以要人爵'의 '要'는 추구함이다. 人爵을 얻고 나면 天爵을 버리니, 매우 미혹한 짓이다.

終亦必亡而已矣니라

끝내는 반드시 人爵도 잃게 될 것이다."

【注】棄善忘德하니 終必亡也라

善을 버리고 德을 잊으니, 끝내 반드시 잃게 된다.

【疏】'孟子'至'已矣' ○ 正義曰：此章言古修天爵, 自樂之也, 今要人爵, 以誘時也. 得人棄天, 道之忌也, 惑以招亡, 小人之事者也. '孟子曰 有天爵者'至'終亦亡之而已矣', 孟子言有所謂天爵者, 有所謂人爵者. 仁義忠信四者, 又樂行其善而不厭倦者, 是所謂天爵也, 自公卿大夫者, 是所謂人爵. 此孟子所以自解之也. 自古之人修治其天爵, 而人爵自然從之, 如舜耕於歷山, 樂取諸人以爲善, 而堯自然禪其祿位, 是修其天爵而人爵從之者也. 又如伊尹之徒亦是也. 今之人修其天爵, 以要求人爵, 既得其人爵, 而又棄其天爵, 則蔽惑之甚者也. 如登龍(롱)斷以罔市利[1]·乞墦間之祭者,[2] 是其類也. 此孟子所以指今之人而言也. 如此者, 終亦必亡其人爵而已矣. 是故孟子所以有是言而勸誡之.

1) 登龍(롱)斷以罔市利：본서 〈公孫丑 下〉에 "어떤 賤丈夫가 나타나 반드시 龍斷(깎아 지른 듯한 높은 언덕)을 찾아 올라가 좌우를 둘러보며 시장의 이익을 그물질하듯 쓸어가니 사람들이 모두 그를 천하게 여겼다.〔有賤丈夫焉 必求龍斷而登之 以左右望而罔市利 人皆以爲賤〕"라고 하였는데, 수단과 방법을 가리지 않고 이익을 취하는 것을 비유한 말이다.

2) 乞墦間之祭者：본서 〈離婁 下〉에 실려 있는 고사에서 온 말이다. 내용은 다음과 같다. 춘추시대 齊나라 사람 중에 妻妾을 거느리고 사는 사람이 있었다. 그가 밖을 나가기만 하면 잔뜩 술에 취하여 돌아와서는 부귀한 사람들과 어울렸다고 자랑하였다. 한번은 그의 妻가 따라가 엿보니, 그가 아는 사람은 하나도 없었고 동쪽 성곽 무덤 사이를 다니면서 제사 지내고 남은 음식을 구걸해 먹었다. 그날도 실컷 취하여 돌아와서는 妻妾에게 교만을 부렸다.

經의 〔孟子〕에서 〔已矣〕까지

○ 正義曰：이 장에서는 “옛날에 天爵을 닦은 것은 스스로 즐긴 것이었고, 지금 人爵을 구하는 것은 時流에 迷惑된 것이다. 人爵을 얻고서 天爵을 버리는 짓은 道가 꺼리는 바이고, 迷惑되어 잃음을 초래하는 것은 小人의 일이다.”라고 말하였다.

〔孟子曰 有天爵者〕에서 〔終亦亡之而已矣〕까지

맹자가 “이른바 天爵이라는 것이 있고, 人爵이라는 것이 있다. 仁·義·忠·信 네 가지와 善을 즐겨 행하면서 싫증을 내지 않는 것이 이른바 天爵이고, 公으로부터 卿·大夫가 이른바 人爵이다.”라고 말한 것이다. 이것은 맹자가 스스로 해명한 것이다. 본래 옛사람은 天爵을 닦았는데, 人爵이 자연히 따라왔다. 이를테면 舜이 歷山에서 밭을 갈면서 남에게서 善을 취하여 자신의 善으로 삼기를 즐겼는데, 堯임금이 자연스럽게 祿과 地位를 禪讓한 것과 같은 경우이니, 이것이 바로 天爵을 닦았는데 人爵이 따라온 것이다. 또 伊尹의 무리 역시 이러한 경우이다. 지금 사람은 天爵을 닦아 人爵을 추구하고, 人爵을 얻은 뒤에는 다시 天爵을 버리니, 매우 迷惑된 짓이다. 이를테면 龍斷에 올라 市場의 이익을 그물질하듯 쓸어가는 자와 동쪽 성곽 무덤 사이에서 제사 지내는 사람에게 음식을 구걸해 먹는 자가 그런 부류이다. 이것은 맹자가 지금 사람을 가리켜 말한 것이다. 이와 같은 사람은 끝내 반드시 人爵마저도 잃고 말 것이다. 그래서 맹자가 이 말을 하여 勸誡하였던 것이다.

17. 孟子曰 欲貴者는 人之同心也니 人人이 有貴於己者언마는 弗思耳矣[1)]니라 人之所貴者는 非良貴也니 趙孟之所貴를 趙孟이 能賤之니라

1) 矣：四庫全書本 및 우리나라 통용본 등에는 없다.

맹자가 말하였다. “존귀해지기를 바라는 것은 인간이라면 다 같은 마음이다. 인간은 누구나 자기 몸에 존귀한 것을 지니고 있지만, 생각하지 않아서 모를 뿐이다. 남이 존귀하게 만들어준 것은 진정으로 존귀한 것이 아니다. 趙孟이 존귀하게 만들어준 것은 趙孟이 다시 천하게 만들 수 있다.

【注】人皆同欲貴之心이라 人人自有貴者在己身언마는 不思之耳라 在己者는 謂仁義廣譽也라 凡人之所貴는 富貴라 故曰 非良貴(者)〔也〕[1)]라 趙孟은 晉卿之貴者也니 能貴人하고

又能賤人이라 人之所自有也者는 他人不能賤之也니라

1) (者)〔也〕: 저본에는 '者'로 되어 있으나, 孔本에 의거하여 '也'로 바로잡았다.(阮元의 〈校勘記〉 참조)

인간은 다 똑같이 존귀해지려는 마음이 있다. 인간마다 본래 자기 몸에 존귀한 것을 지니고 있지만, 생각하지 않아서 모를 뿐이다. 자기에 있는 것은 仁義와 널리 알려진 名譽를 말한다. 보통 남이 존귀하게 만들어주는 것은 富貴이다. 그러므로 "진정으로 존귀한 것이 아니다."라고 말하는 것이다. 趙孟은 晉나라의 卿 중에서도 존귀한 사람이니, 다른 사람을 존귀하게 만들 수 있고 다시 다른 사람을 천하게 만들 수 있다. 인간이 본래 지니고 있는 것은 다른 사람이 천하게 만들 수 없다.

詩云 既醉以酒요 既飽以德이라하니 言飽乎仁義也라 所以不願人之膏粱之味也며 令聞廣譽施於身이라 所以不願人之文繡也니라

≪詩經≫에 '술로 이미 취하였고 德으로 이미 배불렀네.'라고 하였으니, 仁義로 배부르기 때문에 남의 膏粱珍味를 바라지 않고, 좋은 평판과 널리 알려진 名譽가 몸에 갖추어져 있기 때문에 남의 화려한 의복을 바라지 않는다는 말이다."

【注】詩는 大雅既醉之篇이라 言飽德者는 飽仁義之於身하여 身之貴者也일새 不願人之膏粱矣라 膏粱은 細粱如膏者也라 文繡는 繡衣服也라

詩는 〈大雅 既醉〉편이다. 德으로 배부르다는 것은 仁義로 몸이 배부르다는 것이며, 몸에서 존귀한 것이므로 남의 膏粱珍味를 바라지 않는다는 것이다. 膏粱은 살진 고기처럼 精微하게 搗精한 기장이다. 文繡는 수놓은 의복이다.

【疏】'孟子曰'至'文繡也' ○〔正義曰〕[1]: 此章言所貴在身, 人不知求. 膏粱文繡, 己之所優, 趙孟所貴, 何能比之. 是以君子貧而樂也. '孟子曰 欲貴者 人之同心也'至'文繡也', 孟子言凡所願欲其貴者, 世人所同其心也, 以其人皆欲之也. 然而人人有貴, 只在其己者, 但不思之耳. 凡人所貴者, 非是良貴也. 良貴者, 不以爵而貴者, 是謂良貴, 如下文所謂仁義廣譽者是也. 且以趙孟晉卿之貴, 雖爲所貴者, 然而趙孟又能賤之. 是人之所貴者, 非爲良貴也. 此孟子所以引而喻也. 以其趙孟者, 即晉襄公之臣趙盾(돈)者

是也, 是爲晉卿. 然入爲晉卿, 出則爲盟主, 是謂貴矣, 奈何其賢則不及趙(襄)〔衰〕[2], 其良則不及宣子[3], 則所貴特人爵之貴耳, 如此得無賤耶. 故曰"趙孟之所貴, 趙孟能賤之也." 詩大雅旣醉之篇有云"旣醉之以酒, 旣飽之以德." 是言飽乎仁義者也. 是亦所謂德將(于)〔無〕醉[4]之意同, 謂德則仁義是也. 言飽乎仁義, 所以不願人之膏粱之味乎. 案禮云"公食(사)大夫, 則稻粱爲嘉膳",[5] 則膏粱, 味之至珍者也. 然而不願人之膏粱, 則以仁義爲膏粱. 令聞廣譽之名聲旣施飾於身, 所以不願人之文繡也. 案詩以一裳爲顯服[6], 則文繡爲服之至美者也. 然而不願人之文繡, 則以令聞廣譽爲文繡也. 蓋令聞者, 以其內有仁義之德, 則人(特)〔將〕[7]不特見而善之, 又有以聞而善之者也, 故云令聞(令譽)[8]. 令, 善也, 聞, 名聲, 而人所聞之也. 廣譽者, 亦以內有仁義之德, 則不特近者美喩之, 而遠者又有以美譽焉, 故云廣譽. 廣, 遠大也, 譽, 美稱也. 凡此孟子所以教時人之云耳. 故論君子貧而樂, 如顏子在陋巷, 而不改其樂者, 是之謂也.

1) 〔正義曰〕: 저본에는 '正義曰'이 없으나, 阮元의 〈校勘記〉에 의거하여 보충하였다.
2) 趙(襄)〔衰〕: 저본에는 '襄'으로 되어 있으나, 문맥을 살펴 '衰'로 바로잡았다. 趙衰(조최)는 晉 文公이 19년 동안 列國을 유랑할 때 도왔던 신하로서, 文公을 도와 霸業을 이룩하였다. 趙盾의 부친이다.
3) 宣子: 춘추시대 晉나라의 卿인 范匄(범개)를 가리키는 듯하나, 미상이다.
4) 德將(于)〔無〕醉: 저본에는 '于'로 되어 있으나, 四庫全書本에 의거하여 '無'로 바로잡았다. ≪書經≫ 〈周書 酒誥〉에 文王이 小子와 벼슬을 맡고 일을 맡은 사람들에게 "술을 항상 마시지는 말라. 여러 나라가 술을 마시되 오직 제사 때에만 마실 것이니, 덕으로 이어가고 술에 취하지 말라.〔無彝酒 越庶國 飮惟祀 德將無醉〕"라고 훈계한 말이 나온다.
5) 公食(사)大夫 則稻粱爲嘉膳: ≪儀禮≫ 〈公食大夫禮〉에 제후가 大夫에게 음식을 대접하는 禮를 기록하였는데, 그 내용 중에 正饌을 차린 뒤에 벼와 기장을 차리는 것을 가리키는 듯하나, 자세하지 않다.
6) 一裳爲顯服: ≪詩經≫ 〈秦風 終南〉에 "終南山에 무엇이 있는가. 모퉁이가 있으며 평평한 곳이 있도다. 君子가 이르시니, 黻衣와 수놓은 치마로다.〔終南何有 有紀有堂 君子至止 黻衣繡裳〕"라고 하였고, 毛序에 "〈終南〉은 襄公을 경계한 시이다. 周나라 땅을 취하여 비로소 제후가 되어 훌륭한 衣服〔顯服〕을 받으니, 大夫가 이를 아름답게 여겼다."라고 한 것을 가리킨다.
7) (特)〔將〕: 저본에는 '特'으로 되어 있으나, 監本·毛本에 의거하여 '將'으로 바로잡았다.(阮元의 〈校勘記〉 참조)

8) (令譽) : 저본에는 '令譽'가 있으나, 문맥이 통하지 않아 衍文으로 처리하였다. 참고로 四庫全書本에는 '廣譽'로 되어 있으나, 뒤에 나오는 '故云廣譽'와의 문맥을 고려하여 취하지 않았다.

經의 〔孟子曰〕에서 〔文繡也〕까지

○ 正義曰 : 이 장에서는 "존귀한 것이 자기 몸에 있는데도 사람들은 구할 줄 모른다. 膏粱珍味와 화려한 의복을 자신이 넉넉히 가지더라도 趙孟이 존귀하게 만들어준 결과이니, 어찌 그것과 비견할 수 있겠는가. 그러므로 君子는 가난하면서도 道를 즐기는 것이다."라고 말하였다.

〔孟子曰 欲貴者 人之同心也〕에서 〔文繡也〕까지

맹자가 "무릇 존귀해지기를 바라는 것은 세상 사람들의 다 같은 마음이어서 인간이면 다 원한다. 하지만 사람마다 존귀한 것을 자기 몸에 지니고 있는데, 단지 생각하지 않아서 모를 뿐이다. 무릇 남이 존귀하게 만들어준 것은 진정으로 존귀한 것〔良貴〕이 아니다. 진정으로 존귀한 것은 爵位를 가지고 존귀하게 만들어주는 것이 아니므로, '진정으로 존귀한 것'라고 일컫는 것이니, 아래의 글에서 말하는 仁義와 널리 알려진 名譽라는 것이 그것이다. 그리고 趙孟은 晉나라 卿 가운데 존귀한 자로서 비록 그가 나를 존귀하게 만들어주었더라도 조맹이 다시 천하게 만들 수 있다. 이것이 남이 존귀하게 만들어준 것이 진정으로 존귀한 것이 아닌 이유이다."라고 말한 것이다. 이것이 맹자가 인용하여 비유한 까닭이다. 조맹이라는 사람은 바로 晉 襄公의 신하인 趙盾이니, 晉나라의 卿이다. 그러니 나라에 들어와서는 晉나라의 卿이 되고 國外로 나가서는 盟主가 되어 존귀하다고 할 것이나, 어찌하여 현명함은 趙衰에 미치지 못하였고 선량함은 宣子에 미치지 못하였던가? 그렇다면 그가 존귀하게 해준 것은 단지 人爵의 존귀함이었을 뿐이니, 그런 상황에서 천하게 만드는 일이 없을 수 있었겠는가. 그러므로 "조맹이 존귀하게 만들어준 것을 조맹이 다시 천하게 만들 수 있다."고 말한 것이다.

≪詩經≫ 〈大雅 旣醉〉편에 "술로 이미 취하였고 德으로 이미 배불렀네."라고 하였으니, 仁義로 배불렀음을 말한 것이다. 이것은 또한 이른바 "德으로 이어가고 술에 취하지 말라."라는 말과 뜻이 같으니, "德은 仁義이다."라고 하는 것이 이것이다. 仁義로 배부르기 때문에 남의 膏粱珍味를 바라지 않는다. ≪儀禮≫를 상고하건대, "公이 大夫에게 음식을 대접할 때에 벼와 기장으로 좋은 반찬을 삼는다."고 하였으니, 膏粱은 음식 중에서 지극히 맛있는 것이다. 하지만 남의 膏粱을 바라지 않으니, 仁義로 膏粱을 삼은 것이다. 좋은 평판과 널리 알려진 名譽가 몸에 갖추어져 꾸며주기 때문에 남의 화려한

衣服〔文繡〕을 바라지 않는다. ≪詩經≫을 상고하건대, 치마 한 벌을 훌륭한 衣服〔顯服〕으로 삼았으니, 文繡는 衣服 중에서 지극히 아름다운 것이다. 하지만 남의 화려한 衣服을 바라지 않으니, 좋은 평판과 널리 알려진 名譽로 화려한 衣服을 삼은 것이다.

'令聞'이라는 것은 內面에 仁義의 德이 있으면 사람들이 보고서 훌륭하다고 여길 뿐만 아니라, 또한 듣고서 훌륭하다고 여기는 사람이 있으므로 '令聞'이라고 하는 것이다. '令'은 善함이고, '聞'은 名聲이니 사람이 듣는 바이다. '廣譽'라는 것은 또한 內面에 仁義의 德이 있으면 가까운 사람이 칭찬할 뿐만 아니라, 멀리 있는 사람도 칭찬하므로 '廣譽'라고 하는 것이다. 廣은 遠大함이고, '譽'는 칭찬함이다. 이 모든 것은 맹자가 당시 사람들을 가르치고자 말한 것일 뿐이다. 그러므로 君子가 가난하면서도 道를 즐긴 것을 논한다면, 顏子가 누추한 골목에 살면서 道를 즐기는 삶을 바꾸지 않았던 경우가 이것에 해당한다고 할 것이다.

18. 孟子曰 仁之勝不仁也는 猶水之勝火하니 今之爲仁者는 猶以一杯水로 救一車薪之火也라 不熄이면 則謂之水不勝火라하나니 此又與於不仁之甚者也라 亦終必亡而已矣니라

맹자가 말하였다. "仁이 不仁을 이기는 것은 물이 불을 이기는 것과 같다. 하지만 지금 仁을 실천하는 자들은 한 잔의 물을 가지고 한 수레의 장작더미에 난 불을 끄려고 하는 것과 같다. 불이 꺼지지 않으면 '물은 불을 이길 수 없다'라고 말하니, 이는 또한 不仁을 도움이 심한 것이다. 역시 끝내 〈자신이 지닌 仁마저〉 반드시 잃고 말 것이다."

【注】 水勝火하니 取水足以制火나 一杯水로 何能救一車薪之火也리오 以此則謂水不勝火라하니 爲仁者도 亦若是면 則與作不仁之甚者也라 亡은 猶無也니 亦終必亡仁矣라

물이 불을 이기니, 물을 가지고 불을 제어할 수 있으나, 한 잔의 물로 어찌 한 수레의 장작더미에 난 불을 끌 수 있겠는가. 이것을 가지고 물이 불을 이길 수 없다고 말하니, 仁을 실천하는 자들도 이렇게 말한다면 불인을 하도록 도움이 심한 것이다. 亡은 無와 같은 뜻이니, 끝내 역시 仁을 잃을 것이라는 뜻이다.

【疏】'孟子'至'已矣' ○ 正義曰：此章言爲仁不至, 不反諸已, 謂水勝火, 熄而後已, 不仁之甚, 終必亡矣, 爲道不卒, 無益於賢也. 孟子言爲仁勝强於不仁也, 若水之勝火矣. 今之爲仁者, 不知反本心而爲仁, 如以一杯杓水而救一車薪之火也. 火不熄滅, 則謂水不勝火, 以爲不仁勝仁, 此又與於不爲仁者又甚之也. 以其有過於不爲仁者也, 是亦終必亡其仁矣. 且如湯・武之至仁, 然後勝桀・紂之至不仁也. 今之爲仁, 但以轉粟移民之爲仁, 而望民多於隣國,[1] 以羊易牛之仁, 而欲朝秦・楚而撫四夷,[2] 是若一杯水而望救一車薪之火也. 此所以終必亡其仁矣, 此吾孟子所以有激而云.

1) 以轉粟移民之爲仁 而望民多於隣國：梁 惠王이 河內 지방이 흉년일 때에는 그 지방의 백성을 河東으로 옮기고 하동 지방의 곡식을 하내로 옮기며, 하동 지방이 흉년일 때에도 같은 방식으로 대처한다고 하면서, 맹자에게 "寡人의 백성이 늘어나지 않는 것은 무슨 까닭입니까?"라고 물었던 일을 가리킨다.(≪孟子≫ 〈梁惠王 上〉)

2) 以羊易牛之仁 而欲朝秦楚而撫四夷：齊 宣王이 새로 주조한 鍾에 피를 바르기 위해 소를 죽이려고 하는 것을 보고 소 대신 양을 쓰도록 명령했던 일이 있었다. 이때에 맹자가 제 선왕에게 이런 마음을 확장시켜 仁政을 펼친다면, 제 선왕이 바라는 대로 秦나라와 楚나라가 조회하게 하고 四夷를 제압하려는 소원을 이룰 수 있다고 하였다.(≪孟子≫ 〈梁惠王 上〉)

經의 〔孟子〕에서 〔已矣〕까지

○ 正義曰：이 장에서는 "仁을 실천하는 것이 지극하지 못하고 자기 몸을 반성하지도 않으면서 '물이 불을 이기는 것은 물이 불을 끈 뒤에야 그러한 것일 뿐이다.'라고 말하니, 不仁이 심하여 끝내 반드시 仁을 잃을 것이다. 道를 실천하는 것이 철저하지 못하면 어짊에 도움이 되지 않는다."라고 말하였다.

맹자가 "仁이 不仁을 이기고 더 강한 것은 물이 불을 이기는 것과 같다. 지금 仁을 실천하는 자들은 자기 本心을 돌이켜 仁을 실천할 줄 모르니, 마치 한 잔의 물을 가지고 한 수레에 실린 장작더미에 난 불을 끄려고 하는 것과 같다. 불이 꺼지지 않으면, 물이 불을 이길 수 없다고 말하면서 不仁이 仁을 이긴다고 여기니, 이는 또 仁을 실천하지 않는 자를 도움이 더욱 심한 것이다. 仁을 실천하지 않는 자보다 지나친 점이 있기 때문에 또한 끝내 자신이 지닌 仁마저 반드시 잃게 될 것이다."라고 말한 것이다. 예컨대 湯王, 武王의 지극한 仁이라야 桀王, 紂王의 지극한 不仁을 이길 수 있다. 지금 仁을 실천하는 자들은 단지 흉년에 곡식을 옮겨주고 백성을 이동시키는 정도의 仁을 행하면서 이웃나라보다 백성이 많아지기를 바라고, 양으로 소를 바꾸는 정도의 仁을 가지고 秦나라와 楚나라가 조회하게 하고 四夷를 제압하고자 하니, 이것은 마치 한 잔의 물을 가지고 한 수레의 장작더미에 난 불을 끄기를 바라는 것과 같다. 이것이 끝내 자신의 仁마저 반드시 잃게 되는 까닭이며, 맹자가 격발되어 말한 이유이다.

19. 孟子曰 五穀者는 種之美者也나 苟爲不熟이면 不如荑稗(제패)니 夫仁亦在乎熟之而已矣니라

맹자가 말하였다. "五穀은 곡식 중에 種子가 좋은 것이지만, 여물지 않으면 荑稗만도 못하니, 仁 또한 익숙하게 실천하는 데에 달려 있을 뿐이다."

【注】 熟은 成也라 五穀이 雖美나 種之不成이면 則不如荑稗之草(甚)〔其〕[1]實可食이니 爲仁不成도 猶是也라

1) (甚)〔其〕: 저본에는 '甚'으로 되어 있으나, 四庫全書本에 의거하여 '其'로 바로잡았다.

熟은 成熟함이다. 五穀이 비록 좋은 것이지만, 種子가 성숙하지 않으면 먹을 수 있는 열매를 맺는 荑稗라는 잡초보다 못한 것이니, 仁을 실천하는 것도 이와 같은 것이다.

【疏】 '孟子曰'至'而已矣' ○ 正義曰 : 此章言功毁幾成, 人在愼終, 五穀不熟, 荑稗是勝, 是以爲仁(以)〔必〕[1]其成也. 孟子言五穀者, 是天下種之美者也, 苟五穀不成, 則不勝荑稗之所奮. 夫仁者, 亦天下道之美者也, 苟爲仁不成, 則不勝不仁之所害. 故云夫仁亦在乎成之而已矣. 此章與前章相類, 亦若齊宣有愛牛之仁, 而功不至於百姓, 梁惠有移民之仁, 而民不加多於隣國, 是爲仁不成之過也. 五穀已說於前矣. 云荑稗者, 卽禾中之莁草也.

1) (以)〔必〕: 저본에는 '以'로 되어 있으나, 本篇 첫머리에 실려 있는 章指와 四庫全書本에 의거하여 '必'로 바로잡았다.

經의 〔孟子曰〕에서 〔而已矣〕까지

○ 正義曰 : 이 장에서는 "일은 거의 성공할 단계에서 실패하니 사람은 마무리를 신중하게 해야 한다. 五穀이 여물지 않으면 荑稗가 더 낫다. 그러므로 仁을 실천할 때에

는 익숙해지기를 기필하는 것이다."라고 말하였다.

맹자가 "五穀이라는 것은 천하의 種子 가운데 좋은 것이다. 그러나 만약 五穀이 여물지 않는다면 잘 자라는 荑稗를 이길 수 없다. 仁이라는 것 역시 천하의 道 가운데 좋은 것이다. 만약 仁을 실천하는 것이 익숙하지 않다면 사람을 해치는 不仁을 이길 수 없다. 그러므로 '仁 또한 익숙하게 실천하는 데에 달려 있을 뿐이다.'라고 말하는 것이다."라고 말한 것이다. 이 장은 앞 장의 내용과 비슷하다. 또한 예를 들면, 齊宣王이 소를 사랑하는 仁을 지녔으나 功德이 백성에게 미치지 않았던 것이나, 梁惠王이 백성을 이동시켜주는 仁을 지녔으나 백성이 이웃나라보다 더 늘어나지 않았던 것은, 仁을 실천하는 것이 익숙하지 못했던 잘못에서 기인한 것이다.

五穀은 앞에서 이미 설명하였다. '荑稗'라는 것은 볏과 식물의 일종인 莁草이다.

20. 孟子曰 羿(예)之敎人射에 必志於彀(구)하나니 學者[1]도 亦必志於彀니라

1) 學者 : 趙岐는 學者를 儒家의 道를 공부하는 사람으로 풀이하였으나, 일반적으로는 '활쏘기를 배우는 사람'과 '목수 일을 배우는 사람'이라고 풀이한다.

맹자가 말하였다. "羿가 사람들에게 활쏘기를 가르칠 때에 반드시 활시위를 당기는 데에 뜻을 두게 하였으니, 學者가 〈道에 뜻을 두는 것도〉 활쏘기를 하는 사람이 반드시 활시위를 당기는 데에 뜻을 두는 것과 같은 것이다.

【注】 羿는 古之善射者라 彀는 張〔也〕라 〔張〕弩(付)〔向〕的者는[1] 用思(要)〔專〕[2]時也라 學者志道는 猶射者之張也라

1) 彀……〔張〕弩(付)〔向〕的者 : 저본에는 '彀張弩付的者'로 되어 있으나, 廖本·孔本·韓本에 의거하여 '也'와 '張' 2자를 보충하고, '付'를 '向'으로 바로잡았다.(阮元의 〈校勘記〉 참조)

2) (要)〔專〕: 저본에는 '要'로 되어 있으나, 孔本·韓本에 의거하여 '專'으로 바로잡았다.(阮元의 〈校勘記〉 참조)

羿는 옛날에 활쏘기를 잘하던 사람이다. 彀는 활시위를 당김이다. 활시위를 당겨 과녁을 겨누는 사람은 마음을 쓰고 순간을 집중한다. 學者가 道에 뜻을 두는 것은 활쏘기를 하는 사람이 활시위를 당기는 것과 같은 것이다.

大匠이 誨人에 必以規矩하나니 學者도 亦必以規矩니라

도목수가 사람들을 가르칠 때에 반드시 걸음쇠와 곱자를 사용하게 하니, 學者가 仁義로 法式을 삼는 것도 도목수가 반드시 걸음쇠와 곱자를 사용하는 것과 같은 것이다.

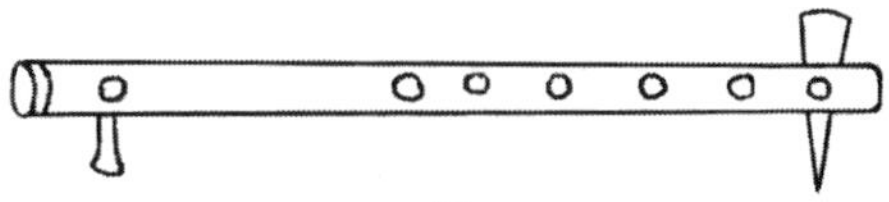

規

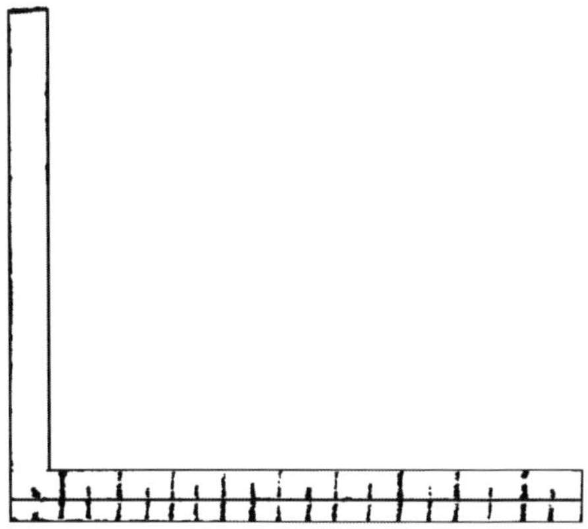

矩

【注】 大匠은 攻木〔之〕[1]工이라 規는 所以爲圓也요 矩는 所以爲方也라 誨는 敎也라 敎人에 必須規矩하니 學者가 以仁義爲法式도 亦猶大匠以規矩者也라

1)〔之〕: 저본에는 '之'가 없으나, 뒤에 나오는 孫奭 疏와 廖本·孔本·韓本·考文古本에 의거하여 보충하였다.(阮元의 〈校勘記〉 참조)

도목수는 나무를 가공하는 工人이다. 걸음쇠는 원을 그리는 도구이고, 곱자는 네모를 그리는 도구이다. 誨는 가르침이다. 사람들을 가르칠 때에 반드시 걸음쇠와 곱자를 사용하게 하니, 學者가 仁義로 法式을 삼는 것도 도목수가 걸음쇠와 곱자를 사용하는 것과 같은 것이다.

【疏】 '孟子'至'規矩' ○正義曰：此章言事各有本, 道有所隆, 彀張規矩, 以喩爲仁, (義)〔學〕[1]不爲仁, 猶是二敎, 失其法而行之者也. 孟子言羿爲善射者, 其敎人射, 必志在於勢. 勢者, 張弓也, 張弓以其力分之所至處也. 言羿雖善射, 其敎人亦必求之於力分之內也. 大匠爲攻木之工者, 其敎誨人爲匠, 必在於規矩. 規所以爲圓之度, 矩所以爲方之度, 以其規矩爲法度之至者也. 言大匠誨人, 亦必求之於法度內也. 羿敎人旣求之於力分之內, 則學之者亦必求於力分之內矣. 大匠誨人, 旣求之於法度之內, 則學之者, 亦必求於法度之內矣. 然必皆求於力分之內者, 以其力分所不到, 則射亦末如之何矣. 法度者亦如是矣. 此喩人以道敎人, 而學之者亦如此耳. 如皆不求之於力分之內與法度之內, 則於道終亦不得矣.

1) (義)〔學〕: 저본에는 '義'로 되어 있으나, 本篇 첫머리에 실려 있는 章指와 四庫全書本에 의거하여 '學'으로 바로잡았다.

經의 〔孟子〕에서 〔規矩〕까지

○ 正義曰：이 장에서는 "일에는 각기 근본이 있고 道에는 존중하는 것이 있다. 활시위를 당기는 것과 걸음쇠와 곱자를 가지고서 仁을 실천하는 것을 비유하였으니, 배움에 仁을 실천하지 않는 것은 두 가지를 가르침에 올바른 방법을 잃고서 행하도록 하는 것과 같다."라고 말하였다.

맹자가 다음과 같이 말한 것이다. 羿는 활쏘기를 잘하던 사람인데, 그가 사람들에게 활쏘기를 가르칠 때에 반드시 자세에 뜻을 두게 하였다. 자세라는 것은 활시위를 당기는 것이니, 力量이 도달할 수 있는 곳까지 활시위를 당기는 것이다. 羿가 비록 활쏘기를 잘했으나, 그가 사람들을 가르칠 때에는 또한 반드시 역량 안에서 그것을 추구하게 하였다는 말이다. 도목수는 나무를 가공하는 工人인데, 그가 사람들에게 목수일을 가르칠 때에는 반드시 걸음쇠와 곱자를 중요시하였다. 걸음쇠는 원을 그리는 도구이고, 곱자는 네모를 그리는 도구이니, 걸음쇠와 곱자를 法度의 지극한 표준으로 삼은 것이다. 도목수가 사람들을 가르칠 때에도 반드시 법도 안에서 추구하게 하였다는 말이다. 羿가 사람들을 가르칠 때에 이미 역량 안에서 추구하게 하였으니, 그것을 배우는 사람도 반드시 자신의 역량 안에서 추구해야 할 것이다. 도목수가 사람들을 가르칠 때에 이미 법도 안에서 추구하게 하였으니, 그것을 배우는 사람도 반드시 법도 안에서 추구해야 할 것이다. 그런데 반드시 모두 자신의 역량 안에서 추구하게 한 것은 그 역량이 미치지 못한다면 활쏘기를 어떻게 할 수가 없기 때문이다. 법도 역시 이와 마찬가지이다. 이것은 사람이 道를 가지고 남을 가르치면, 배우는 사람도 이와 같이 하였음을 비유한 것이다. 만약 모두 역량과 법도 안에서 추구하지 않는다면 道에서 끝내 터득하지 못할 것이다.

【疏】 ○ 注'羿古之(攻)〔善〕[1]射者'與'匠爲攻木之工'者 ○ 正義曰：此已說於前矣.[2]

1) (攻)〔善〕：저본에는 '攻'으로 되어 있으나, 趙岐 注와 四庫全書本에 의거하여 '善'으로 바로잡았다.

2) 此已說於前矣：羿는 〈離婁 上〉 24장에, 匠은 〈梁惠王 下〉 9장에 나온다.

○ 注의 〔羿古之善射者〕와 〔匠爲攻木之工〕

○ 正義曰：이것은 앞에서 이미 설명하였다.

附錄

1. ≪孟子注疏 4≫ 參考書目

◇ 底本 및 주요 참고도서

- ≪孟子注疏≫, 阮元(淸) 校刻, 十三經注疏(淸 嘉慶刊本), 中華書局, 2009.
- ≪孟子注疏≫, 十三經注疏整理委員會 整理, 北京大學出版社, 2000.

◇ 十三經注疏

- ≪論語注疏≫, 阮元(淸) 校刻, 十三經注疏(淸 嘉慶刊本), 中華書局, 2009.
- ≪毛詩正義≫, 阮元(淸) 校刻, 十三經注疏(淸 嘉慶刊本), 中華書局, 2009.
- ≪尙書正義≫, 阮元(淸) 校刻, 十三經注疏(淸 嘉慶刊本), 中華書局, 2009.
- ≪禮記正義≫, 阮元(淸) 校刻, 十三經注疏(淸 嘉慶刊本), 中華書局, 2009.
- ≪儀禮注疏≫, 阮元(淸) 校刻, 十三經注疏(淸 嘉慶刊本), 中華書局, 2009.
- ≪爾雅注疏≫, 阮元(淸) 校刻, 十三經注疏(淸 嘉慶刊本), 中華書局, 2009.
- ≪周禮注疏≫, 阮元(淸) 校刻, 十三經注疏(淸 嘉慶刊本), 中華書局, 2009.
- ≪周易正義≫, 阮元(淸) 校刻, 十三經注疏(淸 嘉慶刊本), 中華書局, 2009.
- ≪春秋穀梁傳注疏≫, 阮元(淸) 校刻, 十三經注疏(淸 嘉慶刊本), 中華書局, 2009.
- ≪春秋公羊傳注疏≫, 阮元(淸) 校刻, 十三經注疏(淸 嘉慶刊本), 中華書局, 2009.
- ≪春秋左傳正義≫, 阮元(淸) 校刻, 十三經注疏(淸 嘉慶刊本), 中華書局, 2009.
- ≪孝經注疏≫, 阮元(淸) 校刻, 十三經注疏(淸 嘉慶刊本), 中華書局, 2009.

◇ 기타 원전자료

- ≪經典釋文≫, 陸德明(唐) 撰, 上海古籍出版社, 1985.
- ≪經傳釋詞≫, 王引之(淸) 撰, 臺灣商務印書館, 1968.

- ≪孔子家語≫, 王肅(魏) 編, 學民文化社, 影印本, 2001.
- ≪管子校正≫, 尹知章(唐) 注, 戴望(淸) 撰, 世界書局, 1990.
- ≪國語≫, 左丘明(周) 撰, 學民文化社, 影印本.
- ≪論語譯注≫, 楊伯峻 譯注, 中華書局, 1980.
- ≪論語集註大全≫, 朱熹(宋) 集註, 胡廣(明) 等編, 成均館大 大東文化研究院, 影印本.
- ≪道德經≫, 王弼(魏) 注, 文淵閣四庫全書, 臺灣商務印書館, 1986.
- ≪白虎通義≫, 班固(漢) 撰, 臺灣商務印書館, 1968.
- ≪史記≫, 司馬遷(漢) 撰, 裴駰(南朝 宋) 集解, 司馬貞(唐) 索隱, 張守節(唐) 正義, 中華書局, 1997.
- ≪司馬法譯注≫, 李零 譯注, 河北人民出版社, 1992.
- ≪尙書大傳≫, 伏勝(漢) 撰, 文淵閣四庫全書, 臺灣商務印書館, 1986.
- ≪書傳大全≫, 蔡沈(宋) 集傳, 胡廣(明) 等編, 朝鮮內閣本, 學民文化社, 影印本, 1990.
- ≪說文解字注≫, 許愼(漢) 撰, 段玉裁(淸) 注, 上海古籍出版社, 1981.
- ≪水經注≫, 酈道元(北魏) 撰, 文淵閣四庫全書, 臺灣商務印書館, 1986.
- ≪荀子集解≫, 王先謙(淸) 集解, 中華書局, 1988.
- ≪詩傳大全≫, 朱熹(宋) 集傳, 胡廣(明) 等編, 學民文化社, 影印本, 1990.
- ≪新序≫, 劉向(漢) 撰, 臺灣商務印書館, 1968.
- ≪禮記集說大全≫, 陳澔(元) 集說, 胡廣(明) 等編, 學民文化社, 影印本, 2000.
- ≪爾雅≫, 郭璞(晉) 注, 中華書局, 1985.
- ≪莊子集釋≫, 莊周(周) 撰, 郭象(西晉) 注, 陸德明(唐) 釋文, 成玄英(唐) 疏, 郭慶藩(淸) 輯, 王孝魚 點校, 中華書局, 1961.
- ≪周禮今註今譯≫, 林尹 譯注, 臺灣商務印書館, 1997.
- ≪周易傳義大全≫, 程頤(宋) 傳, 朱熹(宋) 本義, 胡廣(明) 等編, 學民文化社, 影印本, 1998.
- ≪中庸章句大全≫, 朱熹(宋) 章句, 胡廣(明) 等編, 成均館大 大東文化研究院, 影印本.

- ≪晉書≫, 房玄齡(唐) 等撰, 中華書局, 1997.
- ≪春秋經傳集解≫, 左丘明(周) 撰, 杜預(晉) 註, 保景文化社, 影印本.
- ≪春秋釋例≫, 杜預(晉) 撰, 文淵閣四庫全書, 臺灣商務印書館.
- ≪太平御覽≫, 李昉(宋) 等撰, 中華書局, 1960.
- ≪韓非子集解≫, 王先愼(淸) 集解, 中華書局, 1998.
- ≪漢書≫, 班固(漢) 撰, 顔師古(唐) 注, 中華書局, 1997.
- ≪後漢書≫, 范曄(南朝 宋) 撰, 李賢(唐) 等注, 中華書局, 1997.
- ≪淮南子≫, 劉安 撰, 高誘 注, 文淵閣四庫全書, 臺灣商務印書館, 1986.

◇ 번역서 및 주석서

〔韓國〕

- ≪국역 孟子≫, 유교문화연구소, 성균관대학교출판부, 2006.
- ≪신완역 孟子≫, 차주환 역, 명문당, 1988.
- ≪孟子≫, 홍인표 역, 서울대학교출판부, 1992.
- ≪맹자 사람의 길≫, 김용옥, 통나무, 2012.
- ≪孟子註譯≫, 김중식 역, 한국인쇄주식회사, 1956.
- ≪역주 茶山 孟子要義≫, 정약용, 현대실학사, 1994.
- ≪우리말 사서 : 논어・대학・중용・맹자≫, 금장태, 지식과 교양, 2013.
- ≪한글 맹자≫, 이을호 역, 전남대학교출판부, 1958.
- ≪현토완역 孟子集註≫, 성백효, 전통문화연구회, 1998.

〔中國〕

- ≪孟子≫, 金良年 詳解, 上海古籍出版社, 2010.
- ≪孟子今註今譯≫, 史次耘, 臺灣商務印書館, 1978.
- ≪孟子譯注≫, 楊伯峻 譯注, 中華書局, 1960.

- ≪孟子正義≫, 焦循 撰, 中華書局, 1987.
- ≪孟子集註大全≫, 朱熹(宋) 集註, 胡廣(明) 等編, 成均館大 大東文化研究院.
- ≪十三經直解≫, 朱安群, 江西人民出版社, 1993.

〔日本〕

- ≪孟子≫, 金谷治 譯, 東京, 岩波新書, 1966.
- ≪孟子≫, 渡辺卓 譯, 東京, 明德出版社, 1982.
- ≪孟子≫, 貝塚茂樹 譯, 東京, 中央公論新社, 2006.
- ≪新釋孟子全講≫, 宇野精一, 東京, 學燈社, 1959.
- ≪漢文大系≫, 富山房編輯部, 東京, 富山房, 1984.

〔英美〕

- *Mencius*, D.C. Lau., London, Penguin, 2004.
- *Mencius*, David Hinton, Washington, D.C., Counterpoint, 1999.
- *Mencius*, James Legge, New York, BiblioBazaar, 2008.
- *The Essential Mengzi : Selected Passages with Traditional Commentary*, Bryan W. Van Norden, Indianapolis, Ind. : Hackett Pub. Co., 2009.

◇ 電子文獻 및 Web DB

- 동양고전종합DB (http://db.cyberseodang.or.kr)
- 한국고전종합DB (http://db.itkc.or.kr)
- 상우천고 (http://www.s-sangwoo.kr)
- 電子版 文淵閣四庫全書, 上海古籍出版社

2.≪孟子注疏 4≫ 圖版目錄 및 出處

3. 戰國七雄圖

* QR코드를 스캔하면 더 선명한 지도를 볼 수 있습니다.

(≪中國歷史地圖≫ 上冊 (程光裕・徐聖謨 主編, 中國文化大學出版部, 1980)에서 轉載)

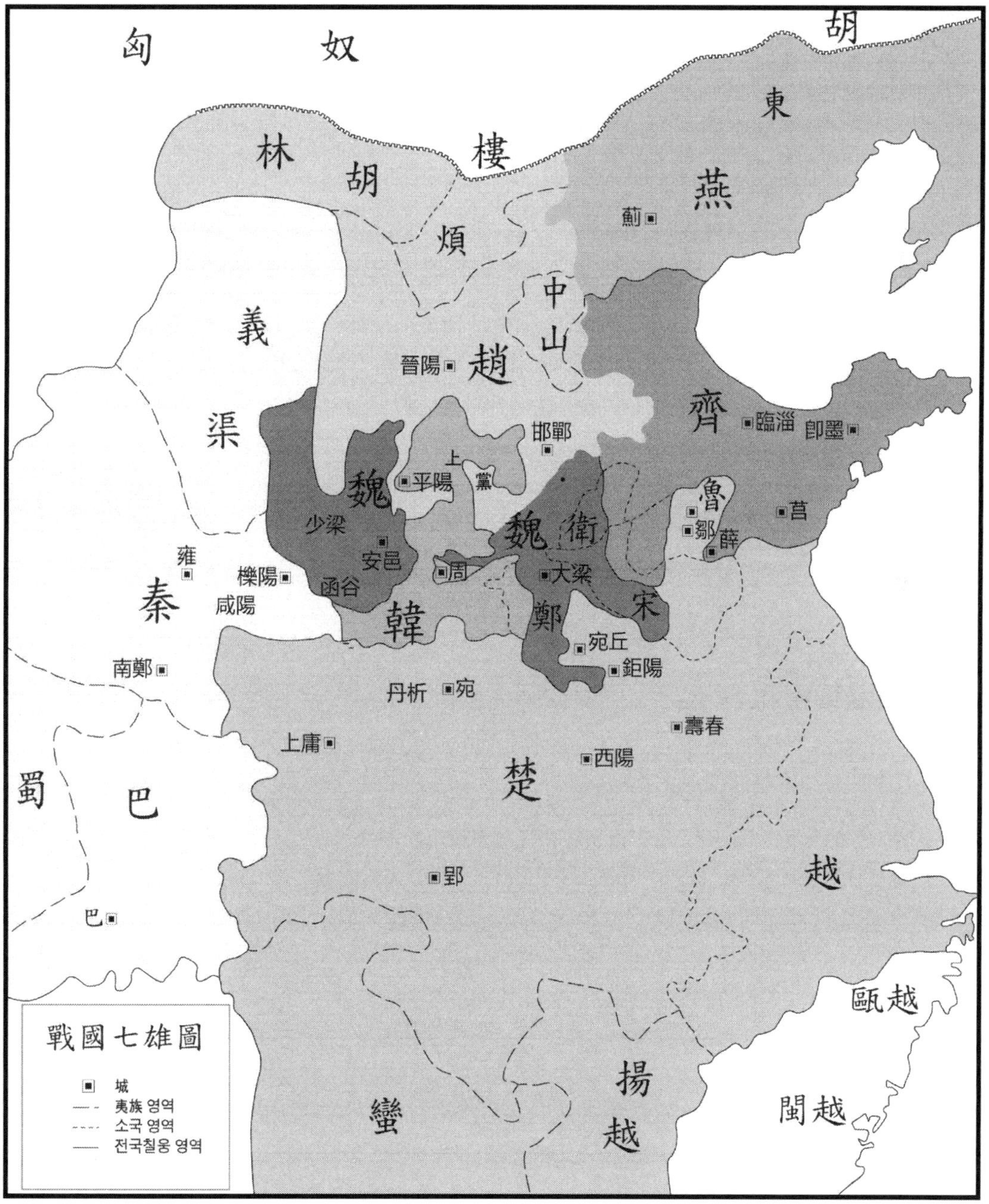

4. ≪孟子注疏≫ 總目次

• QR코드를 스캔하면 ≪孟子注疏≫ 解題를 볼 수 있습니다.

5. ≪孟子注疏≫ 解 題

• QR코드를 스캔하면 ≪孟子注疏≫ 總目次를 볼 수 있습니다.

6. ≪孟子≫ 관련 參考資料

• QR코드를 스캔하면 ≪孟子≫와 관련한 본회의 강의자료 및 도서 정보 등을 확인할 수 있습니다.

共同飜譯

崔彩基

서울大學校 교육학과 졸업
成均館大學校 大學院 文學博士
民族文化推進會 國譯硏修院(연수부, 상임연구부) 졸업
韓國古典飜譯院 首席硏究委員(現)

논문 및 역저

論文 〈退溪 李滉의 朱子書節要 編纂과 그 刊行에 관한 硏究〉, 〈圃隱集의 編纂과 刊行에 관한 硏究〉, 〈한국에서의 朱子文集 수용방식〉 등
譯書 ≪拙藁千百≫, ≪記言≫(공역), ≪明齋遺稿≫(공역), ≪弘齋全書≫(공역), ≪星湖全集≫(공역) 등

梁基正

高麗大學校 한문학과 졸업
成均館大學校 大學院 박사과정 수료
民族文化推進會 國譯硏修院 연수부 졸업
韓國古典飜譯院 責任硏究員(現)

논문 및 역저

論文 〈禮記類編의 編刊과 毁板・火書에 관한 연구〉, 〈正祖의 當代 臣僚 文集 命刊에 대한 연구〉, 〈한국고전번역원 출간 한문번역 관련 공구서 현황과 과제〉 등
譯書 ≪明齋遺稿≫(공역), ≪星湖全集≫(공역), ≪樊巖集≫(공역), ≪南冥集校注≫ 등

懸吐監修

鄭太鉉

경북 상주 화북 출생
止山 林聖武 선생과 鳳西 吳禹善 선생 사사
民族文化推進會 國譯硏修院 卒業
民族文化推進會 국역부장, 국역연수원 교수
韓國古典飜譯院 附設 古典飜譯敎育院 名譽漢學敎授(現)
傳統文化硏究會 顧問(現)
국민훈장 모란장 受賞

논문 및 역저

論文 〈栗谷의 改革思想〉
譯書 ≪春秋左氏傳≫, ≪孝經大義≫, ≪同春堂集≫, ≪論語集註≫
共譯 ≪五洲衍文長箋散稿≫, ≪星湖僿說≫, ≪宋子大全≫, ≪茶山詩文集≫, ≪陽村集≫, ≪高峯集≫, ≪寒水齋集≫, ≪朝鮮王朝實錄≫ 등 다수

十三經注疏
譯註 孟子注疏 4　　　　정가 29,000원

2023년 09월 20일 초판 인쇄
2023년 09월 30일 초판 발행

注 趙岐 疏 孫奭

企劃編輯 東洋古典飜譯編輯委員會
飜譯硏究管理 南賢熙
共同飜譯 崔彩基 梁基正
懸吐監修 鄭太鉉
潤　文 朴勝珠 李承俊
校　訂 李承俊 南賢熙
編輯出版 白俊哲
裝　幀 김진디자인

發 行 人 郭成文
發 行 處 社團法人 傳統文化硏究會
서울시 종로구 삼일대로 428 낙원빌딩 411호
전화 : (02)762-8401 전송 : (02)747-0083
전자우편 : juntong@juntong.or.kr
누리집 : www.juntong.or.kr
사이버書堂 : cyberseodang.or.kr
온라인서점 : book.cyberseodang.or.kr
등록 : 1989. 7. 3. 제1-936호

인쇄처 : 한국법령정보주식회사(02-462-3860)
총　판 : 한국출판협동조합(070-7119-1750)

ISBN 979-11-5794-562-7 94140
978-89-91720-93-0 (세트)

※ 이 책은 2023년도 교육부 고전문헌 국역지원사업 지원비에 의해 출판되었음.